THÈSE
POUR LE DOCTORAT

DES
FAITS DE JOUISSANCE PRIVATIVE

DONT

LE DOMAINE PUBLIC EST SUSCEPTIBLE

THÈSE POUR LE DOCTORAT

L'ACTE PUBLIC SUR LES MATIÈRES CI-APRÈS

Sera soutenu le samedi 9 juin 1900, à 8 heures 1/2

PAR

Paul REGRAY

AVOCAT A LA COUR D'APPEL

Président : M. BERTHÉLEMY.

Suffragants : MM. WEISS, SAUZET, *professeurs.*

PARIS

LIBRAIRIE NOUVELLE DE DROIT ET DE JURISPRUDENCE

ARTHUR ROUSSEAU

ÉDITEUR

14, rue Soufflot, et rue Toullier, 13

1900

DES FAITS DE JOUISSANCE PRIVATIVE

DONT LE DOMAINE PUBLIC EST SUSCEPTIBLE

INTRODUCTION

NOTIONS HISTORIQUES

I. — La nécessité à laquelle le domaine public répond, est de tous les temps. Dès qu'une société est organisée, les intérêts communs de la collectivité soustraient aux relations du droit privé toute une catégorie de biens, que leur affectation à l'usage de tous rend insusceptibles d'appropriation individuelle. — Cette catégorie de biens comprend essentiellement les voies de communication — voies terrestres ou fluviales — les édifices ouverts à tous pour l'exercice du culte ou de la vie publique, enfin, les ouvrages destinés à la défense du territoire, par lesquels est assurée la sécurité des relations sociales.

II. — Les biens dont il s'agit — qui composent ce qu'on est convenu d'appeler le domaine public — rentraient dans la classification romaine des biens sous la dénomination de *res publicæ*. Les *res publicæ* — ensemble des choses qui appartenaient au peuple romain — s'analysaient en deux éléments. L'un : *res publicæ in pecuniâ populi* constituait pour le peuple romain une source de revenus : c'était l'*ager publicus* — les terres conquises sur l'ennemi, les biens provenant de successions vacantes — que le peuple vendait ou affermait dans les mêmes conditions qu'aurait fait un particulier, et qui formait le domaine privé du peuple romain, répondant assez exactement au domaine privé de l'État dans le droit moderne. L'autre, comprenait les choses affectées à un usage public : *les res publicæ in usu publico* — soit qu'elles profitassent à tous par l'effet d'une jouissance directe et immédiate — comme les rues et les places publiques, — ou, seulement, par une conséquence de leur destination, — comme les arsenaux et les forteresses. C'était ce que nous appelons aujourd'hui le domaine public (1).

Cette seconde catégorie de choses, jouait, dans le patrimoine du peuple romain, un rôle tout spécial. Exclusivement destinées aux usages du public, ne présentant d'utilité pour lui qu'à la condition de demeurer affectées à ces usages, elles étaient placées hors du commerce ; elles ne pouvaient être ni aliénées (2) ni prescrites (3). Néanmoins, elles pouvaient faire l'objet de certains droits privatifs : les uns, résultant de la nature même des choses et de leur destination, comme celui de prendre des jours ou des issues sur les voies publiques (4), les autres, concédés par l'autorité publique et protégés par un interdit spécial (5) : le droit d'élever une construction dans un lieu public, par exemple.

L'autorisation — *permissus vel concessio* — donnée à un particulier d'user privativement d'une chose publique, pouvait être soumise à redevance.

Lorsque la concession avait lieu à titre onéreux et comportait l'usage partiel de la chose publique, la redevance imposée s'appelait *vectigal solarium : ex eo quod solo pendatur*, parce quelle était payée pour le sol (6).

(1) Weiss, à son cours.
(2) L. 6. pr. *Dig. de contrahenda emptione ; ibid.* 1. 1. 34, § 1er.
(3) L. 34 § 1, *ibid.*; L. 9, *Dig. de usurpationibus ; L.* 45, *ibid.*
(4) L. 2, § 2, *Dig. ne quid in loco publico.*
(5) L. 1, § 7, *Dig.* 43, 14; — L. 1, § 1, *Dig.* 43, 9.
(6) L. 2, § 17, *Dig.* 43, 8.

Lorsqu'elle avait lieu à titre onéreux, et comportait l'usage entier de la chose publique, à charge toutefois pour le permissionnaire de se conformer à la destination de cette chose, la concession revêtait le caractère d'une location administrative. C'est ainsi, que l'on pouvait prendre à bail un lieu public, un lac, ou un étang public.

Mais le bail ne subissait pas les règles d'une location ordinaire du droit civil ; c'était un contrat *sui generis* exclusivement régi par les conditions spéciales qui y étaient apposées. La redevance ne constituait pas un loyer proprement dit ; elle prenait encore ici le titre d'impôt, *vectigal, vectigalium publicum* (1). Et la loi romaine ajoute que, par ces expressions, on entend tous les impôts publics que le fisc levait sur certaines choses (2).

La concession ne conférait d'ailleurs au permissionnaire ni droit de propriété, ni droit de servitude, ni droit réel quelconque ; essentiellement précaire et révocable (3), elle était complètement étrangère aux règles du droit civil, et gouvernée seulement par les principes du droit public (4).

III. — Sous l'empire, le Prince se substitua au peuple romain dans la propriété des *res publicæ in pecuniâ populi.* — Quant aux *res publicæ in usu publico,* le changement de régime ne dut exercer sur leur condition aucune influence appréciable. D'une part, on ne pouvait guère considérer le peuple comme s'étant dessaisi au profit du Prince de choses absolument indispensables à la vie sociale ; de son côté, le Prince n'avait qu'un intérêt médiocre à revendiquer des biens dont l'utilité résidait surtout dans

(1) L. 1. § 1, *Dig.* 43, 9 ; L. 1, § 7, *Dig.* 43. 14.
(2) L. 17, § 1. *Dig.* 50. 16. — V. Wodon, *traité des choses publiques,* nᵒ 159.
(3) LL. 1. 4. et 6 C. de oper. publ.
(4) Wodon, *loc. cit.* p. 221, nᵒ 162.

l'usage que le public pouvait en tirer, sans qu'elles fussent, par elles-mêmes, susceptibles de revenus.

Les *res publicæ in usu publico* ne devinrent donc pas la propriété de l'empereur; mais elles ne demeurèrent pas non plus la propriété du peuple, que l'empereur n'eût pas tolérée. Elles devinrent des *res nullius*.

IV. — Ainsi, les Romains se sont parfaitement rendu compte que, parmi les biens qui n'appartiennent pas aux particuliers, il faut faire une place à part à ceux, dont la destination est d'être affectés aux usages du public et qui n'ont d'utilité, que par cette affectation. Ils ont compris que ces biens échappent au régime normal de la propriété, et qu'ils doivent être soustraits aux relations ordinaires du droit privé.

Cette notion très exacte du caractère des biens du domaine public s'obscurcit, malheureusement, par la suite.

V. — Quand les barbares eurent envahi le sol gaulois, ils y trouvèrent l'ancien domaine privé du peuple romain entièrement confondu avec le patrimoine de l'empereur. Ils mirent la main sur l'un et sur l'autre (1).

Des *res publicæ in usu publico* — qui n'étaient pas destinées à procurer des profits pécuniaires — ils ne firent d'abord que peu de cas. Ils ne s'y intéressèrent que le jour où ils y virent un prétexte à des taxes fiscales nouvelles. Se refusant à admettre que les choses publiques ne fussent pas, au même titre que les autres, des objets de propriété, ils les revendiquèrent comme leur appartenant, et ils en frappèrent l'usage de taxes qui devinrent pour eux une source abondante de revenus (2).

Ces taxes, qui ne rappellent que de loin les redevances

---

(1) De Récy, *Traité du domaine public*, n° 41.
(2) Weiss, à son cours.

perçues chez les romains, pour concessions de droits privatifs sur le domaine public, — redevances dont le produit servait uniquement aux dépenses d'entretien des lieux publics, — constituèrent, pour les rois francs, un véritable revenu foncier. Taxes de passage sur les routes, de péage sur les ponts, d'octroi aux portes des villes, d'accostage aux quais des ports de navigation, etc., elles représentaient le prix de la jouissance concédée au public par le roi sur des biens dont il était réputé propriétaire.

Ainsi, sous les deux premières races, le domaine public est la propriété privée des rois, qui en abandonnent l'usage aux habitants, moyennant redevance, mais qui demeurent libres d'en disposer à leur volonté, comme des autres biens leur appartenaut.

VI. — On sait comment la féodalité démembra ce domaine des rois, pour le faire passer pièce à pièce aux mains des seigneurs. — Les concessions de terres faites par les rois francs à leurs fidèles, emportant pour ceux-ci le droit de percevoir les taxes et péages réservés jusque là à la couronne, ils en vinrent rapidement à prétendre que les lieux sur lesquels ces perceptions s'exerçaient à leur profit leur appartenaient. — Dès l'époque de Beaumanoir, les seigneurs étaient reconnus propriétaires des chemins, routes, rues, fleuves et rivières (1). Ainsi, les seigneurs se substituèrent peu à peu aux rois, dans la propriété des choses destinées aux usages publics.

VII. — Mais la lutte engagée contre les seigneurs par

(1) Cependant, la couronne revendiqua toujours la propriété des grandes rivières. Mais des auteurs nombreux soutenaient que ces grandes rivières elles-mêmes appartenaient aux seigneurs, dans la partie de leurs terres où elles passaient. (CHAMPIONNIÈRE, *Traité de la propriété des eaux courantes*, nos 372 à 374 ; CHAROUDAS, *Observ. mémorables*, V. *Eaux* ; BACQUET, *Droits de justice*, ch. XXX, nos 3, 4 et 17). Cf. BEAUMANOIR, ch. XXV, no 4.

la Monarchie, cherchant à reconquérir les prérogatives dont elle s'était dessaisie, devait aboutir à la reconstitution du domaine royal. — Avec l'aide des légistes, qui répandent des maximes nouvelles : *omnia sunt regis* ; toute justice émane du roi ; « le roi est le souverain voyer du royaume » ; « nul n'a de fisc si ce n'est le roi », les rois affirment que, même en dehors des provinces dépendant de la couronne, l'autorité royale a un droit de surveillance et de souveraineté sur toutes les terres du royaume. Ces principes nouveaux trouvent un appui dans les lois partilières aux fiefs lombards, qui rangent, parmi les droits régaliens de l'empereur (*regalia*), tout ce qui porte le caractère de droit public, et, notamment, les choses publiques : *viae publicæ, flumina navigabilia et ex quibus fiunt navigabilia* (1), etc.

Tous les fiefs ont, d'autre part, pour origine une concession du Roi ; la juridiction que les seigneurs y exercent est une délégation de la juridiction royale ; de là, à soutenir que le roi peut reprendre l'exercice des droits qu'il a concédés, il n'y avait qu'un pas. Ce pas fut facilement franchi.

Le pouvoir royal se ressaisit successivement des grands chemins, des grandes rivières, des mines, des trésors, des péages, des marchés, etc., et reconstitue petit à petit le domaine de la Couronne.

Quelle est, dans cette période, la condition juridique du domaine ?

Le Roi en est encore propriétaire.

Le domaine lui appartient — disent les feudistes — « tant sous le rapport de la propriété que sous celui de la puissance et de la juridiction » (2).

---

(1) De usibus feudorum quæ sint regalia, liv. 2, titre LVI. Voy. WODON, *loc. cil.*, n° 57.

(2) BOUTEILLIER, *Somme rurale*, liv. 1. t. LXXIII et LXXXV ; — LOYSEL, liv. t. 2, règle 5 ; — DUPARC-POULLAIN, t. 2, p. 398;

VIII. — En même temps que se reconstituait le domaine de la Couronne, les Rois s'inquiétaient de le protéger pour l'avenir contre l'insatiable avidité des courtisans, et de se garantir eux-mêmes contre leur propre faiblesse. L'idée de consacrer législativement l'inaliénabilité du domaine, reparaît et s'affirme, à partir du quatorzième siècle, dans la plupart des ordonnances relatives au domaine, par des mesures conservatoires, pour le présent; la révocation, pour le passé; l'interdiction d'aliéner, pour l'avenir (1). Ce n'est, toutefois, que par la célèbre ordonnance rendue à Moulins en février 1566, que la maxime de l'inaliénabilité des propriétés du domaine fut érigée à la hauteur d'un véritable principe de droit public. Sauf une exception relative aux biens dits du « petit domaine », la règle de l'inaliénabilité frappait toutes les dépendances du domaine de la Couronne, dont les biens destinés aux usages du public — le domaine public — n'étaient qu'une partie, l'autre partie — qui correspondait à ce que nous appelons aujourd'hui le domaine privé de l'État — comprenant, outre les biens propres du Roi, des duchés, comtés et autres seigneuries, dont les unes avaient été de tous temps unies à la Couronne, et dont les autres étaient échues au Roi, tant par félonie des propriétaires, que par défaillance en ligne masculine et par mariages, plus des fonds de terre et des forêts (2).

Ainsi, la règle de l'inaliénabilité des biens destinés aux usage de tous, ne fut pas considérée, dans l'ancien droit, comme une conséquence naturelle de leur affectation. Si les biens du domaine public furent frappés d'inaliénabilité,

LEBRET, *Traité de la Souveraineté*, liv. 2, ch. XIII; VOET, *ad. Pand*, 1. 1. t. VIII, n⁰ 9; HENRION de PANSEY, compét. chap. XXVI, § 1, *in fine* ; POTHIER, propr. n⁰ˢ 52, 53, 84, etc.; CHAMPIONNIÈRE, *loc. cit.* n⁰ 381.

(1) DE RÉCY, *loc. cit.*, n⁰ 77.

(2) PÉRIN, *Du domaine public*, introduction, n⁰ XX.

ce fut parce que, dépendant du domaine de la Couronne,
et étant, par suite, comme tous les biens qui en faisaient
partie, la propriété privée du Roi, ils se trouvèrent atteints
par les mesures de protection que les rois crurent devoir
prendre, pour assurer la conservation de leur patrimoine
et le mettre à l'abri des dilapidations.

IX. — Après la chute de l'Empire romain, le droit de
concession sur les choses affectées aux usages de tous,
subissant les influences féodales, tomba dans le commerce ;
il passa dans la jouissance privée des seigneurs, puis du
Roi. — Propriétaire du domaine public, le prince était
libre d'octroyer à qui bon lui semblait tous droits privatifs quelconques sur les biens qui en faisaient partie, ces
droits fussent-ils incompatibles avec l'usage du public.
C'est ainsi que des établissements particuliers étaient
autorisés, moyennant finances, sur les cours d'eaux, bien
qu'ils missent obstacle au libre exercice de la jouissance
de tous (1). — De telles autorisations, qui aboutissaient à
supprimer en fait la jouissance commune, étaient essentiellement contraires à la nature des biens du domaine
public.

La condition nouvelle du domaine, résultant du principe de l'inaliénabilité proclamé par l'édit de 1566, dut
avoir pour résultat de modifier le caractère et l'étendue
du droit de concession sur les choses destinées aux usages
de tous. D'Argentré, Dunod, Domat et les principaux auteurs
des XVIe et XVIIe siècles enseignent, en effet, qu'aucun droit
réel ne peut être consenti sur les dépendances du domaine
public, et qu'il n'est susceptible que de concessions essentiellement révocables (2).

(1) Livre des fiefs, titre 56 ; ordonnances de Philippe le Bel et
de saint Louis de 1201 et de 1231. V. DALLOZ, *Répertoire*, V. domaine public. n° 4.

(2) D'ARGENTRÉ, *Coutum. Bret.*, art. 226, ch. XXIII ; DUNOD,

X. — Cette solution s'imposait d'autant plus que, dès avant le xviie siècle, la notion du caractère exact du domaine public, échappant, à raison de son affectation, au droit commun de la propriété, s'était fait jour chez les publicistes. « Il est certain, disait déjà Loyseau, que la vraie propriété « des chemins n'appartient pas aux rois, car on ne peut « pas dire qu'ils soient de leur domaine, mais ils sont de « la catégorie des choses qui sont hors du commerce, dont, « partant, la propriété n'appartient à aucun, mais dont « l'usage est à chacun ; qui, pour cette cause, sont appelées « publiques ; et, par conséquent, la garde d'icelles appar-« tient au prince souverain, non comme icelles étant de « son domaine, mais lui étant gardien et conservateur du « bien public » (1).

La distinction entre le domaine de propriété et le domaine de souveraineté, confondus pendant l'époque féodale, se dégage et s'affirme non seulement chez les jurisconsultes (Legrand (2), Domat (3), Dunod (4),

---

Prescript. part. III, ch. V. p. 275 ; Domat, *Droit public*, liv. 1. t. VIII, sect. II, n° 1 ; Cæpolla, t. 2. 1. chap. XIV, n° 15 et ch. XL, n° 3 ; fr. II, chap. IV, n° 46.

(1) Loyseau, Des seign. ch. IX, n°s 73 et suiv.

(2) « Les chemins, pour être dits royaux, ne sont pas plus au Roi « que les traverses ou autres chemins publics, vu que les che-« mins publics n'appartiennent pas au Roi en propriété et ne sont « pas du domaine du Roi, mais sont mis au nombre des choses « communes et publiques, c'est-à-dire que la propriété du chemin « est publique, et l'usage et la possession appartiennent aux par-« ticuliers » (Legrand, Cout. de Troyes, titre VII, art. 130).

(3) « ..... Les choses publiques, étant hors du commerce, les « droits qu'y ont les souverains et les particuliers sont d'une au-« tre nature que ceux que donne la propriété ordinaire. Le sou-« verain puise le droit d'administrer les usages publics, dans sa « qualité de chef du public et de la Société ». (Domat, *Droit pu-blic*, L. VIII, sect. 2, n° 1).

(4) « La raison qui établit l'inaliénabilité du domaine est que le « souverain le tenait, pour des causes qui regardent l'intérêt pu-« blic ; il n'en doit pas être regardé comme propriétaire, mais

Voet (1), d'Argentre (2), Stockmans (3), etc), mais, jusque dans les ordonnances. C'est ainsi que, par les ordonnances d'août 1669 et d'avril 1683, Louis XIV proclama que les fleuves et rivières n'appartenaient pas à la couronne à titre de propriété ordinaire, mais par le seul titre de la souveraineté.

Ces principes, conformes à la nature véritable du domaine public, se perpétuèrent dans notre ancien droit public jusqu'au seuil de la Révolution. Ils se trouvent reproduits avec autorité dans les remontrances du Parlement de Bordeaux, du 30 juin 1766. « Il y a des biens — lit-on dans ce document — appartenant en commun à la nation, tels que les rivières, les rivages de la mer, etc., dont la garde et la conservation est l'attribut de la souveraineté. Il n'était pas besoin de loi, pour déclarer ces biens inaliénables, parce qu'ils le sont par leur nature... Ce n'est pas une véritable propriété, dans la main du souverain, mais, plutôt, un dépôt qui lui a été confié de la chose commune ou publique, pour la conserver, la protéger, pour la rendre plus utile à tous ses sujets » (4).

Ainsi, le terrain était préparé pour les réformes, que la Révolution allait avoir à accomplir.

« seulement comme usufruitier et administrateur. L'inaliénabilité « du domaine étant en France une loi qui embrasse la police et la « conservation du Royaume, les aliénations qui s'en font, même « par des édits et dans des cas de nécessité, ne sont que des engagements, en sorte que le Roi peut toujours retirer les domaines « aliénés en remboursant les acquéreurs, sans avoir égard à aucune approbation confirmative ni laps de temps, quand même « il serait de plusieurs siècles. » (Dunod, *prescript. part.* 1 ch. XII).

(1) Voet, ad Pand. t. II, liv. XLIII, titre VII, no 8. — Cité par Wodon, *loc. cit.*, no 68.

(2) D'Argentré, Cout. Bret, art. 54. Notes 2 et 6.

(3) Stockmans, Décis. Brab., 86, nos 6 et 87, no 6, Voy. Wodon, *loc. cit,*, no 70.

(4) V. Dalloz, *Répertoire*, V. domaine, no 6.

XI. — L'Assemblée constituante, en proclamant le principe de la souveraineté nationale, devait faire cesser la confusion qui, sous l'ancien régime, avait existé entre le domaine de la nation et le domaine de la couronne.

Jusqu'en 1789, le roi et la nation n'avaient fait qu'un. Le roi, personnifiant l'État et la masse de ses sujets, les intérêts de tous ne se distinguant pas de son intérêt personnel, les choses utiles ou nécessaires aux différents services publics et à l'usage commun de tous les citoyens, étaient réunies dans ses mains, avec sa fortune privée.

Avec la Révolution, la nation revendique ses droits et réclame son autonomie; elle ne veut plus être confondue avec la personne du Roi; elle a des intérêts propres, et prétend avoir des ressources distinctes : il y aura désormais le domaine du roi, dont les jours sont comptés, et, à côté de lui, le domaine national (1).

XII. — Le législateur de 1790 ne s'est, toutefois, pas élevé à la distinction fondamentale entre le domaine public et le domaine privé de l'État. — La loi des 22 novembre-1er décembre 1790, en donnant l'énumération des éléments qui composent le domaine national, y a confondu pêle-mêle les *res publicæ in pecuniâ populi* et les *res publicæ in usu pvblico*, sans différencier en rien les unes et les autres, dont elle déclare indistinctement la nation propriétaire. Cette confusion doit s'expliquer, par la survivance, chez les hommes de la Révolution, des idées anciennes. De même que le roi était communément admis comme propriétaire du domaine de la couronne, de même la nation, substituée au roi, est considérée comme propriétaire des biens du domaine, qu'elle a recueillis dupouvoir royal.

Ce n'est que, dans l'exposé du Code civil, que les deux catégories de biens ont été nettement séparées. « Les « lois romaines — est-il dit dans l'exposé des motifs du

(1) Weiss, à son cours.

« Code civil, — distinguaient, parmi les biens, ceux
« qui sont communs à tous les hommes, comme l'air,
« comme la mer, et dont un peuple ne peut envahir
« la domination, sans se déclarer le plus odieux et le plus
« insensé des tyrans ; les choses qui n'appartenaient à
« personne : telles étaient celles qui étaient consacrées
« au service divin ;..... et, enfin, les choses dites : *res*
« *singulorum*, c'est-à-dire celles qui se trouvaient dans
« le commerce, parce qu'elles étaient susceptibles de
« propriété privée. Les biens de cette dernière classe,
« sont les seuls, dont le Code civil doive s'occuper : les
« autres, sont du ressort, ou d'un Code de droit public, ou
« de lois administratives ; et l'on n'a dû en faire mention,
« que pour annoncer qu'ils étaient soumis à des lois
« particulières ».

« Les biens susceptibles de propriété privée peuvent
« être en la possession de la nation ou des communes ;
« ces biens, quoique susceptibles de propriété privée, sont
« administrés et aliénés par des règles et dans des for-
« mes qui leur sont propres, pendant qu'ils se trouvent
« hors la propriété des particuliers (1) ».

Ainsi, dans ce préambule, les *res publicæ in pecuniâ
populi*, — propriété privée de la nation profitant au public
par la valeur pécuniaire qu'elles mettent à la disposition
de la masse et dont la véritable utilité consiste à pouvoir
être aliénés — se trouvent opposées nettement aux *res
publicæ in usu publico*, dont la destination invariable
est d'être affectées aux usages de tous, qui n'ont d'utilité
qu'à la condition de conserver cette affectation, et qui se
trouvent placées, de ce fait, hors du commerce.

XIII. — Le Code de droit public ou de lois administratives, annoncé dans l'exposé des motifs du Code civil,

____

(1) Exposé des motifs, Locré, t. VIII, p 58.

n'ayant jamais été fait, il n'existe pas, dans la loi moderne, de théorie d'ensemble, sur le domaine public. Les règles auxquelles le domaine public est soumis, sont éparses dans les différents textes spécialement relatifs à chacune des dépendances du domaine public en particulier, ainsi que dans quelques dispositions d'un caractère général.

Parmi celles-ci, la disposition fondamentale est l'article 538 du Code civil, aux termes duquel « les chemins, routes et rues à la charge de l'État, les fleuves et rivières navigables ou flottables, les rivages, lais et relais de la mer, les ports, les havres, les rades, *et généralement toutes les portions du territoire français qui ne sont pas susceptibles d'une propriété privée* sont considérées comme des dépendances du domaine public ».

Ni l'énumération, ni l'essai de définition contenues en l'article 538 n'étant, de l'aveu de tout le monde, exactes et complètes, la doctrine a cherché à déterminer le critérium de la domanialité publique. Ce critérium réside, croyons-nous, dans l'affectation de la chose à l'utilité publique. Nous dirons donc, que le domaine public comprend l'ensemble des biens qui ont été affectés à l'usage commun des citoyens, ou à un service d'utilité générale (1).

(1) Bornons-nous à rappeler que cette façon large de concevoir le domaine public n'est pas admise par tous les auteurs. Un important parti de la doctrine fait dépendre la domanialité publique de l'affectation de la chose à l'usage du public. — La question présente surtout de l'importance au point de vue des bâtiments affectés à un service public, que la première opinion range parmi les dépendances du domaine public, tandis que la seconde les en exclut, en les faisant rentrer dans le domaine privé de l'État, du Département ou de la Commune.

Voy. dans le premier sens : TOULLIER, III, 39 ; — MOURLON, sous art. 538 ; — BRESSOLLES, *Journal de droit administratif*, t. XI, p. 117 ; — TROPLONG, art. 2226 ; — BOURBEAU, *Traité des justices de paix*, p. 621 ; — DARESTE, *La justice administrative*, p. 253 ; — GAUDRY, *Du domaine*, 1. 269 ; 2. 636 ; 3. 693 : — DEMOLOMBE, *De la distinction des biens*, I, 458 *bis* et 460 ; — AUBRY

XIV. — Quelle est la nature du droit qui appartient à la Nation, sur les biens du domaine public ainsi défini ?

Déjà, nous l'avons vu, les jurisconsultes des xvie et xviie siècles avaient compris que, s'agissant des biens du domaine public, il ne pouvait être question, pour le souverain, d'un droit de propriété véritable. « Les droits qu'y a le souverain — disait Dunod — sont d'une nature autre que ceux de la propriété ordinaire. Le souverain ne doit pas en être regardé comme propriétaire, mais comme administrateur ; il est le gardien et le conservateur du domaine public (1). »

Le silence du législateur moderne — qui n'a point défini la nature juridique du domaine public — a laissé le champ à la controverse. Sans entrer dans le détail de la discussion, nous admettrons, avec le parti le plus important de la doctrine (2), que le domaine public, exclusif de toute relation de droit privé, n'est la propriété de per-

---

et Rau, 5e édit., t. 2, p. 55, note 9 ; — Laurent, t. VI, p. 59 ; — Lamache, *Revue critique* 1865, XXVII, p. 13 ; — Hauriou, *Traité de droit administratif*, 3e édit., p. 631. Weiss, à son cours.

Et dans le second : Ducrocq, *Traité de droit administratif*, 6e éd., n° 918 et *Traité des édifices publics*, p. 47 ; — Aucoc, t. 11, p. 108 ; De Récy, n° 425 ; — Proudhon, II, n° 334 ; — Chauveau, *Journal de droit administratif*, X, p. 479 ; — Delvincourt, I, p. 145 ; Macarel et Boulatignier, *Traité de la fortune publique*, n° 70 ; — Huc, L. IV, n° 61, etc. — M. Berthélemy, *Droit administratif*, t. I, p. 318, va plus loin, et exclut du domaine public tous les bâtiments, même les églises. La domanialité ne s'étend, d'après lui, qu'aux *portions de territoire* affectées à un service public.

(1) V. les auteurs cités *suprà*, p. 9.

(2) Proud'hon. *Dom. publ.*, t. 201-207 ; — Demolombe, distinct. des biens, t. 1, n°s 453, 457 ; — Ducrocq, des édifices publics, p. 42, 50 et suiv.; droit administratif, 6° édition, n° 910 ; Aubry et Rau, 5e édit., t. 2, n° 48 — Berthélemy, droit administratif, t. Ier, p. 380 ; — Dalloz, V° domaine public, n°s 4 et suiv.; — De Récy, *loc. cit.*, n° 539 et suiv.: Weiss à son cours. — *Contrà* : — Hauriou, 3e édit., p. 615.

sonne. Cette solution nous paraît seule compatible avec l'affectation des dépendances du domaine public aux usages communs de la collectivité.

Si le domaine n'est, comme nous le croyons, la propriété de personne, il s'en suit qu'il n'existe pas, à vrai dire, de domaine public national, départemental et communal. Il n'existe en réalité qu'un seul domaine public, placé sous la surintendance de l'État. Toutefois, comme la variété des intérêts, dont l'État a le souci, ne lui permettrait pas d'exercer efficacement sa surveillance sur un ensemble de biens aussi vaste, l'État se décharge, par délégation, sur le département et la commune, du soin d'entretenir et de conserver certaines portions du domaine public : le domaine public départemental et communal sont donc, en définitive, le résultat d'un partage d'attributions entre l'État et les deux autres unités administratives (1). Comme contre-partie de cette charge, c'est au département et à la commune qu'appartient le droit de prélever les taxes et de percevoir les revenus, auxquels peuvent donner lieu les dépendances du domaine public, dont l'entretien et la surveillance leur sont confiés (2).

(1) Weiss, à son cours.
(2) La question donne lieu toutefois à contestation en ce qui concerne le département (V. ci-dessous nos 103 et 243).

TITRE PRÉLIMINAIRE

Dispositions Générales.

1. — Inaliénabilité des dépendances du domaine public. — Aux termes de l'article 538 du Code civil, les dépendances du domaine public ne sont pas susceptibles de propriété privée. Cette disposition est conforme à la destination du domaine public : dès lors qu'une chose est affectée à un usage public ou à un service d'utilité générale, elle ne peut être accaparée par un seul et faire l'objet d'une appropriation privée. Les choses du domaine public, étant insusceptibles de propriété privée, sont inaliénables et imprescritibles. Le principe, sans avoir été formulé expressément dans aucun texte législatif, trouve sa consécration dans les articles 1128, 1598 et 2226 du Code civil, qui déclarent inaliénables et imprescriptibles toutes les choses placées hors du commerce. Or, on entend précisément par commerce, — en cette matière — l'ensemble des transactions qui aboutissent à la propriété privée (1).

2. — L'aliénation forcée en est impossible, aussi bien que l'aliénation amiable. — L'inaliénabilité du domaine public s'oppose à ce que personne puisse devenir propriétaire, par quelque mode que ce soit, des choses qui en font partie, tant qu'elles conservent leur destination : l'aliénation forcée en est impossible, tout aussi bien que l'aliénation amiable. Elle sont, par suite aussi, insaisissables, la saisie

(1) Hauriou, *Traité de droit administratif*, 3e édit., p. 626.

immobilière étant le préliminaire de la vente, et n'ayant d'utilité, qu'à la condition d'être suivie de vente (1).

3. — LA PROCÉDURE D'EXPROPRIATION NE S'APPLIQUE PAS, EN PRINCIPE, AUX DÉPENDANCES DU DOMAINE PUBLIC. — Les choses du domaine public ne peuvent non plus, en principe, faire l'objet d'une expropriation pour cause d'utilité publique. La procédure d'expropriation pour cause d'utilité publique n'est faite, en effet, que pour les biens qui dépendent de la propriété privée, et elle a précisément pour objet de faire passer ces biens dans le domaine public (2).

Si donc un terrain, dépendant du domaine public, vient à être compris dans un arrêté préfectoral de cessibilité, et que le tribunal prononce l'expropriation de ce terrain, son jugement pourra être déféré à la Cour de cassation pour violation des principes déposés dans les articles 537 et suivants du Code civil (3).

Cependant, l'expropriation pour cause d'utilité publique pourvoit, elle aussi, à des nécessités d'ordre général, et les travaux qu'il s'agit d'exécuter, ont, peut-être, une utilité bien plus grande que celle de telle ou telle dépendance du domaine public.

La difficulté se résoudra à l'amiable, sans qu'il soit nécessaire de passer par la voie de l'expropriation : c'est entre deux personnes administratives que le conflit

---

(1) ARG : Art. 1598. Les biens du domaine privé de l'État sont également — quoique pour d'autres raisons — insaisissables. Le domaine privé des autres personnes morales administratives ne peut être saisi qu'après autorisation.

(2) V. Cass. civ., 20 décembre 1897 (chemin de fer d'Orléans). D. 99. 1. 257 ; et les renvois.

(3) Cass., 17 février 1847. S. 47. 1. 815, D. 47. 1. 315 ; 3 mars 1862, (Ville de Fécamp). S. 62. 1. 468. — V. circ. Min. de la Guerre aux Préfets du 27 sept. 1855, citée par BÉQUET, *loc cit.*, n° 563 ; La loi du 30 mars 1887, sur les monuments historiques, a mis les monuments classés hors du droit commun, en ce qui concerne l'expropriation.

s'élève : une commune veut, par exemple, élever un édifice public sur le sol d'une route nationale ; l'État, faire passer un chemin de fer sur le réseau vicinal ; le Ministre de la Guerre, établir un ouvrage de défense sur une dépendance du domaine public terrestre ou maritime. Une entente amiable suffira à concilier les intérêts en jeu : l'autorité compétente désaffectera le terrain, objet du conflit, et le remettra aux mains de la personne morale qui poursuit l'exécution des travaux (1).

Si la procédure d'expropriation pour cause d'utilité publique est étrangère aux biens du domaine public, il ne faudrait pas aller toutefois jusqu'à dire que ces biens sont, par essence, réfractaires à l'expropriation. Il est évident en effet, qu'il dépend de la personne administrative chargée de la garde de la portion du domaine public dont fait partie le terrain exproprié, de laisser la procédure d'expropriation suivre son cours et d'acquiescer ainsi à l'expropriation. En vertu de cet acquiescement, le terrain exproprié se trouvera en fait retranché du domaine public, sans qu'il ait été nécessaire de recourir à un acte spécial de désaffectation (2).

4. — Sᴀɴᴄᴛɪᴏɴ ᴅᴇ ʟ'ɪɴᴀʟɪᴇ́ɴᴀʙɪʟɪᴛᴇ́. — La sanction de

---

(1) Weiss, à son cours. — Naît alors la question de savoir si la personne morale dépossédée a droit ou non à indemnité. La solution de cette question dépend du parti que l'on prend sur la question, beaucoup plus générale, de savoir s'il n'existe qu'un seul domaine public, réparti entre les trois unités administratives : État, département et commune, ou si chacune de ces personnes morales possède un domaine public propre. Aucune indemnité ne pourrait être prétendue, dans le premier système, en faveur duquel nous penchons ; tandis qu'une indemnité paraîtrait dûe dans le second. (V. sur ce point, les observations de M. l'avocat général Sarrut, sous Cass., 20 décembre 1897 précité. D. 99, 1. 287)

(2) Voy. en ce sens : Cass., 8 mai 1865 (Compagnie P.-L.-M.-), cité par Bᴇ́ǫᴜᴇᴛ, *loc. cit.*, nᵒ 516 ; 29 décembre 1868 (chemin de fer de l'Ouest). D. 69. 1. 220 ; — Cf. Pɪᴄᴀʀᴅ, *Traité des eaux*, t. III, p. 149.

l'inaliénabilité consiste dans la nullité radicale de la vente qui aurait pour objet un bien, faisant partie du domaine public. La vente est inexistante, et cette inexistence, qui tient à une impossibilité juridique, peut, conformément aux principes, être invoquée par tous les intéressés, par conséquent par l'acheteur lui-même (1).

Mais l'acheteur pourra-t-il agir en garantie contre l'administration avec qui il a traité ?

On l'a soutenu.

La vente, a-t-on dit, bien que nulle, produit tous les effets du contrat non incompatibles avec l'inaliénabilité du domaine public. Celle-ci s'oppose à ce que la propriété passe à l'acheteur, mais elle n'empêche pas la vente de produire certaines obligations, à la charge du vendeur : notamment l'obligation de délivrance, qui se transforme, comme toute obligation de faire, en dommages-intérêts en cas d'inexécution (2).

La solution est la même que dans le cas de la vente de la chose d'autrui.

Cette assimilation ne paraît pas acceptable. La vente de la chose d'autrui est nulle, en ce sens qu'elle ne peut aboutir à un transfert immédiat d'une propriété qui n'appartient pas au vendeur, mais elle est susceptible de produire certains effets juridiques, car le vendeur a contracté l'obliga-

---

(1) Le moyen, tiré de l'inaliénabilité du domaine public, étant d'ordre public, peut être invoqué pour la première fois devant la Cour de Cassation (Cass., 9 avril 1856, État c. commune de Montigny S. 56. 1. 808. D. 56. 1. 187). Mais il est indispensable que les juges du fond aient été mis à même de connaître le fait servant de base au grief, et d'en vérifier la réalité (V. Crépon, du pourvoi en cassation, t. II, nᵒˢ 1056 et suiv.).

(2) Voy. en ce sens : Grenoble, 11 janvier 1865. S. 65. 2. 140; Douai, 9 mai 1842 : jurisprudence de Douai, 1843, p. 78 ; — LAURENT, t. 24, nᵒ 1247; — AUBRY et RAU, 4ᵉ édit., t. 4, p. 354, § 351, note 45 . — BÉQUET, *loc. cit.*, nᵒ 557 ; — ARNTZ, *Cours de droit civil français*, t. 2, nᵒ 954.

tion de délivrance, et il doit indemniser l'acheteur, s'il ne satisfait pas à cette obligation de faire ; de même il a contracté, comme suite de l'obligation de délivrance, l'obligation de garantie, et il est tenu de dommages-intérêts envers l'acheteur, si celui-ci vient à être évincé de l'objet vendu.

La vente d'un bien compris dans le domaine public, est, au contraire, radicalement nulle, même au point de vue du contrat qui l'a réalisée. Les choses hors du commerce ne peuvent en effet faire l'objet d'aucune convention, qui irait contre le but que le législateur s'est proposé en mettant la chose hors du commerce (1).

L'administration ne peut donc pas contracter l'obligation de délivrer, — qui serait nulle, comme contraire à l'ordre public ; elle ne peut davantage, et pour les mêmes raisons, contracter l'obligation de garantie, — sinon l'inaliénabilité du domaine public ne serait plus qu'un vain mot, puisque l'administration, devant indemniser l'acquéreur évincé, ne pourrait exercer la reprise du bien indûment aliéné sans se heurter à la maxime : *Quem de evictione tenet actio, eumdem agentem repellit exceptio.*

L'acheteur n'est cependant pas complètement désarmé à l'encontre de l'administration qui le dépossède.

Evidemment, d'abord, il a une action en répétition de l'indû, pour obtenir la restitution du prix payé.

De plus, il aura, dans certains cas, une créance en dommages-intérêts fondée, non sur l'inexécution d'un contrat dépourvu d'existence légale, mais sur un quasi délit : La vente d'une chose hors du commerce peut, en effet, constituer une faute de la part de l'administration : dans le cas, par exemple, où l'acheteur, supposé de bonne foi, aurait été induit en erreur, par le fait de ses agents. La responsabilité de l'administration trouvera alors son fondement dans le principe général édicté par les articles 1382 et 1383 du Code civil (2).

(1) Weiss, à son cours.
(2) Cass. 11 février 1878 (Ville de Lille) D. 79. 1. 398 ; S. 79. 1.

5. — Si la vente n'avait porté que pour partie sur un immeuble dépendant du domaine public, la nullité ne devrait frapper que la vente de la partie inaliénable comprise dans l'opération. Toutefois, l'acquéreur pourrait, semble-t-il, par application de l'article 1636 du Code civil, réclamer la résiliation intégrale du contrat « si l'éviction portait sur une partie de la chose de telle importance relativement au tout que l'acquéreur n'eut point acheté sans la partie dont il a été évincé (1) ».

6. — Ainsi, les biens du domaine public sont indisponibles entre les mains de l'administration, qui en a la garde, et cette indisponibilité est une conséquence nécessaire de leur destination : le domaine public doit rester à la disposition de la masse des citoyens.

7. — Les mêmes raisons qui font que les biens affectés aux usages de tous ne peuvent être aliénés ni prescrits, s'opposent-elles pareillement a l'exercice de tous droits privatifs sur les dépendances du domaine public ? — En d'autre termes, nul citoyen ne peut-il jamais être admis à retirer des biens du domaine public aucun avantage particulier autre que ceux qui lui appartiennent *jure civitatis*, en qualité de membre de la collectivité ?

La question se résout, par une distinction.

Nulle jouissance privative du domaine public n'est possible, qui aurait pour résultat de supprimer, ou simplement de compromettre, le libre exercice des droits de tous : les biens du domaine public doivent être, avant tout, conservés à leur destination.

L'on ne voit, par contre, aucun obstacle de principe à ce que des usages privatifs soient exercés sur le domaine

196 ; — 30 mai 1881, département de la Seine ; — Duvergier, vente, t. 1. p, 218, de Folleville, vente de la chose d'autrui, n° 72. — Weiss, à son cours.

(1) V. Trib. de la Seine, 7 août 1879. Béquet, *loc. cit.*, n° 560.

public, dès lors qu'il n'en peut résulter aucune atteinte aux droits de la communauté.

Nous dirons donc qu'il ne saurait exister de jouissances privatives sur le domaine public qu'autant et que, dans la mesure, où ces jouissances privatives sont compatibles avec la destination des biens sur lesquels elles portent.

Cette règle étant posée, nous nous demanderons d'abord si les biens du domaine public sont assujettis aux charges qui forment le droit commun de la propriété en France.

Nous traiterons ensuite des différentes permissions ou autorisations qui peuvent être consenties par l'administration, sur les dépendances du domaine public.

TITRE PREMIER

LES BIENS DU DOMAINE PUBLIC SONT-ILS ASSUJETTIS AUX CHARGES QUI FORMENT LE DROIT COMMUN DE LA PROPRIÉTÉ EN FRANCE ?

8. — Les servitudes consacrées par la loi, dans les articles 640 à 686 du Code civil ne s'appliquent pas, en principe, aux biens du domaine public, qui sont en dehors du droit commun de la propriété. — Les biens du domaine public sont en dehors du droit commun de la propriété. Les restrictions apportées par la loi à l'exercice du droit de propriété, ne les atteignent donc pas, en principe. Le Code civil, en particulier, ne traite d'ailleurs, d'une manière générale, que des choses qui sont dans le commerce (1); c'est, par conséquent, à ces choses là, seulement, que s'appliquent les dispositions des articles 640 à 686, qui organisent et règlementent les servitudes naturelles et légales.

9. — Il serait, toutefois, inexact de conclure de là, que le domaine public échappe à toutes les charges qui grèvent la propriété foncière, entre les mains des particuliers.

10. — Servitudes naturelles. Art. 644, Art. 646. — En ce qui concerne les servitudes « naturelles », le domaine public est soustrait aux servitudes qui résultent des articles 644 et 646 du Code civil.

A l'inverse des riverains des cours d'eau non navigables

(1) V. l'exposé des motifs ci-dessus reproduit page 11.

ni flottables, les riverains des cours d'eau du domaine public, n'ont aucun *droit* sur les eaux qui y circulent.

Les propriétaires, contigüs au domaine public, ne peuvent point, d'autre part, exercer contre l'administration l'action ordinaire en bornage de leurs propriétés. Ils peuvent simplement demander qu'il soit procédé à la délimitation des fonds, dépendant du domaine public. Cette délimitation rentre exclusivement dans les pouvoirs de l'autorité administrative, qui l'opère en tenant compte des nécessités auxquelles elle est tenue de pourvoir. Elle n'a lieu, d'ailleurs, que sous réserve des droits des tiers. Ceux-ci, quand ils prétendent que leur propriété a été à tort englobée dans le domaine public par une délimitation inexacte, peuvent se pourvoir devant le Conseil d'État, soit après recours au Ministre, soit directement pour excès de pouvoirs, à l'effet de faire rectifier les actes de délimitation qui porteraient atteinte à leurs droits. Ils peuvent encore s'adresser à l'autorité judiciaire, à l'effet de faire reconnaître le droit de propriété invoqué par eux devant elle, c'est-à-dire de faire déterminer les limites naturelles du domaine public, et d'obtenir une indemnité pour la parcelle indûment comprise dans la délimitation administrative (1).

11. — Servitude de l'article 640. — Mais le domaine

---

(1) Aubry et Rau. 5e édit., t. 2, § 199, et les notes reproduisant les différentes phases par lesquelles a passé, sur la question, la jurisprudence du Conseil d'Etat, de la Cour de cassation et du tribunal des conflits.

V. Cass. 4 février 1891. D. 91. 366 ; et les observations de M. Brémond, *Revue critique*, 1891, p. 637 ; cass. 24 janvier 1893. D. 93. 1. 281. — D'après le tribunal des conflits, le tribunal saisi devra d'abord rechercher s'il y a eu empiètement et, dans le cas de l'affirmative, impartir au préfet un délai pour qu'il modifie sa délimitation. C'est seulement au cas où l'administration n'obéirait pas à cette mise en demeure, que le tribunal pourrait la condam-

public est soumis à la servitude d'écoulement des eaux, consacrée par l'article 640. C'est, en effet, une loi de nature que les eaux découlent des fonds supérieurs vers les fonds inférieurs, et les fonds de domaine public y sont assujettis comme tous les autres, sauf l'application des règlements de voirie (1).

12. — Servitudes légales. — Si l'on passe aux servitudes qualifiées de « légales », il faut distinguer, suivant qu'elles ont pour objet l'utilité publique ou l'utilité privée.

13. — *A. Servitudes légales d'utilité publique.* — Les servitudes légales d'utilité publique, fondées : soit sur des motifs de sûreté ou de salubrité publique, soit sur des raisons d'économie sociale ou sur l'intérêt de la défense nationale, et résultant de lois administratives nombreuses, grèvent en principe les biens du domaine public, comme ceux des particuliers (2).

ner à payer une indemnité au demandeur (Conflit 1er mars 1873. D. 73. 3. 65. Leb. p. 80 ; — 11 janvier et 1er mars 1883). — Cf. Huc. t. IV. p. 78 ; Démolombe, t. II, n° 263. — Baudry-Lacantinerie et Chauveau, *loc. cit.*, n° 907.

(1) En ce sens, Baudry-Lacantinerie et Chauveau, *loc. cit.*, n° 822. — Cass. 2 mars 1855. S. 55. 1. 550. — Laurent, 5e édit., t. VII. p. 153 ; Aubry et Rau, 5e édit., t. III, p. 12, notes 2 et 3 et les autorités qui y sont citées. — C. Et. 6 janvier 1853. Leb. p. 53. — *Contrà.* Aucoc. conf. III, n° 1114. Cf. C. Et. 8 août 1892. V. spécialement, en ce qui concerne les cours d'eau, Picard t. III, p. 47 ; *Pand. franç.* V. cours d'eau n°s 121 et 122. — Il a été jugé, par application de la règle déposée dans l'art. 640, que la canalisation de la partie inférieure d'une rivière et la concession à perpétuité faite à un particulier ou à une Compagnie du canal de navigation ainsi créé, ne saurait avoir pour effet légal et virtuel d'affranchir cette partie de la rivière de la charge naturelle et originaire attachée à toute rivière de recevoir les eaux de toutes sortes, même industrielles et ménagères, qui viendraient y affluer, par la pente naturelle du terrain. Cass. 4 juin 1872. S. 72. 1. 263.

(2) V. Baudry-Lacantinerie et Chauveau, *loc. cit.*, n° 927 ;

L'administration — en vertu des pouvoirs généraux de police qui lui appartiennent, — demeure toutefois maîtresse de soustraire, en fait, les dépendances du domaine public à telle ou telle des servitudes légales d'utilité publique. Chargée de concilier entre eux les divers intérêts d'ordre général dont elle a la garde, elle est libre de faire prédominer l'un ou l'autre, suivant qu'il lui paraît conforme aux besoins de la collectivité. Supposons, par exemple, qu'un chemin de fer ou une route soient situés dans la zône des servitudes militaires. Deux intérêts généraux se trouvent ici en conflit : l'intérêt de la défense nationale, et celui de la circulation. La conciliation entre ces deux intérêts est du domaine de l'administration, qui, selon les circonstances, fera prévaloir celui auquel il sera le plus urgent de satisfaire : l'intéret de la défense nationnale, en temps de guerre, et, en temps de paix, l'intérêt de la circulation (1).

14. — *B. Servitudes légales d'utilité privée.* — Il en est autrement des servitudes légales d'utilité privée.

Destinées à faciliter les rapports de contiguité et de voisinage entre fonds appartenant à des propriétaires différents, et consistant en des obligations réciproques imposées à cet effet aux propriétaires voisins, les servitudes de cette espèce supposent essentiellement des immeubles soumis au régime de la propriété privée.

15. — *a) Mitoyenneté.* — Les immeubles du domaine public échappent donc à la servitude des articles 653 et suivants du Code civil, relatifs au mur et au fossé mitoyen. Le droit, accordé par l'article 661, à tout propriétaire, joignant un mur d'en acquérir la mitoyenneté, ne s'étend

PROUDHON, domaine public, t. III, n° 478 et suiv.; FUZIER-HERMANN, *Code civil*, sous article 650, n° 1.

(1) GAUTIER, Précis des matières administratives dans leur rapport avec le droit civil, p. 125-126 ; Cf. Toulouse, 13 mai 1831. S. 2.276.

pas au cas où le mur fait partie d'un édifice dépendant du domaine public (1). Etant une co-propriété, la mitoyenneté ne saurait exister sur un mur qui n'est point dans le commerce. — C'est ce qui a été jugé, notamment, quant aux murs d'une église (2), d'un arsenal (3), d'une prison, d'un cimetière (4), aux murs de soubassement d'une place publique (5), aux murs de clôture d'un chemin de fer, etc.

L'opinion générale tendant à exclure du domaine public les hôtels des ministères, des préfectures et des sous-préfectures, il en résulte que les murs de ces édifices tombent, au contraire, sous le coup de la disposition de l'article 661 du Code civil (7). Il en est de même pour les presbytères, qui ne sont généralement pas considérés comme des dépendances du domaine public (8).

16. — *b) Art. 671. C. Civ.* — Les arbres qui bordent les routes ou les places publiques ne participent pas, d'après l'opinion de la majorité des auteurs, au caractère

---

(1) Pardessus, t. I, n° 43 ; — Massé et Vergé, s. Zachariæ, t. II, p. 173, § 322, note 20 ; — Demolombe, t. II, n° 356 ; — Aubry et Rau, 5ᵉ éd., t. II. p. 611 ; — Huc, t. IV, p. 403 ; — Ducrocq, des édifices publics, n° 11 ; — Laurent, t. VII, n° 509 ; — Fuzier-Hermann, sous l'art. 661, n° 1 et suiv.

(2) Cass., 5 déc. 1838. S. 39, 1. 33 ; — D. 39, 1. 5 ; Trib. Bruxelles, 20 janv. 1886 ; — Pasicrisie, 86, 3. 275.

(3) Douai, 21 août 1865, S. 66. 2. 229.

(4) Trib. de Lyon, 24 janvier 1866. D. 67. 345.

(5) Cass., 16 juin 1856, S. 59. 1. 122 ; D. 56. 1. 423 ; Aix, 24 juillet 1855, D. 56. 2. 210 ; Bordeaux, 5 avril 1870. S. 70. 2. 206. D. 71. 2. 55.

(6) Avis Cons. Et. du 13 avril 1880, cité par Béquet. V. domaine public, n° 629.

(7) Paris, 18 février 1854, D. 54. 2. 178, S. 54. 2. 178 ; — Demolombe, t. XXI, n° 356 ; — *Contrà*, Aubry et Rau, 5ᵉ édit., t. II, p. 611, note 51 ; — Laurent, *loc. cit.*

(8) Solut. Min. Int. 1868, S. 69.2.186. — (*Bul. off. Min. Int.*), p. 15 ; *Sic.* : Gaudry, *Traité du domaine*, t. III, n° 631 ; — Bressolles, *Journal de droit administratif*, t. XI, p. 119 ; — Ducrocq, des édifices publics, n° 89 ; — Laurent, *loc. cit.*

domanial de la route ou de la place. Les plantations faites sur ces voies, de même que sur les autres dépendances du domaine public, sont-elles, dès lors, soumises au droit commun de l'article 671, qui détermine la distance à laquelle les arbres plantés sur un fonds par son propriétaire doivent-être tenus du fonds voisin ?

Nous ne le croyons pas, la règle édictée par l'article 671 ayant exclusivement trait à la propriété privée (1). La Cour de cassation décide, d'ailleurs, à l'inverse, que la disposition prohibitive de l'article 671 ne s'applique pas aux plantations établies sur leurs fonds par les riverains d'une voie publique (2). Il est vrai toutefois, que la situation n'est pas absolument la même, dans l'une et l'autre hypothèse. Le but de l'article 671, est d'empêcher que l'ombrage, les branches et les racines ne nuisent aux propriétés contigües et aux récoltes. Or, s'il est évident que les voies publiques n'ont rien à redouter à ce point de vue des plantations effectuées par les riverains, ces derniers, au contraire, peuvent avoir à souffrir des arbres qui bordent les voies publiques, tout comme de ceux qui sont plantés sur les propriétés voisines.

Il appartiendra donc à l'administration de prendre les dispositions nécessaires, pour sauvegarder les intérêts des populations riveraines, dans les plantations qui seront effectuées sur le domaine public.

____

(1) *Sic.* GUILLAUME, *Traité de la voirie urbaine*, 4ᵉ éd , n° 48. V. Cependant, en sens contraire : Toulouse, 1ᵉʳ mars 1855, S. 57. 2. 217 ; D. 55. 2. 330, — qui a condamné un Maire à arracher des arbres de haute tige plantés en deçà de la distance légale, sur une place publique ; et, Trib. de Lyon, 24 janv. 1886, D. 67, 3. 46, qui a déclaré l'art. 671 applicable aux arbres plantés dans un cimetière.

(2) Cass., 16 déc. 1881 (Min. public c. de Roquelle-Buisson). D. 822. 1. 185 : S. 84, 1. 94. Cf. : CURASSON, *Compétence des juges de paix*, t. II, p. 474. — *Pandectes françaises*, Vᵒ arbres, nᵒˢ 415 à 420.

17. — *c) Des vues et des jours.* — Les restrictions apportées par les articles 675 à 680 au droit du propriétaire d'ouvrir sur le fonds voisin des jours et des vues, laissent également en dehors d'elles les dépendances du domaine public.

En ce qui concerne l'article 675, il est sans application possible aux immeubles du domaine public, puisque, comme il a été dit plus haut, les murs qui font partie de ces immeubles ne sont pas susceptibles de mitoyenneté. Si donc, après expropriation de la maison adossée à un mur mitoyen, le sol, sur lequel le bâtiment était élevé, vient à être incorporé au domaine public, la prohibition de l'article 675 cesse aussitôt de recevoir son application (1).

Quant aux dispositions des articles 676 à 680, relatives aux vues droites ou obliques qu'il est permis au propriétaire de prendre sur l'héritage voisin, elles sont, d'après une jurisprudence constante, inapplicables aux vues ouvertes sur la voie publique (2) « ces dispositions ayant pour unique objet de régler les rapports de voisinage entre propriétaires voisins ». Le droit de prendre des vues droites ou obliques sur la voie publique ne souffre donc d'autres restrictions que celles qu'il appartient à l'administration de déterminer dans l'intérêt général.

Il en est de même — pour les mêmes raisons — du droit

____

(1) Cass., 31 janvier 1849, D. 49. 1. 96 ; 21 juillet 1862, S. 62, 1. 796 ; D. 62, 1. 373 ; — 31 janv. 1866, S. 66, 1. 96; D. 66. 1. 257 ; — 1er juillet 1879, S. 80. 1. 118. AUBRY et RAU, 5e éd.. t. II, § 222, p. 609, note 48 ; BAUDRY-LACANTINERIE et CHAUVEAU, *loc. cit*, n. 1026.

(2) FUZIER-HERMANN, sous l'art. 678, n° 22, les arrêts et les auteurs cités. Addè : civ. req., 25 juin 1895, D. 96. 1. 73 ; 28 octobre 1891, S. 92. 1. 23 ; Bordeaux, 12 nov. 1889. D. 90. 1. 244, et les renvois ; BAUDRY-LACANTINERIE et CHAUVEAU, *loc. cit.*, n° 1040 ; LAURENT, t. VIII, n°s 47, 50 ; AUBRY et RAU, 5e éd., t. II, § 196, p. 319, et les autorités rapportées, note 30.

d'ouvrir des vues sur toute autre dépendance du domaine public : sur les promenades et les places publiques (1), sur les fleuves et les rivières (2), sur les canaux (3), sur les chemins de fer (4), sur les dépendances du domaine militaire (5), etc., — sous réserve, toutefois, pour les propriétaires qui voudraient élever des constructions prenant leurs jours sur l'une ou l'autre de ces deux dernières catégories de biens, de respecter, d'autre part, dans l'implantation de ces constructions, les distances prescrites, tant par la loi du 15 juillet 1845 sur la police des chemins de fer, que par le décret du 10 août 1853 sur les servitudes militaires.

Inversement, les immeubles du domaine public échappent à la servitude des articles 678 à 680 du Code civil.

(1) Béquet, *loc. cit.*, n° 682.

(2) Laurent, t. VIII, n° 50.

(3) Besançon, 22 janvier 1868 (Revon), cité par Béquet, *loc. cit.* n° 695. Daviel, traité des eaux, t. I, p. 180. *Pand. franç.*, V° domaine, n°s 645 et suiv. Addè, Picard, t. III, p. 610. — V. aussi, Cons. d'Ét., 18 juillet 1884. Leb. p. 640. Ce n'est pas, toutefois, sans résistance que l'administration a admis la non-applicabilité aux propriétés riveraines des canaux, des dispositions contenues dans les articles 678 et 879. C'est ainsi, que la circulaire du Ministre des trav. pub. en date du 8 déc. 1879 sur les occupations temporaires du domaine public, porte que les vues droites dans les murs de façade, construits à l'alignement le long des canaux, ne doivent être autorisées que moyennant une redevance, rappelant le caractère précaire de l'autorisation (V. dans le même sens : art. 51 du règlement de police pour la navigation du 1er mai 1882). Aussi, n'est-ce qu'avec d'expresses réserves que fut insérée dans les *Annales des ponts et chaussées*, une étude de M. Doussot soutenant la thèse opposée (*Annales* 1881, t. II, p. 472). Depuis, le Ministre des Finances s'est rallié à cette thèse par une décision du 5 fév. 1886, relative au canal de Loing (Voy. Lechalas, Traité de droit administratif, t. II, 2e partie, p, 181).

(4) Béquet, *loc. cit.*, n° 708. Picard, chemin de fer, t. II; 937. *Contrà.* C. Et, 16 avril 1851, Leb., p. 274. S. 51, 2. 578 ; D. 51, 3. 35.

(5) Béquet, *loc. cit.*, n° 716.

Un édifice public pourrait donc, quelque gêne qui puisse
en résulter pour les propriétés voisines, avoir des vues sur
ces propriétés, à une distance inférieure aux zones déli-
mitées par les dits articles, sans que les propriétaires
soient fondés à réclamer la suppression de ces vues (1).

18 — *Droit des propriétaires riverains de la voie
publique, en cas de suppression de leurs vues.* — Mais
le propriétaire, qui vient à être privé lui-même de ses vues,
par suite de travaux exécutés sur le domaine public,
a-t-il droit à une indemnité pour le préjudice qui lui est
causé ?

Il faut distinguer.

S'il s'agit des riverains d'une voie publique, la jurisprudence décide qu'ils ne peuvent être privés de leurs
vues, sur cette voie publique sans indemnité (2). C'est un
droit, pour les riverains, d'ouvrir des vues sur la voie publique.

19. — α) *Nature de ce droit.* — Quelle est la nature
de ce droit ? Il ne saurait être question ici d'un droit de
servitude. Par sa définition même, le droit de servitude
suppose un rapport de propriétés privées; on se demande,
d'ailleurs, dans quelle catégorie de servitudes rentrerait
celle qui existerait ainsi au profit du riverain. Personne
ne conteste, au surplus, le droit pour l'administration de
supprimer les jours que les riverains prennent sur la

---

(1) V. *Pand franç. répertoire.* Vᵒ Domaine, nᵒ 665 ; — LÉCHA-
LAS, *loc. cit.*, p. 183 ; — BÉQUET, *loc. cit.*, nᵒˢ 706 et 709.

(2) Voy. en ce sens : Rouen, 2 juin 1892. BUREAU, D. 92, 2, 448
et sur pourvoi, 7 mai 1894. *Pand. franç.*, 1894, 1, 394 ; — Req.
15 avril 1890, D. 91, 1, 52 ; *Pand. franc.*, 90, 1, 562 ; — Cass.,
4 août 1880 (Benton) D. 80, 1, 446 ; S. 81, 1, 58 et 25 fév. 1880
(Lisse), D. 80, 1, 255 ; — Civ. req. 25 juin 1879, D. 79, 1, 342 ; —
5 fév. 1879 (Cuvelier), D. 79, 1, 52 ; S. 79, 1, 167 ; — Civ. cass.,
16 mai 1877 (Delaby), D. 77, 1, 431 ; S. 78, 1, 27 ; — Orléans,
5 mars 1869 (Ricoïs), D. 69, 2, 217 ; — C. Et., 8 août 1890, D. 92,
3, 38 ; — 4 janv. 1895. Leb. p. 18.

REGRAY   3

voie publique, soit qu'elle désaffecte celle-ci, soit qu'elle modifie l'état des lieux, et, de l'aveu de tous, le droit du riverain ne survit pas à cette transformation. Or, de droit commun, le propriétaire du fonds, débiteur de la servitude, ne peut rien faire qui tende à en diminuer l'usage (art. 701 du Code civil), et la violation de cette prohibition donne au propriétaire du fonds dominant le droit d'obtenir la suppression des innovations prescrites et le rétablissement des lieux dans leur ancien état.

Aussi, répudiant l'idée de servitude (1), a-t-on été amené à considérer le droit des riverains comme constituant un droit *sui generis* : ce serait le résultat d'une convention tacite, intervenue entre eux et l'administration, sous la garantie de la foi publique. « Au moment où s'ouvre la rue — disent MM. Baudry-Lacantinerie et Chauveau, (des biens n° 797) — il y a comme une offre faite aux riverains de bâtir, d'ouvrir des vues, d'utiliser la voie publique, conformément à sa destination, avec cet engagement sous-entendu : que les riverains ne pourront être privés des avantages acquis sans indemnité. Cette pollicitation et cette garantie se trouvent, pour ainsi dire, renouvelées et consacrées d'une façon expresse et spéciale, quand l'alignement est donné aux riverains ».

Ce système a été consacré par la jurisprudence la plus récente (2).

---

(1) Voy. toutefois en ce sens : GAUTIER, *Précis des matières administratives dans leur rapport avec le droit civil*, p. 122 ; — HUC, t. IV, n° 53 ; — TOULLIER, t. III, n° 479 et suiv. ; — PROUDHON, t. I, n° 363 ; — LAURENT, t. VII, n° 131 et suiv. ; — SOLON, *Traité des servitudes*, n° 414 et suiv. ; — FAVARD DE LANGLADE, *Répertoire*, t. V, V° servitudes, p. 136 ; — DALLOZ, *Répertoire*, V° servitudes, n° 76 ; V° propriété, n° 166, 1°. — ADDÈ, Req. 12 juillet 1842 ; Orléans, 30 juillet 1861 (Saran), D. 61, 2, 163 ; Cass , 16 nov. 1874 (Lecomte), D. 76, 2, 84.

(2) V. les arrêts cités note 2 (page précédente). Cf. en ce sens,

Ainsi, les riverains d'une voie publique ont, contre l'administration, une action en indemnité à raison de la suppression des vues qu'ils avaient sur la voie publique. Cette action en indemnité contre l'administration, est — dans le système admis avec raison, croyons-nous, par les tribunaux, — la seule qu'il leur appartienne d'exercer.

Ne disposant d'aucun droit réel sur le domaine public, ils ne sauraient, notamment, agir contre les acquéreurs de la portion de voie publique déclassée, pour se faire maintenir dans la jouissance de leurs droits et pour obtenir la démolition des ouvrages qui auraient été construits à leur préjudice (1).

Il en serait, toutefois, autrement si l'administration, en aliénant le sol déclassé, avait, pour se mettre à l'abri de tout recours de la part des riverains lésés, stipulé dans l'acte de vente que l'acquéreur serait tenu de supporter l'exercice des droits de vue, de passage ou autres. — Si, en effet, le déclassement d'une voie publique a pour conséquence de faire entrer le sol de cette voie dans le patrimoine de l'acquéreur, libre de tout droit réel, l'administration peut toujours, en vendant une portion du terrain déclassé, imposer à l'acquéreur l'obligation de laisser subsister les droits exercés par les riverains. Et l'acquéreur serait, dans ce cas, tenu de respecter cette clause, qui n'a rien de contraire à l'ordre public (2).

DALLOZ, *Répertoire,* V⁰ voirie par terre, n⁰ 122 ; — DEMOLOMBE, t. XII, n⁰ 699 ; — DURANTON, t. V, n⁰ 294 ; — BELIME, possession, n⁰ 283.

(1) Req., 27 mai 1851, D. 51.1.148 ; — Civ. rej., 16 mai 1877, D. 77.1.431 ; — Civ. Cass., 5 fév. 1879, D. 79 1.52 ; — Civ. Cass., 25 fév. 1880, D. 80.1.255. — Cf. AUBRY et RAU, 4ᵉ éd., t. III, § 249.

(2) Req., 15 avril 1890 (Petit), D. 91.1.52 ; *Pand. franç.* 90.1. 562 ; — Tribunal de Nevers. 5 novembre 1890 (de Pomereu) *Pand. franç.* 91.2 203 — Civ. rej., 25 juin 1879, D. 79.1.342 ; — Limoges, 23 mai 1882, D. 84.2.111.

20. β. *Compétence.* — L'autorité compétente, pour connaître de la demande des riverains en indemnité, est, suivant les cas, l'autorité administrative ou l'autorité judiciaire. — En principe, c'est, d'après la jurisprudence, au Conseil de préfecture qu'il appartient de connaître des réclamations formées par les riverains, à raison des changements apportés au niveau, à la largeur, à la pente et aux issues des voies bordant leurs propriétés (1). Mais cette même règle de compétence ne paraît pas applicable sans réserves au cas de suppression de la voie publique. Pris en eux-mêmes, les actes qui enlèvent à une voie classée son caractère, et ceux qui font passer ensuite le sol de l'ancienne voie, soit dans les dépendances du domaine privé de la commune, soit dans la propriété privée de particuliers, n'ont, en effet, en quoi que ce soit, le caractère de travaux publics. Il semble donc que, par application des principes généraux, ce soit aux tribunaux civils qu'il appartienne de connaître dans cette hypothèse, de la demande des riverains en indemnité.

Il faut, toutefois, observer que la suppression d'une voie publique se rattachera généralement d'une manière directe à l'exécution d'opérations de voirie : à des modifications apportées à l'assiette des rues ou des chemins, dans un intérêt public, de telle sorte, qu'en dernière analyse, le dommage subi par les riverains prendra presque toujours sa base dans l'exécution d'un travail public. Le Tribunal compétent pour connaître de l'action en indemnité sera donc, le plus souvent, le Conseil de préfecture, par application de l'article 4 § 3 de la loi du 28 pluviôse an VIII (2).

Nous avons envisagé jusqu'à présent l'hypothèse où le propriétaire, qui vient à être privé de ses vues, a son im-

---

(1) V. C. Et., 17 déc. 1886 (Ville de Chaumont), D. 88.3.37; — Conflits, 15 nov. 1879 (Auzon), D. 80.3 33; — 28 mars 1879, D. 79.3.69; — 14 juillet 1876, D. 77.5.444, etc.

(2) V. note sous conflits, 15 nov. 1879, D. 80.3.33.

meuble en bordure de la voie publique. La jurisprudence
admet ici l'existence d'un droit au profit du riverain, et
consacre en sa faveur le principe d'une indemnité, lorsque
la désaffectation de la voie publique ou l'exécution des travaux entrepris par l'administration, compromettent la
jouissance de son droit.

21. — *Cas où l'immeuble, dont les vues sont suppri-
mées, est contigu à une dépendance du domaine public
ne rentrant pas dans la catégorie des voies terrestres
de circulation.* — Si l'immeuble, dont les vues sont obs-
truées, n'est pas contigu à la voie publique, mais à une
dépendance du domaine public, ne rentrant pas dans la
catégorie des voies ouvertes à la circulation générale, les
mêmes règles ne sont pas applicables.

. Le quasi-contrat, qui est la base du droit du riverain à
indemnité, dans l'hypothèse précédente, fait, en effet, ici
défaut. Il en résulte que l'administration peut masquer
les vues des propriétaires voisins, sans être tenue vis-à-vis
d'eux d'aucuns dommages et intérêts.

C'est ce qui a été jugé, notamment, à l'égard des vues
donnant sur une promenade publique non affectée à la
circulation générale (1), et sur le rivage de la mer (2), et
il faut décider de même, pour les mêmes raisons, des vues
ouvertes sur les chemins de fer et leurs dépendances,
les avenues d'accès, notamment lorsqu'elles n'ont pas
fait l'objet d'un classement de voirie; sur les fleuves et
rivières navigables (3); sur les dépendances des ports non

---

(1) Poitiers, 31 janvier 1837. S. 37 2.78. V. Béquet, *loc. cit.*,
nᵒˢ 682-683.

(2) Trib. civ. de Marseille, 19 mai 1880, cité par Béquet, nᵒ 690.

(3) Cons. d'Et., 24 février 1893, D. 94.3.39. L'administration
pourrait donc, en élevant le lit du fleuve ou en établissant des
constructions sur le chemin de halage, priver les riverains de leurs
vues sans indemnité. On suppose, bien entendu, que le chemin
de halage n'a été classé ni comme route, ni comme chemin
vicinal.

ouverts à la circulation générale (1) et sur les canaux.

En ce qui concerne les canaux, on peut citer, toutefois, en sens contraire, deux arrêts de la Cour de Besançon à la date du 22 janvier et du 14 février 1876 (2), qui ont reconnu le droit à indemnité d'un propriétaire riverain de la Saône canalisée, lequel avait été privé de ses vues, par suite de la construction d'une maison éclusière, élevée par l'État entre son terrain et la Saône. La Cour, ayant d'ailleurs renvoyé les parties devant l'autorité administrative, pour être statué sur le chiffre des dommages et intérêts (arrêts de 1876), et le pourvoi, dirigé contre cet arrêt pour violation de l'article 4 § 3 de la loi du 28 pluviôse an VIII ayant été rejeté, par le motif que le renvoi devant les tribunaux administratifs prononcé par la Cour d'appel laissait ceux-ci libres de refuser ou de reconnaître le droit à indemnité et non pas seulement d'en fixer le chiffre (3), le Conseil d'État, saisi de l'affaire, a décidé à son tour que le préjudice, subi par le riverain, n'était pas de nature à lui ouvrir un droit à indemnité.

L'arrêt relève, il est vrai, cette circonstance que le bâtiment, masquant les vues, avait été édifié à deux mètres de la maison dans laquelle les fenêtres étaient pratiquées. Mais l'on ne saurait, suivant nous, voir dans cette constatation un élément essentiel de la décision. La demande du riverain en indemnité, ne pouvait être accueillie, parce qu'elle était dépourvue de tout fondement légal, le voisinage d'une dépendance du domaine public autre que celles qui sont affectées à la circulation générale ne conférant aucun droit à la vue sur cette dépendance du domaine

____

(1) Mais non pas sur les quais. Les riverains des quais, — véritables voies publiques, — ont les mêmes droits que les riverains des routes et des chemins.

(2) BEQUET, *loc. cit.*, n° 695 et suiv.

(3) Rej., 28 mai 1878.

public. C'est ce principe que la Cour de Besançon paraît avoir méconnu.

22. — *d) Des accès.* — Ce qui vient d'être dit des vues, s'applique également aux accès. Les riverains d'une voie publique affectée à la circulation générale, ont un droit à l'accès, comme à la vue, sur cette voie publique, et ils ne peuvent en être privés sans indemnité. L'accès sur la voie publique, est conforme à la destination de la voie, et il contitue incontestablement l'un des avantages que le riverain a dû prévoir, lors du quasi-contrat intervenu entre lui et l'administration, au moment de l'ouverture du chemin.

Mais le droit d'accès ne peut, comme le droit de vue, être réclamé que sur les parties du chemin normalement affectées à la circulation. Il ne saurait l'être sur les promenades publiques ne faisant pas partie des voies de communication régulièrement classées (1), sur les pépinières, les chambres d'emprunt, les gares de matériaux, sur un marché municipal, n'ayant pas le caractère d'une voie publique (2), sur les fortifications et remparts (3), sur les chemins de fer et leurs dépendances, telles que voies d'accès non classées comme voie nationale, départementale vicinale, ou urbaine (4), sur le rivage de la mer (5).

En ce qui concerne les cours d'eau navigables, la faculté de pratiquer des accès est absolue, et le riverain ne saurait

(1) C. Et., 23 janvier 1874. Leb., p. 94 ; S. 75.2.342 ; — 11 mars 1887. Leb., p. 211 ; 20 août 1888. Leb., p. 355. V. aussi revue d'administration 1887, t. II, p. 325, la note de M. Romieu.

(2) C. Et., 23 janvier 1874, précité.

(3) Nous croyons qu'il doit être décidé de même, en ce qui concerne les rues militaires. V. toutefois, en sens contraire, BEQUET, nᵒˢ 679 et 684.

(4) V. 1. 15 juillet 1845, art. 4 et 5 ; — Ordonnance du 15 novembre 1846, art. 61 ; — V., pour les avenues d'accès : avis sect. trav. publics, 9 juillet 1879 ; — C. Et., 27 août 1857, Leb., p. 58 ; 26 juin 1869, p. 630.

(5) PICARD, t. V, p. 126 ; — BÉQUET, *loc. cit.*, nᵒ 689.

en être privé sans indemnité, lorsque le chemin de halage qui borde le fleuve a le caractère d'une voie publique.

Lorsque la propriété du riverain aboutit au fleuve même, c'est évidemment un droit pour ce riverain de pratiquer des issues donnant sur la zone de son propre fonds réservé pour le halage, à condition de laisser cette zone libre dans la largeur prescrite par les règlements.

Sur les canaux — sur ceux, du moins, qui sont administrés par l'État ou concédés à titre temporaire et font partie du domaine public — les riverains ne peuvent pratiquer d'issues qu'avec autorisation de l'administration, et dans les conditions qu'elle croira devoir fixer. Ces ouvertures ne créent aucun droit à leur profit, et les riverains demeurent à la merci de l'administration, qui peut clore le canal et interdire la circulation sur les dépendances de la voie publique (1).

Le droit des riverains d'une voie publique à indemnité n'existe pas seulement, dans le cas de suppression complète des accès ; il existe encore, lorsque le riverain est mis dans l'impossibilité d'accéder à son immeuble, dans les mêmes conditions qu'autrefois, et que les conditions de l'accès sont rendues plus difficiles ou plus incommodes, soit, par suite de l'abaissement ou de l'exhaussement de la chaussée (2), soit que la rue ait été barrée à ses extrémités ou terminée par des escaliers (3). Il faut, d'ailleurs, pour qu'une indemnité puisse être due, que les changements réalisés soient tels « qu'il était présumable, d'après la commune intention des parties, que l'administration

____

(1) C'est en ce sens qu'il faut entendre les prescriptions du règlement de police du 1er mai 1882. V. *Pand. franç.*, V° domaine, n° 629 ; — BÉQUET, V° Eaux, n° 891. *Contrà*, HUSSON, *Traité de la législation des trav. publics*, p. 305.

(2) C. Et., 3 juin 1892, Leb., p. 540.

(3) C. Et., 21 mars 1861, Leb., p. 216 ; — 4 juillet 1872, p. 424 ; — 10 mars 1876, p. 260.

n'avait pas pris l'engagement de s'en abstenir, et que, dès lors, les propriétaires riverains ont pu s'y attendre (1) ».

Ne donnent pas lieu à indemnité, d'après la jurisprudence du Conseil d'État, le rehaussement d'une voie qui demeure praticable ; l'augmentation de la déclivité de cette voie ; la fermeture de l'une des issues d'une rue, dont l'autre demeure ouverte à la circulation (2).

Il faut, de plus, qu'il y ait un trouble effectif apporté à un état de choses préexistant, et il ne suffirait pas, pour que des dommages-intérêts fussent dûs, que les travaux aient eu pour effet de rendre irréalisable une amélioration dont le projet aurait été conçu *ex post facto* (3).

La question des modifications aux accès, par suite de l'exécution des travaux de voirie, se rattache, au surplus, à la matière des dommages causés à la propriété par l'exécution des travaux publics, et sort, par conséquent, du cadre de cette étude.

23. — *e) De l'enclave.* — Les dépendances du domaine public échappent encore à la servitude de passage, en cas d'enclave. On suppose qu'un héritage privé est séparé de la voie publique par une dépendance du domaine public non destinée à la circulation. Cela étant, le propriétaire de cet héritage ne pourra réclamer le passage sur cette dépendance du domaine public ; il devra chercher une issue par ailleurs, sur les propriétés particulières auxquelles il confine (4).

(1) Demolombe, *Servitude*, t. II, n° 699, § 3.
(2) C. Et. 28 déc. 1849 ; Rouen, 9 déc. 1878, S. 79.2.146 ; — C. Et., 13 juin 1873, Leb., p. 559 ; — 19 janvier 1883, Leb., p. 78 ; — 9 août 1880, Leb., p. 789 ; — 19 janvier 1883, Leb., p. 78.
(3) C. Et., 4 juillet 1872, Leb., p. 423.
(4) *Sic.* Béquet, *loc. cit.*, n° 630 et suiv. ; Aubry et Rau, 4e éd. t. III, p. 27, § 243 : — Huc, t. IV, n° 394 ; — *Contrà*, Laurent, t. VIII, n° 92 ; — Baudry-Lacantinerie et Chauveau, *loc. cit.*, n° 1052.

En matière de domaine public, c'est, en effet, la destination qui fait loi.

C'est donc à tort, suivant nous, que la Cour de Montpellier, par deux arrêts des 18 janvier et 20 décembre 1865, a décidé que la servitude d'enclave peut grever les francs-bords d'un canal, et s'acquérir par prescription sur cette dépendance du domaine public. — Il est vrai d'ajouter qu'il s'agissait dans l'espèce, non d'un canal de navigation, mais d'un canal de dessèchement, dont la domanialité publique n'était en réalité rien moins qu'établie (1).

Il a, au contraire, été jugé, avec raison, que la réserve d'un droit de passage sur un ouvrage dépendant d'un port, ne constitue pas une servitude opposable au domaine public ; mais, seulement, une faculté, dont l'exercice et la durée sont subordonnées aux conditions d'aménagement du port (2). L'administration, maîtresse du domaine public, reste toujours libre d'accorder, à titre de tolérance, la faculté de passage sur les biens qui en font partie, sauf au propriétaire, qui bénéficie de cette autorisation, à se la voir retirer, aussitôt qu'elle cessera d'être compatible avec l'intérêt public.

En ce qui concerne spécialement les chemins de fer, la loi du 15 juillet 1845 (art. 4) et l'ordonnance du 15 novembre 1846 (art. 61), s'opposent absolument à tout passage, à travers les dépendances de la voie ferrée. Le propriétaire d'un fonds enclavé perd donc le droit de passer, quand le fonds grevé vient à être incorporé à un chemin de fer (3). Serait, d'autre part, illicite la convention qui interviendrait entre la compagnie et le riverain,

(1) Montpellier, 18 janvier et 20 déc. 1865, sous Cassation, 11 nov. 1837, S. 68.1.30 ; V. Béquet, *loc. cit.*, n° 631.

(2) Trib. Caen, 3 juillet 1883. Rec. arr. Caen et Rouen, 1884. 1. 177.

(3) Gand, 21 juin 1884. Belgique, jud., 87, 86.

à l'effet de procurer à ce dernier, un droit d'accès sur la voie ferrée (1).

24. — *f) Servitudes d'aqueduc et de drainage.* — Enfin, les dépendances du domaine public restent en dehors des servitudes d'aqueduc et de drainage organisées par les lois des 29 août 1845, 11 juillet 1847 et 10 juin 1854 (2). Les travaux ne peuvent que faire l'objet d'une autorisation précaire, consentie par l'autorité administrative.

25. — *g) Égout des toits.* — L'article 681, relatif à l'égout des toits, est, comme toutes les dispositions du Code auxquelles il se rattache, exclusivement applicable à la propriété privée. L'Administration ne saurait donc prétendre assimiler aux héritages privés, que l'article 681 *in fine* protège contre l'écoulement des eaux provenant des toitures des fonds voisins, les dépendances du domaine public autres que celles sur lesquelles l'article 681 permet l'écoulement des eaux pluviales.

C'est à tort qu'elle prétendrait introduire dans ses arrêtés d'alignement, relatifs aux voies publiques ne rentrant pas dans la catégorie de celles prévues par l'article 681, une clause, obligeant le riverain à se conformer à la prohibition de l'article 681 *in fine*, et permettant de poursuivre, comme contravention de voirie, les infractions à cette disposition du Code civil (3).

Le Conseil d'État, statuant en ce sens, n'a pas hésité à annuler, pour excès de pouvoirs, un arrêté d'alignement, qui avait interdit au riverain, en vertu de l'article 681,

---

(1) Cass., 21 juillet 1874. S. 74.1.443 ; — Picard, ch. de fer, t. III, p. 676.

(2) Baudry-Lacantinerie et Chauveau, *loc. cit.*, nº 880 ; — Béquet, *loc. cit.*, nº 638 et les renvois. *Pand. franc.*, Vº domaine, nº 741 et suiv. Voy. C. Et., 8 mars 1860, Leb., p. 196 ; S. 61.3.43 ; Limoges, 1er mars 1881, S. 81.2.84.

(3) V. Picard, *Traité des eaux*, t. I, p. 59 ; — Béquet, *Répertoire*, Vº Eaux, nº 43.

d'écouler les eaux de sa toiture sur l'avenue d'accès d'une gare (1) ; deux autres arrêts ont relaxé le riverain d'une avenue d'accès, prévenu d'inobservation d'un arrêté d'alignement, qui visait aussi l'article 681 (2).

Les propriétaires d'immeubles, contigus au domaine public, peuvent donc, en principe, y déverser les eaux pluviales provenant de l'égout de leurs toits. — L'exercice de cette faculté est subordonné, toutefois, à cette condition, qu'il n'en résultera ni dommage pour le domaine public, ni obstacle à la jouissance commune.

L'administration puise, tant dans ses pouvoirs généraux de police, que dans les pouvoirs spéciaux de garde et de gestion qui lui appartiennent sur le domaine public, le droit de prendre, à cet égard, toutes mesures que commanderait l'intérêt public.

L'écoulement sur les routes et les rues des eaux pluviales provenant des toits des propriétés riveraines, est conforme à la destination de ces voies. Les riverains n'exercent pas seulement ici une faculté, subordonnée à la libre appréciation de l'autorité administrative ; ils jouissent d'un véritable droit, consacré expressément par l'article 681 du Code civil, aux termes duquel « tout propriétaire doit établir ses toits de manière que les eaux s'écoulent sur son terrain ou sur la voie publique », et dont ils ne sauraient être privés sans indemnité (3).

L'exercice de ce droit comporte, toutefois, les tempéraments que motivent le double intérêt de la viabilité et de la salubrité publique. Il appartient à l'administration de réglementer les conditions de l'écoulement. (V., comme

____

(1) C. Et., 26 juin 1869 (Le Brun de Blon et les conclusions de M. de Belbeuf, commissaire du Gouvernement), D. 70.3.21.

(2) C. Et., 22 mai et 4 déc. 1895 (Min. des Trav. pub c. Peyron) et les conclusions de M. Le Vavasseur de Précourt. D. 86 3.120.

(3) DAVIEL, *Des cours d'eau*, III, p. 763 ; — DEMOLOMBE, *Servitudes*, 1.21. — *Contrà*, PARDESSUS, *servitudes*, 1.42.

exemple de cette réglementation, l'art. 26 de l'arrêté-type
du 20 septembre 1858 sur les permissions de voirie. —
Cf., pour Paris, l'ordonnance royale du 24 décembre 1823
et l'ordonnance de police du 30 novembre 1831) (1). Mais
l'autorité administrative commettrait un excès de pouvoirs
si, sous prétexte de réglementation, elle venait à interdire
absolument aux riverains l'écoulement de leurs eaux
pluviales sur la voie publique (2).

Ajoutons, qu'une dérogation importante a été apportée à l'article 681 du Code civil par le décret-loi du
26 mars 1852, spécialement relatif à la voirie de Paris,
dont l'article 6 oblige tout constructeur d'une maison
nouvelle, dans une rue pourvue d'égouts, à disposer le bâtiment, de manière à conduire à l'égout ses eaux pluviales et
ménagères. Conformément à l'article 9 de ce décret, le
même régime a été étendu à plusieurs autres villes, par
des décrets spéciaux, rendus dans la forme des règlements
d'administration publique.

L'expression « voie publique », employée dans l'article 681, doit s'entendre des routes, rues et autres chemins publics livrés à la circulation générale et dont la
destination est de recevoir en bordure des constructions
particulières. — Telle est l'opinion commune (3). La disposition de l'article 681 ne s'applique donc : ni aux dépendances des routes non ouvertes à la circulation, comme
les pépinières, ni aux chemins de fer, — qu'il s'agisse de
la voie ferrée ou de ses dépendances : gares de dépôt, ave-

---

(1) Ce pouvoir de réglementation a été confié : pour les chemins et autres choses communes, aux administrations de département par l'art. 2. Sect. III de la loi des 22 déc. 1789-8 janvier
1790 ; pour les chemins vicinaux, aux préfets, sous l'approbation
du Ministre de l'Intérieur (loi du 21 mai 1836, art. 21); et, pour la
voirie municipale, aux maires (loi du 5 avril 1884, art. 90, 91, 97,
99).
(2) Cass. Crim., 25 mars 1869 (Saupin).
(3) V. PICARD, *Traité des eaux*, t. I, p. 59, 2°

nues d'accès des gares, ni aux canaux (1), ni même aux promenades publiques (2).

Sur ces différentes parties du domaine public, comme sur les dépendances du domaine public militaire ou monumental, le déversement des eaux provenant de l'égout des toits ne constitue pas un droit pour les propriétaires riverains. Il peut être toléré par l'administration, mais celle ci demeure libre de le faire cesser, dans l'intérêt du domaine public, sans indemnité.

Nous étendrions, toutefois, aux riverains de la mer et des cours d'eaux navigables, le droit, reconnu par l'article 681 du Code civil, au profit des riverains de la voie publique. La mer et les cours d'eau sont, en effet, le réservoir naturel des eaux de toute nature. Mais, ici encore, les riverains auront à se conformer aux prescriptions que l'administration croira devoir leur imposer, notamment dans l'intérêt de la navigation.

26. — *h). Écoulement des eaux industrielles et ménagères.* — La jurisprudence applique aux eaux industrielles et ménagères la disposition de l'article 681, relative aux eaux pluviales (3). Le propriétaire d'un fonds ne peut donc déverser sur le fonds voisin ses eaux industrielles et ménagères ; il doit les conserver sur son propre fonds ou les écouler sur la voie publique.

Le droit des riverains de déverser leurs eaux indus-

---

(1) Cass. Belge, 7 nov. 1850, PASICRISIE, 1857, p. 94 ; — Gand, 13 mars 1875, PASICRISIE, 1875, p. 222 ; — Belg. jud. 1875, n° 513.

(2) V., sur tous ces points., *Pand. franç.* V° domaine, n°s 669 et suiv.; — PICARD, *loc. cit.*, t. I, p. 59, n° 2, p. 65, n° 14 ; t. III, p. 618, e: Voy. spécialement, en ce qui concerne les avenues des gares, les conclusions de M. Le Vavasseur de Précourt, sur l'affaire Peyrot. D. 86.3.120.

(3) Cass., 22 mars 1876. S. 76.1.445 ; D. 76.1.206 ; — C. Et., 11 février 1887, Leb., p. 147. — Cass. civ., 15 mars 1887, D. 87. 1.448 ; Bourges, 3 juin 1889, *Pand. franç.*, 89.2.190 ; D. 90.2.311. Cf. FUZIER-HERMANN, sous l'art. 861, n° 5, et les autorités citées.

trielles et ménagères sur la voie publique, subordonné
dans son exercice aux mesures qu'il appartient à l'administration de prendre, dans l'intérêt de la conservation du
domaine public, trouve, d'autre part, une limitation dans
la disposition de l'article 471 § 6 du Code pénal, aux
termes duquel « seront punis d'une amende de 1 à 5 fr.
ceux qui auront jeté ou exposé devant leurs édifices des
choses de nature à nuire par leur chute ou par des exhalaisons insalubres ».

Ce paragraphe comprend incontestablement dans son
interdiction l'écoulement d'eaux, dont les exhalaisons
seraient nuisibles à la santé publique (1). Il donne à
l'administration le droit de faire cesser tout écoulement
d'eaux infectes ou malsaines. La jurisprudence décide
seulement qn'il n'appartient pas à l'administration de
déterminer les ouvrages à exécuter par le propriétaire, et
qu'elle doit lui laisser le choix du moyen qui, tout en
donnant satisfaction à l'intérêt public, sera le moins onéreux pour lui et portera la moindre atteinte à la jouissance
de son droit de propriété (2).

On admet généralement le droit pour les riverains de la
mer d'y déverser leurs eaux ménagères et industrielles,
sous réserve de se conformer aux règlements relatifs à la
salubrité publique et à la conservation du rivage.

Le même droit n'appartient pas aux riverains des fleuves et rivières navigables. Différentes dispositions de lois
prohibent, au contraire, le déversement dans les cours d'eau
des eaux industrielles et ménagères (V. notamment : loi
15 avril 1829 (art. 25) et décret du 10 août 1875 (art. 19
sur la pêche fluviale ; Addè, arrêt du Conseil du 21 juin

____

(1) En sorte qu'il n'est pas nécessaire, pour constituer la contravention, qu'il existe a cet égard un règlement spécial de police.
V. en ce sens, Cass., 2 mars 1855, S. 55.1.550.

(2) C. Et., 13 décembre 1889. Leb., p. 1154; D. 91.3.51; —
7 mai 1886 (Beaujour), D. 87.3.106.

1777, maintenu en vigueur par la loi des 17-22 juillet 1791).

La situation des riverains est donc moins favorable ici qu'elle ne l'est pour les riverains des routes, puisque ceux-ci n'ont à redouter qu'une réglementation plus ou moins rigoureuse, tandis que la prohibition la plus stricte peut atteindre les déversements dans les cours d'eau. En fait, toutefois, l'Administration tolère ceux des déversements, qui sont sans inconvénient pour le libre écoulement ou la salubrité des eaux (1).

Aucun droit n'existe, non plus, au profit des riverains des canaux. Les eaux industrielles et ménagères ne pourraient y être déversées qu'en vertu d'une autorisation, toujours révocable, de l'Administration (2).

(1) V. *Pand. franç.* Répertoire, V⁰ domaine, n⁰ 688.
(2) V. Béquet, V⁰ Eaux. n⁰ 894.

TITRE II

DES JOUISSANCES PRIVATIVES AUTORISÉES PAR L'ADMINISTRATION SUR LE DOMAINE PUBLIC

CHAPITRE PRÉLIMINAIRE

DE L'ÉTENDUE DU DROIT QUI APPPARTIENT EN CETTE MATIÈRE
A L'ADMINISTRATION

SECTION I

DU DROIT POUR L'ADMINISTRATION D'AUTORISER DES JOUISSANCES
PRIVATIVES SUR LES DÉPENDANCES DU DOMAINE PUBLIC

27. — LE DROIT POUR L'ADMINISTRATION D'AUTORISER DES
JOUISSANCES PRIVATIVES SUR LES DÉPENDANCES DU DOMAINE PUBLIC
A ÉTÉ CONSACRÉ DANS DES TEXTES LÉGISLATIFS NOMBREUX. — Que
le droit de l'État sur le domaine public consiste dans un
droit de propriété publique, ou dans un droit de police et
de surintendance, il n'est pas douteux que l'administration
puisse autoriser, sur les biens qui en dépendent, certaines
jouissances privatives, conférant aux particuliers, qui en
obtiennent le privilège, le bénéfice d'avantages spéciaux et
individuels, autres que ceux, qui appartiennent *jure civitatis* aux différents membres de la communauté.

Le principe a été consacré par le législateur moderne, dans des dispositions de lois nombreuses.

La loi du 16 juillet 1840 (art. 8 § 9), le décret-loi du 25 mars 1852 (tableau D), la loi du 8 avril 1898, permettent l'établissement d'usines et de prises d'eau, sur les cours d'eau navigables ; le décret-loi du 9 janvier 1852, reconnaît au Ministre de la Marine le droit d'autoriser, sur les bords de la mer et sur la partie des fleuves, rivières et canaux dont les eaux sont salées, l'installation de pêcheries, parcs à huîtres ou à moules, le dépôt de coquillages, etc ; la loi du 20 décembre 1872, autorise l'occupation temporaire et la location des plages et de toutes autres dépendances du domaine public maritime ; la loi du 19 juillet 1791, prévoit l'établissement de saillies sur la voie publique ; la loi du 11 frimaire an VII et les différentes lois municipales, le stationnement et la location de places sur la voie publique, les ports, rivières et autres lieux publics. Enfin, la loi du 29 juillet 1881 et les lois de finances postérieures, classent, au nombre des perceptions autorisées au profit de l'État, les « redevances à titre d'occupation temporaire ou de location et produits de toute nature du domaine public ».

28. — Justification de ce droit. Son étendue. — Ce principe se justifie sans difficulté. S'il faut, dans l'intérêt général, que certains biens soient soustraits à la propriété privée et demeurent à la disposition de tous, il est, encore, de l'intérêt commun, que les parties de ces biens, momentanément surabondantes et inutilisées par la masse, soient mises à profit, et que les particuliers puissent être admis à en jouir individuellement, dans la mesure compatible avec l'exercice des droits de tous. L'administration, maîtresse du domaine public, sous la seule restriction de ne point compromettre les usages communs, et chargée de réglementer ces usages au mieux de l'intérêt général, ne saurait faillir à sa mission de garde et de conservation du domaine public, en conférant, sur les biens qui en dépendent, des autorisations individuelles qui, par hypothèse, ne sont pas susceptibles de porter atteinte à la jouissance commune. Le domaine public lui-même exige, d'ailleurs, souvent, pour produire toute l'utilité dont il est capable, certains travaux d'appropriation, qui nécessitent l'occupation privative de portions plus ou moins étendues du domaine, et, sans lesquels, une source importante de richesse demeurerait perdue pour la communauté. C'est ainsi, par exemple, que l'occupation du sol ou du sous-sol de la voie publique par les Compagnies de chemins de fer et de tramways, par les entreprises de distribution d'eau, du gaz ou de l'énergie électrique, profitent directement à la masse, par une utilisation plus complète du domaine public.

De là, la règle, posée par les auteurs et sanctionnée par les arrêts, que toutes jouissances privatives du domaine public sont possibles, qui ne sont pas de nature à compromettre les droits de la collectivité.

« Il n'est point, dit Pardessus (1), contre la nature
« des choses, que le Gouvernement ou l'autorité munici-
« pale, dûment autorisée, concède, sur des immeubles,
« même consacrés aux services publics, certains usages,
« qui n'empêchent pas qu'ils ne continuent de remplir leur
« destination ».

« L'État, a dit, de même, la Cour de cassation, a, sur les
« biens du domaine public, un droit général, en vertu du-
« quel il peut, à la condition de respecter la destination
« de ce domaine, concéder certaines jouissances privatives
« sur les biens qui en dépendent » (2).

(1) PARDESSUS, Servitude, n° 41. — Cf. GAUDRY, *du domaine public*, t. 1er, p. 81-82 ; GAUTIER, précis des matières administratives, dans leur rapport avec le droit civil, p. 117 et suiv.; — LAFERRIÈRE, t. 2, p. 602.

(2) Cass. 11 août 1891 (Georgi) D. 92. 1. 545 ; S. 92, 1. 132 ;

SECTION II

DU DROIT POUR L'ADMINISTRATION DE SOUMETTRE A REDEVANCE
LES AUTORISATIONS DE JOUISSANCE PRIVATIVE QU'ELLE CONCÈDE
SUR LE DOMAINE PUBLIC.

29. — OBJECTIONS QU'A RENCONTRÉES EN DOCTRINE LE DROIT
RECONNU SUR CE POINT A L'ADMINISTRATION. — Le droit, pour
l'Administration, de soumettre à redevance les autorisations privatives qu'elle accorde sur le domaine public, a
été longtemps contesté, dans son principe.

Le domaine public, a-t-on dit, n'est pas destiné à procurer des revenus à l'État, et celui-ci ne peut s'en servir
pour battre monnaie. Les autorisations, qui sont deman-
dées à titre privatif, doivent être accordées ou refusées,
suivant qu'elles sont ou non compatibles avec l'exercice
des usages communs. Hors de ce critérium, il n'y a place
que pour l'arbitraire, et c'est s'y condamner que d'imposer
au permissionnaire une sorte de rachat, sous forme de redevance (1).

30. — RÉFUTATION DE CES OBJECTIONS. — Ces objections
ne paraissent pas fondées. Ce qui doit être critiqué, ce
sont les taxes qui viennent frapper l'usage naturel et normal du domaine public : les péages sur les routes ou sur
les ponts, les droits de navigation sur les cours d'eau navigables et sur les canaux. Ces taxes constituent, en effet,
une entrave à l'usage commun, et vont, par conséquent, à
l'encontre de la destination du domaine public. C'est ce

Pand. franç. 92. 1. 281 ; 7 juillet 1869 (Préfet du Calvados) D. 70.
1. 9. ; S. 70. 1 ; Cf. Trib. de la Seine, 22 janv. 1853, D. 55. 1. 241,
ad notam.
(1) V. _Pand. franç._ Vᵒ occ. temporaires du domaine public,
nᵒ 186 et suiv.

qu'a compris le législateur moderne, qui s'est appliqué à les abolir successivement (1).

Mais le particulier, admis à retirer du domaine public un avantage privatif, n'exerce pas les droits qui appartiennent à tous ; il jouit d'un privilège : il bénéficie d'une faveur. Subordonner la jouissance du permissionnaire au payement d'une redevance, ce n'est donc pas porter atteinte à l'exercice des usages communs, ni contrarier la destination du domaine public. C'est restreindre un mode de jouissance exceptionnel, auquel le domaine public n'est pas naturellement destiné, et qui — dans le cas, par exemple, de l'édification sur le sol de la voie publique d'une construction quelconque — peut être complètement opposé à la destination du domaine.

La redevance, exigée du permissionnaire, représente le prix de cette jouissance exceptionnelle ; c'est la contre-partie des avantages individuels et spéciaux conférés au permissionnaire, aux dépens de la jouissance commune. Du moment qu'on enlève à la jouissance de tous une portion du domaine public au profit d'un seul, il est juste que le bénéficiaire restitue à la nation, c'est-à-dire à la masse des citoyens, l'équivalent des jouissances dont il la prive (2). C'est cet équivalent que la législation romaine appelait *vectigal solarium* : redevance payée à l'occasion de l'occupation du sol du domaine public (3).

---

(1) La loi du 5 août 1879, relative au classement et à l'amélio-tion des canaux, a disposé que les lignes à créer comprises dans le tableau annexé, dites lignes principales, seraient affranchies de tout péage ; — La loi du 19 février 1880, a supprimé les droits de navigation sur les cours d'eau ; La loi du 30 juillet 1880, a décidé qu'il ne serait plus construit à l'avenir de ponts à péage sur les routes nationales et départementales et a ordonné le rachat des ponts existants, etc.

(2) V. Gaudry, *Du domaine*, t. 1. p. 82 ; Dejamme, des droits de stationnement sur le domaine public : *Revue d'administration*, 1886. t. 2. p. 6.

(3) V. ci-dessus introduction, II ; Addè : Léon Say. *Dictionnaire des Finances* (article de Chaumard), Vᵒ domaine.

31. — L'intervention du pouvoir législatif était-elle nécessaire pour autoriser la perception ? — La légitimité des redevances pour occupation privative du domaine public étant admise, il faut se demander si l'intervention du législateur est nécessaire pour en autoriser la perception.

Nous le croyons. L'administration, qui admet un particulier à jouir privativement d'un bien du domaine public, n'agit pas comme partie contractante : elle fait un acte unilatéral de puissance publique. La circonstance qu'elle impose certaines obligations au permissionnaire, comme conditions de la permission, et qu'elle le soumet, notamment, au payement d'une redevance pécuniaire, ne saurait modifier le caractère de l'acte. L'acte ne prend point, pour cela, le caractère d'un contrat ; il est et demeure un acte unilatéral de puissance publique. Or, c'est un principe fondamental, dans notre droit moderne, que nulle taxe ne puisse être levée sur les particuliers sans qu'une loi l'autorise, ou sans qu'une autorité déterminée l'établisse, par délégation du législateur (1).

(1) V. en ce sens, Dejamme, *loc. cit.* V. toutefois, en sens contraire, Béquet (de Récy) V⁰ domaine n⁰ 1078. *Pand. franç. loc. cit.* n⁰ 191, pour lesquels la redevance exigée du permissionnaire présenterait essentiellement le caractère contractuel. Addé Ducrocq, 6ᵉ édit. t. 2, n⁰ 959. M. Berthélemy (droit administratif, p. 396) reconnaît que la situation de l'administration, qui autorise un particulier à jouir privativement du domaine public n'est pas identique à celle d'un propriétaire, qui loue son bien. — Mais, il ajoute que la redevance stipulée ressemble, cependant, à la stipulation d'un loyer ; — et, de ce caractère de la redevance, il conclut, entre autres conséquences, que la perception n'a pas besoin, pour avoir lieu légalement, d'être autorisée chaque année dans la loi du budget. Que la redevance perçue du permissionnaire présente le caractère apparent d'un loyer, nous n'en disconvenons pas. Mais on reconnaît qu'il n'y a là qu'une apparence et qu'en réalité l'autorisation de jouissance privative ne constitue pas une location véritable. La redevance, malgré son caractère apparent, n'est donc pas, en réalité, le prix d'un bail. — Et que peut-elle être alors, sinon une taxe de police que son caractère soumet, en conséquence, à la né-

La question n'offre plus, d'ailleurs, aujourd'hui qu'un intérêt rétrospectif. Le droit pour l'administration, de subordonner au payement de redevances les autorisations privatives qu'elle accorde sur le domaine public a reçu, en effet, la consécration formelle du législateur. Depuis la loi du 29 juillet 1881, relative au budget de l'exercice 1882, toutes les lois de finances qui se sont succédé ont compris, parmi les perceptions autorisées au profit de l'État, « les redevances à titre d'occupation temporaire ou de location et produits de toute nature du domaine public fluvial, maritime et terrestre, et de ses dépendances ».

32. — Dispositions diverses qui ont successivement reconnu le droit de l'administration a redevance pour jouissances privatives du domaine public. — Ce n'est que progressivement qu'on est arrivé à introduire dans les lois de finances une disposition générale autorisant les perceptions pour jouissances privatives du domaine public.

a) Loi du 11 frimaire an VII. — Le droit de l'administration n'a été affirmé tout d'abord qu'en ce qui concerne certaines jouissances privatives spéciales, et au regard de certaines dépendances particulières du domaine

---

cessité d'être approuvée annuellement, — comme elle l'est, en fait, — dans les lois budgétaires ? En faveur de l'opinion qui refuse à l'autorisation de jouissance privative le caractère contractuel, on peut invoquer un arrêt de Cassation du 4 nov. 1890 (Darbon) D. 91. 1. 217 ; S. 91. 1. 16 ; *Pand. franç.* 91. 1. 120, qui a décidé qu'une perception, pour stationnement de pontons et amarrage de bateaux à la rive d'un fleuve, qui prend uniquement sa base dans un contrat de gré à gré passé entre l'autorité administrative concédante et le concessionnaire, est dépourvue de toute valeur légale, la perception n'étant régulière que lorsqu'elle a lieu en vertu d'un tarif, approuvé par le Gouvernement. — V. en sens contraire, un jugement du trib. civ. Seine, du 21 janvier 1853, (D. 53. 1. 241 et D. R. V° voirie par eau. n° 526), aux termes duquel « le droit de stationnement sur un canal est une indemnité pour l'occupation temporaire d'une portion du canal, qui constitue par conséquent un droit de location, et n'a aucunement le caractère d'un impôt. » Nous reviendrons, d'ailleurs, sur la question *infra* n° 87 et suiv.

public. C'est ainsi, que la loi du 11 frimaire an VII (art. 7
§ 3), comprenait, dans les recettes communales, « le produit de la location des places dans les halles, marchés et
chantiers, sur les rivières, les ports et les promenades
publiques ». L'article 3 de la même loi, en rangeant
parmi les recettes générales du budget, « les produits des
propriétés nationales de toute nature », reconnaissait,
d'autre part, implicitement, qu'en dehors des perceptions
attribuées aux Communes par le § 3 de l'article 7, le
domaine public pouvait être la source de certains revenus,
au profit du Trésor public. Au nombre de ces revenus,
figurait, notamment, le produit de l'affermage des terrains
dépendant des fortifications, expressément autorisé par
l'article 23 de la loi du 8 juillet 1791.

b) Arrêté des consuls du 9 germinal an IX. — Postérieurement à la loi de l'an VII, l'arrêté des consuls
du 9 germinal an IX avait décidé qu'aucune madrague —
ou filet à pêcher — ne pourrait être installée sur le rivage
de la mer, sans qu'une permission ait été délivrée par le
Ministre de la Marine, et qu'un bail ait été passé entre
lui et le permissionnaire, dont le produit serait versé dans
les caisses de la régie des domaines.

c) Loi du 16 juillet 1840. — La loi de finances du
16 juillet 1840, consacrant une pratique que le Conseil
d'Etat n'avait pas cru pouvoir approuver faute d'un texte
qui l'autorisât (avis du 8 mai 1839), avait proclamé, à son
tour, le droit, pour l'administration, de subordonner à redevances les permissions d'usines et de prises d'eau sur
les rivières et canaux navigables (art. 8) (1).

(1) Tout en déclarant que la législation ne permettait pas ces
perceptions, le Conseil d'Etat, se prononçant sur le principe même
des redevances, abstraction faite de la question de légalité, n'avait
d'ailleurs pas hésité à reconnaître « que l'application du principe
serait utile, non seulement parce qu'elle procurerait équitablement
des ressources à l'Etat, en échange des avantages concédés par lui,
mais, surtout, parce qu'elle préserverait l'administration des in-

d) Loi du 20 décembre 1872. — Enfin, la loi de finances du 20 décembre 1872 a autorisé (art. 2), au profit de l'État, la perception de redevances, à titre d'occupation temporaire ou de location des plages, et de toutes autres dépendances du domaine public maritime.

Le but principal de ce texte a été, comme nous le verrons ci-dessous (n° 63), de reconnaître à l'administration le droit de donner à bail des portions de plage destinées, notamment, à recevoir des cabines de bains. Il affirmait, en outre, le droit de l'État à redevance pour toutes autres occupations du domaine public maritime, notamment pour les établissements de pêcheries, parcs à huitres et à moules, installés sur le rivage de la mer. C'était revenir, dans l'intérêt mieux entendu du Trésor, sur une disposition, commune à divers décrets, rendus de 1853 à 1859, pour chacun des cinq arrondissements maritimes, en exécution du décret-loi du 9 janvier 1852 relatif aux concessions de pêcheries maritimes, — qui portait : « les autorisations pour établissements de parcs à huîtres et à moules seront accordées gratuitement ».

D'autre part, il n'existait aucun motif de distinguer entre le domaine public maritime et les autres dépendances de la grande voirie. Dès l'instant que le législateur autorisait, au profit de l'État, la perception de redevances, à raison des occupations privatives du domaine public maritime, il devait l'autoriser également, à raison des occupations privatives du domaine terrestre ou fluvial. C'est ce qu'avait parfaitement compris le rapporteur de la loi

convénients attachés aux concessions gratuitement et discrétionnairement accordées ». Il avait conclu, en conséquence, qu'il y avait lieu de présenter à l'examen des Chambres une disposition dont l'objet serait d'autoriser le Gouvernement à stipuler, dans les ordonnances de concessions de chutes et de prises d'eau, le payement au profit du Trésor de redevances proportionnées aux avantages dont l'État accorderait la jouissance (V. Dufour, *Traité du droit administratif*, 3e éd. t. IV, n° 538).

de 1872. Après avoir démontré la nécessité de proclamer, dans un texte de loi, le droit de l'État à redevances pour jouissances privatives sur le rivage de la mer, le rapporteur, M. Gouin, ajoutait (1) : « Ce que nous venons de dire de la portion du domaine public, que nous appelons maritime, n'est pas moins vrai, pour la portion qu'on peut appeler terrestre, et qui ressort du Ministre des travaux publics. Le domaine des Ponts et Chaussées — ou de la grande voirie terrestre ou fluviale — est, en effet, susceptible, comme le domaine maritime lui-même, de produire des revenus..... ».

Le législateur de 1872 lui-même, bien que n'ayant fait mention, dans l'article 2, que du domaine public maritime, avait pris soin de faire figurer, dans la liste des perceptions autorisées au profit de l'État, « les redevances à titre d'occupation temporaire ou de location et produits de toute nature du domaine public, des quais, des plages, et de toutes autres dépendances de ce domaine. »

Mais la rédaction de ce dernier paragraphe avait été modifiée, dans les lois de finances postérieures. La loi de finances du 29 décembre 1873, ne mentionnait plus, comme autorisées au profit de l'État, que les « redevances à titre d'occupation temporaire ou de location des plages et autres dépendances du domaine public *maritime* » (état B § 1ᵉʳ) et ce changement de rédaction avait été maintenu dans les lois de finances subséquentes, sans qu'aucune explication eût été fournie, à cet égard, dans la discussion de ces différentes lois.

Fallait-il conclure de là, que la perception de redevances n'était plus autorisée, que pour les seules dépendances du domaine public maritime ?

Le Ministre s'était énergiquement élevé contre cette

(1) V Rapport général sur l'art. 2 du projet de la loi du 20 déc. 1872, présenté à l'Assemblée Nationale par M. Gouin, déposé le 1ᵉʳ avril 1872. *Officiel*, 1872, p. 7421.

prétention. Si le législateur avait cru devoir intervenir spécialement, en ce qui concernait les dépendances du domaine public maritime, c'était, parce que des difficultés particulières s'étaient produites sur ce point, comme il s'en était produit, en 1840, au sujet des prises d'eau pour usines sur les cours d'eau navigables ; mais le silence, gardé par le législateur, à l'égard des autres dépendances du domaine public, ne suffisait, pas pour enlever à l'État le droit de tirer des concessions une source de revenus (1).

e) Loi du 29 juillet 1881. — La loi du 29 juillet 1881, en rétablissant le texte primitif dans son intégrité, a fait cesser toute controverse. Le droit, pour l'administration, de subordonner à redevances les autorisations quelconques accordées par elle, sur le domaine public, trouvait désormais sa base, dans une disposition formelle de la loi. Il est, depuis lors, affirmé chaque année dans la loi de finances, et la jurisprudence l'a consacré à son tour, dans des arrêts nombreux (2).

(1) Observations du Ministre des travaux publics, sur le recours qui a donné lieu à l'arrêt du 30 novembre 1878 (Dehaynin). Leb., 1878, p. 959 et la note.

(2) V. notam. C. Et., 15 juin 1883 (matériel agricole), Leb., p. 578 ; D. 85.3.28 ; (Sol. impl), 4 fév. 1887 (Rivière des héros), Leb., p. 122 ; D. 88.3.63 ; S 88.3.58 ; 26 déc. 1891 (Compagnie du gaz). D. 93.3.28 ; — Cass ,11 août 1891 (Georgi), D. 92.1.545 ; S. 92.1.452 ; *Pand. franç.*, 92.1.231, etc. — Même avant 1881, le Conseil d'État avait admis que le Préfet pouvait subordonner l'autorisation d'établir des conduites sous le sol des routes, à l'engagement de payer une redevance: C. Et , 19 mars 1880 (Compagnie du gaz), Leb., p. 333 ; S. 81.3.67 ; D. 80.3.109. Mais cette solution n'allait pas, alors, sans objections.

CHAPITRE PREMIER

CARACTÈRES ET EFFETS JURIDIQUES DES AUTORISATIONS PRIVATIVES CONSENTIES SUR LE DOMAINE PUBLIC.

33. — Les concessions de jouissances privatives, concédées par l'administration sur le domaine public, peuvent revêtir deux aspects juridiques différents.

Ou l'administration se borne purement et simplement à autoriser. Nulle convention n'intervient entre elle et le permissionnaire, relativement à la portion du domaine public, qui fait l'objet de l'autorisation.

Ou l'administration ne se borne pas à autoriser, et une convention intervient entre elle et le particulier, qui sollicite le droit de retirer un avantage privatif du domaine public.

Nous envisagerons successivement, dans leurs effets juridiques, l'une et l'autre de ces deux hypothèses.

SECTION PREMIÈRE

L'ADMINISTRATION SE BORNE PUREMENT ET SIMPLEMENT A AUTORISER UN PARTICULIER A JOUIR PRIVATIVEMENT D'UNE PORTION DU DOMAINE PUBLIC.

PARAGRAPHE PREMIER

Caractère juridique de l'acte, par lequel l'administration autorise un particulier à retirer un avantage privatif du domaine public.

34. — L'acte, par lequel l'administration autorise un particulier à retirer d'un bien du domaine public un avantage privatif — c'est-à-dire à faire de ce bien un usage autre que celui qui résulte de sa destination commune — présente, essentiellement, à l'état pur, lorsqu'aucune convention n'intervient entre l'administration et le permissionnaire, le caractère d'un acte de puissance publique.

L'administration, qui confère une permission sur le domaine public, agit à titre d'autorité, possédant sur le domaine un pouvoir éminent et chargée de la règlementation de l'usage commun. C'est l'autorité publique, qui dispose de la chose par un acte unilatéral, gracieux et discrétionnaire (1).

35. — L'acte, par lequel l'administration concède une permission sur le domaine public, ayant le caractère d'un acte discrétionnaire de puissance publique, tombe sous le coup d'une double règle applicable aux actes de cette nature.

D'une part, les actes discrétionnaires de puissance publique peuvent, malgré la pleine liberté de décision qui paraît inhérente aux actes de cette espèce, être entachés d'une véritable illégalité, résultant de ce que l'administrateur poursuit un but qu'il n'a pas le droit de poursuivre, par les moyens qu'il emploie, ou fait usage des pouvoirs qui lui appartiennent, pour un objet autre que celui à raison duquel, ils lui ont été conférés (2). La voie du recours au Conseil d'État pour détournement de pouvoirs est ouverte, dans ce cas, aux parties intéressés à l'annulation de l'acte.

D'autre part, les actes de l'espèce dont il s'agit ne créent

____

(1) V. Laferrière, t. Ier, p. 605 ; — Hauriou, *loc. cit.*, p. 674-675 ; — Wodon, Traité des choses publiques, n{os} 170 et suivants ; traité des actions possessoires, 2e édit., t. II, n{o} 384 et suiv.; Cf. De Brouckere et Tilemans, *Dictionnaire de droit administratif belge* ; V{o} concession.

(2) Laferrière, *loc. cit.*, p. 549.

jamais, par eux-mêmes, de situation juridique irrévocable (1). L'administration, qui fait acte de puissance publique, ne se lie pas ; elle demeure libre de se rétracter et de revenir à tout moment sur la décision qu'elle a prise.

L'application de ces principes à la matière, conduit aux décisions suivantes :

A. Limitation du droit qui appartient à l'administration de concéder des jouissances privatives sur le domaine public.

36. — *a*) L'ADMINISTRATION NE PEUT ACCORDER QUE LES AUTORISATIONS PRIVATIVES COMPATIBLES AVEC L'EXERCICE DES DROITS DE TOUS. — Si l'État est maître du domaine public, s'il peut restreindre, ou même supprimer complètement, l'usage public sur une portion déterminée du domaine, et s'il peut, par suite, accorder à des individualités isolées des avantages privatifs sur les biens qui en dépendent, c'est, toutefois, à la condition expresse que l'exercice des droits de tous n'ait pas à souffrir de ces restrictions ou de ces suppressions. Le domaine public doit, en effet, avant tout, être conservé à sa destination.

37. — *b*) SANCTION. — L'autorité administrative, qui conférerait des autorisations privatives, de nature à contrarier l'exercice de la jouissance commune, commettrait donc un abus manifeste des pouvoirs qui lui appartiennent sur le domaine public, et sa décision pourrait, en conséquence, être déférée au Conseil d'État, pour détournement de pouvoirs (2).

En vain, objecterait-on que l'acte administratif, qui détourne, au profit d'un seul et au détriment de la masse tout ou partie des avantages, dont le domaine public est

(1) HAURIOU, *loc. cit.*, p. 280.
(2) V. C. Ét.. 30 avril 1863 (Bourgeois), D. 63.3.64 ; Cf. 22 septembre 1859 (Corbin), D. 59.3.82 ; 19 mai 1858 (Vernes), D. 59.3.51 ; 8 avril 1852 (Commune de Pornic), D. 53.3.3.

susceptible, équivaut, en réalité, à un déclassement implicite du domaine, et que le déclassement est un acte discrétionnaire, qui ne saurait faire l'objet d'aucun recours. — D'abord, l'autorité compétente pour concéder des permissions de jouissances privatives n'a pas, en principe, le pouvoir de déclasser ; le déclassement, réalisé par voie de concession, serait donc, le plus souvent, sujet au recours pour excès de pouvoirs, à raison de l'incompétence. Ensuite, s'il est vrai que l'administration soit libre de déclasser à sa volonté telle dépendance du domaine public qu'il lui plaît, sans être assujettie à cet égard à l'observation d'aucune forme, et sans que l'acte constitutif du déclassement puisse faire l'objet d'aucun recours contentieux, en dehors du cas d'incompétence ou de vice de formes, c'est, à la condition, que le déclassement ait lieu dans l'intérêt général, et non dans un intérêt privé. Le déclassement, qui serait effectué dans un intérêt purement privé — tel celui qui résulterait de la concession de jouissance privative consentie à un particulier sur le domaine public — constituerait un détournement de pouvoirs, et donnerait, par conséquent, ouverture au recours contentieux devant le Conseil d'État (1).

38. — Le recours pour excès de pouvoir contre l'acte administratif de concession peut être exercé par quiconque justifie d'un intérêt direct et personnel à l'annulation de l'acte (2). C'est ainsi, que le Conseil d'État a reconnu au propriétaire d'un établissement de bains de mer, qui mettait

(1) Cf. un arrêt (Tremolières), du 31 juillet 1891 Leb., p. 774. Il s'agissait, dans cette espèce, du redressement d'un chemin vicinal, approuvé par délibération de la Commission départementale. Un riverain, ayant attaqué cette délibération, pour détournement de pouvoirs, comme ayant été prise en vue de favoriser un intérêt particulier, le Conseil d'État a rejeté le recours, non point comme non recevable, mais comme mal fondé.

(2) LAFFERRIÈRE, 2e éd. t. II, p. 436 ; LEVAVASSEUR DE PRÉ-

à la disposition des baigueurs des cabines roulantes sur la plage, et tirait de cette exploitation une source de revenus, le droit d'attaquer pour excès de pouvoirs, la décision par laquelle le Ministre des finances avait concédé, à titre de bail, à la ville de Boulogne-sur-Mer la portion du rivage de la mer où se prenaient habituellement les bains, en lui conférant le droit d'empêcher tous particuliers d'accéder à ce rivage pour y prendre ou y donner des bains avec des voitures circulant sur la plage (1).

Il a jugé, de même, qne les propriétaires ou exploitants d'une carrière, qui soutiennent que l'établissement d'un tramway porte préjudice à l'exercice de leur industrie, en permettant au concessionnaire de transporter à meilleur compte que leurs concurrents les pierres extraites de ses propres carrières, ont intérêt, et, par suite, qualité, pour demander au Conseil d'État l'annulation de l'arrêté préfectoral qui a accordé la concession en méconnaissance des prescriptions de la loi du 11 juin 1880 sur les tramways (2).

Il a décidé, également, que le riverain d'un chemin vicinal est recevable, en cette seule qualité, à déférer au Conseil d'État, pour excès de pouvoirs, l'arrêté par lequel le Préfet accorde, sur ce chemin, une permission de voirie devant avoir pour conséquence d'en modifier l'assiette sur une grande longueur (3).

On ne saurait, d'ailleurs, invoquer, en sens contraire, un arrêt du 8 janvier 1875, qui a rejeté le recours, pour excès de pouvoirs, formé par un sieur Trouette contre l'arrêté

COURT : Conclusions sur affaire Bansais, 13 avril 1881 D. 82.3. 50 ; 23 janvier 1880 (Boitard).

(1) Arrêt précité du 30 avril 1863.

(2) C. Et., 16 décembre 1851 (du Boscq), S. 95.3.125 ; D. 93.3. 44.

(3) C Et., 4 janvier 1895 (Dubourg), D. 96.3.6 ; S. 97.3.14. Lebon, p. 5.

du Maire d'Auch, par lequel un cafetier, voisin du requérant, avait été autorisé à établir, au devant de son établissement, sur toute la largeur du trottoir, une tente, des tables, des chaises et des vases à fleurs, de nature à gêner l'accès du magasin du sieur Trouette et à masquer ses enseignes. Le Conseil d'État n'a pas rejeté le recours comme non recevable pour défaut de qualité, mais comme mal fondé, le Maire n'ayant fait qu'user de ses pouvoirs de police, en accordant l'autorisation qui avait fait l'objet de l'arrêté attaqué (1).

Mais, conformément aux principes, le recours serait non recevable, si son auteur n'invoquait pas d'autre intérêt que celui du public ou de la généralité des habitants (2).

39. — Le recours contre les arrêtés d'autorisation est encore ouvert, en cas d'incompétence ou de violation des formes. C'est ainsi, que l'arrêté, par lequel le préfet autorise une Ville à placer un aqueduc sous un chemin vicinal d'intérêt commun, sans avoir préalablement recueilli l'avis des Maires des Communes intéressées (art. 98 § 3 de la loi du 5 avril 1884), peut être déféré au Conseil d'État, pour excès de pouvoirs par les communes dont il s'agit (3).

40. — Indépendamment du recours pour excès de pouvoirs, l'acte administratif, qui restreint, au profit d'un intérêt particulier, l'usage public du domaine, peut toujours faire l'objet, de la part des intéressés, d'un recours en annulation devant le supérieur hiérarchique de l'agent, duquel l'acte émane. — Il peut aussi, dans certains cas, donner naissance à une action en dommages-intérêts

---

(1) 8 janvier 1875 (Trouette), D. 75.3 93.

(2) Laferrière, t. II, p. 439. C. Et., 17 juillet 1885 (Guillon), D. 87.3.22; Cf. 9 août et 26 nov. 1880 (Bourgeois et d'Auvin), D. 82.3.35.

(3) C. Et.. 12 fév. 1886 (Commune de Baho), D. 87.3.75. — V. aussi : C. Et., 18 nov. 1852 (Magnier), 27 mai 1853 (Delahaye), 28 nov. 1861 (Maréchal). V. Perriquet, des Contrats de l'État, nos 408 et 409.

devant les tribunaux ordinaires. C'est, quand il en résulte la violation d'un droit.

Les permissions de voirie ne sont, en effet, jamais accordées, que sous réserve expresse des droits des tiers. Nous avons vu, par exemple (*suprà* n°s 18 et suivants) que, d'après la jurisprudence, les riverains d'une voie publique ont, sur cette voie, un droit d'accès et de vue, dont ils ne peuvent être privés, directement ou indirectement, sans indemnité. L'action en dommages-intérêts s'ouvrirait donc, à leur profit, si l'administration venait, par l'effet d'autorisations privatives accordées sur le domaine public, à masquer leurs vues ou à intercepter leurs accès.

Enfin, le permissionnaire lui-même pourrait se pourvoir au Conseil d'État contre les clauses illégales, qui seraient insérées dans l'acte d'autorisation (1).

41. — *c*) LA DÉCISION PAR LAQUELLE L'ADMINISTRATION REFUSE UNE AUTORISATION DE JOUISSANCE PRIVATIVE, EST-ELLE SUSCEPTIBLE DE RECOURS? — Si l'administration ne peut accorder, sur le domaine public, toutes les jouissances privatives qu'il lui plaît, du moins, est-elle libre de n'accorder que celles qu'il lui plaît d'accorder.

S'en suit-il, que la décision, par laquelle l'autorité administrative refuse d'accorder une autorisation privative, ne soit susceptible d'aucun recours?

α. *Recours devant le supérieur hiérarchique.* — Et d'abord, elle peut être évidemment déférée au supérieur hiérarchique de l'agent dont elle émane, soit que ce supérieur hiérarchique puise, dans les pouvoirs généraux qui lui appartiennent, le droit de substituer à la décision qu'il annule une décision nouvelle, conférant l'autorisation

_____

(1) V. C. Et., 23 janv. 1868 (Terravalien et Vogt, deux espèces), D. 68.3 69 ; — 17 avril et 1er juillet 1869 (Tabardel et Lebrun de Blon), D. 70.3.21.

qui avait été refusée, soit qu'il ne puisse qu'annuler l'acte
attaqué, sans pouvoir réformer cet acte (1).

β) *Recours pour incompétence au vice de forme.* —
Elle peut, en outre, être attaquée devant le Conseil d'État,
pour incompétence ou pour vice de forme. C'est ainsi que
le Conseil d'État a annulé, pour excès de pouvoirs, l'arrêté
par lequel un Préfet avait, sans prendre l'avis du Maire,
contrairement aux dispositions de l'article 98, § 3 de la loi
du 5 avril 1884, refusé à un particulier l'autorisation
d'établir une canalisation sur le sol d'une route départementale (2).

γ) *Recours pour excès de pouvoir.* — Mais la décision,

---

(1) Quand le Préfet refuse une autorisation privative sur le
domaine public national, il agit en qualité d'agent de l'Etat. Le
recours au supérieur hiérarchique, c'est-à-dire au Ministre, peut,
dans ce cas, aboutir à la réformation de l'arrêté préfectoral. Le
Ministre peut annuler l'arrêté de refus, et le remplacer par un
arrêté d'autorisation.

Quand, au contraire, il s'agit du domaine public départemental
ou communal, le Préfet ou le Maire n'agissent pas en qualité
d'agents du pouvoir central, mais en qualité de chefs de l'administration départementale ou communale. Le contrôle de l'autorité supérieure ne peut alors, conformément aux principes,
s'exercer que par voie de tutelle. L'autorité supérieure peut
annuler l'acte, mais elle ne peut point le réformer. — [V. sur le
principe : HAURIOU, 3e édit., p. 299 et suiv. — Cf. DUCROCQ, 7e éd.
t. I, p. 317. — V. sur l'application du principe à la matière des
autorisations sur le domaine public communal, C. Et. 1u déc. 1880
(Poirel), Leb., p. 980]. — L'art. 98 § 4 de la loi municipale du
5 avril 1884 a apporté, toutefois, une dérogation à cette règle, en
décidant que les permissions de voiries sur les voies publiques
qui sont placées dans les attributions du Maire et ayant pour
objet, notamment, l'établissement, dans le sol de la voie publique,
des canalisations destinées au passage ou à la conduite, soit de
l'eau, soit du gaz, peuvent, en cas de refus du Maire non justifié
par l'intérêt général, être accordées par le Préfet (V. le commentaire de cette disposition nouvelle dans DUCROCQ, *Traité de droit
administratif*, 7e éd. p. 345, no 500 ; — Études sur la loi municipale, p. 56 et suiv.)

(2) C. Et., 26 novembre 1886 (Larbaud), D. 88.3.22.

qui refuse une autorisation privative sur le domaine public, est-elle susceptible de donner ouverture au recours au Conseil d'État, pour détournement de pouvoirs ?

Maîtresse du domaine public, l'administration est, évidemment, libre d'accorder ou de ne pas accorder les permissions qu'on sollicite. C'est à elle à apprécier, si ces permissions sont, ou non, compatibles avec les besoins du public, et il ne saurait appartenir au Conseil d'État de contrôler le bien fondé de ses décisions.

Mais, si l'administration, au lieu de s'inspirer de l'intérêt public, s'inspire, en réalité, d'un intérêt privé, soit qu'elle invoque ce motif d'intérêt privé à l'appui de son refus, soit que le motif d'intérêt public qu'elle allègue dissimule cet intérêt privé, sa décision pourra-t-elle faire l'objet d'un recours pour détournement de pouvoirs ?

Le Conseil d'État ne l'admet point. Il a décidé, par maints arrêts, que l'acte, par lequel l'autorité administrative refuse d'autoriser un particulier à retirer un avantage privatif d'un bien du domaine public, ne peut, quels que soient les motifs du refus, faire l'objet d'un recours pour excès de pouvoir (1).

Cette jurisprudence n'a, d'ailleurs, pas été acceptée par l'unamité de la doctrine et elle prête, comme nous le verrons au paragraphe ci-après, à d'importantes objections.

B. *Droit pour l'administration de révoquer ad nutum les autorisations accordées.*

42. — *a*) LES AUTORISATIONS PRIVATIVES, ACCORDÉES PAR L'ADMINISTRATION SUR LE DOMAINE PUBLIC, SONT ASSÙJETTIES A CETTE CONDITION DE POUVOIR ÊTRE RÉVOQUÉES A TOUT MOMENT, SI

(1) C. Et., 26 déc. 1891 (Compagnie générale du Gaz), D.93, 3. 28 ; 6 mars 1885 (Bonhomme), D, 86. 3. 113 ; 25 janvier 1884 (Le Blanc), D. 85. 3. 86 ; 19 mars 1880 (Compagnie générale du Gaz), D. 80. 3. 109.

L'INTÉRÊT DE LA COMMUNAUTÉ S'OPPOSE A LEUR MAINTIEN. —
De ce que l'administration doit, avant tout, conserver le
domaine public à sa destination, et de ce qu'elle ne peut,
par suite, y tolérer de jouissances privatives, qu'autant
que ces jouissances privatives s'accordent avec la destination du domaine, découle cette autre conséquence
que tous les avantages individuels, consentis sur le domaine public, sont précaires et révocables à la volonté
de l'administration, dans l'intérêt commun. Tolérés aujour-
d'hui, parce qu'ils sont compatibles avec l'usage du public,
ils doivent pouvoir être supprimés demain, si l'intérêt
général s'oppose à leur maintien (1).

43. — *b)* LES ARRÊTÉS DE RETRAIT SONT A L'ABRI DE TOUT
RECOURS, DÈS LORS QU'ILS ONT POUR FONDEMENT L'INTÉRÊT DU
DOMAINE PUBLIC ET LES BESOINS DE LA CIRCULATION. — L'acte
administratif, qui retire une concession de jouissance privative, dans l'intérêt de la conservation du domaine et de
la viabilité, ne saurait donc faire l'objet d'un recours
contentieux, en dehors du cas d'incompétence ou de vice
de forme.

Mais, il n'en est ainsi, qu'autant que le retrait de l'autorisation est justifié par l'intérêt de la conservation du domaine et de l'usage public.

44. — *c)* ILS TOMBENT, A L'INVERSE, SOUS LE COUP DU RECOURS
POUR EXCÈS DE POUVOIR, LORSQU'ILS N'ONT POINT POUR FONDEMENT
L'INTÉRÊT DE LA VIABILITÉ ET DE LA CONSERVATION DU DOMAINE,
OU, TOUT AU MOINS, UN INTÉRÊT PUBLIC. — L'autorité administrative qui, après avoir conféré à un particulier certains
avantages privatifs, parfaitement compatibles avec la destination du domaine, viendrait à lui retirer ces avantages,
pour des motifs étrangers aux intérêts de police, à raison

(1) V. GAUDRY, *du domaine public*, t. I, p. 82 ; — GAUTIER,
loc. cit., p. 117; — LAFERRIÈRE, t. II, p. 652; — HAURIOU, *loc.
cit.*, p. 673 ; — BERTHÉLEMY, p. 394, etc.

desquels elle a été investie du droit d'accorder ou de refuser les avantages privatifs dont s'agit, commettrait un détournement des pouvoirs qui lui sont confiés sur le domaine public, susceptible d'entraîner l'annulation de sa décision.

Le principe a été sanctionné par le Conseil d'État dans de très nombreux arrêts, intervenus, pour la plupart, à l'occasion de retraits de permissions relatives à l'occupation du sous-sol de la voie publique pour l'installation de canalisations diverses : eau, gaz, électricité. Ces arrêts ont annulé, pour détournement de pouvoirs, des arrêtés, par lesquels des Préfets ou des Maires avaient retiré des autorisations antérieurement accordées sur le domaine public, non dans l'intérêt de la viabilité, mais dans l'intérêt privé de l'État ou de la Commune (1) : pour permettre à l'État ou à la Commune de se procurer un mode d'éclairage plus avantageux (2) ; — pour empêcher le permissionnaire de faire, des eaux circulant dans ses conduites, un usage contraire aux intérêts de la Commune, en fournissant, par exemple, des concessions d'eaux aux particuliers, et en créant ainsi une concurrence à la Commune, qui avait, de son côté, fait exécuter, sur la route, des travaux de canalisation (3) ; parce que le permissionnaire se refusait à prendre l'engagement de payer une redevance, que l'administration prétendait lui imposer en cours de concession (4) ; — ou ne consentait pas à accepter une augmentation de la

(1) C. Et., 15 novembre 1895 (Tauveron), D. 96. 3. 89 ; Leb., p. 706.

(2) C. Et., 4 janvier 1895 (Gaz d'Agen), D. 96. 3. 7 ; S. 97, 3. 21 ; Leb., p. 3.

(3) 19 février 1886 (Charret), D. 87. 3. 74 ; 21 mars 1873 (2e espèce, Dubus), D. 73. 3. 91.

(4) 19 mars 1880 (Compagnie générale du Gaz), D. 80. 3. 109 ; 29 nov, 1878 (Dehaynin), D. 79. 3. 33. — Même décision, en ce qui concerne le retrait de l'autorisation par le Préfet, donnée à un particulier, d'établir une passerelle au-dessus d'une route natio-

redevance stipulée (1) : — pour pouvoir mettre en adjudication le droit qui faisait l'objet de la concession, et obtenir ainsi le paiement d'une redevance plus élevée (2); parce que la propriété des eaux, amenées dans ses conduites, était contestée au permissionnaire (3), etc.

La Cour de cassation, faisant application du même principe, a décidé, pareillement, que l'arrêté d'un Maire, qui retire une autorisation de voirie, pour prémunir la commune contre l'éventualité d'un procès, n'étant pas pris dans l'intérêt du domaine public, mais dans l'intérêt privé de la commune, n'est ni légal ni obligatoire et ne saurait avoir pour sanction les peines de simple police (4).

Ainsi, le retrait de l'autorisation est à l'abri de tout recours — en dehors du recours pour incompétence ou vice de forme — lorsqu'il a pour motif l'intérêt de la viabilité et de la conservation du domaine public. — Il contient, au contraire, un détournement de pouvoirs, de nature à en entraîner l'annulation, quand il est pris dans un intérêt privé, étranger aux intérêts publics dont l'agent, de qui émane la révocation, a la garde.

— Mais que décider lorsque, tout en étant inspiré par l'intérêt public, l'arrêté de révocation ne se rattache pas à l'intérêt spécial du domaine et de la viabilité ?

Il semble bien résulter de la jurisprudence du Conseil d'État, qui vient d'être analysée, que l'arrêté de révocation n'échapperait pas, dans cette hypothèse, au recours pour excès de pouvoir.

Il y a, en effet, détournement de pouvoirs, aux termes

---

nale (Société française de matériel agricole), 15 juin 1883. D. 85. 3 21; S. 85. 3. 32.

(1) C. Et., 14 nov. 1873 (Astier), D. 74 3. 78.

(2) Même arrêt.

(3) C. Et., 8 fév. 1889 (Thorrand), D. 90. 3. 51.

(4) Cass. crim., 27 juillet 1893 (Colette) et 3 août 1893 (Min. public, c. Jay), D. 94. 1. 197. Cf. crim. rej., 1er juillet 1870 (Badaroux), D. 71. 1. 187.

des arrêts ci-dessus rapportés, par ce fait, que l'agent administratif n'a point agi dans l'intérêt de la viabilité et de la conservation du domaine.

L'un de ces arrêts, l'arrêt Thorrand, du 8 février 1889, est particulièrement significatif.

Le Ministre de l'Intérieur avait fait observer, dans cette espèce, que, d'après des pétitions adressées au Préfet, la source, qui fournissait l'eau à laquelle étaient destinées les conduites, objet de la permission, serait alimentée par un courant, provenant d'une rivière, dont le débit ne pouvait être diminué, sans porter un grave préjudice à une région étendue. De là, le Ministre concluait, que le Préfet, en s'opposant à la dérivation des eaux, tant que la question de propriété ne serait pas tranchée, avait agi dans un véritable intérêt public, et n'avait commis, par suite, aucun excès de pouvoir. Or, le Conseil d'État a refusé d'accepter cette solution, et il a annulé l'arrêté du Préfet comme entaché d'excès de pouvoir, « le Préfet ayant agi dans un intérêt autre que celui de la viabilité et de la conservation du domaine public. »

Le Conseil d'État a, néanmoins, admis, dans deux arrêts, la solution opposée. Il a décidé, d'une part, qu'un Préfet ne commet aucun excès de pouvoir, en retirant, pour des motifs exclusivement tirés de la salubrité et de la santé publique, l'autorisation, donnée à un industriel, d'occuper une partie du domaine public, (il s'agissait, dans l'espèce, d'une société de vidanges, autorisée à occuper une partie du domaine public, pour y établir un bateau destiné à recevoir le déversement des vidanges et pour en opérer le transbordement) ; il a refusé, d'autre part, d'annuler, pour excès de pouvoir, l'arrêté, par lequel un Maire avait retiré l'autorisation, antérieurement donnée à un particulier, d'occuper un terrain, dépendant du domaine public, afin d'affecter ce terrain à la construction d'un abattoir, dont l'établissement avait été déclaré d'utilité publique (1).

Si l'on généralisait ces décisions, l'on dirait que la révocation d'une concession de jouissance privative sur le domaine public est exempte de tout vice, dès l'instant qu'elle a pour objet un intérêt public, cet intérêt ne se rattachât-il pas à la destination essentielle du domaine. Or, l'intérêt financier des communes et de l'État est, dans une certaine mesure, un intérêt public. La révocation, fondée sur un intérêt de cette nature, échapperait donc au recours pour excès de pouvoirs, solution contredite par la jurisprudence constante du Conseil d'État.

45. — *d)* LE CONSEIL D'ÉTAT EST, D'AILLEURS, EN DROIT DE RECHERCHER SI LE MOTIF, ALLÉGUÉ A L'APPUI DU RETRAIT, EST BIEN LE MOTIF VÉRITABLE QUI A DÉTERMINÉ L'AGENT. — Quoi qu'il en soit, sur ce point, il est évidemment nécessaire, pour que le Conseil d'État puisse exercer son contrôle, qu'il lui soit permis de rechercher si le motif, invoqué par l'agent administratif à l'appui de sa décision, est bien le motif qui l'a réellemement inspirée, ou si, sous le couvert de l'intérêt général, l'administration n'a pas eu pour préoccupation de favoriser un intérêt d'ordre purement privé.

C'est en application de cette règle, que le Conseil d'État a pris soin de constater, dans plusieurs de ses décisions, « que le détournement de pouvoirs n'était pas établi par les pièces de l'instruction (2) ». C'est ainsi, également, qu'il a annulé, pour excès de pouvoir, l'arrêté d'un Préfet, qui avait retiré l'autorisation, donnée à un particulier, d'établir des conduites d'eau sous un chemin public, alors que le motif, donné à l'appui de cet arrêté, n'avait eu pour objet

____

(1) C. Et., 30 nov. 1888 (Société de vidanges), D. 90. 3. 15 ; — 15 nov. 1895 (2e espèce Bovis), D. 96. 3. 7 ; Leb., p. 774. –– Cf , 2 mai 1861 (Leb., p. 310).

(2) V. 26 juillet 1889 (Annonier), D. 91. 3. 22 ; 8 août 1894. D. 95. 3. 13 ; — V. LAFERRIÉRE, 2e édit., t. II, p. 552.

que de dissimuler les apparences du détournement de pouvoirs, à raison duquel un précédent arrêté avait été annulé (1).

Mais le Conseil d'État n'a pas à apprécier si l'agent administratif a bien ou mal agi. Son rôle se borne à vérifier si
l'agent a agi ou non dans l'intérêt public, sans qu'il ait,
dans le premier cas, à se faire juge de l'utilité ou de
l'opportunité de la mesure prise (2).

46. — *e*) LA DIFFÉRENCE QUE FAIT LA JURISPRUDENCE ENTRE
L'HYPOTHÈSE DU REFUS D'AUTORISATION, — NON SUSCEPTIBLE DE DONNER
OUVERTURE AU RECOURS POUR EXCÈS DE POUVOIRS, — ET L'HYPOTHÈSE DU
RETRAIT, — SUSCEPTIBLE DE DONNER OUVERTURE AU RECOURS, DANS
LES CAS CI-DESSUS INDIQUÉS, — SE JUSTIFIE-T-ELLE ? — La diffé
rence, que fait la jurisprudence du Conseil d'État, entre le
cas du refus d'autorisation, lequel ne peut donner lieu qu'au
recours pour incompétence ou pour vice de forme, sans
pouvoir jamais être critiqué, quant au fond, quels que
soient les motifs sur lesquels il est fondé, — et celui du
retrait d'autorisation, qui peut, au contraire, indépendamment du recours pour incompétence et pour violation des
formes, donner ouverture au recours pour détournement
de pouvoirs, lorsqu'il a pour objet un intérêt autre que
l'intérêt du domaine, ou, tout au moins, l'intérêt public, a
été vivement critiquée (3).

On fait observer, que l'administration, qui refuse de concéder à un particulier les avantages privatifs qu'il sollicite,
pour des motifs complètement étrangers à l'intérêt du
domaine public, commet un détournement des pouvoirs qui
lui appartiennent sur le domaine, absolument au même
titre que, lorsqu'elle retire une autorisation, antérieurement
accordée, sans que ce retrait soit justifié par les intérêts

(1) 9 juin 1893 (Thorrand). D. 94. 3. 64 ; S. 95. 3. 44.
(2) V. LAFERRIÈRE, *loc. cit.*
(3) V. notamment LEBON, année 1885, p. 267, *ad notam.*

spéciaux de police et de conservation du domaine, dont elle a la garde. Qu'il s'agisse de permissions à accorder ou de permissions à retirer, l'administration ne doit s'inspirer, dans ses décisions, que de l'intérêt exclusif du domaine public. Lors donc, qu'elle obéit à un intérêt différent, soit en refusant une autorisation qu'on sollicite, soit en retirant une autorisation antérieurement accordée, elle use de ses pouvoirs, pour un objet autre que celui, à raison duquel ils lui ont été conférés, et sa décision tombe, pour ce motif, sous le coup de la censure du Conseil d'État.

L'arrêté, qui refuse à un particulier l'autorisation de poser une canalisation sous la voie publique, à l'effet d'amener sur son terrain les eaux d'une source lui appartenant, par le motif que le droit de ce particulier à la propriété des eaux de la source serait contesté, n'est pas moins critiquable que l'arrêté, qui retire, en s'appuyant sur le même motif, l'autorisation, précédemment accordée à ce particulier, d'établir cette canalisation (1).

De même, il y a contradiction à annuler, pour détournement de pouvoirs, l'arrêté, qui retire une permission de voirie, parce que le permissionnaire ne veut pas s'engager au paiement d'une redevance, à laquelle l'administration subordonne le maintien de la permission, et à écarter le recours pour excès de pouvoir contre l'arrêté, qui refuse d'octroyer la même permission, parce que le pétitionnaire n'accepte pas de payer une redevance, stipulée comme condition de la permission (2).

Le motif qu'on donne pour justifier cette différence de solution, c'est que l'administration, qui a accordé une autorisation, se trouve en présence d'une jouissance régulièrement constituée, et, généralement, de dépenses faites, à raison de l'autorisation obtenue. En retirant cette autori-

____

(1) 6 mars 1885 (Bonhomme) précité : recours rejeté ; 8 juin 1889, (Thorrand) précité, arrêté annulé pour excès de pouvoirs.
(2) 26 déc. 1891 (Compagnie du Gaz) ; recours rejeté.

sation, elle supprime donc un état de choses existant, et lèse les intérêts qui s'y rattachaient. — En refusant, au contraire, une autorisation, l'administration ne lèse ni un droit, ni même un intérêt; elle s'abstient, simplement, d'accorder une faveur.Or, le refus d'une faveur, quels que soient les motifs qui l'aient inspiré, ne peut jamais constituer, ni un excès de pouvoir, ni une violation de la loi (1).

Il n'en demeure pas moins, que l'administration, soit qu'elle refuse une autorisation, soit qu'elle la retire, pour des motifs étrangers à la conservation du domaine et à l'intérêt de la viabilité, abuse également du mandat qu'elle a reçu, en ce qui concerne les choses du domaine public.

L'on ne voit donc pas, en réalité, de raisons de droit pour refuser, dans un cas, le recours pour excès de pouvoir que l'on accorde dans l'autre.

Ce qui est certain, c'est que le recours pour excès de pouvoir, pût-il s'exercer à l'encontre des arrêtés de refus, ne fournirait aux intéressés qu'une garantie assez illusoire, l'autorité administrative demeurant toujours libre de laisser sans réponse la demande d'autorisation, ou de la rejeter sans donner de motifs à l'appui de sa décision.

En admettant que le réclamant puisse trouver, dans l'article 7 du décret du 2 novembre 1864, le droit de se pourvoir au Conseil d'État, dans la première hypothèse, il lui faudrait, dans cette hypothèse, comme dans l'autre, pour réussir dans son recours, apporter devant le Conseil d'État la preuve que le refus de l'administration est fondé en réalité sur des motifs étrangers aux intérêts généraux dont elle a la garde. Or, cette preuve serait impossible à administrer, dans la plupart des cas.

(1) V. Laferrière, *loc. cit.*, t. II, p. 553: — Dalloz, périodique, sous C. Et. 6 mars 1885 (Bonhomme), 1886. 3. 113 ; — *Revue générale d'administration*, avril 1885, p. 426.

(2) Cf. Larbaud, 6 déc. 1878, Leb. p. 973 et la note de M. Panhard.

PARAGRAPHE DEUXIÈME

Situation juridique du permissionnaire autorisé à retirer un avantage
privatif du domaine public.

47. — Analogie de la situation du particulier, autorisé a
retirer du domaine public un avantage privatif, avec celle
du précariste romain. — La situation du permissionnaire,
autorisé à retirer un avantage privatif d'une dépendance
du domaine public, se rapproche, on le voit, sensiblement
de celle du précariste romain, avec cette différence, toutefois, que, dans le précaire romain, le concédant pouvait
faire cesser la jouissance du concessionnaire à un instant
quelconque, au gré de sa volonté, tandis que, comme nous
venons de le montrer, l'autorité administrative ne peut
retirer une concession accordée, qu'autant que le retrait
est commandé par l'intérêt du domaine ou de la viabilité,
ou, tout au moins, par l'intérêt public.

Cette différence mise à part, la condition juridique du
précariste romain et celle du permissionnaire, autorisé à
retirer un avantage privatif du domaine, se présentent
sous des aspects tout à fait analogues.

48. — Le permissionnaire n'acquiert aucun droit sur la
portion du domaine public, objet de la permission, et il
n'acquiert non plus, en principe, aucun droit contre l'administration. — De même que le précaire n'engendrait ni
droits, ni obligations véritables, de même, le particulier,
autorisé à jouir privativement d'une dépendance du domaine public, n'acquiert, en principe, aucun droit sur la
portion du domaine public, sur laquelle s'exerce sa jouissance, et il n'a non plus, à l'exception du cas, d'ailleurs
fréquent et dont il sera parlé plus loin, où des conventions
particulières viennent se greffer sur l'acte de concession,
aucun droit contre l'administration, en dehors de celui de

critiquer, dans la mesure que nous avons indiquée, les actes, par lesquels l'autorisation dont il jouit viendrait à lui être retirée.

49. — DROITS DU PERMISSIONNAIRE A L'ÉGARD DES TIERS. — ACTION POSSESSOIRE. — De même aussi que le précariste était considéré comme empruntant *l'animus domini* du concédant, et comme investi, par suite, de la possession de la chose que le concédant était réputé lui avoir abandonnée, avec le droit aux interdits y attachés, de même encore, la jurisprudence reconnaît au particulier, autorisé à exercer des actes d'usage ou de jouissance sur le domaine public, la qualité de possesseur, et, partant, le droit d'intenter l'action possessoire contre. les tiers, qui viendraient à le troubler dans l'exercice de sa possession.

Mais, la qualité de possesseur du permissionnaire, autorisé à jouir privativement d'une portion du domaine public, et son droit à exercer l'action possessoire, n'existent exclusivement qu'au regard des tiers. De même que le précariste ne pouvait user des interdits contre le concédant, de même, le permissionnaire ne saurait exercer l'action possessoire contre l'administration. Au regard de cette dernière, sa possession demeure vicieuse ; l'action possessoire intentée contre l'administration par le permissionnaire, se heurterait à l'exception de domanialité, de même que la possession du permissionnaire ne saurait le conduire à l'acquisition par usucapion d'un droit réel quelconque.

Ces principes ont été sanctionnés par la Cour de cassation, dans des arrêts nombreux (1). La Cour a déclaré,

____

(1) V., notamment, Cass.civ. 6 mars 1855 (Bonnel),D.55.1.83 ; S. 55.1.507. « Attendu — porte cet arrêt — qu'il résulte du jugement « attaqué que, depuis longtemps et notamment depuis plus d'un an « avant le trouble, le demandeur avait pratiqué dans la cuvette « du rempart de Narbonne,avec l'autorisation de l'administration « de la guerre, une martelière avec vannes et autres travaux ap- « parents, au moyen desquels il amenait les eaux de ladite cuvette, « du rempart, dans le ruisseau du fossé arrosoir, et, de plus, qu'il

notamment, dans l'un de ces arrêts (15 juin 1881, Niocel)
« que, si les autorisations données par l'administration peu-
« vent toujours être retirées ou modifiées par elle dans un
« intérêt public, elles n'en confèrent pas moins, tant qu'elles
« existent, aux permissionnaires autorisés, vis-à-vis des
« tiers, des droits que ceux-ci sont tenus de respecter et
« une action utile pour l'exercice de ces droits ».

50. — Signalons, enfin, une conséquence importante du
fait que la jouissance du permissionnaire n'est précaire
qu'au regard de l'administration seule. Il en résulte que,
si le permissionnaire élève des constructions, sur la por-

« avait construit, dans le lit même de ce fossé ou sur ses berges,
« d'autres marteliéres vannes et aqueducs, par lesquels il déver-
« sait sur ses propriétés, pour leur irrigation, les eaux dudit fossé
« arrosoir, dont il usait ainsi exclusivement au défendeur qui,
« pendant ce temps, n'avait aucunement utilisé lesdites eaux ;
« Attendu, dès lors, que le demandeur avait, au moment de l'entre-
« prise de Rey et respectivement à lui, la possession annale des
« eaux dont il s'agit, et devait y être maintenu ; que peu importait
« que les travaux exécutés l'eussent été, en partie sur le domaine
« public, avec l'autorisation de l'administration de la guerre, ou
« sur le domaine municipal, avec la tolérance de l'autorité civile ;
« qu'il ne s'agit pas des droits de l'Etat ou de la Commune, qui
« ne sont pas en cause, auxquels ces faits de possession, pure-
« ment précaire à leur égard, ne seraient pas opposables, quoiqu'ils
« pussent l'être entre particuliers, lorsque le litige possessoire se
« borne entre eux à des intérêts purement privés... » ; V. encore
Cass. 9 nov. 1858 (Hervieu), D. 58. 1. 467 ; 23 août 1859 (Lagarri-
gue), D. 59. 1. 352 ; S. 59. 1, 910 ; 18 juillet 1866. S. 66. 1. 365 ;
5 nov. 1887 (Clertan), D. 68. 1. 117 ; S. 67. 1. 417 ; 16 juillet 1872
(Hoüet), D. 74. 1. 79 ; 19 juin 1877. S. 77. 1. 313 ; 6 mars 1878
(Breton), D. 78. 1. 302 ; S. 79.. 1 13 ; 15 juin 1881 (Niocel), D. 81.
1. 463 ; S. 83. 1. 411 ; 25 juillet 1887 (Merles des Isles), D. 89. 1.
67 ; S. 90. 1. 399 ; — Voir aussi BIOCHE (actions possessoires),
n° 151 ; BOURBEAU (justice de paix) n⁰ˢ 368 et 387 ; BAUDRY-LACAN-
TINERIE et TISSIER (de la prescription), n° 269 ; AUBRY et RAU,
5ᵉ édit., t. II, p. 197, texte et note 43 ; *Pandect. franç.* ; V° action
possessoire, n⁰ˢ 77 et suiv. ; BÉQUET, *Répertoire de droit administratif*, v° domaine, n° 617 et suiv. ; HAURIOU, *Droit administratif*, 3ᵉ édit., p. 674-675.

tion du domaine public qu'il a été autorisé à occuper, rien
ne l'empêche de louer ces constructions, de les vendre et
de les grever de droits réels, notamment d'hypothèques.
Les droits, ainsi consentis par le permissionnaire, auront
la même valeur juridique que s'il s'agissait d'un immeuble
ordinaire, sous réserve, bien entendu, de la condition réso-
lutoire, qui dérive du caractère précaire de la permission(1).

SECTION II

CAS OU UNE CONVENTION INTERVIENT ENTRE L'ADMINISTRATION ET
LE PARTICULIER ADMIS A JOUIR PRIVATIVEMENT D'UNE PORTION
DU DOMAINE PUBLIC.

51. — INCONVÉNIENTS QUI RÉSULTENT, POUR LE PERMISSION-
NAIRE, DU CARACTÈRE PRÉCAIRE DE LA PERMISSION. — Le particulier, autorisé à jouir privativement d'une dépendance du
domaine public : à établir, par exemple, une canalisation
sous une route ou un hangar sur un quai, n'acquiert,
comme on vient de le voir, ni droit sur le domaine public,
ni droit contre l'administration. L'autorisation qui lui a
été donnée peut lui être retirée d'un jour à l'autre sans
indemnité.

Les inconvénients d'une pareille situation sont mani-
festes. Le plus souvent, le permissionnaire aura fait des
dépenses, pour tirer parti de l'autorisation qui lui aura été
accordée : il aura posé des conduites, édifié des constructions, exécuté différents travaux. Ces travaux seront
perdus pour lui et comme, la plupart du temps, l'adminis-

____

(1) Cass. 18 nov. 1835. S. 35. 1. 907 ; — Paris, 30 mai 1864, S.
64. 2. 266 ; — Lyon, 14 août 1868, S. 69. 2. 115. Voy. Gautier,
loc. cit. p 118-119 ; *Pand. franc. Répertoire,* Vº occup. temp. du
dom. pub. nº 323 ; Cf. TROPLONG, Priv. et hyp. nº 4125 et prescriptions, nº 150, *in fine* ; Pont, Priv. et hypothèques, nº 350, —
et les arrêts cités *infrà*, nº 85.

tration ne pourra en tirer aucun profit, le permissionnaire
n'aura même pas la ressource d'exercer l'action *de in
rem verso*, pour rentrer dans une partie de ses dépenses.

52. — Avantages qu'il y a, pour le permissionnaire, a
passer un contrat avec l'administration. — Il y aurait
donc un grand avantage, pour le particulier qui veut être
admis à jouir privativement d'une portion du domaine
public, au lieu d'obtenir une simple autorisation, à traiter
avec l'administration, à passer avec elle un contrat. Non
point, qu'en traitant avec l'administration, le particulier
puisse acquérir un droit sur le domaine, mais il pourra
acquérir un droit contre l'administration, et agir, par suite,
contre elle en indemnité, s'il vient à être dépossédé.

53. — L'administration ne saurait consentir a prendre
aucun engagement vis-a-vis du permissionnaire, qu'autant
que l'autorisation privative qu'il sollicite est susceptible de
tourner au profit de la communauté — L'administration,
de son côté, ne consentira évidemment à prendre aucun
engagement vis-à-vis du permissionnaire, qu'autant que
l'autorisation privative qu'il sollicite sera de nature à profiter, dans une mesure quelconque, à l'intérêt général.

Le particulier, qui veut tirer un revenu de sa chose, ne
peut pas faire autrement, pour trouver avec qui traiter,
que de garantir au preneur la jouissance de cette chose
pendant un certain temps, et de passer, avec le preneur,
un contrat de bail. La situation de l'administration, en ce
qui concerne les biens du domaine public, est toute différente. Ces biens ne sont pas destinés à procurer des revenus. L'administration, qui croit pouvoir, sans en compromettre la destination, y autoriser certaines jouissances
privatives, trouve, d'autre part, dans la loi, le droit d'assujettir ces autorisations privatives à redevances. Pourquoi,
dans ces conditions passerait-elle un contrat avec le permissionnaire ?

Elle ne peut avoir de raison à le faire, qu'autant que les installations ou les travaux, qui font l'objet de l'autorisation privative sollicitée, doivent être, à l'avantage de la communauté, intéressée, par conséquent, à leur réalisation. On conçoit, dans ces circonstances, que l'administration consente à certains engagements vis-à-vis du permissionnaire, notamment à celui de lui garantir, pendant un certain temps, la jouissance de la portion du sol, objet de l'occupation.

Une convention de cette nature est-elle possible ?

54. — Possibilité, pour les biens du domaine public, de faire l'objet d'un contrat. — Lorsque l'article 1128 dispose : « qu'il n'y a que les choses qui sont dans le commerce qui puissent être l'objet des conventions », il n'exclut, de l'aveu de tous, de la matière des conventions, que les choses — d'ailleurs en petit nombre — qui sont *d'une manière absolue* hors du commerce. Quant aux choses, qui ne sont hors du commerce que d'une manière relative, elles ne sont soustraites à la matière des conventions, qu'autant et que dans la mesure, où les conventions dont elles seraient l'objet, iraient contre le but que la loi s'est proposé, en plaçant la chose hors du commerce (1).

Tel est le cas des dépendances du domaine public, qui ne sont mises hors du commerce qu'à raison de leur affectation à l'usage de tous, et qui comportent, dès lors, toutes les conventions compatibles avec cette affectation.

Une première conséquence de cette règle, est que les choses du domaine public ne peuvent pas être aliénées. Leur affectation à l'usage de tous, s'oppose à ce qu'elles fassent l'objet d'une appropriation privée. C'est ce que déclare expressément l'article 538 du Code civil.

(1) Huc, t. VII, p. 97; Laurent, t. XVI, p. 110; — Baudry-Lacantinerie et Barde, *Des obligations*, t. I, n° 248. Cf. Larombière, sous article 1128, n° 16, p. 242;

55. — A). *Constitution de droits réels.* — Une deuxième conséquence, est qu'aucun droit réel ne saurait être constitué, sur les dépendances du domaine public. On a, toutefois, contesté ce point, et, à propos des chemins de fer, notamment, on a soutenu que le domaine public peut être l'objet d'un droit réel. Le droit du concessionnaire s'analyserait, dans cette opinion, — d'ailleurs aujourd'hui unanimement abandonnée — dans un droit d'usufruit ou d'emphytéose.

La domanialité publique, a-t-on dit, se conçoit, en même temps que l'existence de certains droits réels, sur les biens qui y sont soumis. Si le domaine public se compose de de toutes les portions du territoire non susceptibles de propriété privée, cela ne veut pas dire que ces biens soient, par eux-mêmes, réfractaires à la propriété ; mais, que la propriété est exclue seulement, dans la mesure où elle ne serait pas conciliable avec l'exercice des usages communs. Du moment où une chose dépend du domaine public par l'usage auquel elle est affectée, tout ce qui est étranger à cet usage est affranchi de la domanialité. La domanialité ne serait, en résumé, qu'une servitude d'usage, existant au profit de la collectivité ; mais, abstraction faite de cette servitude, le bien resterait dans le commerce et pourrait être grevé d'un droit réel, au profit du particulier.

Ce système, d'ailleurs discutable en soi, n'est point celui du législateur moderne. Les biens du domaine public sont soustraits, dans notre droit, à la propriété privée et ils ne sont pas plus susceptibles d'un démembrement de la propriété, que d'une appropriation privée (1). Toutes jouissances privatives, consenties sur le domaine public,

(1) Cass., 21 mai 1855, S. 55. 1. 561 ; C. Et. 10 fév. 1865, Leb. p. 197 ; - Trib. Caen, 7 fév. 1893, *Gaz. Pal.* 93. 2. 273 ; - Du-CROCQ, 6ᵉ éd. t. 2, nᵒ 976 ; BATBIE, t. V, nᵒ 322 ; BAUDRY-LACAN-TINERIE et de LOYNES, Des *privil. et hypoth.*, t. II, nᵒ 910, LAU-RENT, t. VI nᵒˢ 29 à 31 ; HAURIOU, *loc. cit.* p. 627. WEISS à son cours, etc.

sont assujetties à cette condition, de cesser instantanément,
si l'intérêt public s'oppose à leur maintien. Or, une pareille
condition est évidemment incompatible avec l'existence
d'un droit réel. En admettant que je puisse constituer sur
mon fonds une servitude *ad tempus*, je ne saurais constituer
une servitude, en me réservant le droit de la faire cesser
quand il me plaira. Il n'y aurait plus, dans ce cas, constitution de servitude, mais simple tolérance de ma part, au
profit de mon voisin.

L'administration ne saurait donc concéder, à titre de
servitude, le droit de passer sur un rempart, ou de prendre
des vues sur une église (1) ; de même, on ne pourrait
acquérir, à titre de servitude, le droit d'avoir, sur la voie
publique, des bancs ou des escaliers en saillie, ou, sous la
voie publique, une cave ou une conduite d'eau. Si, parfois,
il en existe, ce ne peut être par suite d'un droit de servitude, mais, par l'effet d'une tolérance, que l'administration
sera toujours libre de faire cesser (2).

(1) Si l'on considère, avec la majorité des auteurs — (V. toutefois, en sens contraire. Ducrocq, 6ᵉ éd. t. II, n° 1419 ; — Batbie,
t. V, n° 314) — les cimetières comme faisant partie du domaine
public, il faut dire, pareillement, qu'il n'est pas possible d'acquérir, à titre de servitude, sur un cimetière, un droit de vue ou de
passage (V. Cependant, *Contrà* : Nancy, 25 nov. 1891 (Commune
d'Autreville) S.92.2.110 ; — dans le même sens : *Répertoire du
droit français*, V° Cimetière, n° 107 et suiv)

Quand au caractère juridique des concessions V. *infrà*, n° 76.

(2) Gautier, *loc. cit.*, p. 121-122 ; Baudry Lacantinerie et
Chauveau, *Des biens*, n° 796 Cass. 13 fév. 1828. S.28.1.253 ; —
Riom 19 mai 1854. S.54.2.589 — *Cas exceptionnels où les biens
du domaine public peuvent être grevés de droits réels*. — S'il est
vrai que l'administration ne peut concéder aucun droit de servitude sur les dépendances du domaine public, tant que celles-ci
conservent leur affectation, il serait, toutefois, inexact de dire que
les biens du domaine public ne peuvent jamais être grevés d'aucun droit réel. Ils peuvent être grevés de droits réels préexistants
à l'affectation de la chose à l'usage public. C'est ainsi que, lorsqu'un particulier cède à l'Etat le terrain qui lui appartient, pour
être, celui-ci, transformé en route ou en place publique, rien ne
l'empêche de se réserver, si l'administration y consent, un droit

56. — B). *Les biens du domaine public peuvent-ils faire l'objet d'un contrat de louage ?* — Mais les dépendances du domaine public peuvent-elle faire l'objet d'un louage ?

L'administration, qui prend, vis-à-vis d'un tiers, l'engagement de lui assurer, pendant un certain temps, la jouissance d'une portion déterminée du domaine public, ne fait pas autre chose qu'un contrat de louage, ayant cette portion du domaine public pour objet, puisque, par définition, ce contrat consiste à assurer à un tiers la jouissance, to-

de servitude sur le terrain qu'il abandonne. — L'insertion de clauses de ce genre (le droit de passage sur une levée de canal, par exemple) se rencontre fréquemment, soit dans les actes d'acquisition amiable, soit dans les conclusions déposées devant les jurys d'expropriation, et le Conseil d'Etat, comme aussi la Cour de cassation, ont formellement reconnu la validité de telles conventions. — Le Conseil d'Etat a refusé de voir des contraventions de voirie dans l'exécution de droits ainsi accordés [28 juillet 1852. (Mignon) ; 19 janvier 1854 (Robinot), et la Cour de Cassation a déclaré que, en pareil cas, les lois protectrices du domaine public cessent de recevoir leur application, Cass. 17 juillet 1849 (de Courvol), D.49. 1.315 ; Cf. 13 janvier 1886 (Perthuisier). Dans ce dernier arrêt, la Cour de cassation n'a pas admis l'existence d'une convention, portant réserve d'un droit de servitude au profit du riverain exproprié, faute d'adhésion de l'Etat devant le jury. V. LECHALAS, *Manuel de droit administratif*, t. II, 2e partie, p. 171).

L'administration reste, d'ailleurs, toujours libre de recourir à la voie de l'expropriation, pour faire disparaître l'obstacle, que de pareils droits pourraient apporter à l'utilisation publique du bien sur lequel ils portent.

Des droits réels peuvent encore exister sur des biens dépendant du domaine public, comme ayant fait l'objet de ventes nationales, au temps de la Révolution.

La jurisprudence est, en effet, depuis longtemps fixée dans le sens de l'irrévocabilité des ventes nationales, alors même qu'elles auraient porté sur des dépendances du domaine public. C'est ainsi, qu'il a été jugé que le droit de prise d'eau, dans une rivière navigable, ne peut être supprimé sans indemnité, lorsqu'il a fait partie des objets compris dans une vente nationale. [C. Et. 1er août 1890 (Richard Wallace), D.92.3.43 ; 14 nov. 1884 (Guiblin), 7 mars 1861. D.65.5.131.]

tale ou partielle, d'une chose, pendant un certain temps. Un tel contrat est-il possible, lorsqu'il s'agit des choses du domaine public ? L'affirmative n'est pas douteuse. Sans doute, les biens du domaine public répugnent, en principe, au contrat de louage. Le bailleur s'oblige, en effet, à assurer au preneur la jouissance de la chose et à le garantir contre tout trouble, de quelque personne que ce trouble émane. Le preneur, de son côté, doit jouir de la chose, conformément à sa desdination. Or, la destination des biens du domaine public est de demeurer affectés à la jouissance commune, et la mission de l'administration consiste précisément à les maintenir à cette affectation.

On conçoit néanmoins, qu'exceptionnellement, les biens du domaine public puissent faire l'objet d'un bail. Il se peut, en effet, que certaines portions du domaine soient momentanément inutilisées par la masse, et qu'il soit sans inconvénient de les soustraire passagèrement à la jouissance commune.

L'on ne voit pas, dans ce cas, d'obstacle à ce qu'elles fassent l'objet d'un bail, pourvu que la jouissance du preneur vienne à cesser aussitôt que le réclamera l'intérêt public, pour être la chose restituée aux usages communs. Le droit du preneur se résoudra, dans ce cas, en une action en dommages-intérêts contre l'administration.

57. — *a) Opinion des auteurs.* — Le principe ne paraît pas, en soi-même, sujet à contestation. Ce qui peut donner lieu à difficulté, c'est de savoir si, dans telle hypothèse déterminée, il y a bail ou simple autorisation unilatérale, n'emportant aucun engagement, de la part de l'administration. « Les choses du domaine public — dit Marcadé —
« ne peuvent être ni vendues, ni louées ; mais, si elles ne
« peuvent être louées entièrement et en elles-mêmes, on
« conçoit qu'elles puissent quelquefois l'être pour tel point
« ou sous tel rapport particulier. On ne loue pas une
« église, un cimetière, une place publique, une grande

« route, un fleuve ; mais on loue très bien des places dans
« une église, des emplacements d'étalages de marchands
« sur la voie publique, le droit de recueillir les fruits et
« l'herbe d'un cimetière (1), etc.

« Au nombre des choses qui ne peuvent être louées, pas
« plus qu'elles ne pourraient être vendues, — dit, de même,
« Paul Pont, — se placent les choses qui sont dans le
« domaine public, comme : les rues, les places, les grands
« chemins, les églises, tant qu'elles sont consacrées au
« culte, etc. — Toutefois, encore ici, il convient de faire
« des réserves. Par rapport à ces choses, ce qu'il y a
« d'interdit seulement, c'est le bail, qui en permettrait la
« jouissance exclusive au preneur, parce que, par là, la
« chose serait détournée de sa destination spéciale, qui est
« l'usage public. Mais, rien n'empêche de transmettre
« des démembrements ou des accessoires, dont la location,
« bien loin d'enlever le fonds à son affectation publique,
« est souvent, au contraire, un moyen de donner à la chose
« sa véritable destination ; telles sont : la location faite par
« les villes de quelques emplacements à des marchands
« stationnant sur la voie publique, la location des bancs
« ou des chaises dans les églises, la location de l'émondage
« des arbres d'un cimetière, la location des places d'une
« halle ou d'un marché, etc,. Le bail, qui aurait ces acces-
« soires pour objet, serait valable en droit civil » (2).

« Les choses, qui sont hors du commerce ne sont pas

(1) Marcadé (1875), sur l'article 1713, p. 442, tome VI.
(2) Pont, *Répertoire de Dalloz* : Vo Enregistrement, no 3089 ;
V. aussi Pothier, du louage, no 14 ; Duvergier, t. XVIII, no 77 ;
Toullier, t. III, no 35 ; t. VI, no 157 ; t. XVI (Duvergier),
no 205 ; Duranton, t. XVII, p. 16 ; Troplong, du louage,
nos 90, 91 ; Dalloz, répertoire. V. louage, no 36 ; Aubry et Rau,
t. IV, p 467 ; Laurent, t. XXV, no 64 ; Guillouard, du louage,
t. I, no 67 ; Baudry-Lacantinerie et Wahl, du louage, t. I,
nos 95 et 123 ; Boileux, traité de droit civil, 1859, t. VI, p. 17 ;
Béquet, Vo domaine, no 960 ; — *Répertoire de l'enregistrement*

« susceptiblesd'êtrelouées — dit encore Duvergier s/ Toul-
« lier, — car, aux termes de l'article 1128 du Code civil,
« elle ne peuvent être l'objet d'aucune convention ; mais
« cette règle ne s'applique, d'une manière absolue, qu'aux
« choses qui sont hors du commerce par leur nature ;
« quant à celles, qui ne sont hors du commerce qu'à raison
« de l'usage auquel elles sont destinées, comme les édifices
« publics, les chemins, les routes, les rues, il faut distin-
« guer : le louage est possible, soit en totalité, soit en par-
« tie, lorsqu'il est compatible avec la destination de la
« chose. Ainsi, les communes sont autorisées à louer des
« places dans les halles, marchés et chantiers, et même
« certains emplacements sur les rivières, les ports et pro-
« menades publiques, lorsqu'il est reconnu que cette loca-
« tion peut avoir lieu sans gêner la navigation, la circula-
« tion et la liberté du commerce (1). La location des chaises
« et bancs dans les églises est également permise ».

58. *b) Jurisprudence. — Le bail est possible, pourvu
qu'il respecte l'exercice des usages communs.* — Le principe a été consacré, à différentes reprises, par la jurisprudence. Les tribunaux ont proclamé, en maints arrêts, le
droit, pour l'administration, de donner à bail certaines
portions du domaine public, sous réserve, toutefois, de respecter l'exercice des usages communs. Toutes les fois que
le bail d'un bien du domaine public a été considéré comme
de nature à compromettre l'exercice des droits de la masse,
les juges en ont prononcé l'annulation.

C'est ainsi, que la Cour de cassation a annulé (2) l'arrêté,
par lequel un Maire avait affecté exclusivement aux voitures d'un seul établissement de bains de mer toute la par-

(Garnier) Vᵒ concession ; *Répertoire périodique de l'enregistrement*, année 1883, nᵒ 6067 : — PERRIQUET, des contrats de l'État,
nᵒ 223.

(1) Nous n'admettons pas, quant à nous, qu'il y ait, dans cette
hypothèse, un louage.

(2) Cass. crim., 18 septembre 1828, rapporté par Dalloz. Jurisprudence générale ; Vᵒ Commune, nᵒ 693.

tie de la plage qui était propre à ce service. De même,
le Conseil d'État a annulé la décision du Ministre des Finances et l'acte de bail, passé en vertu de cette décision,
avec la ville de Boulogne-sur-Mer, — lesquels, à la vérité,
réservaient aux particuliers « le droit de pêcher, d'échouer
« ou de réparer les chaloupes et bâtiments, de se prome-
« ner, de pratiquer la grève, comme voie de communication,
« et même de prendre des bains », — mais qui conféraient
néanmoins à la Ville « le droit, à l'exclusion de toute con-
« currence, de faire circuler et stationner sur la plage des
« voitures de baigneurs en nombre quelconque (1) ». Il y
a vu, avec raison, une atteinte portée au droit d'accès et de
circulation, qui appartient au public, sur le rivage de la mer.

59. — *c) Application : nullité du bail, qui confère à
un individu le droit exclusif d'établir, sur la plage,
des cabanes à l'usage des baigneurs.* — De même, la
Cour de cassation a décidé que l'État n'avait pu, sans
excéder les droits qui lui appartiennent sur le domaine
public, concéder à un particulier le droit exclusif d'établir
des cabanes de baigneurs sur une partie du rivage de la
mer, « attendu, — porte l'arrêt — que les rivages de la
« mer, étant une partie du domaine public, tout le monde
« a le droit d'y exercer librement les usages divers
« qu'ils comportent, et qu'il n'appartenait pas, dès lors, au
« Préfet, comme représentant l'État, d'accorder à la
« Commune la faculté de concéder à un seul, en excluant
« toute concurrence, le droit, essentiel pour les établisse-
« ments de bains d'une station maritime, de mettre des
« cabanes sur la plage (2). »

Dans aucun de ces arrêts, le Conseil d'État ou la Cour

----

(1) 30 avril 1863 (V. de Boulogne), D. 63.3.64.

(2) 7 juillet 1869 (Préfet du Calvados), D. 70.1.9 ; S. 69.1.419,
maintenant un arrêt de la cour de Caen du 21 août 1866 (D. 67.2.
221) ; Cf. 19 mai 1858 (Vernes), D. 59.3.51 ; Addè req., 21 juin
1880, S. 81.1.33.

de cassation n'ont dénié à l'administration le droit de
donner à bail les dépendances du domaine public.

Le tribunal des conflits a déclaré, au contraire, expressément « qu'il est de principe que les portions du do-
« maine public, qui sont susceptibles de revenus, doivent
« être louées au profit de l'État, pour le produit en être
« versé au Trésor public » (1). Et la Cour de cassation,
dans l'arrêt précité du 7 juillet 1869, commence par reconnaître « que l'Etat peut, à la condition de respecter la
destination du domaine public, concéder certaines jouissances sur les choses qui en dépendent ».

Les décisions qui précèdent ont seulement critiqué
l'usage que l'administration avait fait de son droit, en
constituant au profit du concessionnaire un monopole qui
entravait la jouissance commune.

60. α. — *La question est de savoir si l'usage ordinaire et normal du domaine public maritime comporte
ou non l'installation par les baigneurs de cabanes sur
la plage.* — Ces décisions — l'arrêt de la Cour de cassation
du 7 juillet 1869, en particulier — avaient été vivement discu-
tées, en doctrine. On avait soutenu, que le bail, conférant à une individualité le droit exclusif d'installer des
cabanes sur la plage, pour le service des bains, était parfaitement valable (2).

La question revenait, en réalité, à savoir si l'usage ordinaire et normal du domaine public maritime comportait ou
non l'installation par les baigneurs, de cabanes sur la plage.
Si oui, l'administration, en monopolisant au profit d'un seul
un droit qui appartenait à tous, avait abusé des pouvoirs

______

(1) Conflit, 8 avril 1852 (Commune de Pornic), D. 53.3.3.
(2) V. notamment : Note, sous Dalloz, 70.1.9 ; — SERRIGNY,
Revue critique, 1871-72, p. 441 ; — GAY, *De la propriété des
rivages de la mer* (187 a) ; — BATBIE. *Journal Le Contentieux
administratif*, 1870, p. 221 ; — DEJAMME, *Des droits de stationnement*, p. 10, 11.

dont elle disposait sur les choses du domaine public. Si, au contraire, l'usage naturel et normal du domaine public maritime ne comportait que la faculté de se baigner et de se promener sur la plage, sans y faire d'installations, l'administration, en accordant à un particulier une autorisation qui, loin d'entraver l'exercice de la jouissance commune, ne servait qu'à faciliter cette jouissance, n'avait fait qu'agir dans la limite de ses droits. Aucune disposition de loi n'empêchait, d'ailleurs, l'administration de s'engager à ne pas donner à d'autres la même autorisation. Critiquable ou non, la jurisprudence consacrée par la Cour de cassation, avait pour conséquence directe de supprimer les recettes que tirait l'État de la location des plages, en s'opposant désormais à cette location (1).

61 β. — *Loi du 20 décembre 1872.* — Ému de ce résultat, le législateur a, par la loi de finances du 20 décembre 1872, proclamé la légitimité du droit « pour l'État de louer les plages et toutes autres dépendances du domaine public maritime, en autorisant la perception de redevances à raison de ces locations ».

Il n'y pas à se tromper sur l'étendue du droit, reconnu ainsi à l'État par le législateur. Ce n'est point le droit d'affecter la plage, ou une portion quelconque de la plage, à la jouissance exclusive d'un seul : un pareil droit serait incompatible avec le caractère de domanialité publique, attaché aux rivages de la mer. C'est, ainsi que le rapporteur de la loi de 1872 l'a expressément déclaré, — le droit, contesté à l'administration par la jurisprudence, d'affermer le service de l'installation sur la plage de cabanes à l'usage des baigneurs, le public conservant le libre accès de la plage et l'exercice des droits qui s'y rattachent.

62 γ. — *Cahier des charges-type.* — Le Ministre a, d'ailleurs, pris soin de préciser, dans un cahier des char-

(1) V. Rapport de M. Gouin, Officiel, 1872, p. 7421.

ges-type le droit des preneurs et les conditions de la location (1).

La location comprend (art. 4) : 1° le droit de placer, pendant la saison des bains, c'est-à-dire depuis le 1ᵉʳ juin jusqu'au 15 octobre, sur les parties de plages désignées sur les plans annexés et en vertu de l'autorisation contenue dans les arrêtés préfectoraux, des tentes, cabanes, chemins en planches, mâts et poteaux indicateurs, destinés à l'exploitation des bains de mer à la lame ; 2° le droit de percevoir les redevances auxquelles donneront lieu : a) les permissions de dépôt de cabines accordées à des tiers sur les mêmes parties de la plage, conformément à l'article 7 qui suit ; b) la location des sièges aux particuliers, — l'État conservant d'ailleurs la faculté d'autoriser toutes les occupations ayant une autre destination, notamment les kiosques pour la vente des livres, des journaux, de la pâtisserie, etc., et d'encaisser les redevances auxquelles ces occupations pourront être assujetties (art. 2, *in fine*).

Les articles 6 et 7 disposent de leur côté : *Article 6* : « Cette location ne privera pas les particuliers du droit commun de pêcher, d'échouer et de réparer les chaloupes et bâtiments, de se promener, de pratiquer la grève comme voie de communication, ni même de prendre ou de donner des bains, en se soumettant aux mesures qui auraient été arrêtées pour assurer l'administration, la surveillance et la police des bains. Ils ne seront tenus de payer une rétribution à l'adjudicataire qu'autant qu'ils se serviront des

(1) V. le cahier des charges types reproduit au répertoire de Béquet. Vᵒ domaine, nᵒ 1747 *bis*, note 2. Ce cahier des charges ne paraît pas avoir été appliqué toutefois d'une façon absolument générale, car il existe, dans plusieurs départements, des cahiers des charges plus ou moins différents du précédent (V. notamment le cahier adopté dans le département de la Seine-Inférieure, en vertu d'un arrêté préfectoral du 28 déc. 1878, pris, après accord entre les Ministres des finances et des Travaux publics (Lechalas, Traité de droit administratif, t. IV, p. 273).

cabanes ou autre matériel lui appartenant. » — *Article 7* :
« Tout particulier ou établissement privé aura la faculté de
placer, sur les parties de la plage affermées, des cabanes,
tentes ou guérites à l'usage des bains, en tel nombre qu'il
jugera convenable, et, sur les emplacements qui seront désignés par l'adjudicataire, mais, à la charge de se conformer aux règlements de police, qui auront pu être faits par
l'autorité compétente, et de payer, pour chacune, à l'adjudicataire, la rétribution déterminée par ce dernier, et qui
ne pourra excéder le maximum fixé ci-après..... En ce
qui concerne les sièges, le droit de l'adjudicataire est
expressément restreint aux sièges fournis par lui ; il ne
pourra, en aucun cas, exiger des redevances, pour les
sièges mobiles que les promeneurs apportent en vue de
leur usage personnel, non plus que pour les abris mobiles
contre le soleil, enlevés chaque soir, ni pour les voitures
d'enfants et de malades, circulant ou stationnant sur la
plage. »

Ces deux derniers articles répondent, comme on voit,
directement aux exigences formulées par la Cour de cassation dans ses arrêts précités de 1858, 1863 et 1869 (1).
La partie de l'article 7, qui consacre le droit pour les particuliers et les établissements privés d'installer les cabanes
sur la plage nonobstant le bail, ne saurait, d'ailleurs, être
interprêtée strictement, car il en résulterait pour un individu quelconque le droit d'accaparer la plage toute entière (2).

Les articles 1er § 1, 11, 13, 14, s'occupent des formes de

(1) Dans l'affaire Verne (19 mai 1858), le Maire de Trouville
avait cru pouvoir imposer le payement d'une redevance à tous les
baigneurs ne faisant pas usage des cabanes de l'établissement ;
mais le Conseil d'État annula son arrêté, comme contraire au
principe : que les rivages de la mer, faisant partie du domaine
public, « tout le monde a le droit d'y accéder librement ».

(2) Aussi, le cahier des charges-type de la Seine-Inférieure spé-

la location, de sa durée et du paiement du prix : *Article 1er § 1* : « l'adjudication aura lieu au plus offrant et dernier enchérisseur et à l'extinction des feux » ; *Article 11* : « la location sera consentie pour 3, 6 ou 9 années ; elle sera en tous temps révocable, à la volonté de l'administration, et sans qu'il y ait lieu à aucune indemnité au profit de l'adjudicataire » ; *article 14* : « le prix de la location sera versé en un seul terme, le 1er septembre de chaque année, dans la caisse du receveur des domaines. »

Enfin, l'article 13 stipule : que l'adjudicataire ne pourra, sans l'autorisation spéciale de l'administration des domaines, se substituer un tiers dans les droits établis, résultant pour lui de l'adjudication.

63. — δ. *Ce que la loi du 20 décembre 1872 consacre au profit de l'État, c'est le droit d'affermer l'exploitation industrielle de la plage.* — Ce que l'art. 2 de la loi du 20 décembre 1872 autorise l'État à donner à bail, ce n'est pas, en somme, autre chose que l'exploitation industrielle de la plage, en vue de sa meilleure appropriation aux usages communs.

C'est la consécration de la règle, ci-dessus posée, que les dépendances du domaine public peuvent faire l'objet d'un contrat de louage, lorsque ce louage est compatible avec l'exercice des droits de tous ou, — à plus forte raison — lorsqu'il tend à une utilisation plus complète, dans l'intérêt de la masse, des biens destinés aux usages communs.

L'affectation des plages au service des bains de mer n'est point, d'ailleurs, le seul cas dans lequel se justifie, par le profit que le public est appelé à en retirer, la passation d'un contrat entre l'administration et le permissionnaire.

64. — d. *Autres cas d'exploitation industrielle du*

cifie-t-il que les cabanes dont il s'agit seront consacrées à l'usage personnel de leurs propriétaires, et qu'elles ne pourront occuper qu'une partie déterminée de la plage (Léchalas, *loc. cit.*, p. 276).

domaine public. — Les installations de chaises sur les promenades publiques, d'outillages, hangars, appareils et engins divers sur les ports de commerce, les bacs et passages d'eau, les ponts à péages, le service du louage et du remorquage sur les fleuves et rivières, les installations souterraines pour distributions au public d'eau, de gaz ou d'électricité, etc., constituent autant de modes d'exploitation industrielle du domaine public — et, dans ces diverses hypothèses, il est conforme à l'intérêt général, que l'administration garantisse au particulier, qui demande à occuper le domaine pour l'installation de ces différents services, la jouissance du sol du domaine, pour une cer taine durée.

65. — *e) Concessions de travaux publics.* — Dans tous les cas d'exploitation industrielle du domaine public, des travaux d'appropriation ou, tout au moins, l'aménagement d'un matériel spécial sont nécessaires. L'État n'y procèdera, généralement, pas lui-même. C'est un tiers, qui sera, le plus souvent, chargé de l'exécution des travaux ou de la fourniture du matériel, et ce tiers recevra, dans la plupart des cas, pour rémunération de son travail et de ses avances, délégation du droit de recueillir les produits de la portion du domaine public aménagée. Il interviendra, en d'autres termes, entre l'État et le tiers, chargé des travaux, une concession de travaux publics.

L'exploitation industrielle du domaine public peut d'ailleurs exiger, non point de simples travaux d'appropriation, mais la création d'une dépendance nouvelle du domaine public, dans son entier. C'est ainsi, que la construction d'un chemin de fer ou d'un canal emporte création d'une dépendance du domaine public nouvelle. La voie de la concession s'offre, encore ici, à l'administration ; c'est au moyen de concessions qu'a été exécuté le réseau presque entier des chemins de fer et des canaux.

66. — *α. Nature juridique du droit du concession-*

naire — La question de savoir si le concessionnaire possède un droit sur la portion du domaine public, objet de la concession, et quel est, dans ce cas, la nature de ce droit, a été maintes fois discutée.

67. — Lorsqu'il s'agit d'une concession temporaire, tout le monde est d'accord pour reconnaître que le concessionnaire n'a point la propriété de la chose concédée ; le chemin de fer ou le canal concédés temporairement sont, de l'aveu de tous, des dépendances du domaine public, soustraites, à ce titre, à la propriété privée.

68. — *Le droit du concessionnaire, même à titre perpétuel, n'est pas un droit de propriété.* — En ce qui concerne, au contraire, les concessions perpétuelles, on a soutenu, que les concessions de cette espèce entraîneraient, par elles-mêmes, un véritable transfert de propriété. Le canal concédé, à perpétuité, ne naîtrait point propriété publique, mais propriété privée affectée à un service public. Bien que consacrée en maints arrêts (1), cette solution nous paraît tout-à-fait inadmissible. Il nous semble, en effet, qu'il y ait incompatibilité absolue entre l'usage public et la propriété privée, entre les nécessités de la navigation et le *jus abutendi* qui appartient au propriétaire. — La concession perpétuelle et l'aliénation sont, à notre avis, deux choses très différentes. L'aliénation fait passer entre les mains de l'acquéreur le *jus utendi*, le *jus fruendi* et le *jus abutendi*. Celui qui acquiert une propriété, peut ne pas l'exploiter ; il peut la détruire ; et, si la propriété qui lui est transmise est grevée d'une servitude perpétuelle, cette

---

(1) Jurisprudence constante. V. notamment Cons. d'État, 30 déc. 1858 (canal de Givors), D. 59. 3. 75. Leb. p. 787 ; 10 avril 1860 ; 21 juillet 1870 (ville de Châlons), S. 70. 2. 2·8 ; (canal du Midi), D. 60. 3. 54 ; Leb., p. 29? ; 31 mars 1864 (canal du Lez), Leb., p. 316 ; 11 nov. 1867 (canal du Midi), D. 68. 1. 426 ; Req., 7 nov 1865 (ch. de fer du Midi), D. 66. 1. 254 ; V. en ce sens BÉQUET. Vº domaine, nº 384.

servitude ne saurait porter atteinte au droit du propriétaire
de disposer de sa chose. Le concessionnaire à titre perpétuel, au contraire, ne peut disposer du canal, le combler,
le détruire ; il ne reçoit de l'État que le droit d'en percevoir à perpétuité les fruits ; il est obligé de le tenir à perpétuité à la disposition du public; le *jus abutendi* lui fait
défaut. Il nous paraît, dès lors, impossible de dire que le
concessionnaire acquiert la propriété du canal, qui lui a été
concédé à titre perpétuel, et nous croyons que ce canal
doit être considéré comme une dépendance du domaine
public, lequel comprend toutes les choses qui sont mises naturellement ou artificiellement à la disposition de
tous (1).

69. — A défaut de propriété, le concessionnaire à titre
temporaire ou perpétuel possède-t-il, du moins, sur la chose
objet de la concession, un démembrement du droit de propriété, un droit d'usufruit ou d'emphytéose ? On l'a soutenu, notamment à propos des concessions de chemins de
fer. La concession, a-t-on dit, se rapproche, par la durée,
de l'emphytéose, qui ne peut pas excéder aujourd'hui
99 ans. D'autre part, la perception des taxes autorisées au
profit du concessionnaire ressemble beaucoup à la perception des fruits produits par la chose, et le concessionnaire

---

(1) WEISS, à son cours. — Notre opinion est confirmée par la
loi du 2 vendémiaire an V, relative au canal du Midi, qui porte,
dans son préambule, « que les grands canaux de navigation font
essentiellement partie du domaine public, nonobstant les concessions dont ils peuvent avoir été l'objet ». — On peut invoquer
aussi deux arrêts du Cons. d'État des 8 fév. 1851 (ch. de fer d'Orléans et du Centre), Leb., p. 99, et du 22 mars 1851 (canaux du
Midi, de Briare, d'Orléans et du Loing). S. 51. 2. 450, qui ont décidé que les chemins de fer et canaux, concédés à titre perpétuel
ou temporaire, dépendent du domaine public, et ne peuvent être
frappés, en conséquence, de l'impôt sur les biens de main-
morte.

jouit, à cet égard, d'avantages analogues à ceux de l'usufruitier. On a conclu de là que le droit du concessionnaire
est un droit réel immobilier.

Nous ne nous attacherons pas à réfuter ce système, qui
ne rencontre plus aujourd'hui que de très rares partisans.

70. — *Caractère purement mobilier du droit du
concessionnaire.* — La loi, en rangeant les chemins de fer
parmi les dépendances de la grande voirie, les a fait
tomber dans le domaine public. Or, les dépendances du
domaine public sont, dans notre législation, soustraites à
toute appropriation privée, soit totale, soit partielle, et elles
ne sont pas plus susceptibles d'un démembrement de la
propriété que de la propriété proprement dite (V. *Suprà*
nº 55). Le concessionnaire ne saurait donc être investi, sur
la portion du domaine public qu'il exploite, d'un droit réel
quelconque. En réalité, l'acte de concession s'analyse en
un contrat d'une nature particulière, régi par des règles
propres, complètement distinctes de celles du droit civil, et
le droit qu'il confère au concessionnaire est un droit purement mobilier. « Les concessionnaires, dit M. Baudry-
Lacantinerie (*Des privilèges et hypothèques*, t. 2, nº 943),
contractent des engagements, et acquièrent des droits. Ils
sont, suivant les périodes, des entrepreneurs de travaux
publics et des entrepreneurs d'un service public. Pour se
rembourser de leurs dépenses, ils sont investis du droit
d'exploiter une portion du domaine public et de percevoir,
à cette occasion, des redevances, consistant en droits de
péage et prix de transport. Ils n'ont pas un droit dans la
chose. Leur droit est purement mobilier ». Ce caractère
mobilier du droit qui appartient au concessionnaire est
aujourd'hui unanimement reconnu par la jurisprudence et
par la doctrine (1).

(1) V. Dufour, *Traité de droit administratif*, 3ᵉ éd., nº 253
et suiv. — Aucoc ; Conférences III, nº 1312 ; — Vigouroux, Législation et jurisprudence des chemins de fer, nº 56 ; — Christophle

71. — Conséquences du caractère purement mobilier du droit du concessionnaire. — Une première conséquence en résulte, c'est que le concessionnaire ne saurait affecter hypothécairement son droit au payement d'une créance. Étant mobilier, ce droit n'est pas susceptible d'hypothèque. On peut, à la vérité, opposer deux lois des 15 juillet 1840 et 9 août 1847, qui supposent qu'un chemin de fer peut être grevé d'une hypothèque ou d'un privilège, au profit de l'État. Mais, il n'y a là qu'une inadvertance du législateur, et, en tous cas, on ne saurait tirer de ces dispositions législatives un argument, en faveur de la réalité du droit du concessionnaire. La loi, en permettant l'établissement d'un droit d'hypothèque sur un chemin de fer, ou en en conférant une, ne reconnaît pas, par là, le caractère réel du droit du concessionnaire. Elle déroge, une fois de plus, à la règle, posée par les articles 2118 et 2119 du Code civil, comme elle l'a fait déjà, pour les navires et pour les actions de la Banque de France (1).

et Auger, 2e éd., n°s 1733 et suiv.; — Perriquet, Des travaux publics, n° 621 ; — Dalloz, *Répertoire supplément*, V^o Concessions, n° 53 ; — Laurent, t. VI, n° 35 ; — Huc, t. III, n° 55 ; — Picard, t. II, p. 116 et suiv., etc. Dans ce sens : *pour les chemins de fer* : Trib. civ. Seine, 27 juillet 1850 (D.51.5.78 ; S. 50. 2.599). Civ. cass. 15 mai 1861 (D. 61.1 225 ; S. 61.1.888) ; — Req. 5 nov. 1867 (D. 68.1.117 ; S. 67.1.417). — Civ. cass., 20 juillet 1886 (D. 87.1.302, S. 87 1.332) ; Paris, 2 fév. 1888 (D. 89.2. I. 63), et, sur pourvoi, Civ. rej., 3 mars 1890 (D. 91.1.415 ; S. 91. 1. 65), *pour les canaux* : C. Et., 1er mars 1860 (Canal de Saint-Martin), D.60.3.9 ; Leb., p. 183. *Pour les ponts à Péage* : 20 fév. 1865 (Rolland). D. 65.1.308. — Parmi les auteurs qui s'étaient autrefois prononcés dans le sens de la réalité du droit du concessionnaire, citons Cotelle *Droit administratif*, t. 1, n°s 19 et suiv. D. n°s 4 et 5 ; IV, n° 57 ; Delalleau, *Revue de législation et de jurisprudence*, 1837, V. p. 140 ; — Dumay, étude sur les concessions de chemin de fer, p. 187 et suiv. ; — Lamé-Fleury. *Codes des chemins de fer*, 3e éd.. p. 103. note 3 ; Batbie, t. VII, n° 262 ; V. *Pand. franc.* V^o chemin de fer, n°s 93 et suiv.

(1) Weiss, à son cours.

Le principe général que le droit du concessionnaire n'est point susceptible d'hypothèque, ne saurait se trouver infirmé par ces exceptions. C'est ce qu'ont décidé à différentes reprises la Cour de cassation et le Conseil d'État (1).

Du caractère purement mobilier du droit qui appartient au concessionnaire, découle cette autre conséquence, que les terrains, objet de la concession, ne peuvent faire l'objet d'une expropriation forcée, de la part des créanciers du concessionnaire (2); enfin, au point de vue fiscal, il en résulte encore : d'une part, que la cession de la concession est soumise, non pas au droit proportionnel dû pour les mutations immobilières, mais au droit fixe dû pour les mutations mobilières (3); d'autre part, que le droit du con-

(1) V. Cass., 15 mai 1861, S. 61. 1. 888; D. 61. 1. 225; — 20 fév. 1865. D 65.1.308; — 5 déc. 1882. S. 84.1.193. D. 83.1. 171; — 20 juillet 1886, jurisprudence Douai 1886, p. 59; S. 87.1. 332; Le Conseil d'État a, dans plusieurs avis administratifs, consacré le principe que les chemins de fer ne sont pas susceptibles d'hypothèque. C'est ainsi, notamment, que, dans un avis du 5 nov. 1874, rapporté par M. Aucoc (Conférences, t. III, 2e éd., nº 1312) et par M. Picard (traité des chemins de fer, t. II, p. 119), le Conseil d'État a demandé la suppression d'une clause, qui avait été insérée dans un projet de cahier de charges relatif à un chemin de fer d'intérêt local, et, d'après laquelle, le département conservait « son droit d'hypothèque pour l'exercer immédiatement après les porteurs d'obligations ». Conformément à cet avis, la clause précitée a été retirée du cahier des charges, comme contraire aux principes qui régissent le domaine public, dont les chemins de fer d'intérêt local font aussi bien partie que les chemins de fer d'intérêt général. — V. Baudry-Lacantinerie et de Loyne, des privilèges et hypot. t. II, nº 943; — Aucoc, de l'hypothèque sur les chemins de fer, revue critique. Nouv. série 1876, V. p. 81 et suiv; *Pand. franç.* Vº chemin de fer, nº 930 et suiv.

(2) Trib. Seine, 27 juillet 1850. S. 50.2.599; D. 51.5.78.

(3) Cass , 15 mai 1861. D. 61.1.125; Cass. civ. 20 juillet 1886. S. 87.1.3. Addè : Béquet, *Répertoire,* Vº domaine, nº 467 et les auteurs cités en note ; Huc, t. IV, p. 72.

cessionnaire n'est pas susceptible d'être assujetti à la taxe des biens de main-morte (1).

72. — *Projet de loi de 1850.* — Peu s'en est fallu que la législation fût modifiée, sur tous ces points, et que la réalité du droit du concessionnaire fût consacrée par un texte de loi. En 1850, la Commission chargée de préparer la réforme de nos lois hypothécaires, avait, en effet, proposé d'ajouter à l'article 2118, un troisième paragraphe, comprenant, dans l'énumération des biens susceptibles d'hypothèques : les concessions de chemins de fer, de canaux et autres concessions (2). — C'était reconnaître que la concession engendre un droit réel. On voulait par là renforcer le crédit des Compagnies concessionnaires. Mais le projet n'a point abouti.

73. — *Actions possessoires.* — Malgré le caractère personnel de leur droit, la jurisprudence n'en reconnaît pas moins aux Compagnies concessionnaires l'exercice des actions possessoires. Dans la rigueur des principes, cette solution pourrait être évidemment critiquée, puisque toute action possessoire suppose une possession civile, c'est-à-dire un droit réel. La jurisprudence se fonde sur ce que les actions possessoires « sont essentiellement des actes conservatoires et d'administration » (3).

Nous avons vu d'ailleurs (*suprà*, n° 49) que le droit d'exercer les actions possessoires est reconnu, d'une ma-

(1) C. Et., 8 fév. 1851. Leb., p. 99 ; Civ. cass., 3 mars 1890. S. 51.1 65.

(2) WEISS, à son cours.

(3) WEISS, à son cours - Cass., 5 nov. 1867. D. 68.1.117. Cf. Douai, 5 mars 1857. S. 57.2.577. D. 57.2.145. Mais le particulier, qui aurait obtenu de l'Etat, d'un département ou d'une commune une concession, consentie à perpétuité ou pour un temps déterminé, pourrait-il intenter une action possessoire contre l'État, le département ou la commune, qui, avant toute révocation de sa concession, l'aurait troublé dans sa jouissance ? V. pour l'affirmative : Req. 31 mars 1831. S. 31.1.123 et, en matière de réintégrande, AUBRY et RAU, 5e éd. t. II, § 189, note 10.

nière générale, à tout détenteur précaire du domaine public.
C'est là, comme dit Béquet,(*répertoire*, v° domaine, n° 617,)
une suite de la tendance, de plus en plus marquée, des tribunaux à donner à l'acte possessoire le caractère d'action
de fait, indépendante du droit, à l'assimiler aux interdits du
droit Romain, et à en élargir les conditions. On considère
aujourd'hui que la possession et la prescription, n'étant
exclues que pour les choses placées hors du commerce
(art. 2226 Code civil), l'action possessoire n'est écartée que
dans la mesure même de cette exception, c'est-à-dire, en
tant seulement qu'elle met en question la destination de la
propriété publique ; dans les limites où elle est compatible
avec cette destination, l'action est recevable.

74. — *d) Fruits naturels du domaine public.* — Si
l'affectation de certains biens à l'usage de tous ou à un
service d'utilité générale place ces biens hors du commerce, elle ne peut avoir pour effet de changer leur nature physique et de les empêcher de produire des fruits
naturels : des herbes peuvent naître sur les atterrisse-
ments maritimes ou fluviaux non encore parvenus à ma-
turité, sur les routes, sur les remparts, dans l'eau des fossés, sur les francs-bords des cours d'eau. Ce sont là les
produits naturels périodiques du domaine public. — D'autres, ont un caractère, sinon accidentel, du moins irrégulier :
tels sont les minéraux extraits du sol, les sables, graviers,
etc., trouvés sur les bords de la mer ou des fleuves, les
goémons, varechs rejetés par les flots, les produits de la
chasse ou de la pêche, sur les cours d'eaux navigables ou
flottables.

Si l'on appliquait la règle « *accessorium sequitur
principale* », on dirait que les produits du domaine public participent au régime du domaine public lui-même.

Mais le domaine public n'est hors du commerce que,
parce qu'il importe de le maintenir à sa destination, qui
est de servir à l'exercice des usages communs. Les produits

du domaine public n'ont, au contraire, pas de destination
publique ; ils ne servent pas aux usages de la circulation
ou à un service d'utilité publique, auxquels ils n'ont été
affectés ni par leur nature, ni par un acte de l'autorité.
Leur seule utilisation est leur aliénation (1).

Certains produits du domaine public peuvent, toutefois,
être utilisés directement par les services administratifs,
auxquels la garde du domaine est confiée. C'est ainsi, que
l'administration des travaux publics peut employer à la
construction de fascines les osiers, qui poussent sur les
berges, et se servir du sable, recueilli sur le rivage de la
mer ; mais cet emploi cesserait d'être régulier, si l'administration venait à concéder gratuitement le droit de
prendre les matériaux dont il aurait besoin, parmi les produits du domaine public, à l'entrepreneur qu'elle se subs-
tituerait, pour l'entretien du domaine. Ce serait là, une subvention en nature, que prohibent les règles de la comptabilité publique. Il est de règle, en effet, que tous les
produits du domaine doivent être vendus ou affermés,
quand leur utilisation directe n'est pas possible (2).

La vente ou la location des produits du domaine public
qui ne peuvent être utilisés directement, a lieu, dans les
formes relatives à la vente ou à la location des biens de
l'État.

Des textes spéciaux sont venus, d'ailleurs, réglementer
la procédure à suivre dans la plupart des cas (3).

(1) Weiss, à son cours.
(2) Béquet, *loc. cit.*, n° 981.
(3) *Vente des arbres* : décret du 16 déc. 1861 (art. 100) ; Ordonnance du 30 déc. 1831 ; circ. du 9 août 1852. *Vente et amodiation
des produits des francs bords des canaux et rivières navigables* : circulaires des 20 mars 1830, 20 février et 24 octobre 1832,
20 janvier 1833, 30 avril 1836, 31 mars 1841, 15 juin 1864, 22 mars
1882, 3 février 1896 ; — *Produits de la pêche et de la chasse* : loi
du 15 avril 1829, titre III, loi du 6 juin 1840, décret du 7 novembre
1896, circulaire du 16 décembre 1896 ; *Amodiation des produits
du domaine public militaire*, loi des 8-10 juillet 1790 (art. 23

75. — *e) Concessions dans les cimetières.* — Parmi les contrats, dont le domaine public peut être l'objet, il faut faire une place à part aux concessions dans les cimetières.

Il ne rentre pas dans le cadre de cette étude de discuter la question — d'ailleurs très controversée — de savoir si les cimetières font partie du domaine public ou du domaine privé de la Commune. L'opinion dominante en doctrine est, avec raison, croyons-nous, fixée dans le sens de la domanialité publique des cimetières (1). Cela étant, nous avons à nous demander quel est le caractère juridique de l'acte de concession, et quels droits en résultent, pour le concessionnaire.

76. — *Nature juridique du droit du concessionnaire. — Ce ne saurait être un droit de propriété.* — Le droit du concessionnaire ne saurait, d'abord, consister dans un droit de propriété. Cette solution ne serait même pas acceptable, dans le système, qui considère les cimetières comme des dépendances du domaine privé de la Commune. Comme on l'a fait justement observer, le droit du concessionnaire, même à titre perpétuel, est, en effet, limité, à la fois, quant à la jouissance, quant à la faculté de disposer, et quant à la durée. Quant à la jouissance, puisque

titre I), art. 5-10, titre VI, décret du 22 déc. 1812, règlement du Min. Guerre du 15 fructidor, an IX ; *Extraction des matériaux* : A. sur le rivage de la mer, décret du 8 février 1868 ; arrêté du 2 décembre 1875. Circ. min. trav. publ., 16 décembre 1880. — B. sur le domaine fluvial, décis. min. fin , 20 fév. 1882.

(1) Cour de Lyon, 7 juillet 1883 (Nique), D. 85.2.34 ; Trib. Lyon, 4 fév. 1875, (Triomphe), D.77.2.161, S.77.2 35 ; Toulouse, 22 fév. 1874 sous cass. 26 avril 1875, D. 75.1.473 ; Cass. civ., 10 janv. 1844, S.44.1.120 ; Trib. Coutances, 9 déc 1846, D.47.3.206 ; — Aubry et Rau, 5e éd. § 169, p. 58 ; Gaudry, *Traité des cultes*, t. II, n° 744 ; — Berthélemy, droit administratif, page 379, note 1 ; — Rigaud et Maulde, V° cimetière, n° 8 ; Cazalens, note sous 4 fév. 1875 précité, D. 77.2.161 et les auteurs cités. — *Contrà,* Batbie, t. V, n° 314 : — Ducrocq, 6e éd., t. II, n° 1819.

le concessionnaire ne peut pas changer la destination du
terrain concédé ; quant à la faculté de disposer, puisque
ce terrain ne peut être ni hypothéqué, ni affermé, ni
aliéné, pendant la vie du concessionnaire ; enfin, quant à
sa durée, qui est seulement celle du temps, pendant lequel
le cimetière demeure affecté aux inhumations. Or, la propriété ne saurait comporter de pareilles restrictions. A
plus forte raison, ne peut-il être question de propriété,
dans le système qui reconnaît aux cimetières le caractère
de dépendances du domaine public imprescriptible et inaliénable (1).

77. — *Est-ce un droit réel, consistant dans un usage
spécial et déterminé du terrain concédé?* — Peut-on
dire que la concession engendre un droit réel, consistant
dans un usage spécial et déterminé du terrain concédé ?
Bien qu'il ait été consacré dans un certain nombre d'arrêts (2), ce système ne saurait être admis plus que le précédent. D'abord, la domanialité publique ne se prête pas à
l'existence de droits réels sur les biens qui en font partie
(V. *Suprà*, n° 55). On conteste, à la vérité, l'exactitude de
cette règle, et l'on dit que les choses du domaine public ne
sont insusceptibles que des droits réels qui seraient con-

(1) Le système, d'après lequel la concession perpétuelle entraînerait, pour le concessionnaire, un droit de propriété « sui generis »,
a été consacré par un jugement du trib. de la Seine du 24 déc. 1856 :
D. 58.3.53; S. 57.2.338 ; V., dans le même sens, conclusions de
M. le Commissaire du Gouvernement L'hôpital, sous C. Et.,
19 mars 1863 (Castangt). Leb., p. 265; S. 63.118; D. 63.3.35.
Addè aussi : Ducroq, édifices publics n°s 93-94, qui paraît étendre le
même système aux concessions purement temporaires. V. DAL-
LOZ, *Répertoire*, V° Culte, n° 934.
(2) Trib. Lyon, 13 nov. 1890 (Majola) *Pand. franç.* 91. 2. 142 ;
Paris, 4 juillet 1884, min. public c. Depoilly. D 85. 2. 211 ; Lyon,
7 juillet 1883 (Nique), D. 85. 2. 34 ; Trib. Lyon, 24 janv. 1866, D.
67. 3. 45 ; Angers, 5 mai 1869, D. 69. 2. 128 ; CAZALENS, disserta-
tion précitée, note 3 ; circ. min. int., 20 juillet 1841, D. 42.
3. 103 ; 30 déc. 1843, n° 15, J. G. DALLOZ, V° Culte, n° 790.

traires à leur destination, mais qu'ils comportent, au
contraire, l'établissement de tous ceux, qui sont compatibles avec leur destination naturelle. Or, les concessions,
même à titre perpétuel, ne sont précisément que l'usage —
ou l'un des modes de l'usage — auquel le cimetière est
affecté par sa destination. — C'est la même théorie qui
a été soutenue à propos des droits de vue et d'accès,
reconnus aux riverains des voies publiques.

78. — *Les principes généraux de la domanialité
publique s'opposent à ce qu'il puisse être question ici de
droit réel.* — Cette théorie repose sur une confusion.
Sans doute, l'édification de sépultures et l'ensevelissement
des corps, dans un cimetière, sont, comme la vue et l'accès
sur une route, conformes à la destination de ces dépendances du domaine public. Mais le caractère de domanialité publique, attaché à ces biens, s'oppose à ce que ces
usages, conformes d'ailleurs à leur destination, soient
excercés *à titre de droit réel.* Le droit réel est un droit
« dans la chose » existant *ergà omnes*, opposable à tous,
permettant à celui qui en est titulaire d'agir contre toute
personne quelle qu'elle soit, qui apporterait obstacle à
l'exercice de son droit, afin d'être maintenu dans l'exercice de ce droit. Or, la destination des biens qui composent
le domaine public, exige que l'administration demeure
toujours libre d'y faire exécuter tous travaux, d'apporter
à l'état des lieux toutes modifications, de procéder à toutes
désaffectations commandées par l'intérêt public, et il
n'est pas admissible qu'un riverain ou un concessionnaire
puisse venir s'opposer à l'exécution de ces travaux, à ces
modifications ou à ces désaffectations. S'agissant spécialement d'un cimetière, il peut y avoir intérêt à désaffecter
telle portion du cimetière : celle réservée aux concessions
perpétuelles ou trentenaires, par exemple, pour consacrer
désormais cet emplacement aux fosses communes, ou pour
l'affecter à un usage tout différent : pour y élever une

maison de garde, ou pour y tracer une allée nouvelle ; il peut même devenir nécessaire de désaffecter le cimetière, dans son entier. Comment ces différentes opérations seraient-elles possibles, si le concessionnaire était investi d'un droit réel de jouissance sur le sol, objet de la concession, et comment concilier le droit de la commune et l'intérêt public avec ce droit réel du concessionnaire ?

Ainsi, le caractère domanial des cimetières s'oppose à ce que le concessionnaire à titre perpétuel ou trentenaire puisse être investi d'un droit réel.

79. — *Argument, tiré de la matière elle-même, à l'encontre de la réalité du droit du concessionnaire.* — Mais, en dehors de ces considérations d'ordre général, un argument, tiré de la matière elle-même, doit être invoqué à l'encontre de la réalité du droit du concessionnaire.

Les concessions perpétuelles ou trentenaires, — accordées exceptionnellement à certaines personnes privilégiées, en vertu de l'article 6 du décret de prairial au XII — ne diffèrent de la concession de cinq ans, accordée indistinctement à tous, que par la durée : à part la question de durée, le caractère juridique de la concession ne change pas, d'un cas à l'autre. Or, il est manifeste que le législateur de l'an XII, en assurant à chaque particulier un repos d'au moins cinq ans dans le même cimetière, a été exclusivement guidé par des considérations d'hygiène et de décence publiques ; et qu'il n'a eu aucunement en vue de conférer aux héritiers du décédé un droit quelconque.

La concession de cinq ans n'engendrant aucun droit réel, la concession de trente ans ou la concession perpétuelle, qui ne diffèrent pas par leur nature de la précédente, n'en engendrent évidemment pas davantage. La seule différence entre les deux cas, c'est que, tandis que la concession gratuite de cinq ans n'est protégée que par les règles pénales du délit de violation de sépulture, la concession perpétuelle ou la concession trentenaire sont pro-

tégées en outre par les conventions accessoires intervenues
entre l'administration et le concessionnaire. Mais ces conventions donnent naissance à des droits purement personnels ; la commune s'engage, moyennant un certain prix,
à fournir, pendant trente ans ou à perpétuité la jouissance
du terrain concédé (1).

80. — *La concession — perpétuelle ou temporaire —
s'analyse en un acte de puissance publique, accompagné d'une convention, par laquelle la commune s'engage
à fournir au concessionnaire la jouissance, à perpétuité, ou pendant trente ans, d'un terrain d'une dimension déterminée.* — La concession, perpétuelle ou trentenaire, s'analyse, en définitive, en un acte de puissance
publique, accompagné d'une convention, analogue au
contrat de louage, par laquelle la commune s'engage
à fournir au concessionnaire ou à ses successeurs, la jouissance — à perpétuité, ou pendant trente ans — d'un terrain déterminé ou d'un terrain d'égale superficie. Aucun
démembrement de la propriété n'est transmis au concessionnaire, qui n'acquiert qu'un droit purement personnel
contre la commune (2).

Cette solution, qui s'accorde seule avec les principes,
est, au point de vue pratique, tout aussi satisfaisante que
celle qui conclut à la réalité du droit du concessionnaire.
Il est évident, en effet, que le concessionnaire sera tout
aussi efficacement protégé, en fait, contre les atteintes qui
seraient portées par la commune à la concession, par un
engagement personnel de celle-ci, que par un droit réel,
qui lui appartiendrait sur le sol, objet de la concession.

81. — Sous quels rapports principaux la situation du par-

____

(1) HAURIOU, note sous C. Ét., 10 janvier 1890 (Rodet), S. 92.
3. 21.

(2) V. en ce sens, Douai, 8 mars 1892 (Van Kempen), D. 92. 2.
562 ; *Pand. franç.*, 93, 2. 89 ; — HAURIOU, *loc. cit.*, note 1.

TICULIER, SIMPLEMENT AUTORISÉ A RETIRER DU DOMAINE PUBLIC UN AVANTAGE PRIVATIF, SE DIFFÉRENCIE-T-ELLE DE LA SITUATION DU PARTICULIER, QUI A CONTRACTÉ AVEC L'ADMINISTRATION, ET, SPÉCIALEMENT, DU CONCESSIONNAIRE ?. — Dans les différentes hypothèses qui ont été successivement envisagées au cours de ce chapitre, le particulier, autorisé à jouir privativement du domaine public, passe avec l'administration, un contrat. Le type le plus usuel de ce contrat, est la concession de travaux publics, soit qu'il s'agisse de l'exécution d'un travail public, soit qu'il s'agisse seulement de l'exploitation d'un ouvrage existant, destiné à un service public. L'occupation privative du domaine n'est pas ici l'objet principal du contrat ; elle n'est qu'une des conditions de la réalisation du marché.

En dehors de cette hypothèse, et abstraction faite, d'une part, de la concession de sépulture, et, d'autrepart, de la vente des fruits naturels, l'occupation privative du domaine public, autorisée au profit d'un particulier, fait encore l'objet de conventions entre l'administration et le permissionnaire, lorsque cette occupation, sans se rattacher à proprement parler à l'exécution d'un travail public ou à l'exploitation d'un ouvrage public, présente un caractère d'intérêt général. Tel est, notamment, le cas de la location des plages. La convention consiste, ici encore, dans la concession du droit d'exécuter certaines installations et de recueillir le produit des redevances auxquelles l'usage de ces installations par le public pourra donner lieu. Le caractère juridique du contrat est celui d'un bail. — Nous avons supposé, au contraire, dans le chapitre qui précède l'hypothèse ou aucune convention n'intervient entre l'administration et le permissionnaire : L'administration se borne purement et simplement à autoriser.

Les deux situations sont très différentes. Montrons sous quels rapports principaux elles se distinguent.

82. — a) *La détermination de l'agent administratif*

compétent, dans l'une et l'autre hypothèse, procède de règles différentes. — En premier lieu, ce n'est pas la même autorité qui a, en principe, compétence, pour délivrer une simple permission de voirie et pour passer un acte de concession. L'autorité compétente, pour délivrer une simple permission de voirie : pour conférer à un particulier l'autorisation pure et simple de retirer du domaine public un avantage privatif, distinct de ceux qui appartiennent *jure civitatis* à la masse des citoyens, est, suivant une distinction que nous aurons à développer ultérieurement, celle à laquelle est conférée la police de la circulation, sur la portion du domaine public dont l'occupation privative est sollicitée, ou celle qui est préposée à la garde et à la conservation du domaine public. L'autorité compétente pour passer un contrat de concession est, au contraire, en principe, l'autorité, de laquelle ressortissent les services qui font l'objet de la concession. Cette distinction a été mise nettement en relief, dans une importante circulaire, adressée aux Préfets par les ministres de l'Intérieur et des Travaux publics, à la date du 9 août 1893 et relative aux conduites d'eau, de gaz et d'électricité. « Les permissions de voirie — dit cette circulaire — sont délivrées par l'autorité qui administre les voies auxquelles elles s'appliquent. La compétence résulte ici du classement de ces voies. Les contrats de concession, au contraire, relèvent de l'autorité, dans les attributions de laquelle sont placés, à raison de leur nature, les services qui font l'objet de ces concessions, quel que soit le caractère de la voie publique à emprunter La compétence résulte ici de la nature des services. » Nous aurons d'ailleurs à revenir sur ce point.

83. — *b) Le concessionnaire est investi contre l'administration de droits qui n'appartiennent pas au simple permissionnaire.* — En second lieu, tandis que le simple permissionnaire n'acquiert aucun droit contre l'adminis-

tration — hors celui d'attaquer par la voie du recours pour
excès de pouvoir l'acte l'administratif qui viendrait à lui retirer l'autorisation dont il jouit, pour des motifs étrangers à
l'intérêt public, et d'introduire, à raison de ce retrait, une
demande en indemnité devant les tribunaux compétents, —
le concessionnaire est investi contre l'administration des
droits, qui résultent pour lui du contrat passé avec celle-ci.
De là résulte, notamment, cette conséquence, qu'en cas de
retrait de la permission, fondé sur l'intérêt public, le permissionnaire est dépourvu de tout recours contre l'administration ; le concessionnaire possède, au contraire, dans
ce cas, un droit à dommages-et-intérêts. Le Maire ou le
Préfet, qui accordent et qui, dans l'intérêt public, retirent
une simple permission de voirie, ne font, en effet, qu'user
des pouvoirs de police qui leur appartiennent, sur le domaine public ; mais, quand ils délivrent une concession,
ils agissent comme administrateurs, passant un contrat au
nom de la commune ou de l'État, et il ne leur est pas permis de porter atteinte à ce contrat sans indemnité (1).

84. — *c) Juridiction compétente, pour connaître de
l'action en indemnité intentée contre l'administration
par le permissionnaire ou par le concessionnaire.* —
La juridiction compétente, pour connaître de la demande
en indemnité formée par le permissionnaire, à raison du
retrait de sa permission non fondé sur un motif d'intérêt
public, serait, croyons-nous, le Conseil de Préfecture, s'il
s'agissait d'une dépendance de la grande voirie (art. 4,
loi du 28 pluviôse an VIII) et la juridiction civile en matière de petite voirie (2). La compétence appartiendrait, en
tous cas, à l'autorité administrative, s'il était nécessaire
d'interpréter l'arrêté d'autorisation.

(1) V. Note, sous Dalloz, Paris, 9 août 1884 (Rénier), 85. 1. 147.
— Cf. C. Ét., 27 mars 1856, D. 56. 3. 52 ; 18 mars 1868 (Boyard),
Leb., p. 293 ; 20 nov. 1874 (Boyard), Leb. p. 885.
(2) V. C. Ét. 10 déc 1886 (Desclée), D. 88. 3 43 ; Leb. p. 889.

Lorsqu'un contrat est intervenu entre l'administration et le permissionnaire, les difficultés auxquelles ce contrat peut donner lieu et l'action en indemnité qui peut être intentée contre l'administration par le permissionnaire, ressortissent au Conseil de Préfecture, si, comme il arrivera dans le plupart des cas, le contrat présente le caractère d'un marché de travaux publics, dans le sens large où cette expression doit être entendue, au point de vue de l'application de l'art. 4 de la loi de pluviôse an VIII.

Si le contrat ne présente pas ce caractère, la compétence appartiendra aux tribunaux ordinaires.

85. — *d). Le simple permissionnaire acquiert la propriété des ouvrages qu'il fait construire, sur la portion du domaine qu'il occupe ; les ouvrages construits par le concessionnaire deviennent immédiatement la propriété de l'administration. — Conséquences.* — Une autre différence doit être relevée entre la situation du simple permissionnaire, et celle du concessionnaire. Il est constant, en doctrine et en jurisprudence, que, dans le cas où l'État, le département ou la commune, comme prix de la construction d'un ouvrage d'utilité publique, en concèdent les produits à l'entrepreneur, pendant un temps déterminé, la propriété de l'ouvrage appartient immédiatement à l'administration. Le permissionnaire conserve, au contraire, la propriété des ouvrages par lui établis sur le domaine public, en vertu de la permission d'occuper, qui lui a été conférée. De là, plusieurs conséquences inverses : 1° tandis que le permissionnaire, ayant la qualité de propriétaire, paye l'impôt foncier, le concessionnaire n'y est point soumis (1); 2° tandis que le concessionnaire, n'ayant

(1) Ainsi, il a été jugé que le particulier, autorisé par une ville à établir, moyennant payement d'une redevance proportionnelle à la surface occupée, des châlets de nécessité, sur le domaine public communal, est assujetti à l'impôt foncier — alors que le traité par lequel cette autorisation lui a été conférée, présente, non

sur la portion du domaine public concédé, et sur les ouvrages, par lui établis, qui s'y incorporent, qu'un droit d'exploitation, ne peut les grever d'un droit réel, le permissionnaire peut au contraire, hypothéquer les constructions, par lui élevées sur le domaine public, et ces mêmes constructions peuvent faire l'objet d'une saisie immobilière (1).

86. — DIFFICULTÉ QU'IL PEUT Y AVOIR A DISCERNER S'IL Y A CONCESSION OU SIMPLE PERMISSION DE VOIRIE. — Il pourra parfois y avoir doute, sur la question de savoir si l'on se trouve en présence d'une concession, ou d'une simple permission de voirie.

En la forme, la permission de voirie se présente, le plus ordinairement, sous l'aspect d'un simple arrêté, revêtu de la signature du Préfet ou du Maire, et contenant, à la fois, autorisation d'occuper temporairement une portion du domaine public, et fixation des conditions pécuniaires ou autres de l'occupation. La concession s'accompagne, au contraire, généralement, d'un cahier des charges, qui détermine les droits et obligations réciproques de l'administration et du concessionnaire.

En fait, il s'agit de savoir si l'administration et le permissionnaire ont contracté ou non des engagements réciproques. La question ne va pas toujours sans difficulté, et le Conseil d'État a été, à différentes reprises, appelé à

le caractère d'un contrat de concession, mais d'une simple permission de voirie C. Ét. 29 nov. 1890 (V. Paris c. Dorion.) D. 92. 3. 48; *Pand. franç.*, 91. 3. 23 ; — De même, les Compagnies d'omnibus doivent l'impôt foncier, pour les pavillons établis sur la voie publique [C. Ét., 20 déc. 1878. D. 79. 3. 37 ; 25 juin 1880 (Companie des Omnibus), D. 81. 3. 60].

(1) V. Req. 10 avril 1867 (de Kerveguen), D. 67. 1. 397 (ouvrages établis en vertu d'une permission de voirie sur le domaine public terrestre et maritime) ; 3 avril 1824 (Caen) J. G. DALLOZ, Vo biens no 23 (salines, pêcheries et autres établissements sur le rivage de la mer) ; civ. Cass., 18 nov. 1835 (D. P. 35. 1. 444) (constructions élevées sur un terrain militaire).

se prononcer sur le caractère contractuel ou non des autorisations conférées. C'est ainsi, qu'il a été jugé que le
traité, par lequel une ville autorise un particulier à construire, sur le domaine public communal, des châlets de nécessité, moyennant le payement d'une redevance proportionnelle aux surfaces occupées, sous la réserve du droit
pour la Ville d'ordonner la suppression, des constructions
et la remise des lieux en leur état primitif, sans indemnité,
a le caractère d'une permission de voirie, et non d'un contrat de concession, bien que le bénéficiaire se soit engagé,
en échange des taxes dont la perception lui est attribuée,
à construire à ses frais les châlets dont il s'agit, à les
exploiter, pendant un temps déterminé, et à les remettre à
la Ville, à l'expiration de ce délai, en bon état d'entretien
et sans indemnité, conformément aux conditions prescrites dans un cahier des charges (1). — Le Conseil d'État a
considéré que la stipulation, par laquelle le bénéficiaire
s'était engagé à abandonner les châlets à la Ville, à l'expiration d'un certain délai, ne pouvait suffire, à elle seule, à
caractériser le contrat de concesion ; il n'a vu, dans cette
stipulation, qu'une des conditions, mises par la Ville à la
permission qu'elle accordait d'occuper temporairement
certaines dépendances du domaine public.

De même, le Conseil d'État a décidé que l'autorisation,
donnée par le Maire, d'établir, sous le sol des voies publiques, des conduites, destinées à fournir le gaz devant servir
à l'éclairage des particuliers, constitue une simple permis
sion de voirie, et non un contrat synallagmatique — alors
même qu'elle a été précédée d'une délibération, par laquelle le Conseil municipal a pris acte des avantages offerts
par le pétitionnaire, en vue d'obtenir cette autorisation (2).

(1) C. Et., 29 nov. 1890 (Dorion), D. 92. 3. 48; *Pand. franç.* 91.
4. 23.
(2) C. Ét., 10 déc. 1886 (Desclée), D. 88. 3. 43. — 14 janvier 1865
(Compagnie Continentale d'éclairage c. Ville de Marseille), D.

Le seul fait, par le permissionnaire, de consentir certains avantages au profit de la commune, ne saurait, en effet, transformer, par soi-même, en contrat synallagmatique, l'acte unilatéral d'autorisation. C'est un principe hors de contestation, comme on l'a vu, que l'administration peut subordonner à redevances les autorisations privatives purement précaires qu'elle accorde sur le domaine public, et l'administration, qui use de ce droit, ne fait pas, pour cela, un acte contractuel.

87. — Lᴀ ᴄɪʀᴄᴏɴsᴛᴀɴᴄᴇ ǫᴜ'ᴜɴᴇ ʀᴇᴅᴇᴠᴀɴᴄᴇ ᴇsᴛ ᴇxɪɢᴇ́ᴇ ᴅᴜ ᴘᴇʀᴍɪssɪᴏɴɴᴀɪʀᴇ, ɴᴇ sᴜꜰꜰɪᴛ ᴘᴀs ᴀ ᴛʀᴀɴsꜰᴏʀᴍᴇʀ ʟ'ᴀᴄᴛᴇ ᴜɴɪʟᴀ́ᴛᴇ́ʀᴀʟ ᴅ'ᴀᴜᴛᴏʀɪsᴀᴛɪᴏɴ ᴇɴ ᴜɴ ᴄᴏɴᴛʀᴀᴛ sʏɴᴀʟʟᴀɢᴍᴀᴛɪǫᴜᴇ. — Cette dernière proposition n'est point, toutefois, sans prêter à discussion. Comme nous le verrons dans le chapitre ci-après, toutes les occupations privatives du domaine public, qui ne sont pas de nature à emporter emprise sur le domaine public et modification de son assiette, profitent aux communes, en vertu des dispositions successives des lois des 11 frimaire an VII, 18 juillet 1837 et 5 avril 1884. Ces occupations comprennent, notamment, les dépôts de matériaux ou de marchandises, sur la voie publique, les installations de chaises, à la terrasse des cafés, les étalages, les édicules, pour la vente des journaux ou autres marchandises simplement posées sur le sol, etc. Or, la loi de l'an VII, comme aussi les lois subséquentes, qualifient ces occupations de « locations ». Cependant, il est certain que, dans ces diverses hypothèses, aucun contrat de bail n'intervient entre l'administration et le permissionnaire. L'administration se borne purement et simplement à autoriser les industriels à occuper privativement, pour l'exercice de telle ou telle industrie, une portion déterminée du sol de la voie publique. Faut-il dire, que le seul fait qu'une

65. 3. 55 ; — do 14 fév. 1861. D. 61. 3. 65. — V. aussi 10 avril 1867 (de Kerveguen), D. 67. 1. 397.

redevance est exigée, en retour de l'occupation, confère à l'autorisation le caractère d'un contrat de bail, dont la redevance est le prix ? Toutes autorisations de jouissances privatives quelconques du domaine public, sujettes à redevances, affecteraient ainsi le caractère contractuel, puisqu'elles réunissent indistinctement cette double condition d'une jouissance privative, subordonnée à redevance.

88. — Il est manifeste, cependant, que l'administration, qui autorise un particulier, à établir, dans son intérêt privé, une canalisation sous une route ou un poteau télégraphique sur cette route, à installer des chaises à la porte d'un café, ou à déposer des marchandises devant sa boutique, ne fait pas acte contractuel; elle se borne à autoriser aujourd'hui certaines installations, parcequ'elle les juge compatibles avec l'exercice des usages communs, et elle demeure libre de les faire cesser demain, si elle estime que l'intérêt public réclame leur suppression. Il n'y a pas d'engagements réciproques entre l'administration et le permissionnaire. Il n'y a qu'un acte unilatéral de puissance publique. Sans doute, le permissionnaire est tenu d'acquitter une certaine redevance aux mains de l'administration; mais cette circonstance ne suffit pas à conférer à l'autorisation privative, à raison de laquelle la redevance est perçue, le caractère d'une location. Il suffit, pour justifier cette redevance, de la considérer comme constituant une taxe de police. Tel est le caractère qu'une jurisprudence constante reconnaît aux redevances perçues par les communes à raison des occupations privatives du domaine public, dont le produit lui est dévolu, La jurisprudence décide, en effet, que le contentieux de ces perceptions ressortit aux tribunaux ordinaires, parceque ces perceptions rentrent dans la catégorie des contributions indirectes. Or il est évident, que, si les taxes dont il s'agit devaient être considérées comme des prix de locations, résultant de baux consentis par les communes, c'est en vertu des principes généraux du droit, et non, par l'effet d'une législation spéciale, que les difficultés auxquelles leur perception peut donner lieu, ressortiraient à la juridiction civile (1).

89. — D'autres considérations viennent, d'ailleurs, à l'encontre du système, qui consisterait à considérer les autorisations privatives, sujettes à redevances, comme présentant, d'une manière générale, le caractère de locations. Dans l'hypothèse d'un bail, et en l'absence de toute convention écrite, l'une des parties ne pourrait donner congé à l'autre, qu'en observant les délais fixés par l'usage des lieux ; le preneur aurait le droit de sous-louer ; le droit de relocation de l'article 2102 du Code civil serait ouvert à ses créanciers, — toutes conséquences de nature à créer, au profit du permissionnaire, une situation incompatible avec

(1) La théorie, d'après laquelle l'État, quand il accorde une autorisation de jouissance privative sur le domaine public, fait un acte d'autorité, et non pas une convention de droit civil, a reçu sa consécration, lors de la discussion, à la Chambre des Députés, en 1838, d'un projet de loi, relatif aux permissions d'usines et de prises d'eau. Le Gouvernement, ayant présenté un projet de loi, pour se faire autoriser à accorder à titre onéreux, des permissions d'usines et de prises d'eau sur les fleuves, rivières et canaux dépendant du domaine public, une vive discussion s'éleva sur la détermination du caractère qu'il convenait d'attribuer à ces permissions. Plusieurs membres de la Chambre objectèrent que le projet du Gouvernement tendait à introduire des changements dans le droit public et administratif ; qu'il transformait le droit de police appartenant au Gouvernement, en un monopole de choses publiques ; que l'administration a le droit d'accorder des permissions et non des concessions de jouissances sur les cours d'eau navigables et flottables (*Moniteur* des 16 janvier et 23 mars 1838, pp. 109. 654, 656 et 658). La Chambre, adoptant cette opinion des adversaires du projet de loi, le rejeta, dans sa séance du 22 mars 1838 (*Moniteur* du 23. p. 658). Ce fut à la suite de cette résolution, qu'on introduisit dans la loi de finances un paragraphe, qui autorisait la perception de « redevances pour *permissions* d'usines et de prises d'eau sur les canaux et rivières navigables » (Loi du 16 juillet 1840, art. 8). V. encore, sur la question, répertoire général du droit français, v⁰ bail administratif, nᵒˢ 38 et suiv.

le maintien du bon ordre et les nécessités de la circulation.

90. — Sans doute, l'autorisation, donnée à un particulier de jouir privativement du domaine public, peut parfois, trouver sa base dans une convention, et rien n'empêche l'administration de prendre certains engagements vis-à-vis du permissionnaire, notamment celui de lui garantir l'occupation du sol, pendant un certain laps de temps ; mais l'administration ne prend aucun engagement de ce genre, et nulle convention n'intervient, quand elle se borne à délivrer purement et simplement à un particulier la permission de retirer du domaine public, moyennant redevance, un avantage privatif précaire et révocable, suivant les besoins de la circulation et les exigences de l'intérêt public.

Pour que l'autorisation conférée au permissionnaire fasse l'objet d'une convention et que l'administration consente à prendre vis-à-vis de lui certains engagements, en ce qui concerne notamment la durée de l'occupation, il faut, nous le répétons, que l'intérêt public ait à retirer de celle-ci quelque avantage. C'est ce qui se produit, toutes les fois que l'occupation tend à l'appropriation du domaine public, en vue de son exploitation industrielle. Le particulier n'acquiert, par là, aucun droit sur le domaine public, mais il acquiert — sauf stipulation contraire — un droit à indemnité contre l'administration, s'il vient à être privé de sa jouissance, fût-ce dans un intérêt public.

91. — Insuffisance d'une simple permission de voirie, lorsque l'autorisation sollicitée tend a l'appropriation du domaine public, en vue de son exploitation industrielle. — L'insuffisance d'une simple permission de voirie, dans cette dernière hypothèse, est évidente. Il ne s'agit pas, en effet, seulement ici de régler les conditions de l'occupation du domaine public, il faut régler encore les conditions de l'exploitation des ouvrages autorisés : « Lorsqu'un

particulier, — dit le Ministre de l'Intérieur, dans la circulaire du 15 août 1893, dont il a été ci-dessus parlé, —
demande à établir sur une voie publique, quelle qu'elle
soit, de grande ou de petite voirie, des ouvrages permanents, destinés à un usage collectif, pour faire commerce
de leur exploitation, l'autorité compétente n'a plus seulement à examiner la question de savoir si l'existence de
ces ouvrages est compatible avec l'utilisation normale du
domaine public ; elle doit examiner, en outre, si l'installation demandée n'est pas de nature à créer à son auteur
une situation privilégiée, en laissant le public sans garantie contre ses exigences. Dans l'affirmative, elle doit
prendre les précautions nécessaires, pour que les avantages, offerts par l'exploitation dont il s'agit, soient assurés
aussi largement et aussi équitablement que possible, à tous
ceux qui seraient en situation d'en profiter. *Il ne suffit
plus, dès lors, d'une simple permission de voirie, qui ne
pourrait régler que les conditions de l'occupation du
domaine public, abstraction faite de l'exploitation des
ouvrages autorisés. L'autorisation doit être donnée par
un acte de concession, qui réglemente cette exploitation
et qui en fixe le tarif maximum* ».

92. — La règle avait été consacrée déjà par le Conseil
d'État, dans un avis du 16 mars 1888 (1) qui, bien que
spécialement relatif aux grues sur rivières, a une portée
tout à fait générale.

« Considérant — porte cet avis — que le droit d'auto-
« riser l'établissement d'un service public et la perception
« de taxes sur le domaine public, appartient essentielle-
« ment à l'administration supérieure, chargée de la gestion
« de ce domaine, et ne saurait être exercée par les préfets,
« à moins d'une délégation précise et formelle ; — con-

(1) V. Picard, *Traité des eaux*, t. III, p. 162 et suiv. ; Lechalas,
t. II, p. 262.

« sidérant, qu'à la vérité, le décret de décentralisation a
« placé dans les attributions des préfets l'autorisation
« et l'établissement des débarcadères, sur les bords des
« fleuves et rivières, pour le service de la navigation, la
« fixation des tarifs et des conditions d'exploitation de ces
« débarcadères, et qu'on peut se demander si cette disposi-
« tion ne s'applique point aux grues ; — Mais que l'expres-
« sion de *débarcadères* est généralement employée pour
« désigner des ouvrages qui ne comportent point d'engins
« mécaniques, et qui, étant destinés plutôt au service des
« voyageurs qu'à celui des marchandises, ne peuvent
« guère donner lieu à la perception de taxes, gênantes pour
« le commerce ; que cette expression ne saurait être
« étendue aux grues, qui constituent, au contraire, un des
« éléments les plus élémentaires de l'outillage d'un port,
« et dont les tarifs peuvent exercer une grande influence
« sur sa plus ou moins bonne utilisation ; — *Considérant,*
« *d'ailleurs, que la loi du 27 juillet 1870, qui règle*
« *les formes dans lesquelles doivent être autorisés les*
« *divers travaux publics, est applicable à tous les*
« *engins, établis en vue d'un service public, aussi bien*
« *sur les ports fluviaux que sur les ports maritimes, et*
« *les comprend sous la désignation générale de tra-*
« *vaux de moindre importance ; — que, si ladite loi*
« *vise spécialement les travaux exécutés, soit par*
« *l'État, soit par des concessionnaires d'un service*
« *public, il est rationnel d'en appliquer les dispositions*
« *aux ouvrages exécutés en vue d'un service privé,*
« *alors même qu'ils conservent le caractère de pro-*
« *priété particulière, du jour où ils viennent à être*
« *affectés à un service public ; — Qu'au point de vue*
« des intérêts du commerce, il y a, en effet, les mêmes
« raisons de réserver, dans l'un et l'autre cas, à l'adminis-
« tration supérieure la décision des questions qui touchent
« à l'exploitation des voies navigables, et, notamment, à

« leur outillage, de manière à empêcher que, sous la
« pression d'intérêts locaux, il ne puisse être pris de
« mesures qui seraient contraires à l'intérêt général ».

93. — Ainsi, la demande d'occupation privative doit
faire l'objet d'une concession, toutes les fois que l'occupation sollicitée tend à l'appropriation du domaine public
ou que les ouvrages exécutés sont destinés à être affectés
à un service public. C'est alors le contrat de concession
qui règle les conditions de l'occupation, comme il règle
les conditions de l'exploitation.

Mais si l'occupation privative sollicitée ne tend qu'à la
satisfaction d'un intérêt personnel ou d'un besoin privé,
sans que le public soit appelé à retirer un avantage quelconque de l'occupation, c'est un simple acte d'autorisation qui intervient, dégagé de tout caractère contractuel.

CHAPITRE II

94. — Parmi les autorisations privatives dont le domaine public est susceptible, les unes n'affectent que la surface du sol et ne mettent en jeu que les pouvoirs chargés de la police de circulation. — Abstraction faite des conventions particulières qui peuvent intervenir entre l'administration et le permissionnaire, les autorisations, données aux particuliers, de retirer du domaine public des avantages autres que ceux qui, résultant de son usage normal, appartiennent *jure civitatis* à tous les membres de la communauté, se séparent en deux catégories très différentes.

Les unes, ne sont de nature à entamer ou à compromettre en quoi que ce soit la substance du domaine public. Affectant uniquement la surface du sol, n'entraînant ni emprise sur le domaine public, ni modification de son assiette, elles mettent exclusivement en jeu les pouvoirs chargés de la police de circulation — Dans cette catégorie, rentrent les dépôts de marchandises ou de matériaux sur la voie publique, les étalages de marchandises devant les magasins riverains de celle-ci, les dépôts de tables, chaises, arbustes, à la porte des cafés et débits de boissons, les installations de chaises ou de boutiques volantes, sur les promenades publiques, les locations de places dans les marchés dépendant du domaine public, les stationnements de voitures dans les rues, sur les routes, quais et places publiques, les stationnements de bateaux, sur les fleuves et rivières navigables, et, généralement, toutes les installations mobiles, qui n'affectent le domaine public qu'en ce qu'elles apportent une certaine entrave à la liberté de la circulation.

95. — Les autres, emportent incorporation au sol. Elles n'intéressent pas seulement la police de circulation ; elles mettent en jeu les pouvoirs chargés de la conservation du domaine public. — Les autres, s'attaquent, au contraire, au domaine public dans sa substance. Emportant incorporation au domaine, emprise sur le domaine et modification de son assiette, elles n'intéressent pas seulement la police de circulation ; elles mettent en jeu les pouvoirs, chargés de la conservation du domaine public et de sa transmission aux générations à venir. Rentrent dans cette catégorie : les canalisations sous la voie publique, les poteaux télégraphiques, les voies de chemins de fer ou de tramways, les kiosques ou édicules de tous genres adhérant au sol de la voie publique, les bureaux d'omnibus, hangars, magasins de négociants, et, d'une manière générale, les installations et constructions de tout genre n'offrant pas un caractère mobile, mais emportant adhérence au sol du domaine, incorporation au domaine et que la pratique administrative comprend sous la dénomination d'occupations temporaires du domaine public.

96. — La distinction entre les deux catégories d'autorisations ne s'est fait jour qu'assez tardivement. Ce n'est qu'avec le développement progressif du commerce, de l'industrie, des moyens de communication et de transport au cours du xixᵉ siècle, que se sont multipliés les modes de jouissance privative du domaine public et que ce sont précisés leurs caractères différentiels.

97. — Les deux catégories de jouissances privatives sont

NETTEMENT OPPOSÉES DANS L'ART. 98 DE LA LOI DU 5 AVRIL 1884.
— La loi municipale du 5 avril 1884 est la première où
l'on trouve, nettement opposées, les permissions, qui mettent simplement en jeu les pouvoirs chargés de la police
de circulation sur le domaine public, et les permissions
autres. L'article 98, après avoir posé, dans son § 1er,
la règle, que *le Maire a la police* des routes nationales
et départementales et des voies quelconques de communication, dans l'intérieur de l'agglomération, *en ce qui
touche à la circulation* sur les dites voies, proclame, en
effet, dans son § 2, *comme une conséquence de cette
règle*, le droit pour le Maire de délivrer des *permis de
stationnement et de dépôt temporaire* sur la voie publique, les rivières, ports et quais fluviaux et autres lieux
publics, tandis que, dans son § 3, le même article ajoute
que « les alignements individuels, les autorisations de
bâtir et *les autres permissions de voirie sont délivrés
par l'autorité compétente*, après que le Maire aura donné
son avis, dans le cas où il ne lui appartient pas de les délivrer lui-même ».

98. — Une observation s'impose toutefois immédiatement. Le législateur n'a pas employé la formule large
dont nous nous servons, pour différencier les deux catégories d'autorisation. L'article 98 ne dit point qu'il appartient au Maire d'autoriser, d'une manière générale, toutes
les occupations privatives qui n'emportent pas emprise
sur le domaine public et modification de son assiette. Il
dit simplement que le Maire peut donner des « permis de
stationnement et de dépôt temporaire » sur la voie publique, etc...

Mais l'article 98 doit être complété par l'article 133 de
la loi municipale, qui range au nombre des recettes communales « le produit des permis de stationnement et des
locations sur la voie publique etc. » Bien que la termino-
logie de l'article 133 ne soit pas identique à celle de l'ar-

ticle 98, — le premier visant les « permis de stationnement
et de location », tandis qu'il est question, dans le second,
du produit des « permis de stationnement et de dépôt
temporaire », — il est, en effet, hors de contestation — les
débats parlementaires auxquels les deux articles ont donné
lieu, devant les Chambres ne laissent sur ce point aucun
doute — qu'il s'agisse dans l'un et l'autre article des mêmes
perceptions. Le pouvoir d'autoriser et celui de percevoir
sont intimement liés, et il paraît exister entre eux une
corrélation nécessaire. Or, des explications fournies par
le commissaire du gouvernement au Sénat, lors de la discussion de l'article 133, il ressort que le législateur, en
reproduisant, dans cet article, les expressions « permis
de stationnement et de locations » employées déjà par le
législateur de 1837, a entendu maintenir les communes
dans l'intégralité des droits dont elles jouissaient en vertu
de cette dernière loi — telle que l'interprétait la jurisprudence administrative. Et nous verrons, par la suite,
qu'après un assez long désaccord entre les divers départements ministériels sur l'étendue du droit des communes
à la perception de redevances pour jouissances privatives
sur le domaine public national, l'entente avait précisément
fini par se faire entre eux, pour reconnaître, conformément aux conclusions émises par le Conseil d'État, dans
un avis de principe du 30 novembre 1882, que ce droit
s'appliquait à toutes les occupations *qui n'emportent
point emprise sur le domaine public ou modification
de son assiette.*

99. — Intérêt de la distinction. Deux intérêts principaux. — L'intérêt de distinguer entre les deux catégories
d'autorisation existe, dès lors, — ainsi qu'on l'aperçoit
dès maintenant — à deux points de vue principaux :

*1° au point de vue de l'autorité administrative com-
pétente pour conférer l'autorisation ;*

2° Au point de vue de la détermination : d'une part, de l'autorité administrative compétente pour fixer le montant de la redevance à laquelle l'autorisation peut être subordonnée ; d'autre part, de la personne morale appelée à profiter de cette redevance.

Nous étudierons sucessivement, à l'un et à l'autre point de vue, les deux catégories d'autorisations.

100. — En ce qui concerne la détermination de l'autorité administrative compétente pour autoriser, il suffira de se référer, soit aux textes spéciaux, qui ont organisé la police de la voirie, soit aux textes généraux, relatifs à l'administration du domaine public. Les diverses solutions que la question comporte, dans les différentes hypothèses, ne sauraient guère susciter de controverses.

Il en est autrement — et des difficultés importantes se sont produites — en ce qui concerne les redevances pécuniaires, qui peuvent être perçues des particuliers, autorisés à jouir privativement du domaine public.

Le droit, pour l'administration, de subordonner à redevances les autorisations privatives qu'elle accorde sur le domaine public, ne saurait plus être contesté aujourd'hui, dans son principe. Nous avons vu (1), qu'après avoir été successivement affirmé au regard de certaines dépendances particulières du domaine public et relativement à des catégories déterminées de jouissances privatives, dans des dispositions de lois spéciales, il a fini par être consacré dans un texte général de loi. Toute controverse est donc éteinte, à cet égard.

101. — Aperçu des difficultés que soulève la question des redevances auxquelles les occupations privatives du domaine public peut donner lieu. — Mais des difficultés subsistent sur le point de savoir à qui doit être attribué le produit de ces redevances et quelle est, dans les différents

____

(1) *Suprà* n° 32.

cas, l'autorité administrative compétente, pour en déterminer le chiffre.

102. — En ce qui concerne le premier point, il semblerait que chacune des trois personnes morales administratives, entre lesquelles est répartie la masse des biens du
domaine public, dût être appelée à recueillir seule, à l'exclusion des deux autres, les produits et revenus quelconques des parties du domaine public placées dans son lot,
de même qu'elle est appelée à en supporter seule toutes
les charges. Les redevances pour jouissances privatives
du domaine public national, départemental ou communal
appartiendraient, dès lors, respectivement, à l'État, au
département et à la commune.

Il n'en est cependant pas ainsi.

103. — Dérogations a la règle que chacune des personnes
morales individuellement préposées a la garde des différentes
parties du domaine public, doit profiter exclusivement du
produit des portions du domaine placées dans son lot. —
*1° On peut contester que les départements soient ja-
mais admis à participer, pour une part quelconque,
au produit des occupations privatives du domaine public*. — D'une part, on peut se demander si les départements sont jamais admis à percevoir aucune redevance
pour occupations privatives du domaine public.

La raison de douter, provient de ce qu'il n'existe point
de texte, qui autorise, à leur profit, pareille perception

L'État trouve la base de son droit à redevance dans la
disposition générale de la loi du 29 juillet 1881, reproduite
chaque année par la loi de finances, qui place au nombre
des droits, produits et revenus, dont la perception est
autorisée au profit de l'État, « les revenus et produits de
toute nature du domaine public fluvial, maritime et terrestre ».

Les communes, dans l'article 133 §7 de la loi de 1884
et dans la disposition de la loi annuelle de finances, qui

comprend, parmi les droits, produits et revenus, dont la perception est autorisée au profit des départements et des communes, établissement publics, etc., conformément aux lois existantes, le produit des droits de stationnement et de location sur la voie publique, sur les ports et rivières et autres lieux publics.

Aucune disposition analogue n'existe, en ce qui concerne les départements.

La loi du 10 août 1871 ne mentionne pas les produits et revenus du domaine public parmi les ressources départementales ; et, si la loi du 11 juin 1880, dans son titre II, relatif aux tramways, prévoit des redevances, tant au profit des départements qu'au profit des communes (article 34 § 2), c'est à la condition que ces redevances soient stipulées dans l'acte de concession. Or les cahiers des charges, approuvés par décrets en Conseil d'État, n'ont jamais parlé de perceptions départementales. Aussi, les lois annuelles de finances, dans le tableau des « droits perçus au profit des départements, communes, etc. », ne font-elles point mention de redevances à percevoir par les départements, à raison de l'occupation privative du domaine public (1).

Ajoutons toutefois, qu'en fait, ce sont les départements, qui profitent du produit des redevances — d'ailleurs peu fréquentes — auxquelles peuvent donner lieu les occupations privatives du domaine public départemental.

104. — *2° Les communes sont appelées à recueillir le produit des occupations privatives du domaine public, qui n'affectent que la surface du sol, et ne mettent en jeu que les pouvoirs chargés de la police de circulation, sur quelque dépendance du domaine que ces occupations aient lieu.* — Cette règle résulte de dispositions spéciales des textes de lois, relatifs à l'organisation communale. L'interprétation de ces textes a donné lieu à des controverses, que nous aurons à rappeler brièvement. Tranchées par un avis doctrinal du Conseil d'État, ces

(1) V., en ce sens, DEJAMME, *loc. cit.* p. 7, 8.

controverses doivent être considérées comme éteintes. L'entente est faite aujourd'hui pour admettre que les communes ont un droit exclusif à redevances, pour toutes jouissances privatives du domaine public national ou départemental, qui n'emportent pas emprise sur le domaine ou modification de son assiette.

105. — En ce qui concerne le second point — détermination de l'autorité administrative compétente pour fixer le quantum des redevances, — la discussion demeure ouverte. Nous verrons que — s'agissant, du moins, des perceptions communales — une anarchie véritable règne sur la matière, entre les auteurs, la pratique administrative, et les arrêts de la Cour de Cassation, dont la jurisprudence comporte les plus sérieuses objections.

106 — DIVISION. — Nous étudierons séparément, dans deux sections distinctes, les deux catégories d'autorisations : celles qui n'emportent pas, et celles qui emportent emprise sur le domaine public et modification de son assiette.

SECTION PREMIÈRE

DES AUTORISATIONS DE JOUISSANCES PRIVATIVES QUI N'EMPORTENT PAS EMPRISE SUR LE DOMAINE PUBLIC ET MODIFICATION DE SON ASSIETTE.

Cette section sera divisée en deux parties :

Première partie : — De l'autorité administrative compétente pour conférer l'autorisation.

Deuxième partie :— Des redevances perçues à l'occasion des autorisations de jouissances privatives, qui n'emportent pas emprise sur le domaine public et modification de son assiette.

PREMIÈRE PARTIE

De l'autorité administrative compétente pour conférer les autorisations de jouissances privatives, qui n'emportent pas emprise sur le domaine public et modification de son assiette.

107. — Les autorisations de jouissances privatives de la nature de celles dont il est question dans ce chapitre, mettant exclusivement en jeu les pouvoirs relatifs a la police de la circulation, relèvent tout naturellement de l'autorité dépositaire de ces pouvoirs. — Aussi, le législateur de 1884, après avoir posé, dans le § 1ᵉʳ dc l'article 98 de la loi municipale, le principe « que le Maire a la police des routes nationales et départementales, et des voies de communication, daus l'intérieur des agglomérations, en ce qui touche à la circulation sur lesdites voies », a-t-il, dans le § 2 du même article, proclamé le droit du Maire, de « donner des permis de stationnement et de dépôt temporaire sur la voie publique, sur les rivières, ports et quais fluviaux et autres lieux publics ». — La deuxième règle est la conséquence de la première.

« Cette disposition, — disait M. le Ministre de l'Intérieur, « dans la circulaire, adressée par lui aux Préfets à la date « du 15 mai 1884(1), — met un terme aux difficultés qui se « sout élevées, relativement au point de savoir s'il appar- « tenait au Maire, d'autoriser, sur les trottoirs ou les accotc- « ments des rues ou places, l'établissement d'étalages mo- « biles, l'installation temporaire de marchands, la pose de « tables, de bancs ou de chaises par les restaurateurs ou « débitants de boissons ».

Le droit du Maire, à cet égard, avait été, en effet, contesté.

(1) V. *Officiel*, du 20 mai 1884, et p. 706 de « la nouvelle loi municipale », imprimerie du *Journal Officiel*, 1884.

108. — Contestations qui s'étaient élevées, avant 1884, sur la compétence du Maire, en ce qui concerne les rues formant le prolongement des routes nationales et départementales. — On avait soutenu, tout d'abord, que ce n'était point au Maire, mais au Préfet, gardien de la grande voirie, qu'il appartenait de donner des autorisations pour dépôts de matériaux ou autres, sur les rues qui forment le prolongement des grandes routes (1). L'autorisation, donnée par le Maire, était, dans ce système, nulle et de nul effet, et le dépôt punissable, aux termes de l'article 471 § 4, du Code pénal, qui érige en contravention, et punit d'une amende de 1 à 5 fr., « ceux qui auront embarrassé la voie pubique en y déposant ou en y laissant sans nécessité des matériaux ou des choses quelconques, qui empêchent ou diminuent la liberté ou la sécurité du passage ».

109. — Le droit du maire avait même été contesté, dans son principe — sur quelque voie publique qu'il dut s'exercer — comme contraire aux dispositions de l'article 471 § 4, du Code pénal, et de l'article 3, titre XI de la loi des 16-24 août 1790. — Mais on avait été plus loin. Invoquant à la fois la disposition ci-dessus du Code pénal et la loi des 16-24 août 1790, aux termes de laquelle (titre XI art. 3), le Maire est chargé d'assurer la sûreté et la commodité du passage sur la voie publique — ce qui comprend notamment l'enlèvement des encombrements — on en avait conclu que, s'agissant des voies municipales elles-mêmes, le Maire était sans pouvoirs, pour conférer une autorisation privative quelconque, de nature à restreindre la liberté de la circulation : il ne saurait, en effet, disait-on, appartenir à quiconque, de relever les particuliers de l'obligation d'obéir à la loi. Les permissions, données par le Maire, de déposer des matériaux ou autres choses sur

____

(1) V. Dalloz, *répertoire*, Vᵒ voirie par terre nᵒˢ 224 et 1682 ; — C. Et. 12 avril 1838 (Gaillard).

la voie publique, ne pouvaient, par suite, être invoquées à titre de justification et comme constituant une excuse des contraventions à l'article 471 § 4 du Code pénal (1).

A plus forte raison, ne pouvait-on se prévaloir d'une tolérance plus ou moins longue de l'administration municipale. De nombreux arrêts de Cassation (Chambre criminelle), s'étaient prononcés en ce sens (2).

110. — Bien que consacrée par la jurisprudence, cette interprétation rigoureuse de l'art. 471 § 4, du code pénal, était en opposition évidente avec la disposition de l'art. 31 de la loi du 18 juillet 1837. — Cette jurisprudence n'allait point, cependant, sans objections. Elle était, en effet, en opposition évidente avec la disposition de l'article 31 de la loi municipale du 18 juillet 1837, — reproduite presque textuellement de la loi du 11 frimaire an VII (art. 7, § 3), — qui classait, au nombre des recettes ordinaires des communes, « le produit des permis de stationnement et de locations sur la voie publique, sur les ports et rivières, et autres lieux publics ».

Aussi, plusieurs arrêts avaient-ils admis, que la faculté, accordée par les textes précités à l'autorité municipale, de délivrer, moyennant une rétribution payable à la commune, des permis de stationnement et de location sur la voie publique, constituait une dérogation aux dispositions

______

(1) V. Rapport de M. Demôle au Sénat, p. XL de « la nouvelle loi municipale »; et D. P. 84, 4. 53, note 98, § 1 et 2.

(2) V. notam.: Crim. Cass. 19 août 1847, D.47.4.504 ; — 8 nov. 1851 (Rochet), D.51.5.42 ; S 51.1.375 ; 3 août 1855 (Chemin), D. 55.1.446 ; 8 août 1860 (Colin), D.55.1.446; 8 août 1860 (Colin), D.61.5.409; — 20 fév. 1862 (Mouchez-Nana), D.63.1.271; S.62. 1.897 ; 25 mars 1865 (Reboul),D.66.1 45; S.65.1.368; — 25 mai 1882 (de Musset), D.82.1.438-439; S.83.1.95; 21 nov. 1884 (Santelli); 10 janvier 1885 (Lota) S.86.1.190 ; — 6 mars 1884 (Mougis) D.85. 1.47; S.85.1.401. V. aussi, Dalloz, *Répertoire supplément.* — Vº Commune nº 560 et suivants; Béquet, Vº Commune, nºs 1525 et suivants, etc.

de l'article 471 § 4, du Code pénal, et que le particulier, qui avait obtenu du Maire, moyennant redevance, l'autorisation d'occuper privativement une portion de la voie publique, ne pouvait être poursuivi, pour contravention aux prescriptions de cet article.

C'est ainsi, qu'il avait été jugé, notamment, qu'il n'y avait point contravention, de la part d'un cafetier qui, ayant obtenu, moyennant redevance, l'autorisation du Maire, avait placé des tables et des chaises sur le trottoir, au devant de son établissement (1).

Mais il fallait, pour que le permissionnaire fût dégagé du lien, résultant des dispositions de l'article 471 § 4 du Code pénal, qu'il pût représenter une autorisation régulière, c'est-à-dire, donnée sous forme d'arrêté. Ne saurait être considérée comme telle, une lettre du Maire, répondant collectivement à plusieurs cafetiers permissionnaires, que l'administration pourrait tolérer le placement d'un certain nombre de tables sur les quais ou places, suivant les localités, non plus qu'une simple autorisation verbale, donnée en dehors de toutes les formes administratives (2).

Une autorisation tacite ne couvrirait pas non plus la contravention (3).

111. — L'ARTICLE 98 § 2 DE LA LOI DU 5 AVRIL 1884 A FAIT CESSER TOUTE CONTROVERSE. — Le Maire, peut (art. 98, § 2) « moyennant le paiement de droits fixés par un tarif dûment établi, sous les réserves imposées par l'article 7 de la loi du 11 frimaire an VII, donner des permis de

---

(1) V. Crim. 21 juin 1878 (Rubino-Cafetiers de Marseille), D.78. 1.441 ; S.78.1.388 et les notes ; Crim. 30 juillet 1875 et 18 juillet 1878, rapportés par BÉQUET Vᵒ Commune, nᵒ 1526, note 3 ; Cf., 10 août 1861 (Decam), D.61.5.539 ; S.62.1.110 ; Cons. d'Etat, 8 janvier 1875 (Trouette), D.75.3.93.

(2) Cass. crim. 12 août 1841 (Min. public. Legrand), J, G. Vᵒ voirie par terre nᵒ 1881, 1ᵒ ; Crim. 10 août 1861 (Decam), précité.

(3) Crim. 6 fév. 1858, D.58.5.387.

stationnement ou de dépôt temporaire sur la voie publique, sur les rivières, ports et quais fluviaux et autres lieux publics ».

112. — LES ACTES « NÉCESSAIRES » DEMEURENT AFFRANCHIS DE TOUTE AUTORISATION. — En soumettant cette rédaction au Sénat, le rapporteur de la nouvelle loi municipale a pris soin de préciser que, « conformément à la prescription de l'article 471 § 4 du Code pénal, pour le cas où il y a nécessité de faire le dépôt, la Commission entendait laisser complètement libres et affranchis de toute autorisation municipale, les actes d'usage nécessaires et momentanés que les riverains et habitants exercent quotidiennement sur la voie publique : stationnement des voitures, aux portes des maisons, dépôt de provisions, destinées à y être rentrées et autres, de même sorte (1) ».

Ainsi donc, s'agit-il, d'un acte « nécessaire » d'occupation de la voie publique, dans le sens attribué à cette expression par l'article 471 § 4 du Code pénal, cet acte n'est subordonné à aucune autorisation préalable, et le particulier, qui l'accomplit, ne peut être poursuivi, pour contravention aux dispositions de l'art. 471.

113. — QUE FAUT-IL ENTENDRE PAR « ACTES NÉCESSAIRES » SOUSTRAITS A L'AUTORISATION PRÉALABLE ? — RAPPEL DE LA JURISPRUDENCE. — Rappelons que, d'après la jurisprudence, la « nécessité » ne doit s'entendre que d'un embarras momentané de la voie publique, résultant d'un évènement accidentel, imprévu et de force majeure (2), et, que le point de

_____

(1) V. Rapport Demôle, *loc. cit.*, ch. II. V. aussi circulaire du 15 mai 1884, sur l'article 98.

(2) V. Cass. crim., 31 mars 1865 (Gachignard), S. 65. 1. 368 ; 6 mars 1884 (Mongis), D. 85. 1. 47 ; S. 85. 1. 460 ; 24 nov. 1884, (Santelli), 10 janvier 1885 (Lota); D. 85. 1. 178-179 ; S. 86. 1. 190 ; — 17-23 nov. 1893 (3 espèces : Plateau, Lieugard, Cordier),

savoir s'il y a ou non nécessité, rentre dans le pouvoir souverain d'appréciation des juges du fait (1).

114. — Situation, en ce qui concerne les actes non nécessaires. *Sont assujettis à autorisation, tous les actes qui ne constituent pas l'usage naturel et normal du domaine public, conformément à sa destination.* — S'il s'agit d'actes « non nécessaires », de deux choses l'une : ou l'acte ne constitue que l'usage normal de la voie publique, conformément à sa destination. Le particulier qui l'accomplit, n'a besoin, dans ce cas, d'aucune autorisation, et la disposition de l'article 471 § 4 du Code pénal ne saurait l'atteindre.

Ou, au contraire, l'acte ne rentre pas dans l'usage naturel et normal du domaine public. Il doit alors être autorisé, pour que son auteur échappe à la poursuite prévue par l'article 471.

115. — Mais quand un acte cesse-t-il de constituer l'usage naturel et normal de la voie publique ? — La voie publique est faite pour la circulation des piétons et des voitures ; elle est faite aussi pour la desserte des propriétés riveraines ; il faut que les habitants puissent y pénétrer et en sortir, y introduire ou y aller prendre tels objets qu'il leur plaît, charger ces objets sur des voitures ou les en décharger, et faire, par conséquent, stationner ces voitures devant leur porte, pendant le temps nécessaire au chargement et au déchargement.

D. 96, 1. 476-477 ; S. 112 et 160, etc. Voir, au Code pénal annoté de Dalloz, sous art. 471, n° 275 et suiv., 415 et suiv., les nombreux exemples cités de décisions, qui ont refusé de reconnaître aux actes incriminés le caractère d'actes nécessaires.

(1) Cass. 19 fév. 1858, 15 janvier et 22 juillet 1859, S. 59. 1. 865 ; 17 janvier 1874, D. 74. 1. 280 ; S. 74. 1. 288, etc ; Cf. Faustin-Hélie, *Code pénal*, 5e édit., t. VI, n° 2749 ; Blanche, *Code pénal*. t. VII, n° 82.

Tous ces actes, qui sont les actes indispensables de la vie usuelle, constituent l'usage naturel et normal du domaine public de circulation, conformément à sa destination. Aussi, ne sauraient-ils être assujettis à autorisation ou à redevance. La Cour de cassation a sanctionné le principe en plus d'un arrêt. Elle a eu l'occasion de l'affirmer, notamment, en ce qui concerne le stationnement des voitures. Elle a déclaré que le stationnement des voitures aux portes des maisons, pendant le temps indispensable au chargement et au déchargement des marchandises, est compris dans les droits de vue et d'accès, qui ne peuvent être enlevés aux riverains, sans l'accomplissement des formalités prévues par la loi (1), et, que le stationnement d'une voiture sur la voie publique, qui n'a pas dépassé le temps strictement nécessaire pour dételer le cheval et remiser la voiture, ne constitue pas la contravention prévue par l'art 471 § 4 du Code Pénal (2).

116. — *a) Stationnement des voitures au delà du temps nécessaire pour l'accomplissement des actes normaux et ordinaires de desserte des propriétés riveraines;* — *α. Stationnement des voitures de place ; et, β. stationnement des voitures de déménagement.* — Il y a, au contraire, usage anormal et exceptionnel du domaine de circulation, lorsque le stationnement des voitures se perpétue au delà du temps nécessaire pour le chargement ou le déchargement des voyageurs ou des marchandises, et devient une occupation prolongée de la voie publique. Aussi, les tribunaux décident-ils, que l'autorité municipale agit dans la limite de son droit, en soumettant à la nécessité d'une autorisation et à redevance, les exploitants de voitures de places, qui séjournent sur la voie publique, et

(1) Cass. crim., 28 décembre 1894 (Roy), S.95.1.156.
(2) Cass. crim., 17 novembre 1893 (min. public c. Planteau), D. 96.1.476.

les compagnies de tramways (1), et que le maire peut,
d'une façon générale, interdire par arrêté à toutes entreprises ou compagnies, ayant pour objet le transport des
personnes en commun, autres que celles munies de la permission de l'autorité municipale, de faire stationner leurs
voitures, sur quelque point que ce soit des rues ou places,
dans le but de prendre ou de décharger des voyageurs (2).

Par application des règles qui précèdent, nous dirons,
que les voitures de déménagement ne sont pas soumises
à la nécessité de l'autorisation préalable et à redevance.

117. — γ. *Stationnement des voitures de vidange.* —
Faut-il décider de même, en ce qui concerne les voitures
de vidanges ? L'industrie des vidanges est sujette à
réglementation, comme intéressant au plus haut degré
l'hygiène et la salubrité publiques. L'autorité locale
peut exiger qu'il ne soit procédé à l'opération de vidange,
qu'après qu'il lui en a été donné avis, et elle a le droit de
fixer les heures, pendant lesquelles la vidange pourra
être effectuée (3). Mais, ce sont ici les pouvoirs de police
du Maire, en ce qui touche à la salubrité publique, qui
s'exercent, et les autorisations, dont l'entrepreneur de vidanges est obligé de se munir, sont étrangères à l'intérêt
de la circulation. A ce point de vue spécial, le stationnement des voitures de vidange, constitue-t-il une occupation anormale de la voie publique, qui ne puisse être
exercée sans autorisation, et qui soit assujettie à redevance ?
Nous examinerons la question au chapitre suivant, en
recherchant quels stationnements peuvent être frappés
d'une taxe communale. (V° n° 183).

(1) C. État, 28 novembre 1890 (Conjeaud), D. 92. 3. 48 ; Req.
13 novembre 1882 (Compagnie des tramways Sud), D. 85. 1. 23.

(2) Cass. crim:, 26 août 1859, D. 59. 1. 516 ; Crim. 28 août
1862, cité par Béquet, V° commune, n° 1527 et les autres arrêts
également cités par le même auteur.

(3) V. DALLOZ. *Rép.* V° Vidanges, n° 72 ; *Rép. sup.*, n°s 17 et
suiv. ; Code des lois administratives, annoté V° commune n° 5242.

118. — *Étendue du droit qui appartient au Maire, en ce qui concerne la délivrance des autorisations de stationnement des voitures.* — *Monopole.* — L'autorité municipale, de laquelle un particulier sollicite l'autorisation de faire stationner ses voitures, — des voitures de place, par exemple — sur la voie publique, est libre de refuser cette autorisation, s'il ne la considère pas comme compatible avec les nécessités de la circulation, ou de l'accorder, dans le cas contraire. L'ayant accordée à un entrepreneur de transports, il peut la refuser à d'autres, s'il estime que la multiplicité des stationnements causerait un encombrement de la voie publique, nuisible à la liberté et à la commodité du passage. L'autorisation accordée à un seul industriel, peut ainsi dégénérer en un véritable monopole de fait. Mais il ne faudrait pas que le refus du Maire, sous l'apparence d'une mesure de police, n'eût, en réalité, pour but caché, que de favoriser une entreprise particulière, au détriment des autres, et de la garantir contre des actes de concurrence. La doctrine et la jurisprudence reconnaissent à l'autorité municipale les pouvoirs les plus étendus, en ce qui touche au stationnement des voitures sur la voie publique, même celui de constituer des monopoles, mais elle ne peut faire usage de ces droits, qu'en vue d'assurer la sécurité et la commodité de la circulation, et elle commettrait un détournement de pouvoirs, tombant sous le coup de la censure du Conseil d'État, si elle en usait en faveur d'un intérêt privé et au détriment des facilités de communication et de transport en général (1).

119. — *b) Étalages de marchandises, échoppes,*

(1) V. notamment : C. Ét., 9 août 1889 (Ribbon), D. 91. 3. 30 ; 21 déc. 1888 (Ponthas), D. 90. 3. 9, et les conclusions du Commissaire du Gouvernement, M. Gauwain, qui contiennent un exposé complet de la jurisprudence; Béquet, *répertoire*. Vᵒ Commune, nᵒˢ 1527 et suiv.; Hauriou, *Traité de droit administratif*, p. 679, etc.

kiosques et autres installations mobiles. — Parmi les occupations de la voie publique, qui n'en constituent pas l'usage naturel et normal et qui, partant, sont soumises à autorisation et à redevance, mentionnons en particulier les étalages de marchandises. — Est légal et obligatoire, l'arrêté municipal, qui interdit à toute personne de stationner sur aucun point des rues, places et promenades de la commune, pour y étaler des marchandises et y exercer une industrie, sans s'être préalablement munie d'une permission municipale (1). Tombe sous le coup de l'article 471 § 4 du Code pénal, l'étalage de marchandises, effectué sans autorisation.

Les installations mobiles de tous genres, telles que kiosques, échoppes, boutiques volantes, qui couvrent une certaine portion du sol qu'elles soustraient à la circulation, sont, à plus forte raison, soumises à la nécessité d'une autorisation. Plus encore que les simples étalages de marchandises, elles constituent, en effet, un usage anormal du domaine public.

120. — LE POUVOIR DU MAIRE NE S'EXERCE QUE DANS L'INTÉRIEUR DE L'AGGLOMÉRATION SEULEMENT, SUR LES ROUTES NATIONALES ET DÉPARTEMENTALES, ET SUR LES CHEMINS VICINAUX DE GRANDE COMMUNICATION ET D'INTÉRÊT COMMUN. — Le droit de délivrer des permis de stationnement et de dépôt temporaire, dérivant, pour l'autorité municipale, des pouvoirs qui lui appartiennent, en ce qui concerne la police de la circulation, n'existe, à son profit, que là seulement où s'exercent ses pouvoirs de police.

Or, le Maire n'est chargé de la police de circulation, sur les routes nationales et départementales, que dans les traverses des villes seulement (art. 98 § 1er, loi de 1884) ; cette police lui échappe, en dehors de l'agglomération : c'est

____

(1) Cass. crim. (Min. public c. Miquelis), 6 février 1890, D. 90. 1. 288.

par suite, au Préfet, dépositaire des pouvoirs d'administration et de police, en ce qui concerne la grande voirie, qu'appartient le droit d'autoriser, à l'extérieur des villes, bourgs et villages, tous dépôts quelconques : de matériaux, de marchandises ou autres et tous permis de stationnement sur les dépendances des routes nationales et départementales.

L'arrêté, par lequel le Maire interdirait le stationnement des voitures sur une route, en dehors de l'agglomération qu'elle traverse, constituerait un excès de pouvoir et ne serait pas légalement applicable.

Il est à noter que, lorsqu'il s'agit de la grande voirie, l'embarras de la voie publique, par le dépôt de matériaux ou de toutes autres choses de nature à diminuer la liberté ou la sécurité du passage, ne tombe pas sous le coup de l'article 471 du Code pénal, exclusivement applicable, d'après la jurisprudence, à la voirie urbaine vicinale et rurale (1). Ce sont les dispositions de l'ordonnance du 4 août 1731, relatives à l'encombrement des routes — modérées par celles de la loi du 23 mars 1842 — qui doivent être appliquées, dans cette hypothèse.

Or, l'ordonnance de 1731, à l'encontre de l'article 471 du Code pénal, ne prévoit pas le cas d'excuse, à raison de la nécessité du dépôt. Il en résulte que tout encombrement d'une voie publique, dépendant de la grande voirie, est punissable, quel que soit son caractère de nécessité. La jurisprudence apporte, toutefois, un tempérament à cette règle et considère la force majeure, comme constituant un cas d'excuse valable (2).

En dehors du cas de force majeure, le seul moyen, pour

____

(1) V. DALLOZ, *Code des lois administratives*, Vᵒ Voirie, nᵒˢ 7052 et suivants ; — AUCOC, *Conférences*, première édit., t. III, nᵒ 1108.

(2) V. DALLOZ, *Codes des lois administratives*, Vᵒ voirie, nᵒ 7087, et les renvois,

les particuliers, de se soustraire à l'application de la peine, est d'obtenir l'autorisation préfectorale (1).

C'est encore au Préfet, qu'il appartient de délivrer toutes autorisations privatives, de nature à intéresser la facilité de la circulation, sur la partie des chemins vicinaux de grande communication et d'intérêt commun, sise en dehors des agglomérations (application de l'article 175 du décret du 6 décembre 1870, portant règlement général sur les chemins vicinaux).

121. — LE POUVOIR DU MAIRE S'ÉTEND, DANS L'INTÉRIEUR DE L'AGGLOMÉRATION, AUX FLEUVES ET RIVIÈRES NAVIGABLES ET A LEURS DÉPENDANCES. — Les pouvoirs, conférés au Maire par l'article 98 § 2 de la loi municipale, ne sont pas limités aux voies publiques terrestres. Ils s'étendent, d'après cet article, aux « rivières, ports et quais fluviaux et autres lieux publics ».

En présence de cette disposition formelle de l'article 98 § 2 de la loi de 1884, et, bien, qu'en principe, la police de circulation, sur les fleuves et rivières navigables, rentre dans les attributions du préfet, il faut dire que c'est au Maire qu'appartient le droit d'autoriser, sur les fleuves navigables, sur leurs berges, sur les quais et autres dépen-

____

(1) Mais l'article 471 s'applique-t-il aux routes nationales et départementales, dans la traverse des villes, bourgs et villages ? Faut-il dire que tout embarras de la voie publique, dans les rues qui forment le prolongement des grandes routes, est punissable, quelle que soit la nécessité du dépôt, hors le cas de force majeure, s'il n'a pas été autorisé par le Maire ? La question est de savoir si les rues et places des villes, bourgs et villages, qui sont le prolongement des grandes routes, sont ou non soumises au régime des routes dont elles sont la suite, au point de vue de la répression des contraventions de voirie.

La jurisprudence et la doctrine sont divisées sur cette question. (V. DUCROCQ, _Droit administratif_, 7e édition, t. II, no 607 ; — DALLOZ, _Code des lois administratives annoté_, Vo voirie, no 6953 et suiv., no 8471).

dances du domaine public fluvial, dans la traversée des villes, tous dépôts temporaires, stationnements, et, généralement, toutes installations quelconques, qui intéressent exclusivement la police de circulation. Tel paraît être, notamment, le cas des bateaux de plaisance et embarcations diverses, pontons, radeaux, bateaux-lavoirs, bateaux-logements et de tous établissements flottants, qui ne sont reliés au lit du fleuve par aucun ouvrage qui les y incorpore (1).

122. — *Pratique contraire de l'administration.* — L'administration ne s'est, toutefois, jamais soumise à l'observation de cette règle. Une disposition, prévoyant la délivrance, par le Maire, de permis de stationnement pour les établissements flottants et les bateaux particuliers ou de plaisance, ayant été insérée dans divers projets de décrets, relatifs à la fixation des droits à percevoir, par différentes communes, pour occupations privatives sur les dépendances du domaine fluvial, le Ministre des travaux publics prescrivit, par dépêche en date du 4 novembre 1889,

---

(1) Le Conseil d'État a, par arrêt du 9 février 1900 (V. de Lyon), décidé « que l'autorisation sollicitée par un particulier de donner des joûtes et autres jeux nautiques sur un fleuve navigable, ne rentre pas dans la catégorie des permis, qu'il appartient au Maire de délivrer, en vertu des dispositions de l'art. 98 § 2 de la loi de 1884 ». — M. le Commissaire du Gouvernement Jagerschmidt, en concluant au rejet du recours pour excès de pouvoir formé par le Maire de Lyon contre l'arrêté du Préfet, qui avait accordé à l'industriel l'autorisation par lui sollicitée, a fait observer qu'il s'agissait en l'espèce, pour le pétitionnaire, d'établir en pleine Saône de véritables arênes nautiques ; qu'à cet effet, l'emplacement des jeux devait être entouré de poutres flottantes, constituant de véritables clôtures ; qu'enfin, la rivière devait être barrée, sur une longueur de 40 mètres. L'occupation d'une partie aussi importante de la surface liquide et l'obstruction de la rivière dans de semblables proportions, n'ont pas paru au Commissaire du Gouvernement pouvoir être assimilées au simple stationnement d'un bateau et rentrer par suite dans les attributions de l'autorité municipale.

la suppression de cette disposition, comme « peu compatible avec les principes généraux, sur la police des voies navigables ». En pratique, ce ne sont pas les Maires, mais les Préfets, qui sont appelés à autoriser les installations privatives quelconques, sur les dépendances du domaine public fluvial.

A l'extérieur des agglomérations, le droit des Préfets est hors de contestation. Ce sont les Préfets, qui sont, en effet, chargés de la police de la surveillance et de la conservation des eaux navigables et flottables (lois des 22 décembre 1789 — 8 janvier 1790 ; 12-20 août 1790, 28 septembre 1791 ; arrêté du directoire du 19 ventôse an VI ; décret du 25 mars 1852) et l'art. 98 § 2 ne restreint leurs pouvoirs, à cet égard, que dans l'intérieur des agglomérations seulement (1).

123. — Quid des canaux ? — Le droit des communes s'étend-il aux canaux de navigation ?

La question est discutée. Nous croyons que les Maires puisent, dans la disposition générale de l'article 98, § 2 de la loi de 1884, le droit d'autoriser les stationnements et les dépôts temporaires sur les canaux et sur leurs berges,

_____

(1) La disposition de l'art. 98 § 2 de la loi de 1884, attribuant aux Maires le droit de donner des permis de stationnement et de location, dans l'intérieur des agglomérations, est nouvelle. Sous l'empire de la législation antérieure, il avait été jugé : que le Maire d'une commune, traversée par le bras d'un cours d'eau navigable, ne pouvait invoquer les anciens usages locaux, pour prétendre que c'était à lui qu'appartenait la police des eaux, dans l'intérieur de la Ville (C. Ét. 15 juillet 1835, Ville de Troyes) et qu'un Préfet agit dans la limite de sa compétence et des pouvoirs de police qui lui appartiennent, pour assurer la liberté et la sûreté de la navigation, en interdisant le stationnement des bateaux au droit d'une propriété riveraine d'un cours d'eau navigable et flottable [C. Ét., 1er déc. 1853, (Dieu-Boyeldieu). V. Dalloz, Vº voirie par eau, nos 188-189, 2º; code des lois administratives, Vº eaux, nos 1312 et suivants].

dans l'intérieur des agglomérations (1). En dehors des agglomérations, la compétence appartient aux Préfets, gardiens de la grande voirie.

124. — Dépendances du domaine public maritime. — Mais l'autorité municipale est, de l'aveu général et en toute hypothèse, incompétente, s'il s'agit d'autorisations à accorder sur les ports et quais maritimes et sur les rivages de la mer. Au Préfet seul, est réservé le droit d'autoriser les stationnements et dépôts quelconques, sur cette catégorie de dépendances du domaine public.

125. — Dépendances du domaine public militaire. — Pareillement, les Maires n'ont aucun droit sur les dépendances du domaine public militaire, lesquelles relèvent exclusivement de l'autorité militaire.

126. — Chemins de fer, et leurs dépendances. — Il n'est pas douteux, non plus, que la police des chemins de fer et de leurs dépendances, échappe complètement à l'action de l'autorité municipale, et que le Maire soit sans droit pour prendre aucune mesure, — collective ou individuelle — qui touche à cette portion du domaine public (2). La police des gares où des cours attenantes aux stations, n'appartient pas plus au Maire que la police de la voie ferrée. C'est donc le Préfet seul, qui est compétent pour autoriser l'établissement d'installations quelconques : buf-

______

(1) V. toutefois ci-dessous nº 167.

(2) V. Dalloz, Vº voirie par chemin de fer. Répertoire, nº 192 ; Supplément, nº 176 ; *Pand. franç.* Vº ch. de fer, nºs 3487 et suiv. — Féraud-Giraud, p. 32 et suiv. On a prétendu cependant que le pouvoir de police des maires s'exerce sur les chemins de fer, comme sur les grandes routes dans la traversée des villes (V. Gand, nºs 17 et suiv.), en vertu de l'art 10 de la loi du 15 juillet 1845. Mais l'économie toute entière de la loi de 1845 et de l'Ordonnance réglementaire du 15 nov. 1846, proteste contre cette prétention, qui est d'ailleurs unanimement repoussée.

fets, boutiques de marchands de journaux, ou de marchands quelconques, bascules automatiques, etc., dans l'intérieur des gares, dans les salles d'attente et dans les cours attenantes aux stations (1).

C'est, de même, au Préfet, qu'il appartient de réglementer l'entrée, le stationnement et la circulation des voitures publiques ou particulières, destinées, soit au transport des personnes, soit au transport des marchandises, dans les cours dépendant des stations de chemin de fer et de conférer, à cet égard, toutes autorisations individuelles.

Les pouvoirs de réglementation, attribués aux Préfets, ne doivent, d'ailleurs, conformément aux principes, s'exercer que dans un intérêt de police et de service public (2).

Ajoutons, que les avenues d'accès des gares, sont soumises au même régime que les gares et stations, tant qu'elles n'ont pas fait l'objet d'un classement, dans le réseau des routes nationales et départementales, ou dans celui de la voirie vicinale ou urbaine.

(1) V. sur ces différents points : Crim. rej. 16 déc. 1864 (Ch. de fer d'Orléans), D. 65.1.41 ; crim. cass. 17 mars 1866 (Hanon), D, 66 1 354 ; crim. rej., 1er juillet 1870, *Bulletin crim.*, no 136, p. 224 ; 15 fév. 1894 (Min. pub. c. Bertreny), D. 94.1 367 et la note ; Trib. Versailles, 7 mars 1895 (P...), *Pand. franc.*, 95.2.218 ; L'arrêté précité, du 16 décembre 1864, a déclaré illégal et non exécutoire l'arrêté du Maire d'Étampes, qui avait interdit à la Compagnie du ch. de fer d'Orléans de faire stationner le long des promenades publiques de la Ville des trains, pouvant exhaler des odeurs incommodes ou insalubres. — V. aussi, art. 70 : Ordonnance du 15 nov. 1846 ; circulaires du 15 avril 1850, du 16 août 1861 et du 29 juillet 1863 ; Addé : Lamé-Fleury, *Code annoté des chemins de fer*, p. 711 ; — Palaa, *Dictionnaire*, t. II, p. 242 ; — Picard, t. III, p. 667 ; *Pand. franç.* V. chemins de fer, no 3686.

(2) V. ordonnance du 15 nov. 1846, art. 1er. V. aussi : Trib. Lyon, 26 juillet 1871, Rec. arr. Lyon, 1871, p. 275 ; Paris, 3 juillet 1874, Lamé-Fleury, *Bulletin annoté des ch. de fer*, 1880, p. 147 — et, sur l'application que la jurisprudence a faite de cette règle : *Pand. franç.* Vo ch. de fer, nos 3640 et suiv.

127. — Chemins vicinaux et ruraux. — Enfin, si les Maires ne peuvent délivrer de permis de stationnement et de dépôt temporaire, sur les routes nationales et départementales et sur les chemins vicinaux de grande communication et d'intérêt commun, que dans l'intérieur des agglomérations, parce que c'est là seulement que s'exercent leurs pouvoirs de police, en ce qui touche à la circulation sur lesdites voies, il leur appartient, au contraire, d'autoriser les stationnemeuts et les dépôts temporaires, sur toutes parties quelconques des chemins vicinaux ordinaires et des chemins ruraux : que ce soit à l'extérieur, comme à l'intérieur des agglomérations.

La police de la circulation est, en effet, dévolue à l'autorité municipale, sur le réseau tout entier de la voie vicinale ordinaire, et des chemins ruraux (art. 172, du décret du 16 décembre 1870, — art. 9, de la loi du 20 août 1881).

128. — L'arrêté qui statue sur une demande en autorisation de stationner ou d'établir un dépot temporaire sur le domaine public, est-il susceptible de recours ? — Il faut distinguer, suivant que l'arrêté qui intervient, accorde ou refuse l'autorisation.

L'arrêté, qui accorde l'autorisation, ne peut faire l'objet d'un recours au Conseil d'État, pour excès de pouvoir, de la part des tiers, qui se prétendent lésés par l'autorisation accordée (1). Il n'en serait autrement, que si cet arrêté portait atteinte à leurs droits. C'est, en effet, le caractère des permissions de police, d'être toujours données sous la réserve, expresse ou sous-entendue, des droits des tiers et aux risques et périls de ceux qui les obtiennent.

Mais, s'il s'agit d'un arrêté municipal, le Préfet puise, dans la disposition de l'article 95 § 2, de la loi de 1884, le

_____

(1) C. Ét. 8 janvier 1875 (Trouette), D.75.3.93, et la note.

droit de l'annuler ou de le suspendre, soit spontanément, soit à la demande des parties intéressées (1).

La décision du Préfet peut, d'ailleurs, être déférée au Ministre de l'intérieur.

Si l'arrêté d'autorisation émane du Préfet, les parties intéressées peuvent se pourvoir contre cet arrêté, devant le Ministre des travaux publics, supérieur immédiat du Préfet en matière de grande voirie (2).

L'arrêté municipal, qui refuse une permission de stationnement ou de dépôt temporaire, ne peut non plus être attaqué devant le Conseil d'État, par la voie du recours pour excès de pouvoir (3).

Il peut seulement, comme dans l'hypothèse précédente, faire l'objet d'un recours au Préfet, en vertu de l'article 95 de la loi de 1884.

129. — *Le Préfet a-t-il le droit de substituer à l'arrêté de refus du Maire, un arrêté d'autorisation ?* — Mais le Préfet, qui vient à annuler ou à suspendre l'arrêté du Maire, portant refus d'autorisation, a-t-il le droit d'accorder, aux lieu et place du Maire, la permission refusée par celui-ci?

Le Conseil d'État avait résolu la question négativement, sous l'empire de la loi de 1837 (4), et cette solution était à l'abri de toute critique. — La loi de 1837 se bornait, en effet, à disposer (art. 15) que « dans le cas où le Maire « refuserait ou négligerait de faire un des actes, qui

____

(1) C'est, toutefois, une question discutable, que celle de savoir si la disposition de l'art. 95 § 2 de la loi municipale ne doit pas être restreinte aux arrêtés municipaux réglementaires. (En ce sens, HAURIOU, 3e édit. p. 498; *Contrà*, DUCROCQ, *Études sur la loi de 1884*, p. 6 et suiv., qui considère l'art. 95 comme également applicable aux arrêtés municipaux individuels).

(2) V. HAURIOU, *loc. cit.*, p. 429; ADDÈ, Cons. d'État, 15 mai 1891 (Préfet de l'Aube), D.92.5.178. Leb. p. 407.

(3) V. la jurisprudence rapportée n° 41.

(4) C. Ét. 10 déc. 1880 (Poirel), Leb. p. 980.

« lui sont prescrits par la loi, le Préfet, après l'en avoir
« requis, pourrait y procéder d'office, par lui-même, ou
« par un délégué spécial ». Or, aucun texte de loi
n'oblige le Maire à délivrer aux particuliers les permis de
stationnement ou de dépôt temporaire, qu'ils sollicitent ;
c'est là un acte purement discrétionnaire et facultatif, et,
dès lors, le Préfet ne pouvait se substituer au Maire,
dans l'accomplissement de cet acte (1).

Les particuliers se trouvaient, en définitive, à la discré-
tion du Maire, dont les décisions ne s'inspiraient pas toujours uniquement des nécessités de la viabilité et de l'intérêt général (2).

Le dernier paragraphe de l'article 98 de la loi municipale a, dit la circulaire du 15 mai 1884, été fait, pour re-
médier à ce danger. « Les permissions de voirie à titre
précaire ou essentiellement révocable, sur les voies publiques, placées dans les attributions du Maire, et ayant pour
objet, notamment, l'établissement, dans le sol de la voie
publique, des canalisations destinées à la conduite soit de
l'eau, soit du gaz, peuvent — aux termes de ce paragraphe, — en cas de refus du Maire, non justifié par l'intérêt général, être accordées par le Préfet ».

Reste à savoir, si la disposition de l'article 98 § 4, s'applique aux simples autorisations de stationnement et de

______

(1) Comme la loi de 1884, la loi de 1837 donnait au Préfet le
droit « d'annuler ou de suspendre l'exécution des arrêtés, pris par
les maires ». L'art. 95 de la loi municipale actuelle, n'est, à cet
égard, que la reproduction littérale de l'art. 11 de la loi de 1837.
— Le projet de loi, présenté à la Chambre des députés en 1834, con-
tenait, en outre, le droit, pour le Préfet, de modifier les arrêtés du
maire. La commission fit remarquer que, le droit de modifier emportant celui de disposer, le pouvoir du maire se résoudrait en
une simple proposition et passerait tout entier au Préfet. C'était,
en somme, l'annihilation du pouvoir municipal. Sur ces observations, le mot « modifier » fut retranché et l'article 11 réduisit le
pouvoir des Préfets au droit d'annuler ou de suspendre.

(2) Circulaire du 15 mai 1884.

dépôt temporaire. Rien n'est moins certain. Les autorisations de stationnement et de dépôt temporaire, sont réglementées par les paragraphes 1 et 2 de l'article 98 ; le paragraphe 3, est relatif aux alignements, autorisations de bâtir et aux permissions de voirie *autres*, c'est-à-dire aux autorisations, qui n'intéressent point seulement la circulation, mais qui mettent en jeu la conservation du domaine public. Quant au paragraphe 4, la portée paraît en être restreinte aux autorisations de cette dernière espèce.

Il y est, en effet, question de permissions de voirie, telles que celles, ayant pour objet l'installation, sous la voie publique, de canalisations, pour la conduite de l'eau ou du gaz. Or, les autorisations de ce genre rentrent incontestablement dans la catégorie de celles, qui emportent emprise sur le domaine public, et qui n'intéressent, par suite, pas seulement les pouvoirs, chargés de la police de circulation, mais la conservation du domaine public.

D'autre part, l'article 98 § 4 restreint le droit du Préfet aux « permissions de voirie, sur les voies publiques qui rentrent dans les attributions du Maire », c'est-à-dire aux voies urbaines, à l'exclusion des rues formant le prolongement des grandes routes, aux chemins vicinaux et aux chemins ruraux.

Il semble résulter de là, que le droit, conféré au Préfet par l'article 98 § 4, de substituer sa décision à celle du Maire, n'existe qu'en ce qui concerne la délivrance, sur les voies communales, d'autorisations de nature à intéresser la conservation du domaine public ; mais, que les règles du droit commun reprennent leur empire, et que le pouvoir du Préfet se réduit au droit d'annulation, sans qu'il lui soit permis d'autoriser aux lieu et place du Maire, lorsqu'il s'agit des permissions de stationnement et de dépôt temporaire, sur les lieux publics soumis aux pouvoirs de police du Maire.

Cette différence de situation ne serait d'ailleurs point

inexplicable. Au raisonnement, qui consisterait à conclure par *à fortiori* du droit du Préfet, dans une hypothèse, à son droit, dans l'autre, on pourrait répondre.: que les occupations, qui entraînent emprise sur le domaine public, telles que les installations de conduites d'eau ou de gaz, sous le sol de la voie publique, sont, en général, à un bien plus haut degré que les simples stationnements, de nature à affecter, par leur but et par leur objet, l'intérêt général. Le refus, opposé par le Maire, sera donc généralement beaucoup moins grave, dans ses conséquences, s'il s'agit d'une simple demande en autorisation de stationnement ou de dépôt temporaire, que s'il s'agit d'une occupation véritable de la voie publique, et l'on conçoit dès lors, que le Préfet soit appelé à exercer, dans le second cas, un pouvoir de contrôle qu'il n'a pas à exercer dans l'autre.

L'opinion contraire, a, toutefois, des partisans (1). On argumente de l'expression « notamment », insérée au texte du § 4 de l'article 98, pour conclure à la généralité de cette disposition, qui s'appliquerait aussi bien aux simples autorisations de stationnement, qu'aux autres permissions de voirie.

Poursuivant jusqu'au bout les conséquences de son système, cette opinion admet que, le Préfet, pouvant accorder, malgré le Maire, des permis de stationnement ou de dépôt temporaire, sur le domaine de la voirie purement municipale, peut, à plus forte raison, en accorder sur les voies, dépendant de la grande et moyenne vicinalité et sur les grandes routes, dans la traverse des villes (2), puisque les pouvoirs du Maire, à l'égard de ces voies, sont moins étendus, et que le droit d'y délivrer des autorisa-

---

(1) V. Morgand, *Commentaire de la loi municipale,* 5e édit., t. I, p. 570.

(2) Au moins, lorsqu'il existera un tarif, la loi ne prévoyant pas la concession de permission à titre gratuit (Morgand, *loc. cit.*).

tions de stationnement, ne lui a été concédé, que par une
sorte de délégation de l'autorité, de laquelle ces voies relèvent.

130. — *Admettant que le Préfet puisse substituer à
l'arrêté de refus du Maire un arrêté d'autorisation, le
Maire ne pourra-t-il pas, à son tour, révoquer l'autorisation conférée par le Préfet?* — Le droit du Préfet de
substituer son action à celle du Maire étant admis, il faut
se demander si, le Préfet ayant accordé l'autorisation sollicitée de lui, au refus du Maire, ce dernier ne pourra pas,
en vertu de ses pouvoirs de police, et, eu égard au caractère essentiellement précaire des autorisations privatives
conférées sur le domaine public, révoquer l'autorisation,
conférée par le Préfet.

L'affirmative a été soutenue. L'arrêté préfectoral d'autorisation, n'est autre chose, a-t-on dit, qu'un arrêté municipal, pris exceptionnellement par le Préfet, aux lieu et
place du Maire, et que le Maire doit pouvoir révoquer, dans
l'intérêt général, comme il peut révoquer ses arrêtés
propres. Au surplus, le Préfet est suffisamment armé par
l'article 95 de la loi de 1884, pour maintenir, contre tout
arrêté municipal de révocation, les permissions de voirie
par lui accordées (1).

Nous ne saurions nous ranger à cette opinion.

Il paraît, d'une part, absolument contraire aux règles
générales de la subordination des divers pouvoirs administratifs, — et l'on éprouve une répugnance véritable, à
admettre, — qu'une autorité subordonnée puisse avoir
qualité, pour infirmer et réduire à néant l'acte accompli
par l'autorité hiérarchiquement supérieure.

Reconnaître au Maire le droit de révocation, c'est,
d'autre part, ramener à l'état de lettre morte la disposition

(1) En ce sens, DUCROCQ. *Etude sur la loi municipale*, p. 58 ;
— Cours de droit administratif, 7e éd. p. 347 ; — *Contrà* : BÉQUET
Répertoire, Vo commune, no 2071.

de l'article 98 § 4 de la loi de 1884. Si le Maire peut dé-
faire aussitôt ce que le Préfet a fait, le droit, attribué au
Préfet par l'article 98 § 4, est, en effet, complètement illusoire, et c'est inutilement que le législateur a introduit,
dans la loi de 1884, cette disposition nouvelle.

On objecte, que le dernier mot appartient, de toute manière, au Préfet, en vertu de l'article 95 de la loi municipale. Mais, si le dernier mot appartient au Préfet, l'arrêté
du Maire est voué à une annulation certaine, et, dès lors, à
quoi le droit de révocation du Maire servira-t-il, sinon à
retarder, au préjudice des intéressés, la solution de l'instance en autorisation ?

131. — Retrait de l'autorisation. — Les permis de stationnement et de dépôt temporaire, délivrés par l'autorité
compétente, peuvent être retirés à tout moment, si l'intérêt
public s'oppose à leur maintien. Conformément aux principes ci-dessus exposés (n°s 42 et suiv.), la voie du recours
au Conseil d'État pour excès de pouvoir contre l'arrêté de
retrait ne saurait être ouverte aux parties intéressées, qu'au
cas où il serait démontré que l'autorité municipale, en
prononçant le retrait de la permission, n'a pas agi dans
l'intérêt, à raison duquel le droit de révocation lui a été
conféré, c'est-à-dire dans l'intérêt de la circulation ou dans
un intérêt public.

Mais, le Préfet puise, dans la disposition générale de
l'article 95 de la loi municipale, le droit d'annuler ou de
suspendre l'arrêté de révocation pris par le Maire, et sa
décision ne saurait, d'après la jurisprudence, être l'objet,
de la part du Maire, d'un recours au Conseil d'État pour
excès de pouvoir (1).

132. — Durée de l'autorisation. — Tant qu'aucun arrêté

(1) V. C. Ét. 29 janv. 1886 (Maire de Vassy), D.P.87.3.77; Leb.
p. 76; 18 novembre 1881 (Ville d'Issoudun), D.83.3.28 ;—V. toutefois, en sens contraire, 13 juillet 1883 (Ville de Bourges), D.85.3.29.

de révocation n'est intervenu, l'autorisation, conférée par
l'autorité compétente, continue de produire tout son effet ;
mais, si le permissionnaire ne fait pas usage de l'autorisation qu'il a obtenue, ne doit-on pas considérer celle-ci
comme périmée, au bout d'un certain laps de temps ?

Aux termes de règlements anciens (1), maintenus en
vigueur par l'article 29 titre Ier du décret-loi des 19-22 juillet 1791, relatif à l'organisation d'une police municipale
et correctionnelle, ceux qui ont obtenu des permissions
de voirie urbaine « sont tenus de s'en servir dans l'année
du jour de leur date, après quoi elles demeureront nulles,
et de nul effet ».

La Cour de cassation a jugé que ces dispositions s'appliquent aux autorisations de faire .ou de réparer des
constructions le long de la voie publique, aux arrêtés d'a-
lignement, comme aux permissions relatives à l'établissement, d'ouvrages en saillie mobiles, ou fixes (2); mais,
elle n'a pas eu l'occasion de décider, s'il faut les étendre
aux simples permissions de stationnement, ou de dépôt
temporaire, sur la voie publique.

133. — Régime spécial a la ville de Paris. — La loi
de 1884, est, comme on sait, inapplicable à la ville de Paris.
Les pouvoirs qui, dans les autres villes de France, appartiennent au Maire, en vertu de l'article 98 § 2 de la loi
municipale, sont répartis, à Paris, entre le Préfet de la
Seine et le Préfet de police.

Leurs attributions respectives ont été fixées, dans un
décret du 10 octobre 1859, encore actuellement en vigueur,
et dont il suffira de rappeler ici les dispositions principales.

Aux termes de ce décret, le Préfet de la Seine, est char-

____

(1) Arrêt du Conseil du Roi du 6 octobre 1733 ; lettres patentes
du 22 octobre 1733.

(2) V. Cass. Crim. (Min. public, c. Crochet), 25 janvier 1895, D. 95.
1.537 ; 23 av. 1887 (Min. pub., c. Francfort), D.88.1.396 ; 20 déc. 1862
(Vallentin), D.63.1.388 ; 10 mars 1859 (Bernardi), D.63.1.382.

gé, notamment (art. Ier) : 1° de la petite voirie, telle qu'elle est définie par l'article 21 de l'arrêté du 12 messidor an VIII, c'est-à-dire en tant qu'elle comprend l'ouverture des étaux de boucherie et de charcuterie, l'établissement d'auvents, échoppes ou étalages mobiles ;... 4° des permissions pour établissements sur les rivières, les canaux, et les ports ; 5° des traités et tarifs concernant les voitures publiques, de la concession des lieux de stationnement de ces voitures et de celles qui servent à l'approvisionnement des halles et marchés ; 6° des tarifs, de l'assiette, et de la perception des droits municipaux de toutes sortes, dans les halles et marchés.

Le Préfet de police ne peut délivrer que les permissions d'étalages, sur la voie publique, dont la durée ne doit pas excéder quinze jours. C'est à lui, qu'il appartient de donner l'autorisation nécessaire aux petits industriels, qui stationnent sur la voie publique, d'une manière non permanente, pour y étaler et y exposer en vente leurs marchandises ; c'est lui qui autorise l'installation, sur les boulevards, des baraques dites de Noël, etc. Encore, l'article 4 du décret de 1859, stipule-t-il que, dans ces divers cas, le Préfet de police ne pourra statuer, qu'après avoir pris l'avis du Préfet de la Seine.

Le Préfet de la Seine, de son côté, ne peut, aux termes de l'article 3, proposer au Conseil municipal la concession d'aucun emplacement d'échoppe, ou d'étalage fixe ou mobile, ni d'aucun lieu de stationnement de voitures, sur la voie publique, non plus que délivrer d'autorisations, concernant les établissements sur la rivière, les canaux et leurs dépendances, qu'après avoir pris l'avis du Préfet de police. — En cas d'opposition, il n'est passé outre qu'en vertu d'une décision du Ministre compétent.

134. — Régime spécial a la ville de Lyon. — Aux termes de l'article 104 de la loi du 5 avril 1884, le Préfet du Rhône exerce à Lyon, et dans un certain nombre de com-

munes, qui composent ce qu'on appelle l'agglomération
lyonnaise, les mêmes attributions de police qu'exerce le
Préfet de police, dans les communes suburbaines du département de la Seine.

L'article 105 ajoute, que, dans les communes dénom-
mées à l'article 104, les maires restent investis de tous
les pouvoirs de police, conférés aux administrations municipales, par les paragraphes 1, 4, 5, 6, 7 et 8 de l'article 97,
— et qu'ils sont, en outre, chargés du maintien du bon
ordre dans les foires, marchés, réjouissances et cérémo-
nies publiques, spectacles, jeux, cafés, églises et autres
lieux publics.

Ainsi, le Préfet du Rhône exerce, dans l'agglomération
lyonnaise, indépendamment de la police générale, qui
appartient aux Préfets, dans toutes les autres communes de
France, celles des attributions de police municipale, qui
sont définies par le paragraphe 2 de l'article 97, et qui
consistent dans le soin de réprimer les actes, de nature à
compromettre la tranquillité publique.

Les autres fonctions de police municipale demeurent
dans les attributions du Maire, — notamment la police de
la circulation, dans l'intérieur de l'agglomération lyonnaise, —emportant, avec elle, le droit de délivrer les permis
de stationnement et de dépôts temporaires, et d'autoriser,
en conséquence, l'établissement d'échoppes, étalages,
édicules, et installations mobiles quelconques, sur toutes
les voies publiques qui y sont comprises. — Ce droit avait
été d'ailleurs, formellement reconnu au Maire de Lyon,
par le décret règlementaire du 11 juin 1881, rendu, en
exécution de la loi du 21 avril 1881, relative à l'organisation municipale de la ville de Lyon, dont, suivant les dé-
clarations du rapporteur à la Chambre de la loi municipale, celle-ci n'a fait que maintenir les dispositions.

135. — Conditions mises par l'article 98 § 2 de la loi de
1884 a l'exercice du droit des maires. — L'article 98 § 2

de la loi municipale, en consacrant, au profit du Maire, le droit de délivrer des permis de stationnement et de dépôt temporaire sur la voie publique, sur les rivières, ports et quais fluviaux et autres lieux publics, a soumis l'exercice de ce droit à deux conditions.

Les permis de stationnement ou de dépôt temporaire ne peuvent être délivrés par le Maire que : 1° moyennant le paiement de droits fixés par un tarif, dûment établi, et, 2°, sous les réserves imposées par l'article 7 de la loi de frimaire an VII.

Les réserves, imposées par l'art. 7 de la loi de frimaire an VII, consistent en ce que l'autorité supérieure est appelée à contrôler si les stationnements ou dépôts temporaires, projetés par la commune, ne sont pas de nature à porter atteinte aux intérêts généraux : « à la voie publique — dit la loi de l'an VII, — à la navigation, à la circulation et à la liberté du commerce ».

Nous aurions à nous demander ici, quelle est l'autorité administrative chargée de ce pouvoir de contrôle, en tant qu'il s'exerce, dans l'intérêt de la voie publique, de la navigation et de la circulation, en général.

Mais, ce n'est pas à ce point de vue seulement, que l'autorité supérieure intervient ; son contrôle s'exerce aussi dans l'intérêt de la liberté du commerce, laquelle pourrait être compromise, si les particuliers qui — pour l'exploitation d'un commerce ou d'une industrie, le plus souvent — sollicitent l'occupation privative d'une portion du domaine public, se voyaient imposer par les communes des redevances trop lourdes.

Ce sont, dans le premier cas, les conditions *matérielles*, et, dans le second cas, les conditions *financières* de l'occupation, qui sont en jeu.

Or, la loi de frimaire an VII, dont les dispositions à cet égard régissent encore aujourd'hui la matière, n'a point confié ces diverses fonctions de contrôle à des autorités différentes. C'est la même autorité, qui a été chargée à la fois par elle, de veiller à ces intérêts multiples : intérêt de la voie publique, de la navigation, de la circulation et de la liberté du commerce.

De là suit, qu'en déterminant quelle était en l'an VII, — et quelle est, parconséquent, aujourd'hui —, l'autorité administrative compétente pour approuver les conditions financières de l'occupation, nous déterminerons, du même coup, celle qui avait, et qui a encore compétence, pour en approuver les conditions matérielles.

La détermination de cette autorité administrative fait l'objet du chapitre qui va suivre. Avant de passer à cette partie de notre étude, nous avons à nous demander, dans un chapitre préliminaire, à qui profite, suivant les dépendances du domaine public sur lesquelles elles ont lieu, le produit des occupations privatives du domaine public, qui ne sont pas de nature à entraîner emprise sur le sol du domaine et modification de son assiette.

DEUXIÈME PARTIE

Des redevances perçues à l'occasion des autorisations de jouissances privatives qui n'emportent pas emprise sur le domaine public et modification de son assiette

PARAGRAPHE PREMIER

A qui profitent les redevances.

136. — Article 133 § 7, de la loi du 5 avril 1884. — Origines de cette disposition. — Aux termes de l'article 133 de la loi du 5 avril 1884, les recettes du budget ordinaire des communes se composent : « .... 6° du produit des droits de places dans les halles, foires et marchés, abattoirs, d'après les tarifs dûment établis ; 7° du produit des permis de stationnement et de location sur la voie publique, sur les rivières, ports et quais fluviaux et autres lieux publics ; 8° du produit des péages communaux, des droits de pesage, mesurage et jaugeage, des droits de voirie et autres droits légalement établis ».

L'article 31 de la loi du 18 juillet 1837, disposait déjà, dans des termes à peu près identiques : « le budget ordinaire des communes se compose ;............. 6° du produit des droits de place perçus dans les halles, foires, marchés, abattoirs, d'après les tarifs dûment autorisés ; 7° du produit des permis de stationnement et des locations sur la voie publique, sur les ports et rivières et autres lieux publics ; 8° du produit des péages communaux, des droits de pesage, mesurage et jaugeage, des droits de voirie et autres droits légalement établis...... et, généralement, du produit de toutes les taxes de ville et de police, dont la perception est autorisée par la loi »......

137. — *Loi du 11 frimaire an VII. — Ce qu'il fallait entendre par les « locations de places », dont le produit était attribué aux Communes par l'article 7 § 3 de cette loi.* — Cette disposition de l'article 31 de la loi de 1837, reproduite à peu près textuellement (sauf une modification importante, sur laquelle nous aurons à revenir) par l'article 133 de la loi de 1884, prend son origine dans l'article 7 § 3 de la loi du 11 frimaire an VII, qui déterminait « le mode administratif des recettes départementales, municipales et communales ».

« Les recettes communales, quant aux communes faisant partie d'un canton — disait cet article 7 — se composent..... 3° du produit de la *location des places* dans les halles, les marchés et chantiers, sur les rivières, les ports et les promenades publiques, lorsque les administrations auront reconnu que cette location peut avoir lieu sans gêner la voie publique, la navigation, la circulation et la liberté du commerce ».

L'article 11 § 1 de la même loi, étendait, d'autre part, aux communes, formant à elles seules un canton, la disposition de l'article 7 § 3, qui se trouvait ainsi rendue applicable à toutes les communes de France.

138. — Il ne saurait guère y avoir de doute possible, sur ce qu'il fallait entendre par ces « locations de places », dont le produit était attribué aux communes, par le législateur de l'an VII. « Ce que l'article 7 de la loi de l'an VII attribuait aux communes, — lit-on, dans le répertoire de Béquet, V° domaine n° 1092 — c'était le prix, non point des locations en général, mais le produit des loca- de places — et seulement, dans les marchés et chantiers établis sur les rivières, ports et promenades publiques ; en d'autres termes, les taxes, frappées sur les marchands en plein vent, autorisés à stationner sur la voie publique ». Cette appréciation paraît tout à fait exacte.

On sait que, sous l'ancien régime, les seigneurs pouvaient lever des taxes de location à raison des places occupées par les marchands, tant sur les places publiques où se tenaient les marchés, que dans les halles qu'ils avaient le droit d'y faire construire. Les droits de « location » ou de « plaçage » qu'ils percevaient ainsi, étaient considérés comme une indemnité des frais de police et de voirie qui étaient à leur charge (1).

L'abolition de la féodalité entraîna la disparition de ces droits. La loi du 15 mars 1790 déclara, dans son article 19, supprimer *sans indemnité* « les droits connus sous le

____

(1) DALLOZ, *Répertoire*, V° Halles, foires et marchés, n° 7 ; — HEURION, *Biens communaux*, p.175 ; RENAULDIN, *Droit des fiefs*, V° halles et marchés.

nom de coutume, halage, havage, cohue, et, généralement, tous ceux qui étaient perçus en nature ou en argent, à raison de l'apport ou du dépôt des pains, viandes, bestiaux, poissons et autres denrées et marchandises dans les foires, marchés, places ou halles, de quelque nature qu'ils fussent ». Elle prit soin seulement d'ajouter « que les bâtiments et halles continueraient d'appartenir à leurs propriétaires, sauf à eux à s'arranger à l'amiable, soit pour le loyer, soit pour l'aliénation, avec les municipalités ».

139. — Le rapport, inséré au *Moniteur*, à la suite de la loi du 11 frimaire an VII (1), en même temps qu'il indique les conséquences qui résultèrent de cet état de choses nouveau, explique que c'est, pour mettre fin au désordre qu'avait engendré la suppression des droits de location et de plaçage, que fut adoptée, par le législateur, la disposition qui fit l'objet de l'article 7 § 3 de la loi de frimaire an VII. Le Conseil des Cinq Cents considéra qu'il était dans l'intérêt du bon ordre, de rétablir une taxe, qui devait d'ailleurs, apporter aux communes une source légitime de revenus, et fit renaître à leur profit les droits, perçus sous l'ancien régime, pour la location des places dans les halles, dans les marchés, et dans les divers lieux publics, où les marchands étaient admis à apporter et à exposer en vente leurs marchandises.

« Les places dans les marchés et dans les promenades et autres lieux publics, — disait le citoyen Creté, auteur de ce rapport, — envahies autrefois par la féodalité, sont, par excès contraire, devenues le partage du premier occupant. La résolution fait cesser ce désordre ; elle soumet l'usage de ces places à une location, qui le fait tourner au profit de tous, et le ramène sous l'autorité administrative ».

Cette attribution aux communes des droits de locations de places, s'expliquait, d'ailleurs, tout naturellement, par

(1) V. *Moniteur* du 18 frimaire an VII, p. 318.

la considération, que c'étaient elles, qui étaient, désormais, chargées de la police et de la surveillance des foires et marchés, des rues, quais, places et autres lieux publics.

140. — Ainsi, les communes ne paraissent pas avoir été en réalité, appelées, par l'article 7 § 3 de la loi de l'an VII, à autre chose qu'à recueillir l'héritage des seigneurs, en ce qui concernait les droits de location et de plaçage, perçus, sous l'ancien régime, pour le dépôt des denrées et des marchandises, dans les halles, et sur les lieux publics, où se tenaient les foires et les marchés.

Il ne semble pas possible, sans étendre abusivement les termes de l'article 7 § 3 de la loi de l'an VII, d'attribuer à cet article une portée plus grande, et de dire que les communes y puisaient le droit de percevoir des redevances, à raison des occupations quelconques, sur les ports, promenades, et autres lieux publics. — Le Conseil d'État avait formellement condamné cette interprétation extensive. C'est ainsi que, par deux avis du Comité de l'Intérieur des 27 janvier 1828 et 3 août 1831, il avait refusé de sanctionner des délibérations des Conseils municipaux des communes de Saint-Germain et de Saint-Denis, demandant qu'il leur fût permis de percevoir des droits de stationnement sur les voitures publiques, dans les rues de ces deux villes (1).

141. — La confusion, dans une même disposition de loi, de droits de nature aussi différente que les droits de locations de places dans les halles ou marchés, — propriétés privées des communes, d'une part, — et sur les rivières,

______

(1) V. DALLOZ, *Répertoire*, V° Commune, n° 505. — Une ordonnance royale du 22 juillet 1829, avait, toutefois. autorisé la ville de Paris, par application de la loi du 11 frimaire an VII, à percevoir, à titre de droit de location, un droit annuel sur les omnibus et autres voitures, faisant le transport en commun, dans l'intérieur de la Ville, qui obtiendraient l'autorisation de stationner sur la voie publique. Une ordonnance semblable était intervenue, au profit de la ville de Lyon.

ports et promenades publiques, — dépendances du domaine
public, d'autre part, — n'a rien pour surprendre, si l'on
songe, qu'à cette époque, la notion du domaine public, —
comprenant l'ensemble des biens affectés aux usages de
tous, et soumis à la surintendance de l'État, par opposition aux biens, dont l'État a la propriété privée, — n'était
encore qu'assez vague et incertaine. Ce n'est guère, que
vers le milieu de ce siècle, qu'elle s'est précisée nettement,
sous les efforts de la doctrine. On n'a conçu, pendant
longtemps, de distinction qu'entre les biens, possédés par
les particuliers et ceux appartenant à la collectivité —
État ou Commune, — sans percevoir le dédoublement de
ces derniers, suivant qu'ils appartiennent à la collectivité
à titre de propriété privée, ou à titre de propriété publique.
— La conception du domaine public de l'État s'est dégagée
la première ; la conception du domaine municipal n'est
apparue que plus tardivement. Comme beaucoup d'autres
textes de la même époque, la loi frimaire an VII porte la
trace de cette confusion d'idées (1).

142. — *Le droit conféré aux Communes par la loi de
l'an VII, n'était-il pas restreint aux propriétés communales ?* — Mais c'était une question de savoir, si le législateur de l'an VII avait entendu restreindre aux « pro-

(1) L'importante loi de finances du 20 mars 1813 est un autre
exemple de la confusion qui a existé longtemps entre l'idée du
domaine public et celle du domaine privé de l'État, du département ou de la Commune — Dans l'art. 1er de son titre 1er relatif
à « l'aliénation de quelques parties des biens, des communes »,
cette loi décidait que « les biens ruraux, maisons et usines possédés par les Communes seraient cédés à la caisse d'amortissement
qui en percevrait les revenus, à partir du 1er janvier 1813 ». Or,
dans son article 2, la même loi déclarait excepter de cette cession
« les bois, biens communaux proprement dits tels que : pâtis, pâtu-
rages, tourbières et autres, dont les habitants jouissent en commun, *ainsi que les halles, marchés, promenades et emplacements utiles pour la salubrité ou l'agrément, les églises, hôtels
de ville et autres édifices affectés à un service public* ».

priétés communales » le droit de location de places,
attribué par lui aux Communes, ou si, au contraire,
ce droit devait être considéré comme leur appartenant, même sur les dépendances du domaine public de
l'État, les grandes routes, par exemple, ou les cours d'eau
navigables.

Les droits de locations de places — disaient les partisans du premier système — ont pour fondement le droit
de propriété ; tel est l'esprit de la loi de frimaire an VII,
et l'on ne peut appliquer ses dispositions qu'à la location
d'un espace quelconque de terrain appartenant à la Commune, soit que ce terrain se trouve situé dans une rue,
place, halle, dans un marché ou sur le bord d'un port
ou d'une rivière. Les Communes ne sauraient donc percevoir de droits de locations de places sur les dépendances
du domaine public de l'État, parce que le droit à la location des places n'existe à leur profit que sur les terrains
dont elles ont la propriété ; — et elles peuvent, au contraire, percevoir des droits de locations de places dans les
halles et marchés, dans les rues et sur les places publiques,
parce que ce sont là des propriétés communales.

Cette doctrine, qui trouvait un appui dans la discussion,
devant le Conseil d'État, de l'article 538 du Code civil (1),
avait été, dès 1830, condamnée par la Cour de cassation.
Appelée à se prononcer sur la question de savoir, si

(1) L'art. 22 du projet était ainsi conçu : « les chemins publics,
rues et places publiques, sont considérés comme des dépendances
du domaine public ». M. Regnaud s'éleva contre cette rédaction,
qui comprenait indistinctement dans le domaine public les chemins publics, *les rues et les places publiques.* Il fit observer que
les *chemins vicinaux étaient la propriété des Communes, et qu'il
en était de même des rues et places publiques, aux termes de la
loi de frimaire an VII.* — A la suite de cette observation,
appuyée par M. Treilhard, le texte de l'art. 22 fut modifié et devint
celui de l'art. 538 du Code civil (V. Merlin, répertoire. V° chemins
publics, p. 251).

le fermier des droits de places dans une Ville — la ville
de Bordeaux — était en droit d'exiger le payement d'une
taxe de plaçage, à raison de l'exposition en vente de marchandises, sur les bateaux mouillés dans une rivière navigable — la Gironde —, la Cour suprême avait décidé que
la taxe était dûe : « Attendu — porte l'arrêt — que la loi
autorise les communes à percevoir un droit de location
pour les places, assignées aux marchands et débitants de
diverses denrées, sur les rivières, lorsqu'il est reconnu, que
les places ainsi louées peuvent être assignées aux marchands et débitants desdites denrées, sans gêne pour la navigation, *et que cette autorisation est donnée sans distinction des rivières, dont les communes auraient la
propriété et de celles qui seraient dans le domaine de
l'État* ; — Attendu qu'il est dans les attributions de l'autorité municipale, d'assigner les lieux qui doivent servir de
marché aux différentes denrées ou aux différents objets
de consommation, et, dans son droit, de mettre un prix à la
permission d'y exposer en vente et d'y vendre ces objets
et ces denrées ; — d'où il suit, que le fait de l'exposition
en vente de ces objets et denrées, dans les lieux désignés,
suffit pour autoriser la perception du droit municipal,
connu tantôt sous le nom de halles et marchés, tantôt
sous celui de plaçage (1)..... ».

Ainsi, d'après la Cour de cassation, l'article 7 § 3 de la
loi de frimaire an VII ne s'appliquait pas seulement aux
dépendances du domaine public communal ; il s'appliquait
également aux dépendances de la grande voirie.

143. — *Loi du 18 juillet 1837 ; — la disposition de
l'article 31 § 7 de cette loi ne devait-elle pas être considérée comme ayant élargi le droit, consacré au profit
des Communes par l'article 7 § 3 de la loi de frimaire
an VII ?* — Le législateur de 1837, en réglant à nouveau

(1) 22 juin 1830, ch. civ. (Astruc), D. V° Commune, n° 500,
note 1 ; S. 30. 1. 261.

la matière des recettes et des dépenses communales, a, comme il ressort du texte ci-dessus rapporté de l'article 31 §§ 6, 7, 8 et dernier de la loi du 18 juillet 1837, modifié profondément la rédaction de l'article 7 § 3 de la loi de frimaire an VII.

En premier lieu, la loi de 1837 distingue, entre les droits de place, suivant qu'ils s'appliquent aux halles et marchés ou aux dépendances quelconques du domaine public ; deux paragraphes distincts prévoient l'une et l'autre catégorie de recettes.

Ensuite, si le législateur de 1837 reproduit l'expression « droits de places » — équivalente à celle de « locations de places », employée par la loi de l'an VII, — lorsqu'il s'agit des halles et marchés, il parle, d'autre part, du produit : « des *permis de stationnement et des locations* sur la voie publique, sur les ports et rivières et autres lieux publics. »

144. — La généralité des expressions « voie publique », « et autres lieux publics », qui figurent dans l'article 31 § 7 de la loi de 1837, ne paraissent point laisser de doute, sur la volonté qu'avait eue le législateur de comprendre, dans cette disposition, non pas seulement les dépendances du domaine public communal, mais aussi le domaine public national et départemental.

Cette solution paraissait d'autant plus certaine, que le législateur de 1837 avait statué en regard de la jurisprudence, ci-dessus rapportée, de la Cour de cassation, qui, sous l'empire de la loi de frimaire an VII, l'avait elle-même consacrée.

Le Ministre de l'Intérieur n'avait pas hésité à sanctionner cette interprétation, dans un avis du 15 septembre 1837. Consulté sur le point de savoir si les communes étaient autorisées à percevoir des droits de location de places sur les accotements des routes royales, le Ministre répondit en ces termes : « L'article 31 de la loi de 1837 com-

prend, dans les recettes des communes, le produit des
permis de stationnement et des locations sur la voie
publique. Cette rédaction explicite ne laisse aucun doute.
Il est donc entendu, que, dorénavant, la perception des
droits de place, sur les routes et emplacements dépendant
de la grande voirie, pourra être autorisée dans la forme
ordinaire, sauf l'avis préalable de l'administration des
ponts et chaussées, en ce qui touche à l'intérêt de la circulation. »

Des résistances s'étant, toutefois, produites, le Ministre
crut devoir soumettre la question au Conseil d'État, qui,
par un avis du 6 décembre 1848, la trancha à son tour
en ce sens, que la disposition de l'article 31 § 7 de la loi
de 1837, comme celle de l'article 7 § 3 de la loi de frimaire an VII. s'appliquait aux dépendances de la grande,
comme de la petite voirie (1).

(1) Nous croyons devoir reproduire « in extenso » le texte de
cet avis, qui n'a jamais été publié.

Avis du Conseil d'État du 6 décembre 1848.

Le Conseil d'État, consulté par M. le Ministre de l'Intérieur sur
la question de savoir : si l'on peut autoriser la perception par les
Communes de droits de stationnement sur les riviéres navigables ;
en d'autres termes : comment doit être entendue et appliquée la
disposition de l'art. 31 § 7 de la loi du 18 juillet 1837, ainsi
conçue...

Vu la loi du 18 juillet 1837 ;

Vu la loi du 11 frimaire an VII, article 7, n⁰ 3 ;

Considérant que la loi du 18 juillet 1837, article 31, n'a fait que
répéter, en les confirmant, les dispositions spéciales de la loi du
11 frimaire an VII, en ce qui concerne les recettes municipales et
communales ;

Que, sous l'empire de cette dernière loi, le droit des Communes
de percevoir des taxes pour le stationnement sur les rivières n'a
jamais été mis en doute par l'autorité supérieure, qui l'a consacré
par l'approbation des tarifs, toutes les fois qu'aux termes de cette
loi elle a reconnu que leur application pouvait avoir lieu sans
gêner la navigation, la circulation et la liberté du commerce, et
cela, sans que l'article 538 du Code civil, qui range les rivières
navigables parmi les choses du domaine public, ait jamais paru

Ajoutons que, depuis 1848, la jurisprudence a eu, à
différentes reprises, l'occasion de consacrer à nouveau
cette interprétation (1).

un obstacle à l'établissement de ces taxes ; car, de ce que l'État
concède aux Communes, pour leurs besoins particuliers, la faculté
de percevoir, pendant un temps limité. des droits réglés par lui-
même, il ne s'en suit pas qu'il y ait. de la part de l'État, abandon
de son droit de propriété ou atteinte portée au principe de l'inaliénabilité du domaine public ;

Que ce qui était vrai et licite, sous l'empire de la loi du 11 frimaire an VII. l'est bien plus encore, depuis la promulgation de la
loi du 18 juillet 1837, dont les termes formels, non contestés dans
les Chambres, seraient d'ailleurs confirmés par la discussion
générale de cette loi, *discussion de laquelle il résulte que les
droits pour la location de places sur la voie publique pourront
être établis au profit des communes sans distinction de la grande
ou de la petite voirie* ;

Que c'est ainsi que les communes en ont toujours joui et que
l'administration supérieure l'a toujours entendu, avant et depuis
la loi du 18 juillet 1837 ;

Qu'en outre. une disposition formelle du budget des recettes
autorise annuellement la perception de ces taxes, au profit des
communes ;

Qu'ainsi, et sous le rapport du droit. il ne peut y avoir de doute,
sur la légalité de ces taxes ;

Considérant, toutefois, que, sous d'autres rapports et en fait,
on ne peut se dissimuler que l'établissement trop fréquent des
dites taxes, leur élévation ou leur durée, pourrait avoir, au point
de vue de la navigation et du commerce en général, des inconvénients de la nature la plus grave ;

Que c'est à l'autorité supérieure, juge naturel des inconvénients,
à concilier tous les intérêts, en n'accordant qu'avec mesure l'établissement de ces taxes, alors seulement qu'elles sont indispensables aux communes ; en les limitant, quant à leur durée, en les
modérant quant aux tarifs de perception ;

Est d'avis :

1° Que des droits de stationnement sur les rivières peuvent être
établis au profit des Communes, avec l'autorisation préalable du
Gouvernement;

2° Que cette autorisation doit être temporaire, toujours révocable et strictement renfermée dans la limite des besoins urgents
des communes.

(1) V. notamment Trib. de Melun (Coquelin), 23 juillet 1875,

145. — *Difficultés d'interprétation qu'à soulevées la disposition de l'article 31 § 7 de la loi de 1837. a) Prétention des communes.* — La rédaction nouvelle de l'article 31 § 7, permettait, d'autre part, de soutenir que le droit des communes à redevances, pour occupation privative du domaine public, avait été élargi par le législateur de 1837, en ce sens, qu'au lieu de rester limité, comme en l'an VII, aux simples locations de places, aux simples stationnements des marchands en plein vent, autorisés à vendre leurs marchandises sur la voie publique, il était désormais étendu aux occupations, présentant un certain caractère de durée que n'offraient point les simples stationnements, et aux locations véritables, dans les cas exceptionnels où le domaine public peut en faire l'objet. La loi de 1837 semblait bien, en effet, avoir conféré aux communes quelque chose de plus que la loi de frimaire an VII.

146. — *b) Prétention de l'administration des domaines.* — L'administration des domaines réclamait, au contraire, pour l'État le produit de toutes les « locations » autres que les simples « locations de places ». L'administration se prévalait d'abord, pour fonder le droit de l'État, de la disposition générale de l'article 3 de la loi du 11 frimaire an VII, réservant au Trésor le produit des propriétés nationales de toute nature. Elle ajoutait, que la perception de redevances, pour droits privatifs sur le domaine public, n'était, pour l'État, qu'une juste compensation des charges qui lui incombent, en ce qui concerne l'entretien du domaine public. A ces deux arguments, il était facile de répondre : d'une part, que l'attribution au Trésor du produit des propriétés nationales en général, n'est pas incompatible avec l'affectation aux com-

rapporté par Chauveau, *Journal de droit administratif*, 1875, p. 466 ; Cass. civ., 8 juillet 1884 (Lacassin), D. 85.1.86.

munes de quelques-uns de ces produits ; d'autre part, qu'il est, tout au moins, une portion — d'ailleurs très importante — du domaine public, à l'entretien de laquelle l'État, ne prend aucune part et dont il ne saurait, par conséquent, revendiquer les produits, comme une compensation aux charges qui lui appartiennent, savoir : les trottoirs des voies publiques (1). Qu'il s'agisse des rues appartenant à la grande voirie ou à la petite voirie, les frais d'établissement et d'entretien des trottoirs sont, en effet, supportés non par l'État, mais par les communes ou par les propriétaires riverains, en vertu d'anciens usages.

147. — Un argument beaucoup plus sérieux, à l'appui de la thèse de l'administration des domaines, c'est que, pas un mot n'avait été dit, soit au cours des débats parlemenmentaires qui avaient précédé le vote de la loi de 1837, soit dans les rapports dont elle avait fait l'objet devant les chambres, qui indiquât ou qui permît seulement de supposer que le législateur, en modifiant la rédaction de l'article 7 § 3 de la loi de frimaire an VII, eût eu l'intention d'innover et de conférer aux communes un droit que le texte antérieur ne leur accordait pas (2).

(1) V. DEJAMME, Des droits de stationnement sur le domaine public, *Revue d'administration*, 1886, t. 2, p. 17-18.

(2) Le rapport de M. Vivien à la Chambre des députés se borne, sur le § 7 de l'art. 37, aux réflexions suivantes : « Parmi les recettes ordinaires, nous avons rétabli la portion accordée aux communes dans l'impôt des patentes, et nous avons distingué les droits, perçus, d'après des tarifs, dans les halles, foires, etc., du produit des permis de stationnement et de location sur la voie publique. Il était bon de ne pas confondre ces deux perceptions, qui ne se font pas d'après les mêmes bases ». (Rapport Vivien. *Officiel*, 1836, 1er semestre p. 955).

Le texte de l'article 31 § 7, n'avait donné lieu, d'autre part, au cours des débats devant les Chambres, qu'à une observation de M. Boudousquié, relative aux promenades publiques : « Je crois devoir faire remarquer — disait M. Boudousquié — que, dans beaucoup de villes, les permis de stationnement et de locations

Comme l'expliquait, en 1834, le rapporteur, **M.** Persil, à la Chambre des députés, le législateur s'était seulement proposé d'embrasser, dans un texte aussi compréhensif que possible, tous les produits auxquels les communes pouvaient ou pourraient prétendre dans l'avenir, c'est-à-dire, « tout ce qui est établi par les lois anciennes non abrogées aussi bien que par les lois actuelles et ce qui pourra l'être par les lois postérieures (1) ».

148. — *c) La controverse était circonscrite aux dépendances du domaine public national et départemental.* — Ce qu'il importe — en tous cas — d'observer, c'est que la controverse était circonscrite au domaine public national et départemental. A aucun moment, l'administration des domaines n'a élevé de prétentions sur les produits du domaine public communal ; et, comme il a toujours paru juste, que les communes fussent appelées à recueillir l'intégralité des produits des biens dont elles ont la charge, on n'a jamais songé à restreindre, en tant qu'elles s'appliquaient aux rues, places et autres lieux publics communaux, la portée des dispositions des articles 7 § 3 de la loi de frimaire an VII et 31 § 7 de la loi de 1837. Bien au contraire, ce sont ces mêmes dispositions de loi, interprétées restrictivement dans leur application au domaine public national, dont on n'a pas hésité à élargir les termes, quand il s'est agi du domaine public communal, au point d'en faire résulter le droit pour les Communes aux occu-

ont lieu sur les promenades publiques. C'est là que se placent, de préférence, les marchands forains et les entrepreneurs de spectacles ambulants. Je crois donc qu'il serait utile de faire mention des promenades dans le texte de l'art. 31 § 7. — Je sais qu'on peut prétendre avec raison que les promenades se trouvent comprises dans ces mots : « et autres lieux publics », mais cela donne lieu à interprétation. » — (Séance du 28 janvier 1837, *Moniteur*, janvier 1837, p. 258).

(1) Séance du 8 mars 1834, *Moniteur* du 9 mars.

pations privatives quelconques sur les dépendances de ce domaine.

149. — *d) La loi du 20 décembre 1872 a mis fin au débat, en ce qui concerne les dépendances du domaine public maritime.* — Le désaccord entre l'administration des domaines et le Ministre de l'Intérieur — gardien des ressources communales — s'était prolongé, sans qu'aucune décision de justice fut venue trancher le débat, par un arrêt de principe (1), et, sans que le législateur se fût préoccupé non plus d'y mettre fin par une disposition de loi nouvelle (2), — quand intervint la loi de finances du 20 décembre 1872, qui, par son article 2, autorisait l'État à percevoir le produit des redevances « à titre d'occupation temporaire ou de location des plages et de toutes autres dépendances du domaine public maritime ».

La disposition de ce texte, sur lequel nous avons eu déjà l'occasion de nous expliquer (3), faisait cesser toute controverse, en ce qui concernait les dépendances du

(1) Les quelques décisions isolées, qui étaient intervenues, s'étaient, d'ailleurs, montrées favorables aux prétentions des communes. C'est ainsi qu'un jugement du Tribunal de Bordeaux du 13 février 1856 (confirmé, par adoption de motifs, par arrêt de la Cour d'appel du 5 janvier 1857 — *Journal des arrêts de Bordeaux* 1857, p. 5) avait reconnu à la ville de Bordeaux le droit de percevoir les produits de la location de terrains situés sur le bord de la Garonne et dépendant du domaine public de l'État, sur lesquels étaient installés des chantiers de constructions maritimes ; — V. aussi C. État, 22 septembre 1859 (Corbin). D.60.3.82, Leb.p.649.

(2) La loi de finances du 18 juillet 1838, portant fixation du budget des recettes de l'année 1839, et toutes les lois de finances postérieures, s'étaient bornées, comme le décret du 31 mai 1862, sur la comptabilité publique (art. 484), à comprendre purement et simplement parmi les recettes communales « le produit des locations de places dans les halles, foires et marchés, d'après les tarifs dûment établis, et le produit des permis de stationnement et de location sur les quais fluviaux, ports et rivières, et autres lieux publics », par application de l'art. 31 § 6 et 7 de la loi de 1837.

(3) V. ci-dessus, nᵒˢ 32 et 61.

domaine public maritime. Il en résultait que l'État seul pouvait désormais revendiquer le produit des autorisations d'occupations temporaires et des locations sur les dépendances du domaine public maritime ; et, bien que le législateur de 1872 n'eût pas prononcé le mot de « stationnement », la doctrine n'hésitait pas à décider — solution des plus contestables — que les simples stationnements et droits de places eux-mêmes n'échappaient pas à la même règle.

150. - Mais les difficultés antérieures subsistaient, en ce qui concernait le domaine public terrestre ou fluvial. Bien que le rapporteur de la loi de 1872 eût déclaré qu'il n'y avait point de distinction à faire, entre les dépendances du domaine public terrestre ou fluvial, et les dépendances du domaine public maritime, — le droit de l'État a redevances, pour jouissances privatives, s'appliquant aux unes comme aux autres, — et que la loi de 1872 eût compris, dans la liste des perceptions autorisées au profit de l'État « *les redevances à titre d'occupation temporaire ou de location et produits de toute nature du domaine public* », la même loi disposait, en effet, dans son titre II : « que les communes continueraient à percevoir, conformément aux lois existantes, les divers droits et revenus *énoncés dans le 2ᵉ § de l'état B, annexé à la présente loi* » ; et, dans le 2ᵉ § de cet état B, figuraient « *les droits de stationnement et de location sur la voie publique, sur les ports et rivières, et autres lieux publics.* »

Aussi, l'administration des domaines, persistait-elle à ne reconnaître aux communes que le droit aux produits des simples installations passagères, toutes les occupations d'une certaine durée devant être taxées au profit de l'État seul.

151. — *e) Théorie du Ministre des Travaux publics. Les communes n'ont droit qu'au produit des occupations privatives, qui n'emportent pas adhérence au sol* *du domaine.* — Le Ministre des Travaux publics avait, toutefois, dans une circulaire, en date du 8 décembre 1879, émis une opinion différente.

A la suite d'un arrêté, préparé de concert entre les départements des travaux publics et des finances, pour la réglementation des occupations temporaires du domaine public national, susceptibles de donner lieu à redevances au profit de l'État, — arrêté qui, dans son article 14, prescrivait la confection d'un état de toutes les permissions accordées au 1ᵉʳ janvier 1879, avec ou sans redevance, sur le domaine public, terrestre ou fluvial, — le Ministre des Travaux publics, avait adressé aux ingénieurs une circulaire, renfermant certaines instructions, relativement à la confection de l'état, dont il vient d'être question (1). Le Ministre indiquait d'abord les occupations, qui n'avaient pas à être comprises dans l'état : c'étaient les occupations dérivant, non de simples permissions de voirie, mais de concessions du Gouvernement, et les occupations d'intérêt public. C'était aussi — disait le Ministre — « les occupations, pour lesquelles les Communes perçoivent des droits, conformément à la loi du 18 juillet 1837, et pour lesquelles il ne paraît pas possible de faire payer deux redevances ; tels sont : les étalages permanents de marchandises, devant les magasins riverains, les étalages semblables mais exceptionnels les jours de marchés, foires ou fêtes, les stationnements de voitures publiques ou particulières, les dépôts de tables, chaises, vases à fleurs et arbustes pour cafés, estaminets et restaurants ; les locations sur la voie publique, sur les ports et rivières. »

Par contre, le Ministre ordonnait de faire figurer dans l'état, comme devant donner lieu à redevance au profit de l'État, les bureaux, poteaux et bascules d'octroi, les bâtiments de stations d'omnibus et leurs annexes ; les bureaux

_____

(1) V. ci-dessous n° 359.

de contrôle et de stations de tramways ; les candélabres
et lanternes d'intérêt privé ; les poteaux télégraphiques,
les bornes-fontaines d'intérêt privé ; les bureaux de négociants, hangars, magasins, grues *fixes*, cabestans ; les
appontements, estacades, embarcadères, et débarcadères
fixes, etc.

152. — Le Ministre des Travaux publics se plaçait,
comme on voit, à un point de vue tout différent du point
de vue suivi par l'administration des finances, pour déterminer, d'entre les occupations privatives du domaine public
de l'État, celles dont le produit doit tourner au profit de
l'État ou de la Commune. Le criterium consistait, pour
le Ministre, dans le *caractère mobile ou non de l'occupation*. Sans s'attacher en aucune façon à la durée plus
ou moins longue de l'affectation, il ne prenait en considération que le fait de l'adhérence au sol du domaine ; l'occupation emportait-elle emprise sur le domaine, affectait-
elle le domaine dans sa substance, c'était l'État qui devait
en percevoir le produit. N'affectait-elle, au contraire, que
la superficie du sol, sans entreprendre sur le sol lui-même,
le produit de l'occupation devait profiter à la Commune.

Cette théorie nouvelle, à laquelle s'adaptaient très exactement les termes de l'article 31 § 7 de la loi de 1837 (1),
satisfaisait la raison beaucoup mieux que celle, proposée
par l'administration des domaines.

153. — *f) Justification de cette théorie.* — Autant il
paraissait irrationnel de fonder la distinction entre les
occupations privatives du domaine public devant profiter
à l'État ou à la Commune, sur le plus ou moins de durée
de ces occupations, autant il était, au contraire, raisonnable
de s'attacher au caractère mobile ou non des installations,

(1) Le budget ordinaire des communes se compose... 7º « du
produit des permis de stationnement et des location *sur* la voie
publique, *sur* les ports et rivières et autres lieux publics » V. Dejamme, *loc. cit.*, p. 19.

pour attribuer le produit des premières aux communes, et pour réserver à l'État le produit des autres. Il semble qu'il existe en effet une certaine corrélation, entre le pouvoir d'autoriser l'occupation, et le droit de percevoir la redevance, qui en constitue le prix, de manière que la personne, qui a qualité pour conférer l'autorisation, soit aussi celle qui doive en recueillir le profit pécuniaire. Or, les seules autorisations, que le maire — chef de l'association communale, — puisse octroyer sur le domaine public de l'État, sont celles qui ne mettent en jeu que l'intérêt de la circulation, sans menacer en quoi que ce soit la conservation du domaine, parce que le maire n'a pouvoir, sur le domaine national qu'au point de vue de la liberté de la circulation seule : telles sont précisément les installations mobiles, qui n'affectent exclusivement que la surface extérieure du sol. Quant aux autorisations, qui mettent en jeu la conservation du domaine public, — telles les occupations qui emportent emprise sur le domaine public, et modification de son assiette, — elles relèvent de l'autorité qui a la garde du domaine public de l'État, et échappent à la compétence du maire.

154. — *g) Avis du Conseil d'État du 30 novembre 1882.* — Appelé à se prononcer sur le différend, le Conseil d'État, — auquel le Ministre de l'Intérieur avait soumis les deux questions suivantes : 1° Appartient-il aux Communes, par préférence au Trésor public, de percevoir, sur les dépendances du domaine public national, fluvial ou terrestre, des redevances pour les occupations temporaires autres que celles, dont l'usage entraîne une incorporation au domaine public, et sans qu'il y ait lieu de distinguer, entre les locations, ayant une certaine durée, et celles, qui ont un caractère intermittent et passager ; — 2° Convient-il de comprendre, parmi les occupations temporaires auxquelles s'applique la loi du 18 juillet 1837, les concessions d'emplacements, pour les kiosques, servant à la vente

des journaux ou à la publicité, — y répondit par un avis,
du 30 novembre 1882, ainsi conçu : « Considérant que
l'article 7 de la loi du 11 frimaire an VII attribue aux
Communes le produit de la location des places dans les
halles, marchés et chantiers, sur les rivières, ports et
promenades publiques, lorsque les administrations auront
reconnu que cette location peut avoir lieu sans gêner la
voie publique, la navigation, la circulation et la liberté du
commerce ; que l'article 31 § 7 de la loi du 18 juillet 1837
range, parmi les recettes ordinaires des communes, le
produit des permis de stationnement et des locations sur
la voie publique, sur les ports et rivières et autres lieux
publics ; — Considérant que ces dispositions législatives,
*n'ont point donné aux Communes le droit de percevoir
des redevances à l'occasion des occupations qui entraînent une emprise sur le domaine national et en modi-
fient l'assiette ;* — mais, qu'en ce qui concerne les locations, les lois sus-visées n'établissent de distinction, ni à
raison de la durée du bail, ni à raison du caractère plus ou
moins précaire des droits qui en résultent ;

En ce qui touche les locations des kiosques, servant à
la publicité ou à la vente des journaux ;

Considérant que, lorsque, à raison de la légèreté qui
les relient au sol, *ces kiosques ne peuvent pas être considérés comme des édifices, modifiant l'assiette du domaine public,* il y a lieu d'appliquer l'article 31 de la loi
de 1837, et d'autoriser la perception des redevances au
profit des communes ;

Est d'avis, de répondre aux questions posées dans le sens
des observations qui précèdent ».

155. — C'était la théorie du Ministre des Travaux publics, que sanctionnait le Conseil d'État, dans cet avis.
Rejetant toute distinction, tirée de la durée plus ou moins
longue de l'occupation, le Conseil d'État déclarait, à son
tour, que les occupations du domaine public de l'État, sus-

ceptibles de donner lieu à redevance au profit des communes, sont exclusivement celles, qui n'emportent pas
emprise sur le domaine ou modification de son assiette,
les occupations, qui emportent emprise sur le domaine ou
modification de son assiette, ne pouvant être taxées qu'au
profit de l'État seul.

156 — INTERPRÉTATION DE L'ARTICLE 133 § 7 DE LA LOI DE 1884.
— La nouvelle loi municipale était, pour le législateur,
l'occasion de mettre un terme définitif à la controverse.

L'article 133 § 7 de la loi de 1884, n'a fait, malheureusement, que reproduire à peu près textuellement les
termes de l'article 31 § 7 de la loi de 1837, en attribuant
aux communes le produit « des *permis de stationne-*
« *ment et de location* sur la voie publique, etc., » et l'on
chercherait en vain, dans les débats qui ont précédé, tant
au Sénat qu'à la Chambre, le vote de l'article, la détermination du sens précis de ces expressions.

Ce qui paraît résulter à peu près clairement de ces débats, c'est que le législateur de 1884 a eu la volonté de
ne pas innover, et, qu'en maintenant l'expression large
« permis de stationnement et de location », il a voulu
conserver aux communes, l'intégralité des revenus dont
elles jouissaient en fait jusque-là. Il semble en résulter
aussi qu'il ait eu la volonté d'écarter toute distinction,
tirée du caractère plus ou moins prolongé de l'occupation.

Enfin, il ne paraît pas douteux qu'il s'agisse, dans
l'art. 133, § 7 et dans l'art. 98 § 2, des mêmes occupations. Or, l'art. 98 § 2, n'a exclusivement trait qu'aux occupations qui n'intéressent que la police de la circulation.

Nous croyons, dans ces conditions, que l'interprétation,
donnée par le Conseil d'État aux expressions « permis de
stationnement et de locations », dans l'article 31 § 7 de la loi
de 1837, est encore celle qui convient à ces expressions,

dans l'article 133 § 7 de la loi de 1884, et que, depuis comme avant 1884, il faut dire, que le droit des communes à redevances, pour jouissances privatives sur le domaine public national, s'étend à toutes les installations mobiles, n'affectant que la surface extérieure du sol, sans emporter emprise sur le domaine et modification de son assiette, les occupations qui emportent emprise sur le domaine public et modification de son assiette, devant profiter à l'État seul (1).

(1) Le texte actuel du § 7 de la loi de 1884, avait été voté, sans discussion, par la Chambre des députés, quand, au Sénat, la Commission proposa de substituer les mots : « produits des droits de place sur la voie publique, etc... » aux mots : « produits des permis de stationnement et de locations sur la voie publique, etc...». Le rapporteur, M. Demôle, expliquait en ces termes, dans la séance du 14 février 1884 (*loc. cit.* p. 368), le changement de rédaction proposé : « Il s'agit, dans le paragraphe 7, du droit particulier qu'un usage constant et même des dispositions législatives ont attribué aux communes sur des terrains qui ne leur appartiennent pas et qui sont une dépendance incontestée du domaine public..... Quand on nous a apporté le texte de la Chambre des députés, le mot « location » nous a frappé ; nous avons entendu un représentant du Ministre des finances qui nous a dit : ce mot a un caractère trop énergique ; il indique un contrat ferme, un bail d'une durée déterminée, et, dans ces conditions, ce serait compromettre le droit de propriété de l'État, que d'appliquer à une Commune le produit de ce que la Chambre des députés appelle une location. On nous a donc invités, au nom du Ministre des Finances, à remplacer le mot « location » par les mots « droits de place », qui indiquent la jouissance d'une concession complétement temporaire, de quelque chose qui ne tient pas au sol, qui implique un établissement précaire et qui peut disparaître sans difficulté, tandis qu'une location c'est quelque chose de stable, du moins pour le temps fixé par le bail qui a été consenti. »
Ces explications du rapporteur provoquèrent, de la part de M. Faye d'importantes observations : « Ce n'est pas seulement, a dit M. Faye, le mot de « location » qui peut prêter à des difficultés, c'est surtout la question de savoir quel est le véritable sens qu'il faut donner à ce mot, qui est écrit dans le projet de la Chambre et supprimé dans celui de la Commission. — Je m'explique. Il y a des dépendances du domaine public de l'État qui sont, par

La doctrine se prononce en ce sens, et les Ministres de

leur nature et leur destination, mises, dans une certaine mesure et par la force même des choses, à la disposition des municipalités......

Ainsi, pour ne citer qu'un exemple, quand un marché est établi sur une dépendance d'une voie nationale (dans la traverse d'une ville ou d'un village), la perception du droit de place, qui *n'a jamais constitué, dans la pensée de la législation antérieure un véritable droit de location tel qu'on l'entend dans le langage du droit,* a toujours été faite, et avec raison, au profit des communes. On considérait, en effet, que les dépenses de voirie et de police, qui étaient à la charge de la municipalité, trouvaient leur compensation, dans la perception du droit de place. Aussi, sur ce point, il n'y a pas l'ombre de difficulté entre la Commission et nous.

Mais, quand il s'agit, au contraire, de location, c'est-à-dire d'une occupation d'une nature particulière, il s'agit de savoir quel devra être le caractère de cette location, pour que la perception du droit, qui en est la conséquence, puisse appartenir soit à l'État, soit aux communes.

On a discuté fort longtemps cette question. Des avis du Conseil d'État sont intervenus, et on a cru qu'il était possible de trouver la solution du problème, dans des distinctions que je crois inutile, en l'absence de contradicteurs, de vous faire connaître, et qui, entre autres défauts, avaient celui de ne satisfaire personne.

La vérité se trouve dans la nature seule de l'occupation. S'agit-il de la perception d'un produit qui est la conséquence d'une occupation absolument momentanée, impersonnelle, non opposable aux tiers, soumise à la seule police des municipalités; en d'autres termes, d'une occupation *qui revêt le caractère d'un simple droit de place*; dans cette hypothèse, le produit perçu appartiendra à la commune, quelle que soit la nature du terrain occupé: routes nationales, ports, rivières et autres lieux publics.— Mais, *s'il s'agit d'une occupation, ayant un caractère plus ou moins long de continuité et de permanence,* d'une occupation conférant, comme on en trouve des exemples dans l'établissement d'une bouée flottant sur une rivière, d'un ponton amarré à un quai, un droit personnel, privatif, opposable aux tiers et même à l'État, alors, *cette occupation,* presque toujours précaire, du domaine public, *constitue véritablement une location qui ne saurait rentrer dans la catégorie des droits réservés aux communes par la loi de 1837 et la loi de frimaire an VII, et le produit perçu doit appartenir à l'État...*

Par conséquent, je crois, qu'en mettant dans la loi les mots

l'Intérieur, des Travaux Publics et des Finances se sont ralliés successivement à cette opinion (1).

« droits de place » et en supprimant ceux « de location », on com prendra parfaitement, désormais, ce que la loi nouvelle a voulu, ce qu'elle réserve aux communes, ce qu'elle laisse à l'État. »

La rédaction nouvelle, proposée par la Commission du Sénat, tendait, comme on voit, à amoindrir singulièrement le droit des Communes, puisque, suivant les explications de M. Faye, ce droit ne devait comprendre que le produit des « occupations momen·tanées, impersonnelles et non opposables aux tiers » toutes occupations « ayant un caractère plus ou moins long de continuité et de permanence », devant profiter à l'État seul. Or, il est bien évident que, dans cette dernière catégorie, ne rentrent pas seulement les occupations emportant emprise sur le domaine public et modification de son assiette, mais encore celles qui, bien que n'affectant que la surface du sol, emportent, au profit du permissionnaire, concession d'un emplacement fixe, à lui réservé, tant que l'autorisation sera maintenue, et présentant, par suite, un certain caractère de durée et de permanence, telles que les kiosques volants, pour la vente des journaux ou les échoppes quelconques de marchands autorisés au profit d'un individu déterminé sur un point particulier de la voie publique.

Mais cette rédaction ne fut pas adoptée par le Sénat qui, conformément aux conclusions de M. le Commissaire du Gouvernement Le Guay, et malgré les résistances de M. Léon Clément (V. séance du 12 mars 1884, *loc. cit.*, p. 545 et suiv.), rétablit le texte de l'art.133 §7, tel qu'il avait été voté par la Chambre, avec l'expression : « location », reproduite de l'art. 31 § 7 de la loi de 1837, au lieu de l'expression « droits de places », que voulait y substituer la Commission du Sénat. — Dans ses conclusions, qui déterminèrent le vote du Sénat, le Commissaire du gouvernement montra que le système, proposé par la Commission et soutenu par M. Faye, était en absolue contradiction avec l'état législatif existant, avec la doctrine et la jurisprudence, desquels résultait, pour les communes, le droit au produit des *locations* sur le domaine public, et il insista, pour que l'expression « location » fût maintenue dans le texte de l'art 133 § 7, afin de ne pas priver les Communes d'une source importante de revenus.

Le Commissaire du Gouvernement ne crut pas, d'ailleurs, qu'il fût nécessaire de préciser, dans le texte de la loi, la portée exacte de cette expression. — « Je n'éprouve — a dit le Commissaire du

(1) *Voir la note, page* 182.

157. — Étendue du droit des communes. À quelles dépendances du domaine public il s'applique. — L'article 133 § 7 de
la loi de 1884 attribue aux communes le produit des per-

« Gouvernement — aucun embarras à reconnaître que, depuis
« 1877, par le fait d'une distinction un peu subtile de l'administra-
« tion des domaines, des perceptions ont été faites (pour location
« sur le domaine public national) pour le compte du Trésor.

« L'administration disait aux communes : « Vous percevrez bien
« et justement les droits de location, lorsque les établissements,
« qui sont faits en vertu de ces locations, ne modifieront pas l'as-
« siette du domaine public, lorsqu'ils reposeront très légèrement
« sur la voie publique ».

« Mais, il est possible qu'il y ait une emprise sur la voie publi-
« que,—quand on voudra, par exemple, établir un kiosque servant
« à la vente des journaux ; — il faudra bien, dans un intérêt de
« sécurité publique, faire autre chose que ce que l'administration
« des domaines a appelé un édicule, c'est-à-dire quelque chose de
« léger, ne reposant sur le sol que par une sorte d'équilibre natu-
« rel ; les intérêts de la sécurité publique exigent que cet édicule
« soit solidement fixé au sol et nous prétendons, dans ce cas, que
« la perception reste communale. Les domaines nous disaient
« encore, mais dans le cas d'incorporation au domaine public :
« votre prétention est excessive. Dans ces conditions, c'est l'Etat
« qui devra percevoir.

« J'appelle, Messieurs, votre attention sur ce point. La Com-
« mune ne peut être autorisée à faire ces concessions momenta-
« nées dont le caractère est singulièrement précaire, vous l'avez
« vu, qu'autant que le Ministre des Travaux publics, chargé de la
« conservation du domaine particulier de l'Etat, lui en a préalable-
« ment donné l'autorisation.

« Par conséquent, lorsqu'une autorisation est demandée, elle
« peut être repoussée, parcequ'il en résulterait une modification
« dans l'assiette du domaine public, — ou bien, si la Commune a
« un intérêt majeur à permettre ces concessions, si elle insiste,
« l'Etat lui dira : « Je ne vous accorderai l'autorisation que vous
« sollicitez, qu'à la condition formelle, que les redevances, qui en
« découleront, profiteront au Trésor public.— Je considère donc,
« qu'il n'y a pas de distinction à faire, que les intérêts du Trésor
« sont suffisamment garantis, par ce fait qu'il faudra toujours
« une autorisation de l'autorité supérieure, qui se préoccupe tou-
« jours suffisamment, soyez-en certains, des intérêts du Trésor ».

Ces explications sont loin de nous satisfaire. — Si, sous prétexte

mis de stationnement et de location « sur la voie publique, sur les ports et quais fluviaux et autres lieux ». C'est, à part le qualificatif fluviaux, qui ne figurait pas dans le texte ancien, la même rédaction que celle de l'article 31 § 7 de la loi de 1837.

Le texte, proposé par la Commission, ajoutait à l'énumération qui précède, les mots « en cequi concerne le domaine public communal ». « Il est évident — disait le rap

d'exercer son droit de contrôle sur les concessions de jouissances privatives, à délivrer par les communes sur les dépendances du Domaine public national, l'administration pouvait subordonner son autorisation à la condition que la redevance exigée du permissionnaire, comme prix de la concession, tomberait dans les caisses du Trésor, le droit des communes serait absolument illusoire et les communes se trouveraient, en réalité, à la merci complète de l'Etat, qui aurait la faculté de s'attribuer l'intégralité des perceptions pour jouissances privatives sur le domaine public national.

Il nous paraît donc tout à fait regrettable que le législateur n'ait pas cru devoir préciser, dans l'art. 133 § 7, l'étendue des droits par lui conférés aux Communes, et, qu'au lieu de se borner à reproduire l'expression vague de « location », employée par le législateur de 1837, il n'ait pas expréssément sanctionné l'interprétation, donnée à ce terme par le Conseil d'Etat, dans son avis précité du 30 novembre 1882.

A défaut de définition légale des expressions : « location de places », « stationnement », « location » employés par le législateur, dans les lois de l'an VII, de 1837 et de 1884, il faut bien interpréter ces différents termes. Or, l'interprétation, proposée par le Conseil d'Etat, paraît la plus satisfaisante. Il semble, en effet, rationnel d'abandonner aux communes le produit des occupations privatives, qu'il appartient aux municipalités d'autoriser, c'est-à-dire de celles qui n'intéressent que la police de circulation, et de réserver à l'Etat, chargé de la garde et de la conservation du domaine public, le produit des autres. (V. toutefois *contrà*, Berthélemy : droit administratif, p. 402).

(1) V. *Répertoire* de BÉQUET. V° Commune, n° 3155; V° domaine, n° 1097; MORGAND, *La loi municipale*, sous article 133, 5ᵉ édition, p. 192 ; DEJAMME, *loc. cit.*, p. 23. — Circulaire du Ministre de l'Intérieur, du 15 mai 1885 ; — Décision du Ministre des finances, du 27 août 1884 (*J. enregistrement*, 21995 et 22307). ADDÉ, Bordeaux, 5 janvier 1857.

porteur au Sénat, de la loi municipale — que le produit
des permis de stationnement sur une voie publique, qui
ne dépendrait pas du domaine communal, ne pourrait
entrer dans la caisse de la commune ». C'était, comme on
voit, le renversement des principes, consacrés, depuis la
loi de l'an VII, par une jurisprudence unanime. Aussi,
suffit-il de quelques observations du sous-secrétaire d'État
à l'Intérieur, pour faire revenir la commission sur cette
rédaction, qui restreignait le droit des communes aux
dépendances du domaine public communal (1).

158. — *a) Routes nationales et départementales.* —
S'il est, dès lors, indiscutable que le droit des communes
au produit des permis de stationnement et de locations
s'étende, — sous la législation actuelle, — aux dépendances
de la grande, comme de la petite voirie, il ne faut pas,
cependant, en conclure, que toutes les dépendances du
domaine public soient assujetties, sans distinction, aux
perceptions communales.

Et d'abord, nulle dépendance du domaine public national ou départemental ne donne lieu à redevance au profit
des communes, que dans l'intérieur de l'agglomération
communale. Cette règle — qui n'est pas écrite, à la vérité,
dans la loi, — découle nécessairement de la combinaison
de ces deux autres règles : d'une part, que l'abandon, fait
au profit des communes, des droit de stationnement et de
location sur le domaine public national et départemental,
est considéré comme la compensation des charges très
lourdes qui leur incombent, sur ces portions du domaine
public, notamment en ce qui concerne la police de la circulation ; et, d'autre part, que les charges dont il s'agit,
— frais de construction et d'entretien des trottoirs, frais
d'éclairage, de police, etc., — ne pèsent précisément sur

____

(1) Séance du 29 octobre 1883, *loc. cit.*, p. 220 ; — Séance du
6 novembre 1883, *loc. cit.*, p. 239.

elles, que dans l'intérieur de l'agglomération seulement. —
Les perceptions communales, pour stationnement et location sur le domaine public, ne peuvent donc s'exercer,
en dehors de l'agglomération, que sur les dépendances du
domaine public communal seul, dont tous les produits
appartiennent naturellement aux communes ; quant aux
dépendances du domaine public national ou départemental, sises en dehors de l'agglomération, elles échappent
à la délégation faite au profit des communes, et l'État conserve, par conséquent, ici, la plénitude de ses droits (1).

159. — *b). Domaine public maritime ; ports maritimes.* — Il est, d'autre part, certaines dépendances du
domaine public national, qui, même dans l'intérieur de
l'agglomération, échappent à la perception des redevances
communales.

En premier lieu, le droit des communes ne porte point,
nous l'avons dit déjà, sur les dépendances du domaine
public maritime. La discussion, dont l'article 133 § 7 a
été l'objet, devant le Sénat, ne permet, à cet égard, aucun
doute (2).

Il ne s'exerce point non plus sur les ports maritimes.
Le texte de l'article 133 § 7 restreint, en effet, expressément le droit des communes aux *ports et quais fluviaux*,
et cette rédaction a été adoptée, sur un amendement de
M. Ancel, en vue précisément d'exclure, de l'application
de l'article, les ports et quais *maritimes*. Il a été, d'ailleurs, expliqué, qu'il faut entendre par « ports maritimes »,
ceux qui, dans les limites de l'inscription maritime, sont
situés au bord d'un fleuve ou d'une rivière, où pénètre le

(1) V., à l'appui de cette solution, les observations de M. le Commissaire du Gouvernement Le Guay, *loc. cit.*, p. 545 et suiv., —
V. aussi, en ce sens, Béquet (de Récy), répertoire, Vᵒ domaine,
nᵒ 1101 *in fine*.

(2) V., notamment, observations du Commissaire du Gouvernement, séance du 11 mars 1884. La *Nouvelle loi municipale*
p. 546.

flux de la mer, c'est-à-dire, non seulement les ports de
Bordeaux, Nantes, Rouen, auxquels M. Ancel a fait spécialement allusion devant le Sénat, mais, encore, nombre
d'autres ports, d'importance moindre : Caen, Lorient,
Bayonne, Rochefort, etc., et les Ministres de l'Intérieur
et des Travaux publics, se sont ralliés à cette interprétation (1). Cette définition précise des « ports maritimes »,
n'ayant, toutefois, pas été insérée dans le texte de la loi,
certaines villes, situées en deçà de la limite de l'inscription maritime, mais sur une partie de fleuve, où la navigation présente le caractère de navigation fluviale, ont
soutenu qu'elles pouvaient continuer à percevoir des droits
de stationnement, sur le port et les quais du fleuve. Tel
a été, notamment, le cas de la ville d'Elbeuf ; mais, cette
prétention a été repoussée par l'administration (V., en ce
qui concerne Elbeuf, Circ. minist. du 14 avril 1891).

160. α) — *L'État pourrait-il renoncer, en faveur d'une
commune, au droit qui lui appartient, de percevoir les
redevances, pour occupations privatives des ports et
quais maritimes.* — Ainsi, les communes ne peuvent
plus, depuis la loi de 1884, établir de droits de stationnement, sur les ports et sur les quais maritimes. Mais les
perceptions, faites en vertu de tarifs établis antérieurement
à la promulgation de la loi de 1884, ont-elle cessé d'être
légales, depuis la promulgation de cette loi ?

Le Ministre de l'Intérieur admet, dans la circulaire du
15 mai 1884, que les municipalités pourraient légalement
percevoir des redevances, à titre d'occupation temporaire
ou de location, dans les ports de mer et sur les quais maritimes, « *au cas où l'État renoncerait à ses droits en
leur faveur* ». Cette opinion paraît des plus contestables.

____

(1) V. séance du 10 mars 1884, *loc. cit.*, p. 510 et du 12 mars
loc. cit., p. 550. V. aussi, circulaire du 15 mai 1884, sous art., 133
§ 7 ; circulaire du Ministre des travaux publics du 5 février 1890,

161. — Nous ne prétendons pas soutenir que l'État ne soit point, actuellement, investi du droit de soumettre à redevance les stationnements et les locations pratiqués sur les ports maritimes ; le législateur de 1884, en retirant aux communes la délégation de ce droit qui leur était faite, en a, du même coup, restitué l'exercice à l'État, auquel il appartient naturellement ; — ce que l'on peut dire seulement, à ce point de vue, c'est qu'il est désirable que l'État, dans l'intérêt du commerce maritime, n'use de son droit qu'avec modération. « Ce n'est pas, — disait M. Ancel au Sénat, — au moment où l'État fait des sacrifices très importants, pour relever et favoriser la marine marchande, qu'il pourrait consentir à créer des charges nouvelles au commerce maritime, et à rendre ainsi plus difficiles encore, les conditions de la concurrence avec les ports étrangers (1) ».

162. — Mais le droit de percevoir le produit des sta-

(1) Séance du 10 mars 1884, *loc. cit.*, p. 510. D'après M. Lechalas (Manuel, tome II, 2ᵉ partie, p. 248), le législateur de 1884, en supprimant la délégation, faite au profit des Communes, du droit à redevance pour stationnements et locations sur les ports maritimes, n'aurait point réintégré l'État dans la jouissance de ce droit. « Le législateur, dit cet auteur, n'a pu vouloir soustraire les ports maritimes aux taxes communales, pour rétablir ces mêmes taxes au profit de l'État. » Ce que n'a pas voulu le législateur, c'est que les communes demeurassent maîtresses de frapper les stationnements et les locations sur les ports maritimes de redevances, susceptibles de paralyser l'exercice et le développement du commerce maritime. Etait-il nécessaire, pour assurer ce résultat, de priver les communes des revenus que leur procurait le produit des taxes de stationnement et de location sur les ports maritimes ? Il est permis d'en douter. Les intérêts généraux du commerce et de la navigation trouvent, en effet, leur sauvegarde dans le droit, reconnu, depuis l'an VII, à l'administration supérieure, de contrôler si les stationnements et les locations projetés par les communes peuvent avoir lieu sans gêner la navigation, la circulation et la liberté du commerce. Mais le législateur de 1884 en a décidé autrement : il a retiré aux communes le droit de percevoir des redevances pour stationnement et location sur les

tionnements et des locations sur les ports maritimes étant reconnu appartenir à l'État, nous ne croyons pas — contrairement à la théorie émise par M. le Ministre de l'Intérieur, dans la circulaire du 15 mai 1884, — que l'État pourrait en faire abandon aux communes, gratuitement ou non. Par suite de la distinction, posée par le législateur, dans l'article 133 § 7, de la loi municipale, les taxes de stationnement et de location sur les ports et les quais maritimes, constituent, en effet, une recette du Trésor. Or, l'État ne saurait, sans qu'une loi spéciale l'y autorise, faire abandon d'une de ses recettes au profit d'une commune, ou de tout autre. Des circonstances tout à fait exceptionnelles seraient, d'ailleurs, seules susceptibles de justifier une pareille dérogation aux principes (1).

163. β) *Hypothèse où l'homologation du tarif des droits à percevoir par les communes, pour stationnement sur le domaine public maritime, aurait fait, antérieurement à 1884, l'objet d'une convention entre l'État et la Commune.* — Il est, cependant, un cas où, malgré les dispositions de la loi du 5 avril 1884, les stationnements ou locations, autorisés sur les ports et quais maritimes, pourraient faire l'objet de perceptions communales. C'est celui, où l'homologation du tarif des droits de stationnements et de locations à percevoir par les

----

ports maritimes. — Aurait-il fallu aller plus loin et priver de ce droit l'État lui-même ? C'est possible. Mais un texte exprès aurait été nécessaire à cet effet, et ce texte n'existe pas.

(1) V. en ce sens, Picard : Traité des eaux, t. III, p.158 ; — Desbats du budget municipal, Bordeaux, 1894 ; — *Contrà* : Morgand. 5e édit., t. II, p. 189. — Suivant M. Picard (*loc. cit.*), le droit de percevoir les taxes pourrait être, toutefois, délégué par l'État, comme rémunération d'un concours financier à l'exécution de travaux publics, par exemple, comme garantie d'un emprunt contracté par une commune ou une Chambre de commerce, pour l'amélioration d'un port ; il ne s'agirait plus alors d'une application de l'art. 133 de la loi de 1884, mais d'une véritable concession.

Communes, sur les dépendances du domaine public maritime, aurait fait, antérieurement à 1884, l'objet d'un contrat entre l'État et la Commune, sous certaines charges déterminées. Nous croyons que, dans cette hypothèse, par application du principe de la non rétroactivité des lois, les effets du contrat intervenu valablement, sous l'empire de la législation antérieure à 1884, ne se trouveraient pas modifiés par la loi nouvelle.

164. — La question s'est posée, devant les tribunaux, à propos du port de Rouen.

Se prévalant de la disposition d'une ordonnance du 8 octobre 1815, dont l'article 7 était ainsi conçu : « La ville de Rouen jouira exclusivement, et à perpétuité, du droit d'étal, d'attache, de dépôt, de séjour et d'établissement de bureaux pour le service du commerce, sur les quais. Le produit de cette perception sera spécialement employé, sous l'autorisation de notre directeur général des ponts et chaussées, aux dépenses d'embellissement des quais », la Ville avait soutenu que son droit à redevance dérivant, non point de l'application de l'article 7 de la loi de frimaire an VII, mais d'un contrat intervenu entre elle et l'État, ce droit avait survécu à l'abrogation, par la loi de 1884, de l'article 7 de la loi de l'an VII, dans son application aux ports maritimes.

Les entrepreneurs de transports par eau, qui prétendaient se soustraire au payement des droits, soutenaient, au contraire, que l'ordonnance de 1815 ne constituait point un titre spécial, créateur du droit de la ville de Rouen, et que le titre de la Ville résidait uniquement dans la loi de frimaire an VII, l'ordonnance de 1815 ne devant être envisagée que comme un acte d'autorisation, intervenu en exécution de cette loi, dont elle avait, dès lors, suivi le sort.

165. — Tout le problème consistait à savoir, si l'ordonnance de 1815 présentait, en effet, le caractère d'une con-

cession de travaux publics, par laquelle l'État s'était substitué la Ville, pour l'exécution des travaux d'appropriation
des quais, moyennant un droit de péage, dont il avait garanti la jouissance et la perception, ou si, au contraire,
les droits « d'étal, d'attache, de séjour et d'établissement de
bureaux, pour le service du commerce sur les quais », faisant partie de ceux qui, d'après l'article 7 de la loi de frimaire an VII, entrent dans la composition des recettes
municipales ordinaires, sous la dénomination de « produits
de la location des places dans les halles, les marchés, les
chantiers, sur les rivières, les ports et les promenades
publiques », l'ordonnance de 1815 n'était autre chose
qu'une autorisation, donnée par le souverain à la Ville, de
percevoir les droits sus énoncés, en lui conférant les
pouvoirs nécessaires pour l'exécution des travaux décrits
dans ladite ordonnance.

166. — La Cour de cassation a, par deux arrêts successifs, (5 décembre 1887, 22 janvier 1890), tranché la
question dans le dernier sens, et, malgré l'interprétation
contraire, donnée par le Conseil d'État (20 mars 1891) à
l'ordonnance de 1815, — dont le Conseil a proclamé le
caractère contractuel, — la Cour suprême a, par un arrêt
nouveau (29 juillet 1895), persisté dans sa jurisprudence (1). — Il convient d'observer que l'interprétation de

(1) Nous nous bornerons, sans entrer dans plus de détails, à noter
ici, dans leur ordre chronologique, les étapes principales, par lesquelles ont passé les différents procès qui se sont déroulés entre
les entrepreneurs de transport et la ville de Rouen. Jugement du
trib. de Rouen, du 14 avril 1885, sursoyant à statuer sur l'opposition formée par les sieurs Gilles dit Cardin, Fretigny et autres
aux commandements d'avoir à payer les droits d'attache, jusqu'après l'interprétation de l'ordonnance de 1815 par l'autorité
administrative; — arrêt de la cour de Rouen, du 6 juillet 1885,
(S.87.2. 241) réformant ce jugement, et décidant que l'ordonnance
de 1815, n'ayant fait qu'appliquer la loi de l'an VII, la ville était
sans droit pour percevoir les droits d'attache ; — Arrêt de cassation, du 5 déc. 1887, confirmant la thèse de la Cour d'Appel, mais

l'ordonnance de 1815 — n'avait pas été imposée à l'autorité judiciaire par une décision du tribunal des conflits ; mais qu'elle avait été demandée librement à l'autorité administrative, par le Tribunal civil. Il appartenait, dès lors, à la Cour de cassation, d'apprécier, si cette interprétation avait été demandée à tort ou à raison, à l'autorité administrative, et elle a décidé que c'était à tort. Ajoutons que la ville de Rouen, au lieu de solliciter, comme elle aurait pu le faire, l'intervention du Préfet de la Seine-Inférieure, devant le tribunal du Havre, auquel l'affaire avait été renvoyée, ne

annulant, néanmoins, son arrêt pour incompétence, les contestations en matière de contributions indirectes ou de taxes assimilées devant être jugées, en premier et dernier ressort, par les tribunaux de première instance (D. 88. 1. 153; *Pand. franç.*, 89.1. 175 ; S. 90. 1. 345); — Arrêt de la cour de Caen, statuant comme cour de renvoi (13 mars 1889), qui, conformément aux principes rappelés par la cour de cassation, déclare l'appel non recevable ; — Jugement du trib. de Rouen, du 14 août 1888, sur une instance nouvelle introduite par les sieurs Barbi, et autres entrepreneurs de transport, qui condamne à nouveau les prétentions de la ville ; arrêt de rejet, du 22 janvier 1890, qui refuse de reconnaître à l'ordonnance de 1815, le caractère contractuel (D. 91. 1. 254). — Arrêt d'interprétation du Conseil d'État, du 20 mars 1891, (Leb., p. 249 ; D. 92.3. 89; S. 93.3. 37. *Pand.* 91.4. 36); — Arrêt de cassation, du 28 mai 1895 (Frétigny), *Pand. franç.*, 96. 1. 47; D.95. 1. 424 ; S. 96. 1. 263, cassant un jugement du trib. de Rouen, du 5 mai 1892, qui avait renvoyé l'interprétation de l'ordonnance de 1815 devant l'autorité administrative et décidé que « l'autorité judiciaire, seule compétente pour statuer sur toutes les contestations, en matière de contributions indirectes, est nécessairement compétente aussi pour interpréter les actes, qui servent de titre à la perception de ces contributions ».

Jugement du tribunal de Rouen, du 27 juillet 1893 (Gilles-Cardin), qui, se conformant à l'interprétation donnée par le Conseil d'État, dans son arrêt du 20 mars 1891, ordonne le payement des droits d'attache ; enfin, arrêt de cassation du 29 juillet 1895 (D. 96. 1. 265, Pand. franç., 96. 1. 124. S. 96. 1. 264), qui annule le jugement précédent, et décide à nouveau que l'ordonnance de 1815, ayant été prise en exécution de la loi frimaire an VII, a « nécessairement suivi le sort de cette loi ».

crut pas devoir provoquer le conflit, ot que le tribunal,
ayant statué le 27 juin 1896, dans le sens indiqué par la
Cour de cassation, le Conseil municipal acquiesca à ce
jugement (1).

167. — *c) Canaux.* — L'article 133 § 7 de la loi de 1884
ne mentionne pas nommément les canaux, parmi les dépendances du domaine public, sur lesquelles les communes
sont autorisées à percevoir des droits. de stationnement
et de location. Il ne paraît pas douteux, néanmoins, que
le droit des commnnes s'étende aux canaux, en vertu de
la disposition finale de l'article 133 § 7, qui, comme faisait déjà l'article 31 § 7 de la loi de 1837, assujettit les
« lieux publics » en général, à la perception des taxes
communales.

168. — La question ne s'est présentée, devant le Conseil d'État, qu'indirectement, à l'occasion d'une affaire
(Ville de Bourges), jugée le 12 avril 1889 (2). La ville
de Bourges demandait au Conseil d'annuler, pour excès de
pouvoir, une décision du Ministre de l'Intérieur, portant
qu'il n'y avait pas lieu de donner suite à une demande du
Conseil municipal, qui tendait à établir des droits de place
et de stationnement sur les quais du canal du Berry, dans
les rues de la ville et sur les bateaux, à bord desquels
il était procédé à des ventes publiques.

Le Ministre ne s'étant pas fondé, pour motiver son refus, sur ce que les villes ne peuvent point percevoir de
redevances pour stationnements et locations sur les ca-

---

(1) La ville de Rouen n'avait plus qu'un intérêt minime à
poursuivre l'affaire, car l'État s'était empressé d'établir, en sa
faveur, par une loi du 29 décembre 1896, un péage de 0,15 pour
lui permettre d'amortir la somme de 2.700.000 fr. qu'elle avait
consacrée aux travaux d'amélioration du port (V. Lechalas, *loc.
cit.*, p. 221).

(2) Conseil d'État (Ville de Bourges), 12 avril 1889, D. 90.3.
73.; S. 91. 3. 51 ; Leb., p. 499.

naux, mais, uniquement sur l'intérêt de la navigation, le
Conseil d'État n'a pas eu à rechercher si les canaux font
ou non partie des dépendances du domaine public, sur
lesquelles les communes peuvent exercer leur droit à redevances ; il lui a suffi, pour rejeter le recours, de constater
que le Ministre, en motivant son refus sur l'intérêt de la
navigation et du commerce, n'avait fait qu'user des pouvoirs d'administration, à lui conférés par les lois de l'an VII
et de 1884. Mais le Commissaire du Gouvernement, M. Le
Vavasseur de Précourt, a, dans ses conclusions, signalé
la question qui nous occupe, et, sans se prononcer personnellement sur sa solution, il a révélé le désaccord qu'elle
avait fait naître entre les deux ministres de l'Intérieur et
des Travaux publics, le premier, soutenant que les canaux
rentraient dans l'expression : « et autres lieux publics »,
employée par l'article 133 § 7 de la loi de 1884 ; le second,
que cette dénomination vague ne pouvait comprendre
les 5.000 kilomètres de canaux, alors existant. Le Ministre
des Travaux publics, argumentait, en outre, de ce que les
canaux font partie, non point du domaine public naturel,
mais du domaine public artificiel ; il faisait remarquer aussi
qu'une loi de 1866 avait supprimé les droits de navigation,
et qu'on ne pouvait rétablir ceux-ci indirectement ; qu'enfin, en l'an VII, époque à laquelle les perceptions communales pour stationnement, etc., ont été, pour la première
fois, autorisées au profit des villes, la plupart des canaux appartenaient à des compagnies concessionnaires,
et qu'elles échappaient, par conséquent, à des taxes, dont
celles de la loi de 1884 ne sont que la continuation.

169. — L'argument, tiré du caractère artificiel des
canaux, est dépourvu de toute portée ; les routes, aussi
bien que les canaux, font partie du domaine artificiel, créé
de mains d'hommes, et elles sont, cependant, assujetties à
la perception des taxes communales ; l'argument, tiré de
la suppression des taxes de navigation, ne vaut guère

mieux : ce n'est pas, en effet, seulement, sur les canaux,
que les droits de navigation ont été supprimés, mais,
aussi, sur les fleuves et les rivières. Il est exact, par
contre, qu'à l'époque où a été rendue la loi de frimaire
an VII, la plus grande partie des canaux appartenaient
à des concessionnaires, et que la disposition de l'article 7 § 3 de la loi de frimaire an VII, ne les atteignait
dès lors, évidemment pas ; on peut ajouter que, lors de la
discussion de la loi de 1884, il n'a été aucunement question des canaux.

170. — Néanmoins, nous croyons que les canaux ne peuvent être écartés de l'application des articles 98 et 133 § 7
de la loi de 1884. Quand est intervenue la loi de 1884, le
nombre des canaux concédés n'était déjà plus que très
restreint ; depuis longtemps déjà, l'État avait renoncé au
mode d'exécution des canaux par voie de concession, et
de nombreuses concessions avaient été rachetées, de
telle sorte, qu'à cette époque, on ne comptait guère plus
de 800 kilomètres de canaux, soumis au régime de la
concession, sur les 5000 kilomètres de canaux existants
et ces 800 kilomètres se répartissaient en 10 canaux
concédés temporairement, et 6 seulement concédés à titre
perpétuel (1). Quant à ces derniers, il n'est pas douteux
qu'ils échappent aux perceptions communales : la doctrine
et la jurisprudence, s'accordent, en effet, à leur reconnaître le caractère de propriétés privées. Tous les autres
canaux, au contraire, — qu'ils appartiennent à l'État, et
soient administrés par lui, ou qu'ils soient soumis au
régime de la concession temporaire — font incontestablement partie du domaine public ; ils sont, d'autre part,
soumis, dans une certaine mesure, à la police des municipalités (2). Nous ne voyons donc pas qu'il soit possible

____

(1) V. Debauve, _Traité des canaux_ ; — Béquet, Vᵒ Eaux,
nᵒ 239 ; Vᵒ Domaine, p. 96.

(2) V. Dalloz, _Codes annotés_, Vᵒ Commune, nᵒ 2797.

de les exclure de l'application des articles 98 et 133 § 7 de la loi de 1884, dont le premier confère aux Maires le pouvoir de délivrer des permis de stationnement et de locations sur..... *les ports et quais fluviaux et autres lieux publics*, et dont le second, fait tomber le produit des permis de stationnement et de location sur..... *les ports et quais fluviaux et autres lieux publics,* dans les recettes communales.

171. — Ajoutons toutefois, qu'en fait, le Ministre des travaux publics s'est constamment refusé, aussi bien avant, que depuis 1884, à admettre la perception de taxes communales sur les canaux, et regrettons que la question n'ait jamais été portée par les communes intéressées, devant les tribunaux compétents (1).

172. — Rappelons, pour en terminer sur ce point, que, même sur les canaux concédés à titre perpétuel et qui ont, d'après la jurisprudence, le caractère de propriétés privées, il peut y avoir lieu à la perception de taxes de stationnement ; mais, c'est alors au concessionnaire, que la perception profite. Ces taxes ont pour objet d'indemniser les compagnies, propriétaires des canaux, du dommage que leur occasionne le séjour trop prolongé des bateaux dans les biefs, en les privant, par exemple, de la jouissance de pêcher, ou d'en affermer la pêche. Bien que les propriétaires d'un canal ne puissent, en principe, même avec l'autorisation du Gouvernement, percevoir

(1) La cour de cassation a bien, dans un arrêt Lacassin, du 8 juillet 1884 (D. 85. 1. 86), proclamé le droit du fermier des droits de place et de hallage, dans la ville de Cette, de percevoir la taxe, à raison du stationnement, dans le canal de cette ville, d'un bateau servant à usage de débit de boissons, et ce, par application de la disposition de l'art. 31 de la loi 1837. — Ce qui enlève à cet arrêt un peu de sa portée, dans le débat, c'est que le canal dont il s'agissait, dans l'espèce, dépendait d'un *port* maritime, c'est-à-dire d'un lieu expressément désigné par la loi de 1837, comme susceptible de donner ouverture à la perception d'une taxe communale.

d'autres droits que ceux fixés par le tarif, il en est autrement, lorsqu'il s'agit, comme dans l'espèce, d'un usage
auquel les concessionnaires n'ont pas été assujettis par
l'acte de concession. C'est ainsi, qu'une ordonnance des
3-11 mars 1825 a autorisé les compagnies concessionnaires des canaux de Briare, d'Orléans et du Loing, à
percevoir un droit, fixé par jour à 0,25 par chaque bateau
chargé, et à 0,15 pour chaque bateau en vidange, séjour-
nant dans lesdits canaux, au-delà du temps nécessaire
pour en faire la traversée ou pour y prendre leur chargement. Ce droit de stationnement existait déjà, sur le canal
de Saint-Denis et sur le bassin de la Villette, depuis le port
de la Briche à Saint-Denis, jusques et y compris le bassin, en vertu de la loi des 20 mai-11 juin 1818, sur l'achè-
vement du canal de l'Ourcq (art. 2) (1).

173. — *d). Chemins de fer.* — Si l'on a pu mettre en
doute, que le droit des communes à redevances, pour stationnements et locations sur le domaine public national,
s'étende aux canaux de navigation, il n'a jamais été contesté que les chemins de fer et leurs dépendances, soient
soustraits à l'application des taxes communales. Les
chemins de fer sont, en effet, fermés au public, dans
toute l'étendue de leur parcours, et la police de la voie
ferrée ou de ses dépendances, le maintien de la sûreté
publique, sur le parcours du chemin de fer, l'exploitation,
la conservation et l'entretien de la voie ferrée, échappent
complètement à l'action de l'autorité municipale (2).

174. — Les communes ne peuvent donc prétendre
aucun droit aux produits des installations quelconques,
telles qu'établissement de buffets, de boutiques pour mar-

______

(1) V. Dalloz, *Répertoire*. V° voirie par eau, n° 524 : codes
annotés, V° Eau, n°s 3612 et suiv.; *Pand. franç.* V° Canaux,
n° 874 et suiv. — V. aussi : Req. 5 mars 1829 (Fildier) S. 29. 1.
254 ; D. V° Eaux, n° 164. 1 ; Trib. Seine, 21 janvier 1853. S. 56 1.
63 *ad notam* ; Req. 14 mai 1855 (Guillot). D.55.1.241 ; S.56.1.63.
(2) V. ci-dessus, n° 126.

chands de journaux, de tabac ou autres, de bascules ou distributeurs automatiques, etc., installés dans l'intérieur des gares, non plus qu'au produit des droits de stationnement, perçus sur les voitures autorisées à séjourner dans les cours attenantes aux stations (1).

175. — A qui, le produit de ces occupations diverses du domaine public profite-t-il : à l'État ou au concessionnaire ? Il n'est pas douteux que ces produits appartiennent au concessionnaire, quant à ceux d'entre eux qui, comme les redevances provenant de l'affermage des buffets, et de la location des boutiques, pour la vente des journaux, etc., dans l'intérieur des gares, ou du stationnement des voitures dans les cours, peuvent être considérés comme des *produits accessoires de l'exploitation*. Mais le Ministre des Travaux publics a été plus loin. Il a, en effet, admis le droit des Compagnies concessionnaires aux redevances d'occupation, pour le passage souterrain des conduites d'eau ou de gaz, traversant la voie ferrée ou ses dépendances (2).

176. — *e) Domaine public militaire.* — Enfin, le domaine public militaire échappe, également, aux pouvoirs de police des municipalités. C'est, en effet, l'autorité militaire, qui est seule chargée de veiller à la conservation de cette portion du domaine public, de prévenir et de réprimer toute usurpation et tout empiètement, sur les biens qui en dépendent (loi du 10 juillet 1791, titre 1er, articles 13 et 17 ; — décret du 4 octobre 1891, articles 20 et 152). L'autorité municipale ne trouve pas ici à s'exercer (3).

---

(1) V. Trib. Lyon, 26 juillet 1871, Rec. arrêts Lyon, 1871, p. 275 ; Paris, 3 juillet 1874, LAMÉ-FLEURY, Code annoté des chemins de fer, 1880, p. 147 ; V. aussi Carpentier et Maury, Traité des chemins de fer, t. II, p. 472.

(2) Décision du Ministre des Travaux publics, 5 mars 1885. V. BÉQUET, V° Domaine public, n°s 1037 et 1040.

(3) C'est ainsi, par exemple, que, lorsqu'il s'agit, pour le riverain de la rue du rempart, d'obtenir l'alignement nécessaire à

C'est donc à l'autorité militaire seule, qu'il appartient d'autoriser tout dépôt, stationnement ou occupation quelconque, sur les fortifications, glacis, remparts et autres dépendances des places de guerre, et c'est, par suite, à l'État seul, que profitent les redevances, auxquelles ces occupations peuvent donner lieu, conformément à la règle générale que l'État est appelé à recueillir les produits quelconques des biens qui composent le domaine public militaire (loi des 8-10 juillet 1791, article 27).

177. — Quand faut-il dire qu'il y a « emprise sur le domaine public et modification de son assiette », dans le sens de l'avis du conseil d'état du 30 novembre 1882, et que la redevance, exigée de l'occupant, doit profiter, par suite, a l'état et non a la commune ? — Le critérium consiste dans l'incorporation au sol. — Nous avons vu (1), que les communes ont droit au produit de toutes les occupations privatives du domaine public national, qui n'emportent pas emprise sur le domaine public et modification de son assiette.

Reste à se demander, quand il faudra dire qu'il y a « emprise sur le domaine public et modification de son assiette », dans le sens de l'avis du 30 novembre 1882, et que la redevance, qui est le prix de l'occupation, doit, par suite, profiter à l'État et non à la commune ?

La commune doit bénéficier du produit des occupations, qui n'affectent que la surface du sol et qui ne mettent en jeu que l'intérêt de la circulation, sans s'attaquer à la substance du domaine public. Ces perceptions lui sont dévolues, en retour des charges que fait peser sur elle l'obligation qui lui incombe d'assurer, dans l'intérieur de l'agglomé-

l'effet de construire le long de cette rue, ce n'est pas l'autorité municipale qui a compétence pour lui délivrer cet alignement, mais le *Génie militaire.* V. Cass Crim., 25 juillet 1845. D. 45. 1. 346 (Min. public c. Astre).

(1) *Suprà*, n°ˢ 151 et suiv.

ration, la liberté et la sûreté des communications : entretien des trottoirs, frais de nettoiement, d'éclairage et de police. Mais elle n'a pas droit à redevance pour les occupations qui, faisant plus que mettre en jeu la liberté de la circulation, s'attaquent au domaine public, dans sa substance. Le produit des occupations de cette dernière espèce profite à la personne à laquelle le domaine appartient, c'est-à-dire à l'État, qui est le maître du domaine public national. Or, les occupations, qui s'attaquent au domaine public, dans sa substance, sont toutes celles, qui emportent adhérence et incorporation au sol du domaine, et, dès lors, comme cette condition de l'adhérence et de l'incorporation au sol est précisément celle qui donne aux objets le caractère d'immeubles par nature, il paraît assez exact de dire, que le produit des occupations du domaine public national doit profiter à l'État ou à la Commune, suivant que ces occupations réunissent ou non les caractères constitutifs de l'immobilisation, tels qu'ils sont définis par les articles 517 et suivants du Code civil.

Cette interprétation de l'avis du 30 novembre 1882, proposée pour la première fois par l'administration des finances, a rencontré l'approbation de la doctrine et la pratique administrative s'y est conformée.

178. – *a*) *Applications.* — *Installations mobiles de tous genres.*— D'après la jurisprudence et la doctrine, tous bâtiments placés simplement sur le sol sans fondements, ni pilotis, et reliés uniquement à la terre par les ouvrages nécessaires pour en assurer la stabilité ; de même, toutes installations ayant un caractère évidemment provisoire, ne présentent pas la condition d'adhérence physique nécessaire et suffisante pour constituer l'incorporation, de nature à conférer à un objet le caractère d'immeuble. C'est ainsi, que les boutiques, théâtres, loges, baraques, etc., construits pour la durée d'une foire, ou d'une fête, et toutes installations mobiles, passagères et accidentelles de

même nature, conservent leur caractère de meubles (1).
Le produit des redevances, perçues à l'occasion de ces
constructions et installations, sur les dépendances du
domaine public national, profitera donc, non pas à l'État,
mais à la commune. Cette même solution, s'applique
évidemment aux kiosques servant à la vente des journaux,
ou à la publicité, lorsque, à raison de la légèreté des travaux, qui les relient au sol, ils ne peuvent pas être considérés comme des édifices, modifiant l'assiette du domaine
public. C'est ce qu'a décidé le Conseil d'État, dans l'avis
de 1882, intervenu précisément en vue de ce cas spécial.
Ajoutons, qu'antérieurement à cet avis, la Cour de cassation avait reconnu déjà le droit des administrations municipales de concéder, moyennant redevance, le privilège
exclusif d'établir des kiosques de journaux sur la voie
publique (2).

179. – Les étalages mobiles de marchandises, devant
les magasins riverains de la voie publique, les dépôts de
tables, arbustes, etc., à la porte des cafés, rentrent, à plus
forte raison, dans la catégorie des occupations, dont le
produit doit appartenir aux communes.

180. — *b) Stationnement des voitures.* — Il faut en
dire autant, du stationnement des voitures sur la voie
publique, qui, lorsqu'il se prolonge au delà du temps
strictement nécessaire pour le chargement, ou le déchar
gement des voyageurs et des marchandises, constitue un
usage anormal du domaine de circulation, sujet à autori
sation et à redevance (v. *suprà*, n° 116).

181. — *α) Cas spécial du stationnement des voitures
de tramways.* — Le stationnement des voitures de

____

(1) V. Lyon, 14 janvier 1832, S. 33.2.176 ; — Baudry-Lacantinerie et Chauveau, *Des biens*, n° 26 ; — Duranton, C. civ.,
tome IV, n° 20 ; — Demolombe, t. IX, n°ˢ 105 et suiv.; — Laurent,
t. V, n° 411, etc.

(2) V. Crim., 21 déc. 1877 (Deschaumes). D. 78. 1. 398.

tramways, soit aux points terminus de la ligne, soit le long du parcours, sur les voies de garage établies à cet effet, peut-il être taxé par les municipalités ? Sans aucun doute. Une observation est, toutefois, nécessaire. Si c'est la commune, qui a accordé la concession, elle aura dû prendre soin de stipuler, dans le cahier des charges, le montant de la redevance à payer par la Compagnie concessionnaire, pour droits de stationnement. A défaut d'une stipulation de ce genre, la Compagnie pourrait se refuser au payement. C'est ce que dit l'article 36 § 2 de la loi du 11 juin 1880 : « les départements ou les communes ne « peuvent exiger des concessionnaires une redevance ou « un droit de stationnement, qui n'aurait pas été stipulé « expressément, dans l'acte de concession ». Comme le faisait remarquer le rapporteur au Sénat de la loi de 1880 (1), « cette disposition ne fait qu'appliquer les « principes incontestables de droit, formulés par les « articles 1134 et 1162 du Code civil ». Si le législateur a cru, néanmoins, devoir la maintenir, dans le texte de la loi, c'est, suivant la déclaration du rapporteur, « parce « qu'elle rappelle aux parties contractantes des principes, « élémentaires il est vrai, mais, dont il n'est pas impos- « sible que certains pouvoirs locaux, peu éclairés, soient « tentés de se départir ». Ainsi, l'autorité municipale, qui fait la concession, ne peut imposer au concessionnaire des redevances pour stationnement, non prévues au cahier des charges.

182. — La situation est toute différente, lorsque c'est l'État ou le Département qui a concédé. Dans ce cas, la commune n'a pas été partie au contrat. Le Conseil municipal n'a eu, en effet, à intervenir que, pour exprimer son avis sur l'utilité et la convenance de la ligne projetée,

_____

(1) V. rapport de M. Hérold, (— Sénat, Séance du 16 déc. 1878), *Off.*, 27 janvier 1879, p. 582.

et le silence, gardé par l'acte de concession sur la redevance pour stationnement, à payer par la compagnie à la
Commune que les voies traversent, ne saurait avoir pour
effet de priver celle-ci d'un droit, qu'elle tient du texte
même de la loi. C'est ce qu'a décidé la Cour de cassation,
dans une espèce où la loi de 1880 n'était pas applicable (1),
et nous croyons que la même solution devrait être admise
sous le régime de la loi de 1880, malgré les termes de
l'article 36 § 2 de cette loi.

183. — β.) *Stationnement des voitures de vidange.*
— En formulant ci-dessus (n° 117), la règle que nul acte
d'occupation de la voie publique ne peut être soumis à la
nécessité d'une autorisation préalable, et à redevance,
qu'autant qu'il constitue un usage anormal du domaine de
circulation, nous avons réservé la question de savoir si le
stationnement des voitures de vidange, aux portes des
maisons, présente ou non le caractère d'un acte d'usage
naturel et normal de la voie publique, conformément à sa
destination. La question comporte, à notre avis, une distinction. Ou il s'agit de l'enlèvement de fosses mobiles :
les voitures, ne font, alors que stationner pendant le
temps nécessaire au chargement des fosses, et il n'y a là
qu'un usage normal de la voie publique, destinée non seulement à la circulation, mais à la desserte des propriétés
riveraines ; ou, au contraire, il s'agit de fosses fixes, et les
opérations de curage de la fosse nécessitent l'installation
d'un matériel, tuyaux, machines aspirantes, etc., qui
encombre la voie publique et constitue une entrave à la
liberté du passage. Dans ce dernier cas, nous croyons
qu'il y a, dans l'opération de la vidange, un usage anormal du domaine public de circulation, susceptible de donner lieu à la perception d'une taxe. Encore faudrait-il,

(1) Req. 13 novembre 1882 (Compagnie des Tramways-Sud),
D 85. 1. 23.
(2) *Sic.* DEJAMME, *loc. cit.*, p. 21.

toutefois, suivant nous, pour que le payement d'une redevance pût être exigée, dans cette hypothèse, que le système de fosse fixe, dont le curage nécessite les installations,
à raison desquelles la taxe est réclamée, n'eût pas été
imposée au propriétaire par l'autorité municipale. — Appelée à se prononcer sur la question, la Chambre des
requêtes a, sans entrer dans aucune distinction, déclaré
légal le droit de stationnement établi par un Conseil municipal, sur les voitures des entrepreneurs de vidanges,
en application de la disposition de l'article 1 § 5 de la loi
du 24 juillet 1867 (1).

184. — *c)* — *Application de la règle, aux dépendances du domaine public fluvial.* — Le droit, consacré au profit des communes par l'article 133 § 7 de
la loi de 1884 — après l'article 31 § 7 de la loi de 1837
— ne s'exerce pas seulement sur la voie publique, il
s'étend aussi aux rivières, ports et quais fluviaux. La
question se pose, dès lors, de savoir quelles sont, en ce
qui concerne le domaine public fluvial, les occupations,
qui doivent être considérées comme emportant ou non
emprise sur le domaine, et comme susceptibles, en conséquence, d'être taxées au profit de l'État ou de la commune.

185. — Il est certain, tout d'abord, que la circulation des bateaux sur les fleuves et rivières ne peut, pas
plus que la circulation des piétons ou des voitures sur les
chemins publics, donner lieu à redevance : il n'y a, dans
un cas comme dans l'autre, qu'un usage naturel et normal du domaine public — terrestre ou fluvial — de circulation. Le stationnement des bateaux aux rives des fleuves
ne saurait être taxé davantage, pour les mêmes raisons,
lorsqu'il ne se prolonge pas au delà du temps nécessaire

---

(1) Req. 21 juin 1880 (Compagnie des vidanges c. ville de Lyon).
D. 81 1. 40; S. 81. 1. 33, et la note.

pour le chargement et le déchargement des voyageurs ou
des marchandises. S'il se prolonge, au contraire, au delà
de ce temps, le stationnement dégénère en une occupation
privative du domaine public, à raison de laquelle il est
juste qu'une redevance soit perçue (1).

186. — Mais à qui profitera cette redevance ? A l'État,
ou à la commune ?

Le Conseil d'État a été appelé à se prononcer sur la
question, dans les circonstances suivantes :

Le Conseil municipal de la ville de Lyon, ayant voté le
tarif des droits à percevoir par la ville, pour stationnements sur le domaine public, avait compris, dans ce tarif,
le stationnement des pontons, et l'occupation des emplacements, destinés au service des bateaux-omnibus, sur le
Rhône et la Saône. La délibération du Conseil municipal,
ayant été transmise, pour approbation, à l'administration supérieure, une difficulté se produisit entre les
Ministres de l'Intérieur et des Travaux publics, sur le
point de savoir, auquel des deux il appartenait, après avoir
pris avis de son collègue, d'autoriser la perception, et

----

(1) Voy. à cet égard, Solut. doman., 9 avril 1895 : « Les départements des Trav. publics et des Finances, saisis de la question de
savoir : s'il y a lieu d'assujettir au payement d'une redevance les
autorisations, accordées à des particuliers, d'amarrer leurs
bateaux sur les dépendances du domaine public fluvial, ont
répondu à cette question, par cette distinction : le droit de stationnement sur le domaine public fluvial, lorsqu'il est essentiellement intermittent, ne constitue pas, en dehors de toute installation fixe, un privilège, susceptible de donner ouverture à la perception d'une redevance. Au contraire, il y a lieu à redevance,
lorsque, en vue du stationnement d'un bateau, un concessionnaire
est autorisé à établir, sur le domaine public, des pieux, un ponton,
etc., ou autres installations fixes ayant pour effet de soustraire,
d'une manière continue, à l'usage de tous les emplacements, sur
lesquels ces installations reposent ». (Cf. Garnier, *Répertoire de
l'Enregistrement*, 7e édition, Vo conceission, no 359 bis ; Répert.
périodiq. 1895, p. 504).

d'approuver le tarif, délibéré par le Conseil municipal. Saisi du différend, le Conseil d'État exprima (2 juin 1875), l'avis que, « pour mieux sauvegarder les intérêts dont les deux départements ont la garde », il « paraissait utile de réserver au chef de l'État, le soin d'autoriser l'établissement des droits de stationnement, et d'en fixer le tarif ». Tout en ne statuant explicitement que sur la question de compétence, le Conseil d'État se prononçait, comme on voit, implicitement, en faveur du droit des communes à la perception des redevances pour stationnement des pontons et occupation des emplacements, destinés au service des bateaux, sur les fleuves et rivières (1). Se conformant à cet avis, le Ministre de l'Intérieur prépara le décret, autorisant la perception au profit de la ville de Lyon, et le soumit à l'approbation de son collègue des Travaux publics. Mais, il se heurta au refus de ce dernier, lequel déclara que les stationnements, prévus par la ville, étaient de ceux qui emportent emprise sur le domaine public, et qui ne peuvent, par suite, être taxés qu'au profit de l'État seul.

187. — Cette résistance du Ministre des Travaux publics était-elle justifiée? Le Conseil d'État ne l'a pas pensé. L'occupation qu'entraîne le stationnement des pontons sur un fleuve, ne paraît, pas plus que celle qui résulte de la pose de kiosques sur la voie publique, susceptible d'être considérée comme emportant emprise sur le domaine public et modification de son assiette, car les pontons, n'étant reliés au lit du fleuve par aucun ouvrage qui les y incorpore, peuvent être, comme les kiosques, simplement posés sur la voie publique, déplacés instantanément, si la crue du cours d'eau, les besoins de la navigation ou le retrait de l'autorisation rendent ce déplace-

(1) Nous aurons à revenir avec plus de détails, dans le chapitre suivant, sur cet avis de 1875, en traitant de l'autorité compétente pour établir le tarif des droits de stationnement.

ment nécessaire. Aussi, le Conseil d'État, passant outre aux observations du Ministre des Travaux publics, fit-il triompher la doctrine du Ministre de l'Intérieur, en approuvant le projet de décret, qui autorisait la perception au profit de la ville de Lyon (décret du 26 avril 1885) (1).

188. — Au stationnement des pontons, il y a lieu d'assimiler le stationnement des bateaux-lavoirs, bateaux pour

---

(1) V. aussi décret semblable, relatif à la ville de Lyon, du 21 juin 1892. Le département des Travaux publics ne s'est pas soumis sans résistance à cette théorie. Le ministre admettait bien le caractère mobilier ou immobilier des installations, comme critérium de la distinction entre les occupations qui doivent profiter à la Commune ou à l'État, mais il ne l'admettait que sous cette réserve, que les immeubles par destination (art. 524 du Code civil), seraient assimilés aux immeubles par nature, et que l'on considérerait comme immobiliers les objets placés sur la voie navigable et sur ses dépendances, pour en assurer le service et l'exploitation. C'est ainsi, que le conseil général des ponts et chaussées classait, parmi les occupations ne pouvant donner lieu à redevance au profit des communes, les vapeurs, remorqueurs, dragues, bateaux remorqueurs; pontons d'embarquement, bacs et batelets des passages d'eau concédés par l'État ou les départements, les dépôts sur les quais et ports publics de marchandises ayant emprunté ou devant emprunter la voie navigable, etc., et, généralement, toutes installations, relatives au service de la navigation et à l'exploitation de la voie navigable.

C'était restreindre outre mesure le droit des communes. L'administration des travaux publics l'a compris. Les décrets rendus depuis lors, sur ses propositions, mentionnent, notamment parmi les établissements susceptibles de donner lieu à redevance au profit des communes, « les établissements flottants stationnant en permanence à un poste spécial, tels que bateaux-lavoirs, radeaux, pontons et autres bateaux analogues, bateaux de plaisance et embarcations de toute nature ; et, aussi, les marchandises déposées sur les ports, quais et berges, sauf celles appartenant ou destinés à l'État » (V. notamment, décret du 11 juin 1888, relatif à la commune de Neuville sur-Saône et les instructions adressées au préfet du Rhône pour son application, *Annales des ponts et chaussées*, 1888, p. 471 ; décret du 22 août 1891, relatif à la commune de Conflans Sainte-Honorine, LECHALAS, *Manuel*, t. II, p. 213 ; ADDÈ, PICARD, *Traité des eaux*, t. III, p. 162 et suiv.).

bains, ou écoles de natation, etc. Pas plus que dans le stationnement des pontons, on ne peut voir, en effet, dans le
stationnement des bateaux-lavoirs, écoles de natation et
bateaux quelconques amarrés à la rive, une occupation
du fleuve emportant emprise du domaine public, et c'est,
par conséquent, la commune, qui doit être appelée à
profiter des redevances, qui seront perçues à raison de
ces stationnements (1).

189. — Le droit à redevance ne s'ouvrirait au profit de
l'État, qu'au cas où les installations, autorisées dans le lit
du fleuve ou sur ses rives, emporteraient incorporation au
sol du domaine, comme si, par exemple, elles étaient
établies sur pilotis ou, à plus forte raison, sur fondations
de maçonneries ou constructions quelconques adhérant
au sol.

190. — Situation spéciale a la ville de paris, résultant
du décret du 17 prairial an xiii. — Il importe de signaler,
toutefois, une dérogation importante aux règles qui précèdent, en ce qui concerne la ville de Paris. Dans la traversée de Paris, c'est l'État seul qui profite des redevances
quelconques pour stationnements, locations et occupations
de toutes natures sur la Seine et sur ses berges, sans distinction entre celles qui emportent ou non emprise sur le
domaine public et modification de son assiette. C'est ce

(1) Nous ne serions même pas disposé à distinguer, comme
font certains auteurs (Béquet, V° domaine, n° 1117 ; *Pand. franç.*
V° occupation du domaine public, n° 208) et l'administration des
domaines elle-même (V. solut. dom, du 11 octobre 1884), suivant
que le point fixe, auquel le bateau est retenu, se trouve placé sur
un terrain appartenant au propriétaire du bateau, ou sur le sol du
domaine public. Ce qui, dans cette dernière hypothèse, pourrait
donner lieu à redevance au profit de l'État, à raison de l'emprise
sur le domaine qui en résulterait, ce serait la présence des pieux,
piquets, etc., auxquels les bateaux seraient amarrés et qui seraient
enfoncés dans le sol du domaine, mais non le stationnement du
bateau lui-même.

qui résulte d'un décret du 17 prairial an XIII, aux termes duquel, « le produit des revenus résultant des locations de place sur la rivière, dans l'intérieur de Paris, ceux provenant des établissements, autorisés sur les ports et berges, et que la régie des domaines a perçus, jusqu'à présent, seront, à compter du 1er vendémiaire an XIV, réunis à l'octroi de navigation, pour, la perception en être appliquée à l'entretien et réparation des ports et quais de la ville de Paris, desquels entretien et réparation le Trésor public, demeure, par ce moyen, chargé ».

Aucune des perceptions pour stationnements et occupations privatives quelconques sur la rivière, sur ses ports et sur ses berges, dans la traversée de Paris, ne tombe donc dans la caisse municipale (1).

191. — Quid, lorsque les communes négligent de faire usage de leur droit ? — Nous avons, dans le présent chapitre, déterminé l'étendue du droit des communes, sur les dépendances du domaine public national. La règle est, comme nous l'avons vu, que, sur celles de ces dépendances où s'exerce le droit des communes, elles sont fondées à revendiquer le produit de toutes les occupations privatives, qui n'emportent pas emprise sur le domaine et modification de son assiette. Reste à supposer que, pour une raison quelconque, soit par la négligence de l'administration municipale à exercer les droits de la commune, soit, par suite du refus de l'administration supérieure de lui délivrer l'autorisation nécessaire, aucune redevance n'est perçue, en fait, par la commune sur telle portion déterminée du domaine public national. L'État pourra-t-il, à défaut de la commune, percevoir le droit que celle-ci ne perçoit pas ?

192. — Telle avait été la manière de voir du Ministre

(1) Décret du 17 prairial an XIII (8 juin 1805), *Recueil des ordonnances de police*, à sa date.

des Travaux publics. Dans une circulaire du 8 décembre 1879, relative à l'application d'un arrêté en date du 3 août 1878, rédigé de concert entre les deux départements des Travaux publics et des Finances, et portant réglementation générale des occupations temporaires du domaine public de l'État, le Ministre, donnant la nomenclature des occupations, qui peuvent être subordonnées au payement d'une redevance au profit de l'État, avait fait figurer, en effet, dans cette nomenclature :... « 5° les installations sur les berges ou dans le lit des rivières et canaux, *en tant qu'elles ne sont pas déjà frappées d'une redevance au profit des communes,* de grues mobiles, passerelles roulantes, pontons flottants d'embarquement, bateaux-lavoirs à eau chaude ou à eau froide, bateaux de bains, écoles de natation, bateaux-dragueurs, bateaux remorqueurs, bateaux de pêche, bateaux particuliers, bascules à poissons, nacelles et canots de plaisance. »

193. — Mais le Ministre des Finances refusa de se rallier à cette doctrine, et, dans une lettre, adressée à son collègue des Travaux publics à la date du 11 juin 1888, il déduisait, en ces termes, les motifs de son refus :

« En fait, la loi du 5 avril 1884 a réduit les attributions fiscales de l'État, en matière d'occupation du domaine public, et le département des finances ne me semble pas autorisé à en éluder les conséquences, en se prévalant de ce que les municipalités n'ont pas pris les dispositions nécessaires, pour profiter du droit qui leur a été concédé. En sa qualité de tuteur des communes, l'État a, évidemment, le droit de ne permettre aucune mesure intéressant la fortune et la sécurité des contribuables, avant que cette mesure ait été préalablement approuvée, et c'est à juste titre que les articles 68 et 69 de la loi de 1884, ont maintenu en vigueur le principe de la sanction gouvernementale de la loi du 11 frimaire an VII ; mais, l'exercice de ce droit ne saurait aller, jusqu'à permettre d'attribuer au Trésor public les redevances afférentes à des occupations, qui n'auraient pas donné lieu à une autorisation spéciale » (1).

194. — Cette théorie du Ministre des Finances, contraire à celle du Ministre des Travaux publics, doit être approuvée.

Comme dit Béquet, (V° domaine, n° 1113) la loi municipale a, en effet, transformé en recettes communales les perceptions, afférentes aux occupations du domaine public national, qui n'emportent pas emprise sur le domaine public et modification de son assiette, et le défaut d'exercice du droit des communes ne saurait avoir pour résultat, de faire renaître le droit de l'État.

Conformément à ces principes, le Ministre des Finances a donné des instructions, pour qu'on cessât de percevoir, à l'avenir, aucune redevance, à raison des occupations du domaine public, ayant un caractère mobile, lors même que les communes négligeraient d'exercer, en fait, les droits qui leur appartiennent, en vertu de l'article 133 § 7 de la loi du 5 avril 1884.

PARAGRAPHE DEUXIÈME

De l'autorité administrative compétente pour fixer le montant des redevances.

195. — Articles 68 § 7, 98, et 133 § 7 de la loi du 5 avril 1884. — Parmi les objets, sur lesquels les conseils municipaux sont appelés à délibérer, aux termes de l'article 68 de la loi municipale, figurent (§ 7) : le tarif des droits de voirie, *le tarif des droits de stationnement et de location* sur les dépendances de la grande voirie, et,

(1) V., dans le même sens, décision Ministres des Finances, du 23 mars 1892.

généralement, le tarif des droits divers à percevoir par les communes, en vertu de l'article 133 de la présente loi. Aux termes de ce dernier article, les recettes du budget ordinaire des communes se composent : « ....., 6° du produit des droits de place dans les halles, foires et marchés, d'après les tarifs dûment établis ; 7° *du produit des permis de stationnement et de location sur la voie publique* ».

L'article 98 de la même loi dispose, d'autre part, que le Maire peut, *moyennant le payement de droits fixés par un tarif dûment établi, donner des permis de stationnement et de dépôt temporaire* sur la voie publique, les rivières, ports et quais fluviaux et autres lieux publics ».

196. — Les perceptions a opérer par les communes pour jouissances privatives sur le domaine public, sont subordonnées par la loi de 1884 a l'existence d'un tarif. — De l'ensemble de ces dispositions, il ressort que, sous le régime de la loi municipale actuelle, les perceptions à opérer par les communes, pour jouissances privatives sur le domaine public, sont subordonnées à l'existence d'un tarif.

Cette condition de l'existence d'un tarif — qui s'accorde avec le caractère d'impôt reconnu par la jurisprudence aux droits de stationnement — est nouvelle ; aucune des lois d'organisation municipale qui, avant 1884, ont consacré le droit des communes à redevances pour jouissances privatives sur le domaine public, ne paraît l'avoir exigée : il n'est question de tarif, ni dans la loi de 1867, ni dans celles de 1837 et de frimaire an VII (1). Sans doute, des tarifs existaient, en fait, dans la plupart des communes ;

(1) Cette observation ne doit pas être étendue au-delà des termes dans laquelle nous la formulons. Il n'est pas question, dans les lois antérieures à 1884, de tarif *des droits de stationnement et de locations sur la voie publique ou les autres lieux publics,* mais les lois de 1837 (art. 31, § 6), et de 1867 (art. 1, § 4), parlent de tarifs des *droits de place dans les halles, marchés et chantiers.*

mais aucune disposition de loi n'empêchait les municipalités de fixer de gré à gré avec le permissionnaire — sauf approbation par l'autorité supérieure — les conditions pécuniaires de l'occupation. Depuis la loi de 1884, au contraire, les droits perçus par les communes doivent être l'application d'un tarif, dûment établi. Aussi, la Cour de cassation a-t-elle pu décider qu'une perception, pour droits de stationnement, serait dépourvue de fondement légal, qui, au lieu de résulter de l'application d'un tarif, prendrait sa base, dans un contrat de gré à gré passé entre la Ville et le concessionnaire (1).

197. — Quelle est l'autorité administrative compétente, pour donner son approbation au tarif ? — Reste à déterminer quelle est l'autorité compétente, pour donner son approbation au tarif délibéré par le Conseil municipal.

198. — a) *Loi du 24 juillet 1867.* — La loi du 24 juillet 1867 (art. 1), conférait aux Conseils municipaux le droit de *régler par leurs délibérations*.....: « 4° le tarif des droits de place à percevoir dans les halles et marchés ; 5° les droits à percevoir, pour permis de stationnement et de locations, sur les rues, places et autres lieux, dépendant du domaine public communal ». Les conseils municipaux possédaient donc, sous le régime de la loi de 1867, un pouvoir souverain de décision, en ce qui concernait la fixation des redevances, pour stationnement et locations, sur les dépendances du domaine public communal. Les délibérations par eux prises, à cet égard, n'étaient soumises à la nécessité d'aucune approbation.

199. — Mais cette disposition, n'a pas été maintenue par la loi de 1884, qui a abrogé, dans son entier, à l'exception de deux articles, étrangers à notre matière, la loi de 1867.

(1) Cass., 4 nov. 1890 (Darbon). D. 91. 1. 217 ; S. 91. 1. 16 ; *Pand. franç.*, 91.1. 120.

D'après la loi de 1884, les délibérations des Conseils municipaux, ayant pour objet « le tarif des droits de voirie, le tarif des droits de stationnement et de location, sur les dépendances de la grande voirie, et, généralement, les tarifs des droits divers à percevoir par les communes, en vertu de l'article 133 de la présente loi », — lesquels comprennent notamment (§ 7), « le produit des permis de stationnement et de locations, sur la voie publique, sur les rivières, ports et quais fluviaux, et autres lieux publics », — ne sont exécutoires (art. 68, § 7), « qu'après avoir été approuvés par *l'autorité supérieure* ».

L'article 98 § 2, dispose, de son côté, que le Maire, peut, moyennant le payement de droits, fixés, par un tarif, *dûment établi, sous les réserves imposées par l'article 7 de la loi du 11 frimaire an VII,* donner des permis de stationnement et de locations, sur la voie publique, sur les rivières, ports et quais fluviaux, et autres lieux publics ».

Ainsi, le tarif des redevances à percevoir par la commune, pour stationnement et locations sur le domaine public, tant national ou départemental que municipal, fait d'abord l'objet d'une délibération du Conseil municipal. Mais la délibération, prise par le Conseil municipal, ne se suffit, en aucun cas, à elle-même. Qu'il s'agisse du domaine public de l'État, ou du domaine public communal, elle est soumise à la nécessité d'une approbation.

Cette exigence se conçoit. Les municipalités ne peuvent être raisonnablement laissées libres, de fixer à leur volonté, le montant de taxes, qu'elles ont évidemment intérêt à fixer au chiffre le plus élevé possible, mais, dont la modération importe, au contraire, au libre exercice du commerce, et à la satisfaction des intérêts généraux.

A quel agent appartient-il de conférer cette approbation ?

200. — *b) Circulaire du 15 mai 1884.* — A lire la

circulaire ministérielle du 15 mai 1884, il semblerait que la question soit nettement résolue par la loi.

« Dans tous les cas, — dit le Ministre, dans cette circulaire, — il est à remarquer que les perceptions, faites au profit de la commune, doivent avoir lieu, en vertu d'un tarif régulièrement homologué. Ce tarif est, d'abord, voté par le Conseil municipal ; *il est, ensuite, soumis à votre sanction s'il s'agit de droits de stationnement, de place ou de locations à percevoir sur les dépendances de la petite voirie ou sur les rivières non navigables ou flottables.* A cet égard, le Conseil municipal n'a plus le pouvoir de décision propre que lui accordait l'article 1er de la loi du 24 juillet 1867, lorsqu'il y avait accord entre le Maire et le Conseil. Le législateur a pensé, relativement aux droits dont il est question, comme en ce qui touche les droits perçus dans les halles, foires ou marchés, que la création de semblables redevances exigeait l'intervention de l'administration supérieure, pour sauvegarder les divers intérêts qui pourraient être lésés par l'établissement de taxes excessives.

Quant aux droits de stationnement, de place ou de location à percevoir sur les dépendances de la grande voirie, *comme ils peuvent affecter directement les intérêt généraux de l'État, le pouvoir d'en autoriser la création et d'en percevoir le tarif n'a pas été décentralisé. Il est exercé par le Président de la République, sur le rapport du Ministre de l'Intérieur, après avis du Ministre des Travaux publics* au sujet des droits à percevoir, soit sur les rivières navigables ou flottables, soit sur leurs berges. Le Ministre de l'Intérieur statue lui-même, après avoir consulté son collègue, lorsque la perception doit s'opérer sur d'autres dépendances de la grande voirie ».

201. — *c) Les distinctions qu'établit cette circulaire entre les dépendances de la petite et de la grande voirie, d'une part, et, d'autre part, entre le domaine public*

*fluvial et les autres dépendances du domaine public, ne
trouvent pas leur fondement dans la loi de 1884.* —
Le Ministre distingue, comme on voit, suivant qu'il s'agit
de la petite ou de la grande voirie.

S'agit-il de stationnement sur les dépendances de la
petite voirie, le tarif des droits à percevoir par la commune n'aurait besoin d'être revêtu que de l'approbation
préfectorale ; s'agit-il, au contraire, de stationnement sur
les dépendances de la grande voirie, de deux choses l'une :
ou le stationnement doit avoir lieu sur une dépendance
du domaine public fluvial, la perception ne pourrait, dans
ce cas, être opérée légalement, qn'autant que le tarif
aurait reçu l'approbation du chef de l'État ; ou il doit avoir
lieu, sur une dépendance du domaine public, autre que le
domaine public fluvial, et, dans ce cas, le tarif n'aurait
besoin que de l'approbation du Ministre de l'Intérieur.

Il suffit de se reporter aux articles, ci-dessus rapportés,
de la loi de 1884, pour reconnaître que cette loi ne contient
pas trace — en réalité — de semblables distinctions.

202. — *d) Qu'il s'agisse de la grande ou de la petite
voirie, la loi de 1884 exige seulement que le tarif soit
« dûment établi », « sous les réserves imposées par l'article 7 de la loi de frimaire an VII », et « approuvé
par l'autorité supérieure ».* — La loi de 1884 se borne
à dire (art. 98), que le tarif des droits à percevoir pour
stationnement ou dépôt temporaire sur la voie publique,
les rivières, ports et quais fluviaux et autres lieux publics,
doit être *dûment établi, sous les réserves imposées
par l'article 7 de la loi du 11 frimaire an VII*, et
(art. 68), que les délibérations des conseils municipaux,
qui ont pour objet « l'établissement du tarif des droits de
stationnement sur les dépendances de la grande voirie, et
généralement, les tarifs des droits divers quelconques à
percevoir au profit des communes, en vertu de l'article 133,
— lesquels droits comprennent, notamment, le produit des

permis de stationnement et de location sur *la voie publi-que, sur les rivières, ports et quais fluviaux et autres lieux publiques* — doivent, pour devenir exécutoire, recevoir l'approbation de *l'autorité supérieure.*

On voit qu'il n'y a aucune distinction entre la grande et la petite voirie. Qu'il s'agissse de l'une ou de l'autre, le tarif des redevances communales pour stationnement doit être *dûment établi, sous les réserves imposées par l'article 7 de la loi du 11 frimaire an VII, et ap-prouvé par l'autorité supérieure.*

203. — Quelle est cette « autorité supérieure ? ». — L'autorité supérieure compétente pour approuver les délibéra-tions des conseils municipaux, portant sur les objets énumérés dans l'article 68, est, en principe, le préfet, sauf dérogation résultant d'un texte spécial. — L'article 69 précise, d'ail-leurs, ce qu'il faut entendre par ce terme compréhensif, et d'une signification essentiellement relative : l'autorité supérieure. « Les délibérations des conseils municipaux, sur les objets énoncés en l'article précédent, sont, dit l'article 69, exécutoires sur l'approbation du Préfet, sauf les cas où l'approbation par le ministre compétent, par le Conseil général, par la Commission départementale, par un décret ou par une loi, est prescrite par les lois et règle-ments ».

Le principe posé par l'article 69 est donc : que les délibé-rations, portant sur les objets énoncés en l'article 68, n'ont besoin, pour devenir exécutoires, que d'être revêtues de l'approbation *préfectorale.* L'approbation par une autorité différente n'est nécessaire, par dérogation à ce principe, que dans les cas exceptionnels où l'intervention de cette autorité différente — Conseil général, Commission dépar-tementale, Ministre, chef de l'État, ou législateur même — est prescrite par les lois et règlements.

204. — Nulle dérogation a ce principe ne résulte, en notre

MATIÈRE, DE LA LOI DE 1884 ELLE-MÊME. — Sur les treize objets énumérés par l'article 68, il en est, au surplus, un certain nombre, que la loi de 1884 elle-même, assujettit à la nécessité d'une approbation autre que celle du Préfet. Le législateur de 1884 soumet, notamment, à l'approbation du chef de l'État, les délibérations qui ont pour objet : l'acceptation de dons et de legs, dans les cas prévus par les §§ 2 et 3 de l'article 111 et par le § 2 de l'article 112, — le règlement du budget, les crédits supplémentaires, l'allocation des fonds exigés par une dépense obligatoire dans les villes, d'un revenu supérieur à trois millions (art. 145, 146, 129) ; — les contributions extraordinaires, et les emprunts (art. 143) ; — enfin, l'établissement des taxes d'octroi (art. 137).

Mais, en vain, chercherait-on, parmi les délibérations que la loi de 1884 soustrait à l'approbation préfectorale, pour les assujettir à l'approbation d'une autorité différente, celles portant sur les objets prévus par le § 7 de l'article 68, et, particulièrement, sur le tarif des droits de stationnement et de location sur la grande voirie ou sur les tarifs des droits divers à percevoir au profit des communes en vertu de l'article 133, au nombre desquels droits figure (art. 133, § 7) « le produit des permis de stationnement et de location sur la voie publique, sur les rivières, ports et quais fluviaux et autres lieux publics ».

205. — EXISTE-T-IL, EN DEHORS DE LA LOI DE 1884, UN TEXTE QUELCONQUE QUI EXIGE, POUR L'APPROBATION DU TARIF DES DROITS DE STATIONNEMENT, L'INTERVENTION D'UNE AUTORITÉ DIFFÉRENTE DE L'AUTORITÉ PRÉFECTORALE ? — Les délibérations des conseils municipaux, portant sur cet objet, rentrent, dès lors, dans la règle générale posée par l'article 69, c'est-à-dire, qu'elles n'ont besoin, pour devenir exécutoires, que de l'approbation préfectorale, *à moins cependant, qu'en dehors de la loi de 1884 un texte spécial soit venu les* *assujettir à la nécessté d'une approbation différente.*

Un tel texte n'existe certainement pas, dans la période de temps écoulée depuis 1884 : — Existe-t-il dans la période antérieure à 1884 ?

206. — *État de la jurisprudence de la Cour de cassation.* — *L'intervention du chef de l'État est nécessaire, lorsque le stationnement doit avoir lieu sur une dépendance de la grande voirie.* — La Chambre des requêtes de la Cour de cassation, saisie à différentes reprises, au cours de ces dernières années, de la question de savoir par quelle autorité doivent être approuvés les tarifs de stationnement sur les ports et quais fluviaux, a, dans une suite d'arrêts récents (1), décidé : « que si le Préfet a le droit d'autoriser les tarifs des droits de stationnement et de location, c'est seulement lorsqu'il s'agit d'objets touchant à un intérêt d'administration départementale ou communale, mais qu'il faut un décret, quand il s'agit de l'intérêt général de l'État, et qu'il en est ainsi, notamment, des droits de stationnement et d'amarrage sur les ports, quais, rivières et autres dépendances de la grande voirie,

(1) Req., 10 janv, 1899 (Compagnie navig. Havre-Paris-Lyon, c. commune d'Ivry), cassant un jugement du Trib. de la Seine, du 7 avril 1898 (D.99.1.184); 10 mai 1898 (Compagnie générale de navigation, c. Commune de Courbevoie), cassant un jugement du Trib. de la Seine, du 6 fév, 1897 (D. 98. 1. 441 ; *Pand. franç.*, 98.1 342) ; *Journal de droit administratif*, septembre-octobre 1898, p. 391) et, sur renvoi, Trib. Melun, 5 août 1898 ; — 24 novembre 1897 (Pagès, c commune d'Ivry), cassant un jugement du Trib. de la Seine, du 4 janvier 1896 (D.98.1 37 ; *Pand. franç.*, 98.1.118 ;

18 juin 1897 (Favre frères c. ville de Lyon) et 7 autres arrêts du même jour ; 23 mars 1897 (Compagnie générale de navigation, c. ville de Lyon); — Bredin, c. ville de Lyon, cassant des jugements du tribunal civil de Lyon du 24 fév. 1896 (D. 98. 1. 441 ; *Pand. franç.*, 98. 1. 118; 11 juillet 1896 (Ville de Beaucaire) (D. 96. 1. 150 ; *Pand. Franç.* 96. 1. 89) ; S.97.1.87. — Cass. civ., 4 nov. 1890 (Darbon). D 91. 1. 217 ; S. 91. 1. 16 ; *Pand. franç.* 91. 1. 120).

droits dont la perception pourrait porter atteinte à la liberté du commerce et de la navigation ».

La Chambre des requêtes va donc plus loin encore que le Ministre de l'Intérieur, dans la circulaire du 15 mai 1884 : Le Préfet, a, suivant elle, compétence pour approuver les tarifs de stationnement, lorsqu'il s'agit de stationnements sur les dépendances de la petite voirie ; mais un décret est nécessaire, — dans tous les cas et sans distinction — lorsque le stationnement a lieu sur les dépendances de la grande voirie.

Malgré toute l'autorité qui s'attache aux décisions de la Cour suprême, il nous est impossible de nous incliner devant cette jurisprudence.

Nous ne croyons pas qu'il existe, en effet, de texte ou de principe, permettant de distinguer entre les dépendances de la grande et de la petite voirie, au point de vue de la détermination de l'autorité compétente pour approuver les tarifs des redevances communales de stationnement, et les textes, comme les principes, nous paraissent conduire nécessairement à dire que, dans tous les cas, et sans distinction, le pouvoir d'approbation appartient à l'autorité préfectorale.

207. — On se propose d'établir que l'approbation du tarif des droits a percevoir par les communes pour jouissances privatives du domaine public, appartient, dans tous les cas, et sans distinction, a l'autorité préfectorale. — *A. Rappel des principes.* — Rappelons tout d'abord ce principe fondamental que, si le chef de l'État est l'administrateur suprême du pays, et que, s'il préside à toutes les branches de l'administration, ce n'est, cependant, qu'exceptionnellement qu'il intervient *par lui-même* dans le détail des affaires administratives. Ce sont les Ministres et les divers agents de la hiérarchie qui sont, en principe, investis de cette mission. « En principe, dit M. Batbie (*Traité de* *droit administratif* t. 3, n° 210), le pouvoir administratif est délégué aux Ministres, qui sont, chacun en ce qui concerne son département, les chefs de l'administration. Ce n'est que par exception que le Président de la République connaît des matières d'administration ; d'où la conséquence pratique, que, quand la loi n'a pas formellement réservé la décision de l'affaire au chef de l'État, il faut s'arrêter au Ministre, qui est le dépositaire de l'autorité administrative proprement dite ».

Mais les Ministres sont éloignés du plus grand nombre des administrés ; ils ne pourraient, d'ailleurs, suffire à à l'examen *cognitâ causâ* de toutes les affaires. Aussi, l'expédition d'une grande partie d'entre elles a-t-elle été déléguée par la loi à des agents d'exécution répartis sur tout le territoire du pays : préfets, sous-préfets, maires ou agents spéciaux. De là, cette deuxième règle : que, si les Ministres sont, en principe, appelés à connaître de toutes les affaires administratives, certaines d'entre elles leur échappent cependant, comme ayant fait l'objet d'une sous-délégation à des fonctionnaires locaux, qui sont investis, à leur égard, d'un pouvoir de décision propre.

La combinaison des deux règles qui précèdent, conduit, suivant nous, à décidér : d'une part, que ce n'est point au chef de l'État qu'il appartient de donner l'approbation définitive aux tarifs des droits de stationnement, parce qu'aucun texte ne lui a réservé cette attribution ; d'autre part, que cette attribution échappe également à l'autorité ministérielle, parce qu'un texte spécial a délégué l'exercice du droit dont il s'agit à une autorité subordonnée : l'autorité préféétorale.

208. — *B. Loi du 11 frimaire an VII.* — C'est, comme il a été dit précédemment, à la loi du 11 frimaire an VII, qu'il faut remonter pour trouver, consacré pour la première fois par la loi, le droit des communes à redevances pour jouissances privatives sur le domaine public.

Étendu par la suite, le droit dévolu aux communes semble n'avoir consisté, à cette époque, que dans le produit des « locations de place », c'est-à-dire, ainsi qu'il a été démontré ci-dessus n° 138 dans le produit de la location des emplacements occupés par les marchands autorisés à stationner dans les halles, les marchés et les différents lieux publics.

209. — *a) En quoi consistait le pouvoir de contrôle conféré par le législateur de l'an VII aux « administrations. »* La loi de l'an VII subordonnait la perception à une condition, savoir : « qu'il serait reconnu par les *administrations* que la location pouvait avoir lieu sans gêner la voie publique, la navigation, la circulation et la liberté du commerce ».

Le contrôle des administrations devait — comme on voit — s'exercer à un double point de vue : 1° dans l'intérêt du libre exercice des usages communs ; c'est le stationnement lui-même qui est ici en question, — il ne faut pas qu'il puisse avoir pour résultat de paralyser ou d'entraver l'exercice de la jouissance commune sur les lieux publics où il est toléré ; 2° dans l'intérêt de la liberté du commerce ; ce n'est plus ici le stationnement lui-même qui est en jeu, ce sont les conditions pécuniaires du stationnement. Les halles et marchés sont destinés à l'exercice du commerce ; quant aux lieux publics tels que rues, promenades, rivières, etc., ils n'ont pas, à la vérité, cette destination, mais, dès lors que le stationnement d'un marchand y est toléré, comme compatible avec les usages communs, il faut que ce marchand puisse y exercer son commerce librement. Or, ce serait porter atteinte au libre exercice du commerce que d'exiger du concessionnaire le payement d'une redevance trop onéreuse.

210. — De cette observation, résulte, qu'en déterminant quelle était, d'après la loi de l'an VII, l'autorité compétente pour reconnaître si la location des places pouvait avoir lieu sans gêner la voie publique, la navigation, la circulation et la liberté du commerce, nous déterminerons à la fois et du même coup l'autorité qui avait compétence pour approuver les conditions matérielles de la location et pour en approuver les conditions pécuniaires.

Ce dernier point de vue est le seul qui rentre dans la matière du présent chapitre ; le premier relève du chapitre précédent. S'il a été, antérieurement, réservé (n° 135), pour être examiné ici, c'est précisément, parceque, les deux questions se confondant dans une solution commune, nous n'aurions pu, sans nous répéter, étudier séparément l'une et l'autre.

211. — *b) Quelles étaient « les administrations » visées par le législateur dans l'article 7 de la loi du 11 frimaire, an VII ? C'étaient les administrations de département.* — L'autorité administrative, chargée d'exercer sur les locations des places dans les halles, marchés et chantiers, etc., les pouvoirs de contrôle dont nous venons de préciser la nature et l'étendue, a été très nettement déterminée par le législateur de l'an VII. Cette autorité, c'étaient les « *administrations* » — expression qui, à l'époque à laquelle a été rendue la loi de l'an VII, présente une signification tout à fait précise. Elle désigne, en effet, les corps administratifs locaux qui, depuis le décret des 22 décembre 1789-8 janvier 1790, présidaient à l'administration des circonscriptions territoriales substituées par l'Assemblée nationale à l'ancienne division administrative de la France. Le décret du 22 décembre 1789, en créant les départements, subdivisés euxmêmes en districts et en cantons, avait placé à la tête de chaque département une *administration de département*, et, à la tête de chaque district, une *administration de district*, chargées d'administrer la circonscription de leur ressort. De même, la Constitution du 5 fructidor an III, sous le régime de laquelle la loi de l'an VII a été rendue, avait institué, dans chaque département, une *administra-nistion centrale*, et dans chaque canton, — la division en districts du décret de 1789 étant supprimée — une *ad-mitration municipale* de canton.

212. — Ce sont ces *administrations départementales* ou *centrales*, de *district* ou de *canton* que visent tous les textes de l'époque, qui parlent des *administrations*.

Citons, entre autres exemples, la loi du 6 frimaire an VII, sur les bacs et les bateaux, dont l'article 31 porte : que : « les opérations relatives à l'administration, à la police, et à la perception des droits de passage sur les fleuves, rivières et canaux navigables, appartiendront aux *administrations centrales de département*, dans l'étendue desquelles se trouvera situé le passage ».…. et dont les articles 4 et 14 disposent : « qu'aussitôt que les *administrations* se seront assurées du nombre des passages existant et du lieu de leur établissement, elles feront constater l'état des bacs, bateaux, agrés….., et autres objets relatifs à leur service » ; et (art. 14) que, « dans le cas d'infidélité, de perception arbitraire, etc., le séquestre pourra être substitué et remplacé par « les administrations ». Citons, de même, l'arrêté du 17 messidor an V, qui ordonne dans les termes suivants l'exécution provisoire des décisions des ministres sur les actes des administrations centrales : « Considérant que les articles 193 et 194 de la constitution portent que les *administrations centrales* sont subordonnées aux Ministres, et que ceux-ci peuvent annuler leurs actes ; considérant que si, sous prétexte que les suspensions des *administrations* ou les annulations de leurs actes par les Ministres ne deviennent point définitives, sans la confirmation formelle du directoire exécutif, *les administrations centrales* se permettent d'ordonner que, jusqu'à ce que cette confirmation ait été obtenue, leurs actes continueront d'être exécutés, il n'y a plus de subordination d'elles aux Ministres, et que le droit qui leur est attribué par la constitution d'annuler les actes de ces administrations devient entièrement illusoire etc..... » ; — voir encore les arrêtés du Directoire des 10 thermidor an IV, 27 nivôse an V, où il est indifféremment question des *commissaires du Directoire près les administrations centrales ou municipales* ou près les *administrations*; voir aussi les arrêtés du 2 nivôse an VI sur la vente des biens nationaux, la loi du 2 messidor an VII sur les réclamations en matière de contribution foncière, où l'expression les *administrations* est indiscutablement employée pour désigner les *administrations centrales ou municipales*, etc. (1).

213. — Entre les administrations de département et les administrations municipales, l'hésitation n'est guère permise ici, et il n'est pas douteux que les administrations de département soient celles qui ont été investies par le législateur de l'an VII des pouvoirs de contrôle par lui conférés aux « administrations ».

Les administrations de départements étaient, en effet, chargées, aux termes de l'article 2 section III de la loi des 22 décembre 1789 — 8 janvier 1790, « sous l'autorité et l'inspection du roi, comme chef suprême de la Nation et de l'administration générale du royaume » de toutes les parties de cette administration, notamment de celles relatives.:..... 5° à la conservation des propriétés publiques ; 6° celle des forêts, rivières, chemins et autres choses communes ;..... 9° au maintien de la salubrité, de de la sûreté et de la tranquilité publiques... », et ces fonctions, qui n'avaient pas cessé de leur apparte-

(1) V. la constitution du 5 fructidor, an III elle-même, dont l'art 127 porte que le Directoire surveille et assure l'exécution des lois dans les *administrations* et tribunaux par des commissaires à sa nomination, et dont l'art. 191 ajoute : que le Directoire exécutif nomme, auprès de chaque *administration départementale ou municipale*, un commissaire qu'il révoque, lorsqu'il le juge convenable.

nir, — en ce qui concerne, du moins, la conservation des propriétés publiques, — même pendant la période révolutionnaire (art 5 du décret du 14 frimaire an II), leur furent conservées, à plus forte raison, lorsque, le régime révolutionnaire ayant pris fin, l'administration des départements se trouva réorganisée sur les bases anciennement adoptées par la Constituante.

214. — C'est ainsi que, dans son article 2, le décret du 18 germinal an III, relatif à la réorganisation des administrations de département et de district, déclara que les départements et les districts « reprendraient les fonctions qui leur étaient déléguées par les lois antérieures au 31 mai 1793 ». Le décret du 21 fructidor, rendu en exécution du titre 7 de la constitution du 5 fructidor an III, proclama, de même, que « les administrations de départements conserveraient les attributions qui leur étaient faites par les lois en vigueur, quels que soient les objets qu'elles embrassent ».

Ainsi, c'étaient les *administrations de département* qui — tant sur les dépendances de la grande que de la petite voirie, car la loi de l'an VII ne fait, à cet égard, aucune distinction — étaient investies du droit de reconnaître *si les locations de place pouvaient avoir lieu sans gêner la voie publique, la navigation, la circulation et la liberté du commerce.* Il n'est point question, dans la loi, de l'intervention du directoire exécutif, — ni même de l'autorité ministérielle.

215. — *c) En quoi consistait la subordination des administrations aux Ministres, consacrée par l'article 193 § 1er de la constitution de l'an III?* — Il est vrai, qu'aux termes de l'article 193 § 1er de la constitution de l'an III, « les administrations municipales étaient *subordonnées aux administrations de département, et celles-ci, aux Ministres* ». Mais le § 2 du même article précise en quoi consistait cette subordination. Elle ne consistait pas, en ce que les décisions, prises par les administrations de département, ne pouvaient devenir exécutoires que *moyennant l'approbation de l'autorité ministérielle*, — la constitution de l'an III n'a pas maintenu, à cet égard, le système suivi par le décret des 22 décembre 1789-8 janvier 1790, d'après lequel (art. 3, 4 et 5), « les délibérations des assemblées administratives, sur les objets qui intéressaient le régime de l'administration générale du royaume, ou sur des entreprises nouvelles ou des travaux extraordinaires, ne pouvaient être exécutées, qu'après avoir reçu l'approbation du roi » (1), — elle consistait en ce que les ministres *avaient le droit d'annuler* les actes des administrations, contraires aux lois, et en ce qu'il leur était permis d'aller même jusqu'à suspendre de leurs fonctions les membres de ces administrations. « *En conséquence*, dit le § 2 de l'article 193, les Ministres peuvent annuler, chacun dans sa partie, les actes des administrations municipales, lorsque ces actes sont contraires aux lois ou aux ordres des autorités supérieures ». « Les Ministres, ajoute l'article 194, peuvent

(1) On sait, qu'en pratique, cette restriction apportée aux pouvoirs des administrations de département avait été sans grande efficacité, et que les administrations avaient joui, en fait, d'une indépendance à peu près absolue. D'une part, le roi n'avait, au sein des administrations aucun délégué pour lui rendre compte des infractions à la règle posée par l'art. 5 section III du décret de 1789; D'autre part l'autorité royale était, en réalité désarmée, vis-à-vis d'administrations, qui puisaient leur force dans le principe — alors tout puissant — de l'élection populaire, et qui n'avaient à reconnaître en réalité, d'autre supérieur réel, que le corps législatif (V. Hermann, traité de l'administration départementale, t. I, p. 28 et suiv.). La constitution du 5 fructidor an III réagit contre le défaut de centralisation par lequel péchait le décret de 1789. Auprès de chaque administration centrale de département, fut placé un commissaire, nommé par le Directoire exécutif, révocable par lui, et qui devait surveiller et requérir l'application des lois. En outre, la constitution conféra aux Ministres et au Directoire le droit d'annuler les actes des administrations et de suspendre celles-ci de leurs fonctions.

aussi suspendre les administrations de département, qui
ont contrevenu aux lois ou aux ordres des autorités supérieures ; et les administrations de département ont le
même droit, à l'égard des membres des administrations
municipales ». « Aucune suspension ni annulation ne peut
devenir exécutoire (art. 195), sans la confirmation formelle du directoire exécutif ».

216. — De même que les administrations de département étaient subordonnées aux Ministres — dans le sens
où nous venons d'indiquer que cette expression doit être
entendue — de même, elles étaient subordonnées également au Directoire. L'article 196 de la constitution disposait, en effet : que le Directoire peut aussi annuler immédiatement les actes des administrations départementales
ou municipales ».

217. — *C. A quelle autorité administrative les pouvoirs de contrôle, conférés aux administrations par
l'art. 7 § 3 de la loi de l'an VII, ont-ils passé, avec la
loi de l'an VII, ont-ils passé, avec la loi de pluviôse an
VIII ?* · *a). Ces pouvoirs ont passé, en droit, aux Préfets.* — A quelle autorité administrative les fonctions
attribuées par la constitution de l'an III aux administrations
de département ont-elles passé, dans leur ensemble, avec
la constitution de l'an VIII ? Aux Préfets.

Revenant au système de la Constituante, la constitution
du 22 frimaire, et la loi du 22 pluviôse an VIII, divisè-
rent la France : en départements, en arrondissements,
substitués aux anciens districts, en cantons, dépourvus
désormais d'une administration spéciale, et en communes. Mais, par une innovation capitale, elle firent en
sorte de séparer, dans l'exercice du pouvoir administratif,
la délibération, le jugement et l'action. Elles crièrent, dans
chaque département, un conseil général, pour délibérer,
un conseil de préfecture, pour juger, et un préfet, pour

agir. C'était là un progrès important, et la loi, qui l'a réalisé, a résisté à l'épreuve du temps : l'organisation administrative a, en effet, encore aujourd'hui sa base dans la loi du 28 pluviôse an VIII.

« Le Préfet, — disposait l'article 3 de la loi de pluviôse an VIII, — sera seul chargé de l'administration ». Quant au Conseil général, l'article 6 précisait en ces termes ses attributions : « Le Conseil général fera la répartition des contributions directes entre les arrondissements communaux du département ; il statuera sur les demandes en réduction, faites par les conseils d'arrondissements, les villes, bourgs et villages. Il déterminera, dans les limites fixées par la loi, le nombre de centimes additionnels, dont l'imposition sera demandée pour les dépenses du département ; il entendra le compte annuel, que le Préfet rendra de l'emploi des centimes additionnels qui auront été destinés à ces dépenses ; il exprimera son opinion sur l'état et les besoins du département et l'adressera au Ministre de l'Intérieur ».

218. — Ainsi, le Préfet remplaça, dans chaque département, les administrations collectives du décret de 1789 et de la Constitution de l'an III ; il devint le chef de l'Administration départementale ; il fut investi du droit de régler directement et *jure proprio* toutes les affaires administratives du département qu'une disposition spéciale de loi n'avait pas exceptées de son mandat (1).

Les Préfets héritèrent donc — en droit — des pouvoirs de contrôle sur les locations de place dans les halles, marchés, chantiers, etc., conférés par la loi de l'an VII aux administrations.

(1) Trolley, *Traité de la hiérarchie administrative*, t. IV, n° 254 ; — Foucart, *Droit administratif*, 4ᵉ éd., t. III, n° 1528 ; — Dufour, *Droit administratif*, 3ᵉ éd., t. III, nᵒˢ 220 et 222 ; — Ducrocq, *Droit administratif*, 7ᵉ éd., t. I, n° 139 ; — Dalloz, V. *Organisation administrative*, n° 251 ; — Batbie, *Droit administratif*, t. IV, n° 135.

219. — *b) Ils ont passé, en fait, au Ministre.* — Nous prenons soin de dire : en droit ; car il est certain qu'en fait, ce ne furent point les Préfets, qui recueillirent l'exercice des attributions dévolues aux administrations par l'article 7 § 3 de la loi du 11 frimaire an VII, mais les Ministres.

220. — *α.) Mouvement de concentration qui a suivi la loi du 28 pluviôse an VIII ; — comment les Préfets ont été dépossédés, au profit de l'autorité supérieure, de la plus grande partie de leurs attributions.* — Des considérations d'ordre général expliquent comment les Préfets furent, dépossédés en fait — tant dans la matière qui nous occupe que dans la plupart des autres matières administratives, du mandat général, qui leur avait été confié par la loi de pluviôse an VIII. « A l'ori-
« gine de l'institution — écrit M. Cotelle, (droit adminis-
« tratif, 3e édition t. I. no 94) — les Préfets auraient pu-
« recueillir un double héritage : soit, en reprenant toute
« l'autorité, qui avait été confiée par l'Assemblée consti-
« tuante aux assemblées et directoires de département,
« soit, en faisant revivre en eux-mêmes le pouvoir plus
« étendu encore des intendants de nos anciens pays de
« généralités. Mais, à une époque de réorganisation et de
« développement de toutes nos institutions financières,
« civiles, judiciaires et admnistratives, le Gouvernement
« ne pouvait pas laisser les Préfets jouir paisiblement
« d'une aussi grande importance et de toute l'autorité
« que des hommes intelligents et avides de pouvoir
« auraient facilement acquise, si peu qu'il fermât les yeux
« sur leurs actes ».

« Sous le rapport des dépenses publiques, les exigences
« d'un temps de guerres continuelles et fort onéreux obli-
« gèrent l'empereur à surveiller de près le mandatement
« des dépenses de l'État, en interdisant toute dépense, que
« l'autorité supérieure n'aurait pas approuvée. De plus,

« le mécanisme des crédits de chaque ministère ramenait
« toutes les ordonnances de payement à la comptabilité
« générale ».

« Par la nécessité où était l'empereur de reconnaître,
« par des soins directs et personnels, les services qui lui
« étaient rendus, de récompenser le dévouement, d'offrir
« des récompenses et des indemnités aux officiers blessés
« et hors de service ou à leurs familles, il se réserva la
« distribution des emplois, des bourses dans les lycées,
« des moindres grâces, afin d'en disposer lui-même et de
« rattacher à sa personne les hommes d'intelligence et de
« capacité, par ses bienfaits.

« Enfin, une foule de mesures administratives nouvel-
« lement réglées et intéressant l'agriculture, le commerce
« et les manufactures, telles que les concessions d'eau
« pour les usines ou les irrigations, les concessions de
« mines, etc., demandaient qu'une direction uniforme,
« partie de l'autorité centrale, fût imprimée, pendant plu-
« sieurs années, aux administrations de département.

« Il en résulta que les Préfets de l'Empire n'ont plus
« eu bientôt qu'à instruire les affaires dites d'administra-
« tion générale, et qu'à émettre des avis, sous forme
« d'arrêtés ; presque tous leurs actes étaient soumis à la
« nécesssité du contrôle et de l'approbation de l'autorité
« supérieure, avant d'être mis à exécution (1) ».

221. — β. *Circulaire du 17 décembre 1807.* — C'est
sous l'influence de ces considérations, qu'intervint une
circulaire du Ministre de l'Intérieur, en date du 17 décembre 1807, soumettant au contrôle du Ministre les décisions
à prendre par les Préfets, en matière de locations de
places dans les halles et marchés. « Plusieurs Préfets —
« porte cette circulaire (recueil des circulaires t. II. p. 62) —
« se référant à des instructions anciennement reçues, ont
« cru pouvoir en conclure qu'ils ne devaient pas soumettre

(1) V. aussi Aucoc, Conférences, 3ᵉ éd., t. I, p. 176.

« à mon approbation les arrêtés qu'ils seraient dans le cas
« de prendre, pour autoriser la perception des droits de
« location des places dans les halles et marchés. Ces per-
« ceptions n'ont, il est vrai pas besoin d'être établies par
« une disposition spéciale du Gouvernement, parcequ'elles
« sont établies par la loi de frimaire an VII, mais, il faut,
« pour l'exécution de cette loi, que les Préfets soumettent
« à mon examen et à mon approbation les arrêtés,
« qu'ils seraient dans le cas de prendre. Chargé par le
« Gouvernement de surveiller l'administration des Com-
« munes, je dois être à portée d'apprécier : 1° si elles ont
« besoin d'augmenter leurs revenus ; 2° si les droits à
« percevoir ne sont pas trop considérables ; 3° si leur éta-
« blissement ne nuira pas à la circulation ou au commerce
« des denrées et à l'approvisionnement des communes ».

222. — La pratique administrative, inaugurée par cette
circulaire, devait — comme il arrive souvent — survivre
aux circonstances politiques qui l'avaient fait naître. Sous
la Restauration, sous le second Empire, sous la troisième
République, jusqu'aux environs de l'année 1890, époque
à laquelle la jurisprudence a désigné le chef de l'État lui-
même comme étant la seule autorité compétente pour
approuver les tarifs de stationnement, presque toutes les
perceptions ont été faites, conformément aux instructions
de l'administration supérieure, en vertu de tarifs revêtus
de l'approbation ministérielle.

223. — γ. *Réaction contre ce mouvement.* — Une
évolution importante marque, comme on sait, l'histoire de
l'administration départementale en France, depuis l'an VIII.
— Nous venons de dire comment, au lendemain de la loi
du 28 pluviôse, le pouvoir central, et, nous pouvons ajouter, le pouvoir législatif lui-même, se sont appliqués à
restreindre les pouvoirs, à la vérité presque illimités, conférés à l'autorité préfectorale. Non seulement, le législateur — et, à défaut du législateur, le chef du pouvoir

exécutif — prirent soin de définir et de régler l'autorité préfectorale, dans la plupart des matières administratives ; mais, l'administration centrale intervint, pour revendiquer la solution d'un nombre considérable d'affaires. Une réaction ne devait pas tarder à se produire (1). Cette centralisation excessive, — motivée par la nécessité d'établir dans le pays l'unité, qui n'existait pas avant 1789, fut bientôt suivie, en sens inverse, d'une série de mesures de déconcentration, qui ont abouti au décret-loi du 25 mars 1852 sur la décentralisation administrative. Motivé : sur ce « qu'on peut gouverner de loin, mais qu'on n'administre « bien que de près ; qu'en conséquence, autant il est né- « cessaire de centraliser l'action gouvernementale de « l'État, autant il est nécessaire de décentraliser l'action « purement administrative » (préambule du décret), ce décret a eu pour objet et pour résultat de reporter du pouvoir central aux Préfets, la solution d'un nombre important d'affaires administratives.

224. — Les Préfets se trouvèrent, ainsi, réintégrés dans la plus grande partie des attributions que des dispositions spéciales de lois leur avaient fait perdre, depuis l'an VIII. — Enfin, depuis 1852, le mouvement de décentralisation s'est poursuivi, tant avec les lois de 1866 et de 1871 sur les conseils généraux, qu'avec celles de 1867 et de 1884 sur l'administration municipale, soit qu'elles aient élargi les pouvoirs des corps électifs placés au près des Préfets pour l'administration du département, soit qu'elles les ait dégagés de façon plus ou moins complète de la tutelle administrative.

225. — *D. S'il existe un texte, qui ait retiré aux préfets, pour l'attribuer a une autorité administrative supérieure, les pouvoirs de contrôle, résultant pour eux*

(1) V. Foucard, *loc cit,,* n° 1532 ; Dufour, n° 224 ; Ducrocq, n⁰ˢ 111 et suivants.

des dispositions combinées de l'article 7 § 3 de la loi de l'an VII, et de la loi de pluviôse an VIII, c'est dans la période antérieure à ce moment de réaction qu'il faut chercher ce texte. — De ce coup d'œil rapide, jeté sur l'histoire de l'administration départementale en France, depuis l'an VIII, résulte que, s'il existe un texte de loi, qui ait dépossédé les Préfets du droit de contrôle sur les locations de place qu'ils tiennent des dispositions combinées de la loi de l'an VIII et de l'article 7 § 3 de loi du 11 frimaire an VII, pour transférer ce droit au pouvoir central — Ministres ou chef de l'État — c'est évidemment dans la période, qui a précédé le mouvement de décentralisation, dont le décret de 1852 marque l'une des étapes principales, que ce texte doit être trouvé. Or un pareil texte n'existe pas, et, vainement le chercherait-on, parmi les différentes lois qui sont venues restreindre le mandat général conféré aux Préfets par l'article 3 de la loi de pluviôse an VIII.

226. — *a) Ordonnance du 30 décembre 1818.* — En dehors de la loi du 18 juillet 1837, sur l'administration municipale, on ne peut citer, dans toute cette période, qu'un seul texte qui se rapporte à la matière : c'est une ordonnance du 30 décembre 1818, relative aux droits de place dans les halles et marchés de Paris, renfermant un article 2 ainsi conçu :

« Les rétributions à établir dans les halles, foires et « marchés, ensemble les suppressions, changements, mo- « difications qu'il pourrait être nécessaire d'apporter aux « tarifs actuellement en vigueur, seront désormais approu- « vés par notre Ministre, sous-secrétaire d'État au dépar- « tement de l'Intérieur, sur l'avis de M. le Préfet de la Seine « et l'avis du Conseil municipal, à l'instar des rétributions « de même nature établis dans les autres communes du « royaume ».

Or, il est évident que cette ordonnance, d'ailleurs spéciale à la ville de Paris, ne saurait avoir eu pour effet

d'apporter une dérogation quelconque à la règle posé par
le législateur dans l'article 7 § 3 de la loi du 11 frimaire
an VII.

227. — *b) Ordonnance du 8 août 1821.* — L'ordonnance
du 8 août 1821, sur l'administration municipale — dont
l'article 3 disposait que : « lorsque les Préfets, après avoir
« pris avis écrit et motivé du Conseil de préfecture, juge-
« ront que la délibération n'est pas relative à des objets
« d'intérêt communal, ou s'étend hors de ces intérêts, ils
« en référeront à notre Ministre, sous-secrétaire d'État à
« l'Intérieur » — ne saurait y avoir dérogé d'avantage.
Loin d'avoir été conçue, dans une pensée de centralisation,
cette ordonnance a, d'ailleurs, tout au contraire, été prise,
dans le but d'augmenter l'indépendance des pouvoirs
locaux, vis-à-vis de l'administration centrale.

Le préambule de l'ordonnance est, à cet égard, tout à
fait explicite : « Nous avions voulu — dit le roi — dans
le projet de loi, relatif à l'organisation municipale, présenté
à la Chambre des députés dans la dernière session, *donner plus de latitude et de liberté à l'action des administrations locales.* Ce projet, n'ayant pu être discuté, et
devant être, de nouveau, présenté dans une autre session,
nous avons jugé utile de faire jouir, dès ce moment, les
villes et les communes de notre royaume, des avantages,
que nous nous promettons des modifications aux règles
actuelles de l'administration, qui peuvent être ordonnées
sans le concours de l'autorité administrative. A ces causes, avons ordonné et ordonnons ce qui suit : « *Article 1*er
les délibérations des Conseils municipaux seront exécutées sur la seule approbation des préfets, toutes les fois
qu'elles seront relatives à l'administration des biens de
toute nature appartenant aux communes, à des contraventions, réparations, travaux et autres objets d'intérêt
communal, et que les dépenses pour ces objets devront
être faites au moyen des revenus propres à la commune,

ou au moyen des impositions, affectées par la loi, aux dépenses ordinaires des communes. — *Article 2*. Toutefois, les budgets des villes, ayant plus de cent mille francs de revenus, continueront à être soumis à notre approbation. Les acquisitions aliénations, échangions et baux emphythéotiques continueront également à être faits conformément aux règles actuellement établies ».— *Article 3* (ci-dessus). —

228. — Ainsi, l'ordonnance de 1821 a déclaré exécutoires, sur la seule approbation du Préfet, toute une série de délibération prises par les Conseils municipaux ; quant aux autres, elle enjoint aux Préfets « d'en référer au Ministre de l'Intérieur », au cas où ces délibérations « ne seraient pas relatives à des objets d'intérêt communal, où s'étendraient hors de cet intérêt », mais elle laisse les Préfets juges de la question de savoir si la délibération est, ou non, relative à un objet d'intérêt communal, et s'étend, ou non, hors de cet intérêt.

On voit, que cette ordonnance ne restreignait, qu'en apparence, les pouvoirs généraux d'administration conférés aux Préfets par la loi de l'an VIII, puisque, en définitive, les Préfets demeuraient libres d'en référer ou de n'en pas référer au Ministre de l'Intérieur, suivant qu'ils estimaient ou non que les délibérations des Conseils municipaux dépassaient ou ne dépassaient pas les intérêts de la commune (1).

(1) Le Ministre de l'Intérieur n'en prit pas moins prétexte de l'ordonnance de 1821 pour rééditer sa circulaire du 17 déc. 1807. Dans une instruction ministérielle, adressée aux préfets à la date du 20 novembre 1821 (*Recueil des circ., à sa date*) il s'exprimait, en effet, en ces termes : « Les lois ont mis au rang des revenus « qui peuvent être créés dans l'intérêt des communes des droits « d'octroi snr la consommation, des droits de pesage et de mesu- « rage et des droits de place dans les halles, foires et marchés.

« Les communes doivent avoir la libre administration des droits « de cette nature, mais leur création et leur établissement excè-

229. -- *c*) *Loi du 18 juillet 1837*. — Reste la loi du 18 juillet 1837. Or il suffit de se reporter au texte des articles 31 § 7, 19 et 20 de cette loi, pour reconnaître qu'elle n'a fait que maintenir expressément la règle posée par le législateur, dans l'article 7 § 3 de la loi, de frimaire an VII. Trois articles de cette loi doivent être détachés ici : l'article 31, dont le § 7 range au nombre des recettes ordinaires du budjet municipal : « 6° le produit des droits de place, perçus dans les halles, foires et marchés, d'après les tarifs dûment autorisés ; 7° le produit des permis de stationnement et des locations sur la voie publique, sur les ports et rivières, et autres lieux publics » ; — l'art. 19, aux termes duquel : « le Conseil municipal délibère sur les objets suivants : 1° le budget de la Commune et, en général, toutes les recettes et dépenses, soit ordinaires, soit extraordinaires ; 2° les tarifs et règlements de perception de tous les revenus communaux » ; enfin, l'article 20, qui porte « que les délibérations, sur les objets énoncés en l'article précédent, sont exécutoires sur l'approbation du Préfet, sauf les cas où l'approbation par le Ministre compétent ou par ordonnance royale est prescrite par les lois, ou par les règlements d'administration publique ».

230. — Pas plus que la loi de l'an VII, la loi de 1837 n'établit, comme on voit, de distinction entre les permis de stationnement et les locations des places, suivant que ces stationnements et ces locations doivent s'exercer sur les dépendances de la grande ou de la petite voirie. Loin

« dent les bornes de l'autorité municipale ou celle qui vous est
« confiée.
   « Les délibérations, prises par le Conseil municipal, à cet effet,
« devant être considérées comme s'étendant hors de l'intérêt de la
« Commune, à raison de leur influence sur les intérêts commer-
« ciaux, vous aurez à m'en référer, conformément à l'art. 3 de
« l'ordonnance du 8 août, et à suivre, tant pour l'établissement
« des droits que pour l'homologation des tarifs, les règles qui
« ont été imposées jusqu'à présent ».

de déroger, d'autre part, à la règle, posée par le législateur de l'an VII, en retirant aux Préfets, pour l'attribuer à une autorité différente, le pouvoir d'approuver les conditions pécuniaires des stationnements et des locations de place sur le domaine public, elle consacre, au contraire, formellement cette règle, puisqu'elle pose en principe : que les délibérations des conseils municipaux, sur les objets énumérés en l'article 19, — lesquels comprennent, notamment, « les tarifs et perceptions de tous les revenus communaux », — n'ont besoin d'être revêtues que de la seule approbation du Préfet, l'intervention d'une autorité administrative plus élevée n'étant, exceptionnellement, né cessaire, que dans les cas, où cette intervention est exigée par une disposition formelle de loi.

231. — « Les délibérations, qui sont susceptibles d'engager l'avenir ou d'altérer la fortune communale, — disait M. Vivien, dans son rapport à la Chambre des députés sur la loi de 1837 (1), — et qui, à ce titre, ne peuvent valoir par elles-mêmes, ne sont exécutoires qu'avec l'approbation de *l'autorité supérieure.* Les articles des titres suivants déterminent, selon les cas, si l'approbation doit être donnée par le Roi, le Ministre, ou le Préfet. *Toutes les fois que l'autorité, chargée de poursuivre, n'aura pas été désignée, l'approbation appartiendra au Préfet ».* — « Une disposition générale, disait, d'autre part, M. Mourier, rapporteur du projet de loi devant la Chambre des pairs, comprend les différentes taxes qui, soit en vertu des lois, soit en vertu d'usages locaux, sont dûes par les habitants. Les taxes de ce genre, lorsqu'elles sont votées par le Conseil municipal, ne doivent pas être assimilées aux contributions extraordinaires. Il suffit, pour en autoriser la perception, que les délibérations soient approuvées par le

____

(1) *Moniteur officiel* 1836, 2e trimestre, p 154 ; V. aussi D. Rép. Vo Commune, p. 258.

Préfet. La perception s'opère ensuite dans les mêmes formes que les contributions publiques (1) ».

232. — *d) En résumé, il n'existe, dans la période comprise entre la loi de l'an VII et le décret de 1852, aucun texte qui ait retiré aux Préfets, pour l'attribuer à une autorité administrative différente, les pouvoirs de contrôle qu'ils tiennent des dispositions combinées de l'article 7 § 3 de la loi de frimaire an VII, et de la loi de pluviôse an VIII.* — Ainsi, dans toute la période comprise entre la loi de l'an VII et le décret de 1852, il est impossible de citer un seul texte, qui soit venu retirer aux Préfets, pour l'attribuer à une autorité différente, le droit de contrôle sur les locations de place dans les halles, marchés, chantiers, et sur les différents lieux publics, où s'exerce le droit des communes, qu'ils tiennent des dispositions combinées des lois de l'an VII et de pluviôse an VIII.

---

(1) Rapport Mourier, du 10 mars 1835 (*Moniteur* du 20 mars). Il ne saurait, d'ailleurs, être question de faire rentrer les droits de stationnement et de locations de place au nombre des *droits de voirie* dont les tarifs devaient, aux termes de l'art. 43 de la loi de 1837, « être réglés par ordonnance du Roi, rendue dans la forme des règlements d'administration publique ».

Les mots « droits de voirie » ont, en effet, dans le langage administratif, un sens nettement déterminé par la législation spéciale qui les régit. Ce sont ceux perçus, à raison de la délivrance des alignements, des saillies fixes ou mobiles et de toutes autres permissions de bâtir, de réparer et de démolir le long des voies publiques, qu'elles entraînent ou non occupation par échafaudages, dépôt de matériaux ou stationnement. Leur origine remonte à la déclaration du 16 juin 1693, à l'édit de novembre 1697 et aux lettres patentes du 31 déc. 1781. Leur perception a été régularisée en ces termes, par l'art. 3 de la loi du 21 avril 1832. « Est autorisée la perception des droits de voirie, dont les tarifs « auront été approuvés par le Gouvernement, sur la demande et « au profit des communes, conformément à l'édit du mois de « novembre 1697, maintenu en vigueur par la loi du 22 juillet « 1791 ». Le décret du 27 octobre 1808, concernant la ville de Paris, les définit : « Les droits dûs, d'après les anciens règlements,

233. — La période postérieure se résume dans le décret-loi du 25 mars 1852, la loi municipale du 24 juillet 1867, et la loi du 5 avril 1884.

234. — *E. Décret loi du 25 mars 1852.* — *Ce décret intervenu dans un but de déconcentration, à l'effet d'augmenter les pouvoirs de décision propre des préfets, ne saurait avoir eu pour résultat de faire passer, dans notre matière, au chef de l'état, ni même aux ministres, les attributions de contrôle conférées aux préfets par la législation antérieure.* — Le décret du 25 mars 1852 est, sans contredit, la manifestation la plus importante du mouvement de décentralisation, qui s'est déclaré en France dès le lendemain de 1830, et qui s'est perpétué, depuis, jusqu'à nos jours. Les lois du 21 mars 1831 et du 22 juin 1833, celles

« sur le fait de la voirie, pour les délivrances d'alignement, per-
« missions de construire ou réparer, et autres permis de toute
« espèce, qui se requièrent en grande et petite voirie ».

Le législateur n'a jamais confondu les deux catégories de droits. La loi de 1837 elle-même les énumérait distinctement, comme constituant deux sources de recettes différentes. De même, il en est, dans la loi de 1884 (§ 7 et § 8 de l'art 133). Enfin, la loi annuelle des finances prévoit également, dans deux paragraphes distincts : 1º les droits de voirie, et 2º les droits de places perçus dans les foires et marchés et les droits de stationnement et de location sur la voie publique, sur les ports et rivières et autres lieux publics.

Ajoutons, que l'approbation du tarif des droits de voirie fait partie des matières décentralisées par le décret du 25 mars 1852, qui a fait passer le droit d'approbation du chef de l'État aux Préfets (nº 53, tabl. A). V. sur la distinction entre les droits de voirie et les droits de stationnement et de location de places : DES CILLEULS, *Traité de la voirie urbaine*, p. 382 ; *Journal du droit administratif*, 1859, p. 236 ; Cass. 28 janv, 1874, (Ville de Saint-Nazaire), D.74.1.190, et les conclusions de M. l'avocat général Reverchon. Cass. 22 juin 1870. D. 71. 1. 164. Avis du Cons. d'État du 11 janv.1848 ; Avis du Comité de l'Intérieur du 18 nov. 1847 ; et GUILLEMIN, *Journal Le Droit* du 9 septembre 1898, p.840, col. 3).

du 18 juillet 1837 et du 10 mai 1838, avaient consacré le système électif des corps administratifs locaux, et conféré à ces assemblées l'initiative des affaires locales (1); le décret de 1852 vint transporter aux Préfets toute une série d'attributions jusque là dévolues au chef de l'État et aux Ministres.

L'objet exclusif de ce décret ayant été d'affranchir les actes des Préfets de l'approbation gouvernementale, et d'élargir leurs pouvoirs propres, l'on ne saurait — sans dénaturer singulièrement le sens et la portée de ce texte — prétendre en faire résulter pour les communes l'obligation de soumettre à l'approbation du chef de l'État ou du Ministre des délibérations de leurs conseils municipaux qui n'avaient besoin, jusqu'alors, d'être revêtues que de la seule approbation préfectorale.

Aucun argument en ce sens ne saurait être tiré de l'article 1er du décret de 1852, qui porte, dans son *proœmium* que « les Préfets continueront de soumettre à la décision du Ministre de l'Intérieur, les affaires départementales et communales qui affectent directement l'intérêt général de l'État ». « Les Préfets *continueront.....*» ; cette expression est la preuve que le décret de 1852 n'a pas entendu apporter ici d'innovation. Le décret se borne à maintenir — *dans les cas où elle était prescrite par les lois où les règlements existants* — l'obligation pour les Préfets de soumettre à la décision de l'autorité supérieure les affaires de nature à affecter directement l'intérêt général de l'État.

235. — Comme exemples d'affaires de cette nature, le décret de 1852 cite : l'approbation des budgets départementaux, les impositions extraordinaires et les délimitations territoriales. Les budgets départementaux avaient été, en effet, de tous temps, soumis à l'approbation définitive, soit du Ministre de l'Intérieur (loi du 28 avril 1810),

(1) DUCROCQ, 7e éd., t. I, nos 14 et suiv.

soit du chef de l'État lui-même, (décret du 7 ventôse an XIII — loi du 10 mai 1838) ; quant aux centimes extraordinaires, la loi de 1838 exigeait qu'ils fussent autorisés par des lois spéciales ; enfin (art. 4 de la constitution de l'an III) une loi était également nécessaire, pour toute rectification et tout changement dans les limites territoriales du département. Or nous avons vu, que, s'agissant des locations de places dans les halles, marchés, chantiers et sur les différents lieux publics où s'exerce le droit des communes, nulle disposition législative ou réglementaire quelconque n'exigeait que les délibérations des Conseils municipaux fussent soumises à l'approbation de l'autorité supérieure ; que les Préfets étaient tout au contraire, investis à cet égard, d'un pouvoir de décision propre, en vertu des dispositions combinées des lois de frimaire an VII et de pluviôse an VIII ; et, qu'aucune disposition de loi postérieure, n'est venue leur retirer cette attribution, pour la faire passer au chef de l'État ou aux Ministres.

236. — La portée de ce *procemium* de l'article 1er du décret de 1852, se trouve, d'ailleurs. comme on l'a depuis longtemps observé, limitée par le décret lui même. Après avoir posé, dans son § 1er, la règle « que les Préfets continueront de soumettre à la décision du Ministre de l'Intérieur, les affaires départementales et communales, qui affectent directement l'intérêt général de l'État », l'article 1er ajoute, dans son § 2 : « Mais ils statueront désormais sur toutes les autres affaires départementales et communales qui exigeaient jusqu'à ce jour la décision du chef de l'État ou du Ministre, et dont la nomenclature est fixée par le tableau A ci-annexé ».

237. — Ainsi, l'article 1er fait un partage des affaires départementales et communales entre l'administration supérieure et l'administration préfectorale. suivant qu'elles affectent directement l'intérêt général de l'État ou, plus spécialement, l'intérêt local — ces dernières étant énumé-

rées dans le tableau A annexé au décret. Or, ce tableau A,
après avoir donné la nomenclature des 54 objets qui con-
cernent plus spécialement l'intérêt local des départements
et des communes -- et qui sont comme tels abandonnés à
la décision du Préfet —, se termine par un article 55 ainsi
conçu : « enfin, tous les autres objets d'administration
départementale, communale ou d'assistance publique, sauf
les exceptions ci-après :..... (suit l'énumération de 24
autres objets d'administration départementale ou communale, qui touchent plus directement à l'intérêt de l'État et
qui sont réservés à la décision de l'administration supérieures). — Du rapprochement de ces différentes dispositions, on a tiré cette conséquence (1) : que l'énumération
limitative se trouve dans la deuxième partie du tableau A,
c'est-à-dire que tous les objets d'administration générale,
qui ne font pas partie de ceux expressément réservés à
l'administration supérieure, dans cette deuxième partie du
tableau A, sont — expressément ou tacitement — compris
dans les pouvoirs d'administration du préfet. Or, on chercherait vainement l'approbation des conditions de la location des places ou des stationnements sur la voie publique,
parmi les objets énumérés dans la deuxième partie du
tableau A.

Non seulement, l'approbation des conditions de la location des places et des stationnements sur les dépendances
du domaine public, ne figure pas, dans cette énumération ;
mais, bien plus, le décret de 1852 range, expressément,
au nombre des affaires abandonnées à la décision des Préfets (art. 34, tableau A) « le tarif des droits de location de
places dans les halles et marchés et des droits de pesage,
jaugeage et mesurage », comme il y range aussi (art. 47,
tableau A) le tarif des concessions dans les cimetières, et

____

(1) V. Laferrière, *Droit administratif*, 5e édit., 1860, t. II,
p. 373 ; — Dalloz, *Répertoire.* V° *Organisation administrative*,
n° 272 ; — Cotelle, *Droit administratif*, t. IV. p. 463, n° 931.

(art. 53 tableau A) le tarif des droits de voirie dans les villes, l'autorisation des prises d'eau, d'établissements temporaires, d'installations de bateaux particuliers (art. 1, 2, 9, tableau D) et de débarcadères sur les cours d'eau navigables et flottables, la fixation des tarifs et des conditions d'exploitation de ces débarcadères (art. 7, tableau D).

238 — *Interprétation administrative du décret de 1852. a) Circulaire du 5 mai 1852.* — Le Ministre de l'Intérieur faisait donc une application tout à fait exacte des principes et de la loi, quand, dans la circulaire en date du 5 mai 1852, commentant le décret de décentralisation, il s'exprimait en ces termes (1) : « *§ 34 du tableau A : tarif des droits de location de places dans les halles et marchés et des droits de pesage, jaugeage et mesurage.* Les Préfets statueront désormais sur ces tarifs. Il faut ajouter à cette énumération les taxes d'abatages dans les abattoirs, qui ont toujours été considérées comme offrant le même caractère que les précédentes ; les droits de resserre ou de magasinage des objets non vendus les jours de marché ; ceux d'étable ou d'écurie, pour les animaux amenés aux tueries... ; *ceux de stationnement sur les ports, sur les rivières, etc.* Ces divers droits ne sont pas énumérés dans le § 34, mais ils se trouvent compris implicitement dans les dispositions générales du § 55. Vous vous pénétrerez, avant d'approuver ces tarifs, des principes consacrés dans les diverses instructions sur la matière, notamment dans les circulaires des 17 décembre 1807 et 10 novembre 1821 ».

239 — *b) Circulaire de 1858.* — *Le tarif des droits de stationnement doit être soumis à l'approbation ministérielle, en tant qu'il s'applique aux stationnements sur les dépendances de la grande voirie.* — La doctrine émise dans cette circulaire, n'a, malheureusement, pas tardé à

(1) V. Dalloz, Périod., 52. 3. 31.

être abandonnée par l'administration. Dans une circulaire nouvelle, adressée aux Préfets au cours de l'année 1858 (1), le Ministre de l'Intérieur, revenant sur sa circulaire précédente, formulait des principes tout différents de ceux qu'il avait antérieurement consacrés. « La question s'est élevée de savoir — disait le Ministre, dans cette circulaire — si, aux termes des dispositions du décret du 25 mars 1852, il appartient au Préfet d'approuver la perception du droit de stationnement sur les ports, rivières, quais, grèves et autres lieux dépendant de la grande voirie.

« Les départements de l'Intérieur et des travaux publics ont résolu cette question de la manière suivante :

« Le décret de 1852 a, il est vrai, spécialement décentralisé les tarifs des droits de place dans les halles et marchés (A. n° 34) ; mais il a réservé, d'une manière générale, au Gouvernement la direction de toutes les affaires, pouvant affecter directement l'intérêt de l'État (art. 1er). Or, l'établissement des droits de stationnement sur les quais, ports et autres dépendances de la grande voirie, présente ce caractère. Il pourrait, en effet, entraîner des inconvénients, soit pour la circulation et la navigation, soit pour la liberté du commerce et les revenus du Trésor. D'où il suit, que l'autorisation du Ministre de l'Intérieur, comme antérieurement au décret précité, est indispensable aux communes, pour établir les taxes dont il s'agit. Mais, avant d'adresser à l'administration centrale le tarif, voté par l'administration municipale, il convient d'abord de le communiquer aux ingénieurs des ponts et chaussées, pour qu'ils aient à présenter leurs observations, sur les conditions de l'autorisation réclamée, et sur les limites dans lesquelles elle peut être accordée ; puis, de soumettre le projet à une enquête, à l'effet de s'assurer que les taxes proposées ne sont pas de nature à nuire aux intérêts

____

(1) *Bulletin officiel* du Ministère de l'Intérieur, 1858, p. 317.

généraux du commerce et de la navigation. Enfin, le Ministre de l'Intérieur ne doit prononcer qu'après avoir pris l'avis de son collègue ».

240. — C'était revenir, comme on voit, à la pratique administrative inaugurée par la circulaire de 1807, avec cette différence essentielle, toutefois, que le Ministre de l'Intérieur cessait d'élever aucune prétention sur les dépendances de la petite voirie. Ce n'était plus que sur les dépendances de la grande voirie seule, que le Ministre revendiquait le droit d'approuver les tarifs de stationnement délibérés par les Conseils municipaux, comme étant de nature à affecter l'intérêt général de l'État, à raison « des inconvénients qui pourraient en résulter, soit pour la circulation et la navigation, soit pour la liberté du commerce et les revenus du Trésor ».

241. — *c) La distinction qu'établit la circulaire de 1858, entre le cas où le stationnement a lieu sur une dépendance de la grande voirie, et celui où il a lieu sur une dépendance de la petite voirie, se justifie-t-elle ?* — Cette différence de traitement entre les tarifs, suivant qu'il s'agit de stationnements sur les dépendances de la grande ou de la petite voirie fût-elle consacrée par la loi — ce qui n'est pas —, serait tout à fait inexplicable en soi, car, s'il est vrai que l'établissement des droits de stationnement peut être de nature à affecter l'intérêt général de l'État, en portant atteinte à la liberté de la circulation et au commerce, et que le contrôle du Ministre ou du chef de l'État soit, pour ce motif nécessaire, le même intérêt est en jeu, et peut se trouver pareillement compromis, quelle que soit la catégorie à laquelle appartienne la voie publique, sur laquelle le stationnement à lieu. Si donc, l'intervention du Ministre est nécessaire, pour la sauvegarde de ces intérêts supérieurs, elle l'est aussi bien, que le stationnement doive s'exercer sur les dépendances de la petite que de la grande voirie ; et, si l'intervention du

Préfet suffit, dans l'un des cas, elle doit suffire aussi, dans l'autre.

242. — Quoi qu'il en soit, la règle formulée par le Ministre, dans la circulaire de 1858 a, depuis cette époque, servi de ligne de conduite à l'administration. Différentes circulaires ou instructions postérieures, sont venues affirmer à nouveau le droit du Ministre d'approuver les tarifs des droits de stationnement sur les dépendances de la grande voirie (1), — et cette doctrine administrative a été admise, jusqu'au lendemain de la loi du 5 avril 1884.

243. — *F. Loi du 24 juillet 1867.* — Quant aux tarifs des redevances à percevoir sur les dépendances de la petite voirie — pour l'approbation desquelles le Ministre reconnaissait compétence aux Préfets — ils firent comme on l'a vu ci-dessus n° 198 l'objet d'une disposition spéciale de la loi du 24 juillet 1867, sur les Conseils municipaux, qui donna à ces conseils le droit de régler par leurs délibérations : « 4° le tarif des droits de place à percevoir dans les halles, foires et marchés ; 5° les droits à percevoir pour permis de stationnement et de location sur les rues, places et autres lieux dépendant du domaine public communal (art. 1er) ».

Les Conseils municipaux furent investis, par là, d'un pouvoir de décision propre, en ce qui concernait la fixation des tarifs des droits de stationnement et de location sur les dépendances de la petite voirie. Mais cette disposition demeurait étrangère aux dépendances de la grande voirie, qui restèrent par conséquent soumises aux règles établies par les lois antérieures, c'est-à-dire, que le droit d'approuver les tarifs continua d'appartenir à l'autorité préfectorale (2).

(1) V. notamm. circ. du Min. de l'Intérieur de 1860 (*Bull. off.,* p 119) ; lettre du Ministre des Finances. du Commerce et des Travaux publics à son collègue de l'Intérieur du 23 mai 1863 ; circ. du 3 août 1867 (D. 67. 3. 75), etc.

(2) Le Ministre de l'Intérieur profita de la loi du 24 juillet 1867

244. — *G. Loi du 5 avril 1884.* — Nous sommes ainsi parvenus à la loi du 5 avril 1884, qui, comme il a été ci-dessus démontré (n° 202), n'a apporté de modifications à la législation antérieure, en notre matière, qu'en ce qu'elle a retiré aux conseils municipaux le pouvoir de décision propre que leur avait conféré, sur les dépendances de la petite voirie, la loi de 1867.

Aux termes de l'article 69 de la loi de 1884, c'est l'autorité préfectorale qui est compétente, pour approuver les délibérations des conseils municipaux portant sur les objets énumérés en l'article 68 — au nombre desquels figure le tarif des droits à percevoir pour stationnements et locations, tant sur les dépendances de la grande que de la petite voirie — « hors les cas où l'approbation par une autorité différente est prescrite par les lois et règlements ». Or, de l'examen des textes qui précèdent, il résulte que, non seulement aucune disposition législative ou règlementaire n'a soumis les délibérations des conseils municipaux, relatives à l'établissement des taxes de stationnement, à l'approbation d'une autorité différente de l'autorité préfectorale, mais que le Préfet a été formellement investi par l'article 7 de la loi de frimaire an VII, dont les dispositions sur ce point n'ont été abrogées par aucune loi postérieure — du pouvoir de fixer les conditions des stationnements et des locations sur les lieux publics quel-

---

pour affirmer à nouveau son droit d'approuver les tarifs sur les dépendances de la grande voirie : « Le § 5 de l'art. 1er de la loi de 1867, concernant le tarif des droits à percevoir pour le stationnement sur les rues, places et autres lieux, dépendant du domaine public communal, ne modifie pas la règle, d'après laquelle ces mêmes tarifs doivent être soumis à l'approbation de l'autorité supérieure, quand il s'agit des ports, quais, rivières et autres lieux, dépendant de la grande voirie, à raison des intérêts généraux qui se rattachent à la liberté du commerce et de la navigation et que ces perceptions pourraient compromettre ». (Circ. du 3 août 1867).

conques où les communes sont admises à exercer leurs droits.

245. — L'administration n'en a pas moins persisté, dans une distinction — tout à fait arbitraire, nous venons de le montrer, — entre les dépendances de la grande et de la petite voirie, pour ne reconnaître aux préfets le droit d'approuver les tarifs de stationnement et de locations qu'en matière de petite voirie seulement, l'approbation des tarifs en matière de grande voirie étant réservée à l'autorité supérieure, Et cette autorité supérieure, ce n'est plus, d'après la circulaire du 15 mai 1884, le Ministre de l'Intérieur, dans tous les cas et sans distinction, c'est par une distinction nouvelle, arbitraire plus encore que la précédente, le Ministre, s'il s'agit du domaine public terrestre, et le chef de l'État, s'il s'agit du domaine public fluvial.

246. — Examen de la jurisprudence, pendant la période écoulée depuis l'an VII jusqu'en 1884. — Avant de chercher à expliquer cette doctrine administrative nouvelle, qui ne trouve aucun fondement dans la loi — mais qui a passé pour partie dans les arrêts, nous avons à nous demander comment la question a été, pendant la période écoulée depuis l'an VII jusqu'en 1884, résolue par la jurisprudence.

La jurisprudence tient en trois arrêts de la Cour de cassation, qui sont la consécration formelle de la thèse que nous défendons ici. Tous trois affirment, en effet, la compétence du Préfet pour approuver les tarifs des locations de places, tant sur les propriétés communales, telles que les halles et marchés, que sur les propriétés publiques.

247. — C'est, d'abord, un arrêt du 4 juin 1823 (Pierre) (1) qui a décidé « que le droit de place sur le carreau d'un marché et dans une halle est une recette ordinaire, provenant de la location d'une propriété com-

(1) S. 1823, 1, 260; Dalloz. R^{re}. V° Commune, p. 361, en note.

munale, laquelle, pour être établie et perçue, n'a besoin que de l'approbation du Préfet ».

248. — C'est, ensuite, un arrêt du 18 novembre 1850 (Eschenauër) (1), intervenu dans les circonstances de fait suivantes. Un sieur French-Chaigneau, fermier du droit de plaçage dans la ville de Bordeaux, ayant fait citer, devant le Tribunal civil de la même ville, les sieurs Eschenauër et autres, négociants en bois du Nord, en payement des droits de plaçage, par eux dûs, à raison des emplacements occupés par leurs marchandises sur les quais du port, ceux-ci opposèrent à cette demande que le tarif, sur lequel la perception était fondée, était illégalement établi : d'une part, en ce qu'il déterminait le montant de la redevance, non d'après l'étendue de l'emplacement occupé par les marchandises, mais d'après la quantité des marchandises déposées ; et, d'autre part, en ce que le tarif n'avait été approuvé que par le Préfet, alors qu'il aurait dû être approuvé par le Ministre de l'Intérieur. Par jugement du 6 décembre 1846, le tribunal de Bordeaux accueillit la demande du sieur French-Chaigneau :

« Attendu, porte ce jugement, que le § 6 de l'article 31 de la loi du 18 juillet 1837, sur l'administration municipale place au nombre des recettes des communes le produit des demandes de places perçues dans les halles, foires et marchés, etc., d'après les tarifs dûment autorisés ;

« Que le § 2 de l'article 19 de la même loi, porte : que le Conseil municipal délibère sur les tarifs et règlements de perception de tous les revenus communaux ;

« Qu'aux termes de ces dispositions, l'autorité municipale détermine les redevances, qui seront dûes pour le dépôt des marchandises sur les marchés, places, quais, etc., ;

« Attendu que l'article 20 de cette même loi du 18 juillet

(1) S. 1850, 1. 785 ; D. 54. 1. 338.

1837 dispose que les délibérations des conseils municipaux, sur les objets énoncés en l'article 19, *seront exécutoires sur l'approbation du Préfet, sauf le cas où
l'approbation par le Ministre compétent ou par ordonnance royale est prescrite par les lois ou par des
règlements d'administration publique*; *qu'aucune loi,
qu'aucun règlement d'administration n'exige que les
tarifs sur les droits de plaçage soient approuvés par le
Ministre de l'Intérieur;*

« *Que le Préfet seul a reçu le pouvoir de conférer au
tarif des droits de plaçage la puissance exécutoire; —
que les dispositions de la loi du 18 juillet 1837 étant
claires et positives, il n'est pas possible d'ajouter. ou de
rien retrancher aux formalités qui sont prescrites;*

« Qu'il a été jugé par la Cour de cassation, le 14 juin
1823, c'est-à-dire même antérieurement à la loi du 18 juillet
1837, que ces tarifs n'étaient pas soumis à l'approbation
du Gouvernement et du Ministre de l'Intérieur; — Attendu
que Eschnauër et consorts ne sauraient invoquer, à
l'appui de leurs prétentions, les doctrines des commentateurs, les circulaires ministérielles ou les usages suivis; —
que l'opinion des commentateurs peut être d'un grand
poids, quand il s'agit d'éclaircir les dispositions obscures
d'une loi; qu'elle est sans force, lorsque la disposition de
la loi est évidente; — que les circulaires ministérielles
n'ont d'autorité, que lorsqu'elles sont en déduction logique
de la loi; qu'elles ne peuvent dispenser de son exécution
ou ajouter à cette exécution; — que les Préfets ont pu,
pour mettre leur responsabilité à couvert, consulter le
Ministre avant de rendre exécutoires, les tarifs de plaçage,
sans que cet usage puisse créer une obligation im-
muable; .... »

Sur appel, la Cour de Bordeaux confirma, par adoption
de motifs, la décision des premiers juges. — Pourvoi en
cassation, par les sieurs Eschnauër, fondé, notamment,

sur une prétendue violation des articles 19, 20 et 31 de la
loi de 1837, en ce que l'arrêt attaqué avait déclaré légale
et obligatoire une perception de droits qualifiés de plaçage
approuvés seulement par le Préfet, alors que l'approbation
du Ministre de l'Intérieur était nécessaire. Par arrêt du
18 novembre 1850, la Chambre des requêtes a rejeté le
pourvoi. Nous reproduisons encore les considérants de
cet arrêt, dont la portée est générale, et s'applique aux
droite de place, non seulement dans les halles et marchés,
mais dans les lieux publics quelconques.

« Sur la première branche du troisième moyen : —
Attendu, que, aux termes de l'article 20 de la loi du
18 juillet 1837, les délibérations des Conseils municipaux
sur les objets énoncés en l'article précédent, et, spécialement, sur les tarifs et règlements de perception des revenus
municipaux, sont exécutoires sur l'approbation du préfet,
sauf le cas où l'approbation du ministre compétent ou du
Gouvernement lui-même est prescrite par une disposition
expresse ; qu'aucune disposition n'ayant déterminé spécialement le pouvoir, duquel doit émaner l'approbation
d'un tarif de droits de place, c'est la règle générale qui
doit être appliquée ; qu'ainsi, depuis comme avant la loi
du 18 juillet 1837, les droits de place constituent une
recette ordinaire provenant de la location d'une propriété
communale ou publique, *laquelle, pour être établie et
perçue, n'a besoin que de l'approbation du Préfet*, à la
différence des taxes indirectes ou locales, qui, rentrant dans
la classe des recettes ordinaires, doivent être soumises à
l'autorisation du Gouvernement ou du moins à l'autorisation provisoire du Ministre de l'Intérieur..... « par ces
motifs, rejette ».

249. — Enfin, la même doctrine a été consacrée par la
Cour de cassation, dans un arrêt du 17 avril 1866. Il s'agissait, dans cette espèce, de décider : 1° si une ville, aux
besoins de laquelle les eaux d'un canal, concédé par l'État
à une Compagnie particulière, avaient été affectées dans

une certaine mesure par l'ordonnance de concession, avait
pu soumettre l'usage de ces eaux à redevance ; et, 2° si,
ce droit de la Ville étant admis, la délibération du Conseil
municipal, arrêtant le tarif des redevances à percevoir,
avait eu à être approuvée par l'autorité supérieure ou si,
au contraire, l'approbation du Préfet devait être considérée comme suffisante. La Cour de cassation statuant
sur le second point, s'est prononcée dans ce dernier sens,
par l'arrêt suivant (1) : « Sur la deuxième branche du 2ᵉ
moyen, tirée de la violation des articles 19, 20 et 31 de la
loi du 18 juillet 1837 : — Attendu que, du moment où il
est établi que la jouissance des eaux du canal constituait
légalement, pour la ville de Roubaix, l'un des éléments de
son revenu communal, il appartenait au Conseil municipal, d'après la disposition formelle de l'article 19 § 2 de
la loi de 1837, d'en établir les règlements de perception èt
les tarifs ; qu'aux termes de l'article 20 de la même loi,
les délibérations, en cette matière, sont exécutoires sur
l'approbation du Préfet, sauf les cas où l'approbation par
décret impérial ou par le Ministre compétent est exceptionnellement exigée par les lois ou par des règlements d'administration publique ; *qu'il n'a pu être cité aucune loi
ni aucun règlement d'administration publique qui
prescrive l'approbation par le Ministre ou par décret
des tarifs et règlements de perception délibérés par les
conseils municipaux en matière de concession d'eau* ;
que par conséquent l'approbation préfectorale a suffi :...,
rejette (2) ».

(1) Cass., 18 avril 1866 (Motte) D. 66. 1. 350.
(2) On ne saurait se prévaloir, à l'appui de la thèse opposée,
d'un arrêt du Conseil d'État du 22 sept. 1859 (Leb., p. 652), qui
a décidé qu'il n'appartenait pas au préfet de disposer d'une partie
du domaine public maritime, en approuvant un tarif, ayant pour
objet l'établissement de droits de place et de stationnement, pour
la vente du poisson sur le rivage de la mer, dans une commune.
« Cette affectation — porte l'arrêt — ne pouvait avoir lieu qu'en

250. — Jurisprudence nouvelle de la Cour de cassation. — La série des arrêts intervenus, depuis l'arrêt de 1866, marque malheureusement une orientation toute nouvelle de la jurisprudence. La Cour de cassation ne reconnaît plus, dans ces arrêts, compétence aux Préfets, pour approuver les tarifs de stationnements et de locations de place, que sur les dépendances de la petite voirie ; sur les dépendances de la grande voirie, elle exige l'intervention du Gouvernement, et, par cette expression, elle désigne, ainsi qu'il résulte de ses décisions les plus récentes, le chef de l'État.

251. — L'arrêt Cayla, du 9 décembre 1885 (1), est le premier, où se soit manifestée cette évolution de la jurisprudence.

« Attendu, porte cet arrêt, que la loi du 11 frimaire an VII permet l'établissement de taxes, pour la location de places, dans les halles, les marchés, sur les rivières et les ports, lorsque les administrations auront reconnu que cette location peut avoir lieu sans gêner la voie publique, la navigation, la circulation et la liberté du commerce ;

vertu d'un acte de l'autorité supérieure, à laquelle il appartenait de disposer des rivages de la mer et de régler les conditions de cette disposition, en conciliant les intérêts communaux avec ceux des patrons pêcheurs ». — Il importe, en effet, d'observer, d'une part, que les rivages de la mer ne font pas partie des dépendances du domaine public sur lesquelles s'exerce le droit des communes ; d'autre part, que le décret-loi du 21 fév. 1852, sur l'inscription maritime (D. 52.4.67) a subordonné formellement (art. 3) à l'assentiment du Ministre de la Marine les autorisations relatives à la formation d'établissements de quelque nature que ce soit, sur la mer et ses rivages, — et que sa matière n'est point au nombre de celles qui ont été ultérieurement décentralisées. On ne saurait tirer non plus argument d'un arrêt de la chambre des requêtes du 29 janv. 1850 (Barthélemy-Lagier). D. 50.1.25, qui a reconnu implicitement la légalité d'un tarif pour droits de stationnement des voitures dans une commune, revêtu de l'approbation du Ministre de l'Intérieur.

(1) D. 86.1.414 ; — S. 87.1.197.

« Attendu que la loi du 24 juillet 1867 a placé la fixation du tarif de ces droits dans les attributions des Conseils municipaux, sauf approbation de l'autorité supérieure ;

« Que les décrets de 1852 et de 1861 ont donné aux préfets le droit d'autoriser ces tarifs, *mais seulement lorsqu'il s'agit d'objets touchant à un intérêt d'administration départementale ou communale* ;

« *Qu'ils ont réservé au Gouvernement le droit d'approbation, quand il s'agit de l'intérêt général de l'État* ;

« Qu'il en est ainsi, notamment, quand il s'agit des droits de place et de stationnement sur les ports, quais, rivières et autres lieux dépendant de la grande voirie, à raison des intérêts généraux qui se rattachent à la liberté du commerce et de la navigation, et que ces perceptions pourraient compromettre ;

« Attendu que les perceptions réclamées contre Cayla, avaient pour objet des dépôts effectués sur la cale du faubourg Saint-Georges, dans la ville de Cahors ;

« Qu'il a été allégué par Cayla, et non contredit par l'arrêt attaqué, que cette cale est un quai de débarquement, sur la rampe de la rive gauche du Lot, dépendant du domaine de l'État ;

Attendu que l'arrêté du 18 décembre 1880, dit cahier des charges et tarif des droits de place dans la ville de Cahors, en vertu duquel ces droits ont été réclamés, a été approuvé par le Préfet du Lot seulement ;

« Que cette approbation ne suffisait pas à en assurer la légalité, en ce qui concerne les dépendances du domaine de l'État ;

« Attendu, qu'en condamnant Cayla, en vertu dudit acte, à payer les sommes réclamées par le fermier des droits de place de la ville de Cahors, l'arrêt attaqué a violé les dispositions des lois sus visées ».

252. — C'est là, comme on voit, la consécration de la distinction, proposée par le Ministre de l'Intérieur dans sa

circulaire de 1858. S'il s'agit des dépendances de la petite
voirie, le Préfet est compétent pour approuver les tarifs,
parce qu'il s'agit d'un objet touchant à un intérêt d'administration départementale ou communale ; mais, s'il s'agit
des dépendances de la grande voirie, le Préfet cesse
d'être compétent, parce que les décrets de 1852 et
de 1861 — qui n'a fait que confirmer celui de 1852, en
étendant le nombre des matières décentralisées — ont
réservé, dit l'arrêt, « au Gouvernement » le droit d'approbation, quant aux affaires affectant l'intérêt général de
l'État.

253. — Ainsi, le décret décentralisateur de 1852 aurait
produit, dans notre matière, un effet de centralisation. —
L'arrêt n'indique pas, d'ailleurs, ce qu'il faut entendre ici
par « le Gouvernement ». Il ne semblerait pas, à la
vérité, qu'il put y avoir à cet égard de doute possible,
puisque, dans la disposition du décret de 1852 que la Cour
de cassation invoque, pour exclure la compétence du Préfet,
il est dit : « Les préfets continueront de soumettre *à la
décision du Ministre de l'Intérieur* les affaires de nature
à affecter directement l'intérêt général de l'État ». Mais
cette interprétation trouve un démenti dans les arrêts postérieurs à l'arrêt Cayla, d'où il ressort que c'est, non pas
au Ministre, mais *au chef de l'État* que la Cour Suprême
entend attribuer le droit d'approuver les tarifs de stationnement sur les dépendances de la grande voirie.

255. — L'arrêt Célerier, du 16 février 1886 (1) ne saurait être invoqué comme un document nouveau de jurisprudence, à l'appui de la thèse que nous combattons. La
Cour de cassation a décidé, dans cet arrêt, que la perception de droits pour location de places dans l'entrepôt de
Bercy n'avait pu être établi régulièrement que par décret ;

____

(1) Ch. Civ. D. 86.1.173 ; — S. 86.1.345 ; *Pand. franç.*, 88.1.
443.

mais, il existait, dans l'espèce, un texte législatif spécial,
la loi qui avait créé l'entrepôt, aux termes de laquelle les
tarifs des droits à percevoir devaient être réglés par le
chef de l'État.

C'est dans l'arrêt Darbon, du 4 novembre 1890 (1) —
rendu comme tous les arrêts qui l'ont suivi — en matière
de droits de stationnement sur le domaine public fluvial,
à raison de l'occupation d'un fleuve navigable, de ses berges et de ses ports par des pontons de débarquement, par les
bateaux amarrés à ces pontons, par les magasins destinés
à recevoir les marchandises transportées, ou par ces marchandises elles-mêmes, que la Cour de cassation a précisé
sa doctrine actuelle, en exigeant, pour l'approbation des
tarifs l'intervention du chef de l'État.

Voici les termes de cet arrêt :

« Vu l'article 7 de la loi du 11 frimaire an VII,

« Vu les articles 68 et 98 de la loi du 5 avril 1884,

« Attendu *qu'il résulte des textes précités* : 1° que,
parmi les recettes ordinaires du budget communal, figure
le produit des permis de stationnement et de location sur
la voie publique, sur les rivières, ports et quais fluviaux
et autres lieux publics ;

2° Que ces permis ne doivent être délivrés, que lorsque
les administrateurs ont reconnu que cette location peut
avoir lieu, sans gêner la voie publique, la navigation, la
circulation et la liberté du commerce ;

« 3° Que la fixation du tarif de ces droits de stationnement et de location est placée dans les attributions des
conseils municipaux, sauf approbation de l'autorité supérieure ;

4° Que, si le Préfet a le droit d'autoriser ces tarifs, *c'est
seulement lorsqu'il s'agit d'objets touchant un intérêt*

____

(1) Ch. civ. D. 91. 1. 217 ; — S. 91 1. 16 ; *Pand. franç.*, 91. 1
120.

d'administration départementale ou communale, mais qu'il faut un décret du Gouvernement, quand il s'agit de l'intérêt général de l'État et qu'il en est ainsi, notamment, des droits de stationnement et d'amarrage sur les ports, quais, rivières et autres dépendances de la grande voirie, droits dont la perception pourrait porter atteinte à la liberté du commerce et de la navigation ;

« Attendu qu'il suit de là que cette perception n'est légale que, lorsqu'elle a eu lieu en vertu d'un tarif régulièrement approuvé *par le Gouvernement*, et, attendu que, pour condamner les sieurs Darbon à payer les sommes réclamées par la ville de Lyon pour stationnement de leurs pontons et amarrages de leurs bateaux, l'arrêt attaqué s'est fondé uniquement sur un prétendu contrat de bail invoqué par la ville et consenti de gré à gré.....

« Par ces motifs, casse ».

255. — Les arrêts postérieurs (V. page 217, n° 206, en note, la nomenclature de ces arrêts) son conçus identiquement dans les mêmes termes, sauf l'expression « décret de Gouvernement », remplacée par celle, plus correcte, de « décret ».

256. — La cour suprême sanctionne, en définitive, la théorie formulée par M. le ministre de l'intérieur, dans la circulaire du 15 mai 1884, avec cette différence, toutefois, que la cour écarte, dans tous les cas, l'intervention de l'autorité ministérielle, pour exiger que les tarifs soient approuvés par le chef de l'état, toutes les fois que le stationnement doit avoir lieu sur les dépendances de la grande voirie, qu'il s'agisse du domaine public fluvial, ou du domaine public terrestre. — Les seuls textes que la Cour invoque, à l'appui de cette jurisprudence, sont : l'article 7 § 3 de la loi de frimaire an VII, l'article 5 de la loi du 24 juillet 1867, et les arti cle 68 et 98 de la loi du 5 avril 1884. Or, nous avons démontré que ces différentes dispo-

sitions de loi, loin de venir à l'appui du système consacré
par la Cour suprême, le condamnent absolument. Il n'est
pas un seul d'entre ces textes, qui subordonne à l'approbation du chef de l'État — ou même du Ministre, — l'établissement des tarifs de stationnement, sur les lieux publics
quelconques où s'exerce le droit des communes. La loi
de 1867, dont l'article 1 § 5 ne concernait que les dépendances du domaine public communal, et qui donnait,
d'ailleurs, compétence aux conseils municipaux, pour
l'approbation des tarifs, a été abrogée, sur ce point, par
la loi de 1884 : elle est, par conséquent, en dehors du
débat ; quant aux lois de 1884 et l'an VII, elles proclament,
nous l'avons établi, l'une et de l'autre, la compétence de
l'autorité préfectorale.

257. — Point de départ de cette jurisprudence. — avis
du conseil d'état du 2 juin 1875. — S'il faut renoncer à
justifier cette jurisprudence nouvelle de la Cour suprême,
il n'est peut-être pas impossible d'en déterminer le point
de départ, qui paraît manifestement résider, dans un avis
du Conseil d'État du 2 juin 1875. On était, à cette époque,
sous le régime administratif de la circulaire de 1858, c'est-
à-dire que, s'agissant des stationnements sur les dépendances de la grande voirie, les tarifs étaient soumis à
l'approbation ministérielle.

Mais, une difficulté se produisit entre les deux Ministres
de l'Intérieur et des Travaux publics, sur le point de
savoir : auquel des deux il appartenait, après avoir consulté l'autre, de fixer le tarif et d'autoriser la perception.
Consultées sur cette difficulté, les sections réunies de l'Intérieur et des Travaux publics du Conseil d'État, expri-
mèrent cet avis : que « pour mieux assurer la conciliation
des intérêts dont les deux ministères ont la garde, *il
paraissait utile* de réserver au chef de l'État le soin

d'autoriser l'établissement des droits de stationnement et d'en fixer le tarif (1). »

258. — Les termes mêmes de cet arrêt, démontrent que le Conseil d'État, qui a depuis longtemps perdu le droit de donner de la loi une interprétation d'autorité, n'a même pas entendu donner ici une interprétation doctrinale. En présence de la pratique suivie par l'administration, et consistant à soumettre les tarifs des droits de stationnement à l'approbation successive des deux Ministres de l'Intérieur et des Travaux publics, la haute assemblée conseille, « pour mieux assurer la conciliation des intérêts dont les deux Ministres ont la garde », de recourir à l'intervention du chef de l'État. C'est une solution pratique, utile, qu'elle propose : ce n'est point une exigence légale, qu'elle constate. Mais cette solution administrative meilleure ne saurait s'imposer à l'administration, aux administrés et aux tribunaux, qu'à la condition d'avoir reçu la sanction législative. Or, aucune loi ne l'a, jusqu'à présent, consacrée.

259. — *a) La loi de 1884 peut-elle être considérée, comme ayant consacré implicitement la solution, proposée par le Conseil d'État, dans l'avis de 1875 ?* — On a soutenu, toutefois (2), que la loi du 5 avril 1884 devait être considérée, comme ayant implicitement consacré l'interprétation, donnée par le Conseil d'État, dans cet avis. Il faut, a-t-on dit, quand il s'agit de déterminer le sens d'expressions dont le législateur s'est servi, consulter les circonstances de fait dans lesquelles la loi est intervenue. Or, dans l'espèce, on ne peut raisonnablement supposer que

____

(1) V. le texte « in extenso » de cet avis. BÉQUET, *Répertoire.* Vᵒ domaine, p. 268, note 1.

(2) V. notamment, en ce sens, les conclusions de M. l'avocat général Sarrut sur l'affaire Compagnie générale de navigation c. ville de Lyon jugée par la cour de cassation, le 23 mars 1897, reproduites. D. 98. 1. 441 ; *Pand. franç.*, 1897, I. p. 363.

le législateur ait ignoré l'avis de 1875, au moment où la
loi de 1884 a été élaborée. Le législateur a statué au
regard de l'opinion émise par le Conseil d'État, et, dès lors,
les mots « autorité supérieure », employés par la loi de
1884 dans son article 68, doivent, en ce qui concerne les
délibérations des conseils municipaux relatives à l'approbation des tarifs de stationnement sur les dépendances de
la grande voirie, être interprétés comme désignant le
chef de l'État. — D'où l'on a tiré cette conséquence,
que, depuis la loi de 1884, un décret du chef de l'État
serait nécessaire pour l'approbation des tarifs des droits
de stationnement à percevoir par les Communes sur les
dépendances de la grande voirie, tandis que les taxes établies, avant 1884, n'auraient pas eu besoin de cette approbation.

260. — Cette argumentation nous paraît tout à fait
inacceptable. Il n'a pas été question, lors des débats parlementaires, qui ont précédé le vote de la loi municipale, de
l'avis de 1875, et il est inadmissible, que, si le législateur
avait voulu apporter cette modification grave aux règles,
consacrées par les lois antérieures et par la pratique administrative, il ne s'en fût pas formellement expliqué. De ce
que le législateur a statué au regard d'un avis du Conseil
d'État, lequel n'avait par lui-même d'autre valeur que
celle d'une haute consultation doctrinale, traçant à l'administration une ligne de conduite pour l'avenir, il ne s'en
suit aucunement qu'il ait entendu sanctionner les conclusions de cet avis ; et rien n'autorise à penser que telle ait
été son intention.

261. — Les mots « autorité supérieure », employés
par l'article 68 de la loi de 1884, désignent, d'une manière
générale et indéterminée, l'autorité administrative, indépendante du Conseil municipal, quelle qu'elle soit, qui a,
d'après les lois établies, le pouvoir supérieur d'approuver
ou d'infirmer ses délibérations, par opposition aux délibé-

rations, sur les matières que le Conseil règle, en vertu d'un pouvoir propre. Cette autorité supérieure est variable, selon les cas. Elle peut être le Préfet, le Conseil général, la Commission départementale, le Ministre, aussi bien que le chef de l'État ; la loi nouvelle n'innove pas, en principe, sur ce sujet, et elle ne s'est pas occupée de cette répartition d'attributions, et s'est référée, à cet égard, à la législation antérieure.

262. — Le principe est donc demeuré le même qu'en 1837 : les délibérations, énumérées en l'article 68, sont soumises à l'approbation de « l'autorité supérieure », selon l'expression déjà employée par M. Vivien, rapporteur à la Chambre de la loi de 1837, c'est-à-dire exécutoires *avec la seule approbation du Préfet, en règle générale, sauf exception prévue par la loi ou par les règlements d'administration publique.* Or, il n'existe ni loi, ni règlement d'administration publique, qui soustraie les tarifs des droits de stationnement au pouvoir propre d'approbation des Préfets. Les délibérations du Conseil municipal, portant sur cet objet, sont donc comprises dans la règle générale, formulée par l'article 69 d'après laquelle l'autorité supérieure, chargée d'approuver les délibérations prévues à l'article 68, est l'autorité préfectorale (1).

263. — *b) L'administration elle-même ne l'a point prétendu.* — L'administration ne s'y est, d'ailleurs, point trompée. Dans une lettre, adressée au Préfet de la Seine à la date du 23 janvier 1892, au sujet des droits de stationnement à percevoir par la Commune d'Ivry, dans la traversée de la Seine, le Ministre de l'Intérieur appréciait, en effet, en ces termes, la portée de l'avis du Conseil d'État de 1875.

« Monsieur le Préfet, vous appelez mon attention sur les difficultés auxquelles a donné lieu récemment, dans la

____

(1) GUILLEMIN, *Le Droit,* du 9 septembre 1898, p. 841.

commune d'Ivry, la perception de droits d'attache et de stationnement sur les bateaux et les trains, à raison de la superficie qu'ils occupent en Seine, conformément à un tarif voté par délibération du Conseil municipal d'Ivry du 7 février 1841, approuvé par l'un de mes prédécesseurs, le 23 avril suivant.

« Plusieurs industriels, méconnaissant la légalité de la taxe, ont refusé d'en acquitter le montant. Le Maire vous a adressé un état de recouvrement des droits contestés, et vous me demandez de le rendre exécutoire.

« A l'époque, Monsieur le Préfet, où est intervenue la décision du 7 février 1841, le Chef de l'État n'intervenait pas pour homologuer, en ce qui concerne les dépendances fluviales de la grande voirie, les tarifs de stationnement, dont la perception au profit des communes a été autorisée par la loi du 11 frimaire an VII. C'est seulement en 1875, *qu'en vue de mettre fin à certaines difficultés et de mieux concilier les intérêts en jeu, on a adopté la règle,* conformément à un avis des sections de l'Intérieur et des Travaux publics du Conseil d'État, de faire sanctionner par décret les perceptions concernant les fleuves et rivières. *Cette nouvelle procédure qui, du reste, n'est imposée par aucune disposition de loi, et a le caractère d'une simple mesure administrative, résultant d'une entente entre les deux départements ministériels intéressés,* a été maintenue par la circulaire ministérielle du 15 mai 1884, mais elle s'applique uniquement aux autorisations nouvelles. Les tarifs antérieurement approuvés, dans les formes alors suivies, conservent toute leur force légale, tant que l'autorité compétente ne juge pas à propos de les rapporter et de les modifier... »

264. — Pratique actuelle de l'administration. — Une circulaire du 10 mars 1894 (1) est venue, depuis, affirmer

____

(1) « Les droits de stationnement de place et de location que les

à nouveau l'obligation, pour les communes, de soumettre à l'approbation de l'autorité supérieure les tarifs des droits de stationnement à percevoir sur les dépendances de la grande voirie. Mais, moins logique que la Cour de cassation qui, généralisant la portée de l'avis du 2 juin 1875, spécialement intervenu à l'occasion de stationnements et de locations de place sur les rives et les quais d'un fleuve, a déclaré, dans les arrêts précités, l'intervention du chef de l'État nécessaire, lorsqu'il s'agit de stationnement ou de

communes sont autorisées à percevoir sur les dépendances de la grande voirie par la loi du 5 avril 1884 (article 133 § 7) ne peuvent être recouvrés, ainsi que l'indique la circulaire du 15 mai 1884, qu'en vertu de tarifs homologués par l'administration supérieure, c'est-à dire par un décret, s'il s'agit de redevances à percevoir sur les rivières navigables ou sur leurs berges ; par une décision de M. le Ministre de l'Intérieur, lorsque la perception doit s'exercer sur d'autres dépendances de la grande voirie.

Je suis informé que plusieurs communes continuent, néanmoins, à percevoir des taxes de stationnement sur les rivières, ports et quais fluviaux, en vertu, soit d'une simple délibération du Conseil municipal, soit d'un tarif, homologué seulement par l'administration préfectorale.

Ces perceptions sont irrégulières, ainsi que l'ont reconnu, dans ces derniers temps, plusieurs décisions judiciaires, et, notamment, un arrêt de cassation du 4 novembre 1890. Il résulte de cet arrêt, que les droits, de l'espèce dont il s'agit, ne peuvent être établis que par un décret du Gouvernement.

J'ai pensé que, pour prévenir les difficultés que ferait naître l'application de cette jurisprudence, pour les communes dont j'ai parlé plus haut, il importait de les inviter à régulariser leur situation le plus promptement possible. En ne le faisant pas, elles s'exposeraient à des actions en répétition, et peut-être, à des embarras financiers, par suite de l'obligation où elles se trouveraient de rembourser des perceptions, remontant à plusieurs années

Vous voudrez bien, en conséquence, faire rechercher si des communes de votre département perçoivent actuellement des droits de place et de stationnement, établis dans les conditions irrégulières que je vous signale plus haut, et, dans le cas où il s'en trouverait, prendre les mesures nécessaires, pour faire régulariser cet état de choses, conformément à la procédure indiquée dans la circulaire du 15 mai 1884 (10 mars 1894, — Raynal) ».

locations de place, sur une dépendance *quelconque* de la grande voirie, la circulaire de 1894 maintient la distinction, faite par la circulaire du 15 mai 1884, entre le domaine public fluvial et le domaine public terrestre, pour n'exiger l'intervention du chef de l'État que dans le premier cas seulement, et, pour se contenter, dans l'autre, de l'intervention du Ministre de l'Intérieur.

265. — Quoi qu'il en soit, cette pratique administrative est dépourvue de tout fondement légal. Pour que le chef de l'État fût investi, du droit de donner l'approbation définitive aux tarifs de stationnement, il faudrait, en vertu des principes généraux, rappelés au début de cette discussion (n° 207), que ce droit lui eût été réservé, par un texte formel de loi. Or, un pareil texte n'existe pas (1). Pour que le Ministre fût, de son côté, demeuré en possession

(1) On a, toutefois, prétendu trouver ce texte dans l'instruction en forme de loi des 12-20 août 1790 (D. V° organisation administrative, p. 594). Dans son commentaire de l'article 19 du décret du 15 mars précédent), qui avait supprimé les droits féodaux de hallage et reconnu aux propriétaires des bâtiments, halles, étaux, bancs et autres objets servant au dépôt, à l'étalage et au débit des marchandises, à l'occasion desquelles les droits dont s'agit étaient perçus, le droit de contraindre les municipalités à leur acheter ces bâtiments, etc., ou à les prendre à loyer), l'instruction disposait (Art. 2 § 3, chap. III) : « Si les municipalités ont acheté ou pris à loyer, les bâtiments, halles, bancs et étaux, elles dresseront le projet d'un tarif des rétributions, qui devront être perçues à leur profit sur les marchands, et ce tarif ne sera exécutoire *que quand, sur la proposition du directoire du département, il aura été approuvé par un décret de l'Assemblée nationale, sanctionné par le Roi* ». Se prévalant de ce texte, on a dit : l'instruction en forme de loi des 12-20 août 1790, exigeait que le tarif des redevances à percevoir, à raison de l'apport et du dépôt des marchandises dans les halles, fût approuvé par une loi. — Mais les constitutions postérieures ont fait un départ différent d'attributions entre le pouvoir législatif et le pouvoir exécutif ; la matière est, d'ailleurs, administrative, de sa nature. Aussi, n'est-il plus besoin qu'une loi soit rendue. Mais un décret est nécessaire (V. en ce sens, Trolley, hiérarchie administrative, t. IV, p. 206).

de ce droit, il faudrait qu'aucun texte n'en eût fait passer l'exercice à une autorité administrative différente. — Or les Préfets ont, précisément, été investis par la loi, du pouvoir d'approuver les conditions de la location des places, dans les divers lieux publics où s'exerce le droit des communes. Ce pouvoir ne leur appartient pas seulement, en vertu de la règle générale, qui|fait du Préfet le représentant du Gouvernement, dans le département et le dépositaire de la puissance exécutive, avec, en cette qualité, le droit de régler toutes les affaires d'intérêt général, dont la solution n'a pas été spécialement réservée à l'autorité supérieure. Il leur appartient en vertu de la disposition spéciale et formelle de l'article 7 § 3 de la loi de frimaire an VII, qui leur a expressément conféré cette attribution.

266. — Conséquences du système consacré par la cour de cassation. — Il importe, au surplus, de faire ressortir toutes les conséquences de la doctrine consacrée par la jurisprudence de la Cour suprême. Comme nous l'avons fait observer, en commençant, le pouvoir de contrôle, conféré par la loi de l'an VII aux « administrations », n'était point limité à l'approbation des conditions pécuniaires de la location des places dans les halles, marchés, etc. Ce pouvoir de contrôle devait s'exercer aussi, au point de vue de la matérialité du stationnement, c'est-à-dire, qu'il appartenait encore aux administrations de s'assurer, que la location des places projetée pouvait avoir lieu, sans compromettre le libre exercice des usages com-

Si la matière était encore régie par la loi des 12-20 août 1790, cette argumentation pourrait demander à être discutée. Mais la loi des 12-20 août 1790 a été remplacée, dans la disposition qui nous occupe, par la loi de frimaire an VII, qui, au lieu d'une loi ou d'un décret, s'est contentée d'exiger pour l'application des conditions de la location des places dans les halles, marchés, etc., l'intervention des « administrations ».

muns. C'est ce qui résulte des termes généraux de l'article 7 § 3, d'après lequel « les administrations étaient chargées de reconnaître si la location pouvait avoir lieu sans gêner la voie publique, la navigation, la circulation et la liberté du commerce. »

Ainsi, le double pouvoir de contrôle sur les locations de place, prévu par le législateur de l'an VII, a été confié par lui à une autorité unique, et c'est une autorité unique qui est encore aujourd'hui chargée de l'exercer, puisque, comme nous l'avons vu, les différentes lois d'administration municipale, intervenues au cours de ce siècle, n'ont fait que maintenir, en s'y référant, les règles posées à cet égard par la loi de frimaire. La loi de 1884, en particulier, dispose, dans son article 98, que « le Maire peut, moyennant le paiement de droits fixés par un tarif dûment établi, sous les réserves imposées par l'article 7 de la loi de frimaire an VII, donner des permis de stationnement ou de dépôt temporaire sur la voie publique, etc. »

De cette observation, résulte que, si l'on reconnaît au chef de l'État, ou au Ministre, le droit de donner l'approbation définitive au tarif des redevances à percevoir par les communes pour stationnements et locations de places sur les dépendances de la grande voirie, c'est également au chef de l'État, ou au Ministre, qu'il faut attribuer compétence, pour décider si les stationnements et les locations de place projetés ne sont pas de nature à compromettre le libre exercice des usages communs et s'ils sont ou non compatibles avec les besoins de la circulation. Aucun permis de stationnement ou de dépôt temporaire ne pourrait, par suite, être délivré, sans qu'un décret ou un arrêté ministériel fût intervenu pour l'autoriser, à ce point de vue.

Une telle conséquence ne suffirait-elle pas, à elle seule, à faire écarter le système, dont elle est issue ?

267. — Le système qui consiste a attribuer au Préfet, dans tous les cas et sans distinction entre la grande et la petite voirie, le pouvoir d'approuver le tarif dés droits de stationnement, est en harmonie avec les règles générales de l'organisation administrative. — C'est, en effet, en principe, au Préfet qu'est confiée, d'une manière générale, la police de la grande voirie ; c'est à lui qu'il appartient de prendre toutes les mesures locales commandées par les exigences de la circulation : à lui d'assurer le libre cours des eaux et le service de la navigation, de prendre les arrêtés de délimitation du domaine public, etc..; c'est le Préfet, qui est chargé, d'autre part, d'approuver le tarif des droits de locations de places dans les halles et marchés, des débarcadères sur les cours d'eau navigables, des droits de pesage, de jeaugeage et de mesurage, des droits de voirie dans les villes, des concessions dans les cimetières, des pompes funèbres, etc. Le Préfet est, enfin, le tuteur ordinaire des communes, investi du pouvoir général d'approuver le budget communal, et les délibérations relatives à la perception des revenus communaux ; (art. 19 et 20, loi du 18 juillet 1837 ; art. 68 et 69, loi du 5 avril 1884). N'est-ce pas à lui, dès lors, qu'il était rationnel, en même temps que conforme aux règles générales de notre droit public, de remettre le soin d'approuver les conditions précuniaires et les conditions matérielles des stationnements et des locations de places susceptibles de donner lieu à redevances communales, — alors surtout que ces occupations ne sont point de celles qui peuvent affecter le domaine public dans sa substance et mettre en jeu la conservation du domaine, mais qu'elles ne sont, par définition, de nature à intéresser que la seule police de la circulation ?

268. — Objections qui peuvent être formulées contre ce système. — Objection tirée de ce que le préfet ne possède

LE DROIT DE RÉGLEMENTER QUE POUR LE DÉPARTEMENT TOUT ENTIER.
— En vain, objecterait-on, que le Préfet ne saurait avoir
qualité, pour donner l'approbation définitive aux tarifs des
droits de stationnement, parceque l'approbation de ces
tarifs mettrait en jeu *l'exercice du pouvoir réglementaire*, et que les Préfets n'ont pouvoir de réglementer
que pour le territoire tout entier du département, dont
l'administration leur est confiée, et non pour le territoire
d'une commune, seulement.

D'abord, s'il est vrai, qu'en principe, les Préfets ne
puissent faire que des règlements, applicables au département tout entier, rien n'empêche le législateur de déroger
à ce principe, et d'attribuer aux Préfets le droit de faire,
dans un cas spécial, un réglement applicable à une commune seulement. La loi de l'an VII serait, dans l'espèce,
le texte spécial qui leur aurait conféré ce droit.

Mais, par dessus tout, il est absolument inexact de prétendre que l'approbation du tarif des droits de stationnement mette en jeu l'exercice du pouvoir réglementaire.
L'autorité, qui est appelée à donner son approbation à la
délibération du Conseil municipal, qui a voté le tarif des
droits de stationnement, ne fait pas, en approuvant cette
délibération, acte réglementaire, elle accomplit simplement ce qu'on appelle — à tort ou à raison — *un acte de
tutelle administrative*. — Comme beaucoup d'autres, la
délibération du Conseil municipal, qui établit le tarif des
droits de stationnement, est soumise à la nécessité d'une
autorisation; cette autorisation, c'est, dans le cas particulier, le Préfet, qui est appelée à la conférer. Mais, l'autorisation une fois donnée, le rôle du Préfet est rempli.
C'est alors, à l'autorité municipale à intervenir. C'est le
Maire, qui, en exécution de la délibération du Conseil municipal dûment approuvée, prendra un arrêté, pour fixer,
dans la Commune, le tarif des droits de stationnement
applicable, et c'est cet arrêté, qui constituera le règlement.

L'argument, qu'on prétendrait tirer de ce que le Préfet n'a
le pouvoir de réglementer que pour le département tout
entier, serait, par conséquent, dépourvu de toute portée.

269. — Oppositions qu'a rencontrées, tant auprès des
tribunaux qu'en doctrine, le système consacré par la cour
de cassation. — Nous avons dit que la jurisprudence de la
Cour de cassation paraît actuellement fixée en ce sens
— contraire au système que nous avons soutenu — qu'un
décret est nécessaire, pour l'approbation des tarifs de stationnement sur les dépendances de la grande voirie.
Hâtons-nous d'ajouter que cette jurisprudence a rencontré,
tant dans la doctrine qu'auprès des tribunaux, les résistances les plus vives. Les tribunaux n'ont pas été, à la
vérité, jusqu'à poser la règle que l'approbation du Préfet
suffit à régulariser les tarifs de stationnement, tant sur la
grande que sur la petite voirie, mais ils ont proclamé la
légalité des perceptions faites, en vertu des tarifs revêtus
de l'approbation ministérielle (1). C'est ainsi, notamment,

(1) V. Tribunal civil de la Seine, 7 avril 1898 ; (Cie Havre-Paris-
Lyon c. commune d'Ivry) ; 3 avril 1897 (commune de Courbevoie
c. Fretigny) ; 6 février 1897 (commune Courbevoie c. Compagnie
de navigation) ; 19 mai 1876 (commune d'Ivry c. Frétigny) ; 4 janvier 1896 (même commune c. Pagès) ; 1er août 1895 (même commune c. Dissoubray) ; 7 juillet 1894 (même commune c. Desma-
rais) ; etc. ; Trib. civil de Villefranche (Rhône) : 23 septembre
1898 (Compagnie de navigation et autres c. ville de Lyon) *Bull.
off. municipal* de la ville de Lyon, n° du 25 déc. 1898, p. 462,
463) ; V. aussi, Revue du droit commercial et industriel, janvier
1899, p. 31. — Trib. de Lombez, 3 juillet 1889 (Moulis). D. 91. 3
40 ; V. toutefois, dans le sens de la jurisprudence de la Cour de
cassation : Trib. Seine, 1er déc. 1896 (commune de l'Ile Saint-
Denis) et Trib., Lille 24 juin 1897 (Pavot, frères). *Loi* des 5-6-7
septembre 1897 ; — *Gaz. trib.* 31 oct. 1897.
Le Conseil d'État s'est prononcé, implicitement, dans le sens de
la compétence de l'autorité ministérielle par arrêt du 2 avril 1889
(ville de Bourges) (Leb , p. 499 ; D. 90. 3. 73 ; S. 91, 3, 51).
La ville de Bourges, ayant déféré au Conseil d'État, pour excès
de pouvoir, une décision, par laquelle le Ministre de l'Intérieur,
sollicité d'autoriser la ville à percevoir des droits de stationne-

que le tribunal de Villefranche, statuant sur renvoi, après
cassation prononcée par les arrêts, ci-dessus rapportés,
(p. 206, note 1) des 23 mars et 18 juin 1897, a validé,
comme l'avait fait le jugement cassé, les contraintes décer-
nées par la Ville de Lyon contre divers entrepreneurs de
transport, autorisés à occuper les rives du Rhône et de la
Saône, les quais et les bas-ports du fleuve, pour l'amarrage
de leurs bateaux, le stationnement de leurs pontons de
débarquement et le dépôt de leurs marchandises, alors
que les tarifs, en vertu desquels les perceptions étaient
réclamées, n'avaient point reçu l'approbation du chef de
l'État, mais avaient été approuvés à la fois par le Préfet
du Rhône et par le Ministre de l'Intérieur. L'affaire est
appelée à revenir prochainement devant les chambres
réunies de la Cour de cassation pour être définitivement
jugée. Souhaitons voir les chambres réunies — mieux éclai-
rées — revenir sur la jurisprudence actuelle et décider
que l'approbation du Préfet suffit à régulariser les perceptions faites par les communes, à raison des occupations
du domaine public national, dont la loi les autorise à
recueillir le produit (1).

ment sur les dépendances du canal du Berry, avait refusé de faire
droit à cette demande, le conseil d'État a rejeté le recours, par le
motif, qu'en se fondant sur les inconvénients que devaient présenter les taxes projetées, au point de vue de la navigation et du
commerce, pour appuyer son refus, le Ministre « n'avait fait
qu'user des pouvoirs d'administration à lui conférés par les lois
du 11 frimaire, an VII et du 5 avril 1884 ».

(1) La question, à la discussion de laquelle ont été consacrées
les pages qui précèdent, n'a fait, jusqu'ici, dans aucun ouvrage
de droit administratif, l'objet d'une étude approfondie, la plupart
des auteurs se bornant à reproduire les circulaires ministérielles
de 1807, de 1858 ou de 1884. Seul, M. Berthélemy, dans son « Traité
de droit administratif » récemment paru, l'a traitée avec développement, p. 403 et suiv. Il conclut, d'ailleurs, en ce sens que c'est
à l'autorité ministérielle qu'il appartient, depuis le décret de 1852,
d'approuver le tarif des droits de stationnement, à percevoir par
les communes sur les dépendances de la grande voirie. — Nous

270. — SITUATION FAITE AUX COMMUNES PAR LA JURISPRU-
DENCE ACTUELLE DE LA COUR DE CASSATION. — On aperçoit
immédiatement les conséquences graves qui résulteraient,
pour les communes, de la jurisprudence actuelle de la
Cour de cassation, si cette jurisprudence venait à être
définitivement maintenue.

En fait, toutes les perceptions, qui ont été opérées par
les communes, depuis le commencement du siècle, pour
stationnements sur la grande voirie, ont eu lieu, en vertu
de tarifs revêtus seulement de l'approbation du Préfet ou
du Ministre.

D'après les propres instructions du Ministre lui-même,
les communes n'avaient pas à réclamer, pour leurs tarifs,
l'homologation du chef de l'État ; et, l'eussent-elles réclamée, qu'elles ne l'auraient certainement pas obtenue,
puisque la doctrine administrative était en ce sens, que

savons que la question doit être examinée par M. Ducrocq, dans
le tome IV, impatiemment attendu de la 5e édition de son « Cours
de droit administratif » et que l'éminent professeur doit se prononcer également dans le même sens. — M. l'avocat général
Sarrut a soutenu la même thèse, dans une note insérée au Recueil
de Dalloz, sous Cass., 23 mars et 18 juin 1897. (D. 98.1.441). Par
contre, M. le substitut Guillemin a, dans un remarquable article
inséré au journal *Le Droit*, no du 9 septembre 1898, conclu en
faveur de la compétence de l'autorité préfectorale. Voici maintenant la liste des auteurs qui se sont rangés du côté de l'une ou
l'autre opinion. En faveur de la compétence du chef de l'État :
TROLLEY, *Hiérarchie administrative*, t. IV, p. 2 6; HUSSON,
Traité des Travaux publics, t. III, p. 159 ; MIROIR, *Formulaire
municipal* (1845), t. III, p. 368, no 790 ; — du Ministre : BLANCHE,
Dictionnaire d'administration Vo Commune, p. 437, § 4 ; BOST,
Traité des communes, t. II, p. 415 ; COTELLE, *Traité de droit
administratif*, 3e édit., t IV, p. 464 ; DAVENNE, *Régime administratif et financier des communes*, 4e éd (1843), p. 245 ; DUPIN,
Traité de la comptabilité des communes (1820) ; MERLIN, *Répertoire*, V. Maire, p 67 ; MIROIR et JOURDAN, *Formulaire municipal* (1847), Vo droits de place ; ROY, *Traité de l'administration
financière des communes* (3e éd. 1862); LERAT et MAGNITOT,
t. II, p. 660 ; VUILLEFROY et MONNIER, *Principes d'administra-*

c'était au Ministre qu'il appartenait de donner l'approbation définitive à ces tarifs.

271. — LES PERCEPTIONS, OPÉRÉES EN VERTU DE TARIFS REVÊTUS SEULEMENT DE L'APPROBATION MINISTÉRIELLE OU PRÉFECTORALE, ÉTANT RÉPUTÉES ILLÉGALES, LES PARTICULIERS, SUR LESQUELS LES REDEVANCES ONT ÉTÉ PERÇUES, PEUVENT AGIR CONTRE LA COMMUNE, EN RESTITUTION. — Les communes, pour s'être conformées à une pratique administrative, qui leur était imposée par l'autorité supérieure, sans qu'il dépendît d'elles de s'y soustraire, se trouvent donc avoir opéré des perceptions illégales, et elles sont, par suite, exposées à voir les industriels, sur lesquels les droits ont été perçus, agir contre elles en restitution. Des demandes nombreuses se sont produites déjà; quantité d'industriels n'attendent, pour en formuler d'autres, que la confirmation par les Chambres réunies de la jurisprudence actuelle. On conçoit le trouble profond que cette situation est de nature à jeter dans

tion, p. 215; ROMAIN-VERDALLÉ, *Traité de la comptabilité des communes*, p. 64: SMITH, *Traité de l'administration communale*, p. 342; V. aussi, plaidoirie de M⁰ BARRY, avocat à la Cour de cassation insérée au *Bulletin municipal officiel* de la ville de Lyon, n⁰ du 11 avril 1897, p. 238 et suiv ; conclusions de M. le Procureur de la République Le Soudier, devant le tribunel civil de Villefranche, reproduites dans la *Revue de droit commercial*, n⁰ de janvier 1899, p 35 et suiv. — Dans le sens de la compétence du Préfet: BATBIE, *Droit administratif*, t. V, p. 123; BRUNEL, *Le budget communal* (Moulins 1866). V⁰ produits des permis de stationnement sur la voie publique; DALLOZ, *Répertoire supplément*. V⁰ commune, n⁰ˢ 500 et suiv.; DE RAMEL, *La loi municipale*, p. 109; RIGAULD et MAULDE, *Dictionnaire d'administration municipale* (1870-73); SAVOURÉ, *Recueil d'administration communale* (2ᵉ éd. 1855); ADDÉ l'article précité de GUILLEMIN, substitut du procureur de la République près le Trib. de la Seine, *Journal Le Droit*, n⁰ du 9 sept. 1898. — Dans un projet de code administratif, Bonnin (principes d'Administration publique, 1809) avait proposé de confier au Conseil de Préfecture les pouvoirs de contrôle attribués aux « administrations » par la loi de l'an VII.

l'état des finances communales. Il importe donc de se demander : 1° dans quelle mesure les demandes en restitution peuvent se produire ; 2° si les villes sont absolument désarmées en face de ces réclamations.

272. — *a) Dans quelle mesure ces demandes en restitution peuvent-elles se produire ?* Si l'on admet, avec la doctrine que nous avons précédemment combattue (n° 259), le système mixte, d'après lequel la loi de 1884 aurait, par dérogation à la législation antérieure, exigé l'intervention du chef de l'État, pour les tarifs à établir désormais par les communes, alors, qu'antérieurement à 1884, cette intervention n'était point nécessaire, il est tout d'abord hors de doute que les perceptions, recouvrées avant 1884, en vertu de tarifs non revêtus de l'approbation du chef de l'État, sont à l'abri de toute demande en restitution : leur légalité ne saurait être rétroactivement infirmée par les modifications législatives ultérieurement survenues dans la procédure d'approbation. — Il va également de soi que les perceptions, opérées, depuis 1884, en vertu de tarifs, votés postétieurement à la promulgation de cette loi, qui n'auraient pas été revêtus de l'approbation du chef de l'État seraient, à l'inverse, entachées d'illégalité.

Mais que décider, quant aux perceptions opérées, depuis 1884, en vertu de tarifs, non revêtus de l'approbation du chef de l'État et établis antérieurement à la promulgation de la loi municipale? Peut-on dire que ces tarifs ont été virtuellement destitués de leur force exécutoire et que, par suite, les perceptions faites, depuis 1884, en vertu de ces tarifs, sont irrégulières ? Nous ne saurions l'admettre, dans le silence de la loi municipale. Il faudrait, pour qu'il en fût ainsi, que les tarifs antérieurement établis eussent été, de la part du législateur de 1884, l'objet d'une abrogation formelle, ou que le législateur eût, tout au moins, déclaré, en termes exprès, que nulle perception ne pourrait être opérée à l'avenir, que

conformément à un tarif, revêtu de l'approbation du chef
de l'État. Or, la loi de 1884 ne renferme aucune disposition semblable. M. Guillemin, (*loc. cit.*, p. 841 *in fine*),
ajoute que le caractère permanent et définitif des tarifs
votés par le Conseil municipal, et dûment approuvés,
rend inadmissible l'interruption du service public auquel
ils étaient destinés à pourvoir, dans les nombreuses communes où ils fonctionnaient, en vue d'alimenter une
recette ordinaire du budget, que la loi de 1884 a maintenue
formellement, et qu'il n'est pas permis de supposer que
le législateur, qui n'a pris aucune mesure pour le rempla-
cement de ces tarifs, ait voulu les anéantir sans discussion, en privant les communes des ressources qu'ils leur
assuraient. La loi de 1884 ne saurait donc être considérée
comme ayant statué que pour l'approbation des délibérations à venir, sans avoir altéré rétroactivement la validité
des anciens tarifs, dûment approuvés, — lesquels n'ont
pas cessé, dès lors, d'être en vigueur.

274. — Si l'on admet, maintenant, que l'approbation du
chef de l'État n'ait jamais cessé d'être nécessaire — tant
avant que depuis 1884 — toutes les perceptions, opérées
par les communes à une époque quelconque, en vertu de
tarifs approuvés seulement par le Préfet ou par le Ministre,
sont évidemment illégales.

275. — *b) Les communes sont elles absolument désarmées vis-à-vis des tiers qui agissent contre elles en restitution? — α. Moyen de défense tiré de la prescription.*
En toute hypothèse, les industriels, de qui des redevances
auraient été perçues, en exécution de tarifs illégalement
établis, ne sauraient agir en restitution contre la Commune,
qu'autant que l'illégalité des perceptions opérées par celle-
ci ne serait point couverte par la prescription.

Mais quel est ici le délai de prescription applicable?

276. — S'il était possible de reconnaître aux autorisations de jouissances privatives du domaine public, dont le

produit profite aux communes, le caractère de locations, peut-être, pourrait-on dire aussi, qu'en dépit de la nullité du tarif et de l'illégalité des perceptions, qui en a été la conséquence, les industriels, qui ont joui, en fait, du domaine public, dans des conditions différentes de la collectivité des citoyens, ne sauraient être fondés à agir contre la Commune, en restitution des sommes par eux payées. Sans doute, il est vrai qu'un acte nul ne peut produire aucun effet ; mais, de la nullité du bail, passé entre le permissionnaire et l'administration, il résulterait que le premier aurai joui sans droit de la portion du domaine public, qui avait fait l'objet du contrat ; et, dès lors, il serait tenu envers la seconde, en vertu d'un quasi-contrat, pour le fait de l'occupation (1).

Ce raisonnement se heurte, malheureusement, à la jurisprudence des tribunaux tant judiciaires qu'administratifs qui reconnaît — ainsi que nous le verrons plus loin — aux taxes, perçues par les communes en exécution de l'article 7 § 3 de la loi de frimaire an VII, le caractère d'impôts indirects.

277. — *Objections que soulève l'interprétation, donnée par la Cour de cassation, à la diposition de l'article 247 de la loi du 28 avril 1816.* — Cela étant, il ne semblerait pas qu'il pût y avoir de difficulté, quant au délai de prescription applicable. C'est, en effet, une règle, consacrée à maintes reprises par la jurisprudence, que l'article 247 de la loi du 28 avril 1816, qui impartit aux contribuables, desquels il aurait été exigé ou perçu quelque somme au-delà du tarif, ou d'après les seules dispositions d'instructions ministérielles, un délai de six mois, pour

_____

(1) La Cour de cassation a, toutefois, décidé en sens contraire, que, lorsqu'un bail a été annulé, comme ayant étéfa it à un preneur incapable, ce dernier est dispensé de payer aucun loyer, pour le temps qu'il a occupé l'immeuble [Cass civ., 2 déc. 1885 (Deveria), D. 86.1.128 ; S. 86.1.120.]

formuler leurs demandes en restitution, s'applique à toutes les perceptions présentant le caractère de contributions indirectes.

Les taxes de stationnement tombent, dès lors, comme toutes les autres taxes assimilées aux contributions indirectes, sous le coup de cette disposition. D'où la conséquence, que les industriels, qui ont laissé passer le délai de six mois, sans faire valoir leurs réclamations sont déchus du droit de réclamer, et que les perceptions, remontant à plus de six mois, se trouvent validées, faute de réclamation dans ce délai, de la part des intéressés.

278. — La Cour de cassation ne l'admet, toutefois, pas ainsi.

Plusieurs arrêts de la Chambre civile ont, en effet, décidé : que l'article 247 de la loi du 28 avril 1816 n'est applicable *qu'au cas où des tarifs établis par une autorité compétente ont été étendus, modifiés ou forcés, en vertu d'instructions ou d'interprétations erronées ; et non, au cas où des droits ont été perçus sur de nouveaux tarifs, incompétemment et illégalement établis* (1). Spécialement, la Cour suprême, faisant application de la distinction qui précède, en matière de taxes communales, a jugé qu'une demande en restitution de droits de stationnement et d'amarrage, fondée sur l'illégalité de la perception, à raison de ce que le tarif, en vertu duquel les droits ont été perçus, n'aurait point reçu l'approbation du chef de l'État, mais aurait été établi seulement par arrêté préfectoral, approuvé par le Ministre de l'Intérieur, — c'est-à-dire par une autorité incompétente, suivant la théorie de la Cour suprême, — ne tombe pas sous le coup de la

_____

(1) V. civ. rej , 16 fév. 1886 (ville de Paris c. Célerier), D. 86.1.173 ; S. 86.1. 345 ; *Pand. franç.*, 88.1413 ; 11 juillet 1895 (Compagnie générale de navigation c. ville de Beaucaire), D. 96. 1 150 ; *Pand. franç.*, 96. 1. 89 ; 23 juillet 1896 (Radisson), D. 97.1.404 ; *Pand. franç.*, 97.1.71.

prescription spéciale de six mois, édictée par l'article 247
de la loi du 28 avril 1816 (1). La prescription trentenaire
du droit commun serait seule applicable aux demandes
en restitution dont il s'agit.

279. — Cette jurisprudence, combattue par M. l'avocat
général Desjardins, dans les conclusions par lui données
sur l'affaire Célerier, jugée le 16 février 1886, paraît dépourvue de tout fondement légal. Non seulement, l'article 247 de la loi du 28 avril 1816 ne formule point la distinction qu'elle consacre, mais le texte de cet article répu-
gne absolument à cette distinction.

L'article 247 comprend trois dispositions différentes. La
première, a pour but de confier aux tribunaux l'interprétation sommaire de la loi de finances, en déclarant qu'aucunes instructions ministérielles ou autres n'en sauraient
altérer le vrai sens ; « aucunes instructions, soit du Mi-
« nistre, soit du directeur général ou de la régie des impo-
« sitions indirectes, soit d'aucuns des préposés ne pour-
« ront, sous quelque prétexte que ce soit, annuler, éten-
« dre, modifier ou forcer le vrai sens des dispositions de
« la présente loi ; les tribunaux ne pourront prononcer
« des condamnations, qui seraient fondées sur lesdites
« instructions et qui ne résulteraient pas formellement de
« la présente loi ». Le deuxième paragraphe a pour objet
de proclamer, au profit du contribuable, le droit à restitution : « Les contribuables, de qui il aurait été exigé ou
« perçu quelques sommes au delà du tarif ou d'après les
« seules disposititions d'instructions ministérielles, pour-
« ront en réclamer la restitution ». Le troisième paragraphe, enfin, fixe la durée de l'action en restitution :
« Leur demande devra être formée dans les six mois ;
« elle sera instruite et jugée, dans les formes qui sont
« observées en matière de domaine ».

____

(1) Arrêt du 11 juillet 1895, précité.

280. — Le premier paragraphe est, comme on voit, étranger à l'action en restitution et à la prescription de cette action ; il vise le cas d'une poursuite abusive et d'une condamnation à intervenir, et prescrit aux tribunaux de ne point s'écarter, dans les jugements qu'ils prononceront du texte de la loi, dont aucune circulaire ou instruction ministérielle ne saurait « annuler, étendre, modifier ou forcer » les dispositions. On ne peut, par conséquent, emprunter les termes de ce premier parapraphe, pour dire que la perception de six mois n'est édictée qu'au cas où « des instructions erronées ont étendu, modifié ou forcé les tarifs ». C'est la deuxième partie de l'article, qui a trait à l'action en restitution, et le législateur s'y exprime de manière toute différente. Il prévoit des perceptions faites au delà du tarif *ou* d'après les seules dispositions d'instructions ministérielles, pour accorder, dans l'un et l'autre cas, l'action en restitution, prescriptible par six mois. Cette rédaction démontre à l'évidence que, dans le deuxième cas prévu, isolé du premier par le disjonctif « ou », les expressions « d'après les seules dispositions d'instructions ministérielles » supposent non pas seulement une perception *au delà du tarif* — ce qui constitue la première hypothèse — mais le défaut de la taxe elle-même, l'absence d'un tarif régulier concernant le droit perçu, l'absence d'une disposition légale, venant appuyer les seules dispositions d'instructions ministérielles.

281. — Le cas d'une perception faite, en vertu d'un tarif incompétemment et illégalement établi, rentre donc, manifestement, dans les prévisions de l'article 247, soit comme constituant une perception au delà du tarif légal, — car toute perception faite, en vertu d'un tarif incompétemment ou illégalement établi, est, manifestement, une perception au delà du tarif légal, — soit, comme faite en dehors de tout tarif régulier, et, par application de la deuxième hypothèse prévue par l'article 247, un tarif incompétemment et illégalement établi, n'ayant évidemment ni plus ni moins de valeur que les seules dispositions d'nne instruction ministérielle.

282. — Il est, d'ailleurs, tout à fait impossible d'admettre, que le législateur, se préoccupant des droits indûments perçus, et consacrant l'action en restitution de ces droits, eût négligé de prescrire, en termes exprès, la distinction proposée par la Cour suprême, s'il eût entendu l'établir. Cela est d'autant plus inadmissible que, dans son article 50, le décret du 1.er germinal an XIII, relatif aux contributions indirectes, disposait, en des termes absolument généraux et ne comportant aucune distinction : « *La prescription est acquise à la régie contre toute demandes en restitution de droits et marchandises, après un délai révolu de deux années* ». Comment le législateur de 1816, réduisant le délai de l'article 50, qui s'appliquait à toutes les demandes en restitution, sans restriction aucune, n'aurait-il pas formellement proclamé que cette réduction ne serait applicable qu'à une catégorie de demandes en restitution seulement, et que, pour les autres, le délai de deux ans de l'article 50, loin d'être réduit à six mois, serait porté, au contraire, à trente ans, conformément au droit commun ?

283. — L'article 1er du décret de l'an XIII n'a pas, il faut bien le remarquer, été, de la part du législateur de 1816, l'objet d'une abrogation expresse. On ne peut le considérer comme ayant été abrogé, que par voie implicite; et, dès lors, de deux choses l'une : ou l'article 1er du décret de l'an XIII a été abrogé dans son entier, — l'article 247 s'est substitué alors à lui complètement et la prescription de six mois a remplacé, dans tous les cas, la prescription de deux ans, instituée par le décret de l'an XIII. C'est en ce sens que la Cour suprême avait, dans un arrêt du 4 avril 1876 (1), dont la jurisprudence n'a malheu-

____

(1) 4 avril 1876 (Contr. indir. c, Bailleul, 3e espèce) D. 77.1.69.

reusement pas été maintenue, par la suite, interprété
l'article 247 de la loi du 28 avril 1816. Ou, au contraire, l'article 1er du décret de l'an XIII n'a été abrogé
par la loi de 1816 que pour partie, — l'article 247 de cette
loi n'étant applicable, comme le décide actuellement la
Cour de cassation qu'aux demandes en restitution de perceptions opérées en vertu d'un tarif, compétemment établi,
mais « étendu, modifié ou forcé par des instructions ou
des interprétations erronées », — le décret de l'an XIII
subsiste, alors, pour le surplus, et toutes les demandes en
restitution, autres que celles qui rentrent dans la catégorie
précédente, demeurent soumises à la prescription de deux
ans, instituée par l'ar. 50 du décret de germinal an XIII.

284. — De toute manière, on arrive à cette conclusion :
que la prescription trentenaire est inapplicable aux
demandes en restitution de droits de stationnements ou
autres taxes communales, fondées sur l'illégalité de la perception, à raison de ce que le tarif de ces droits n'aurait
point reçu l'approbation de l'autorité compétente. Si,
comme nous le croyons, l'article 247 de la loi de 1816 est
applicable à ces demandes, c'est la prescription de six
mois qui les régit ; si, au contraire, comme le décide la
Cour de cassation, la disposition de l'article 247 ne leur
est pas applicable. elles sont soumises à la prescription de
deux ans du décret de l'an XIII. En toute hypothèse, la
prescription de trente ans se trouve, par conséquent, écartée.

285. — Ainsi, en admettant que les perceptions, pour
jouissances privatives du domaine public national, opérées
en vertu de tarifs non revêtus de l'approbation du chef
de l'État, dûssent être considérées comme illégales, les
communes se trouveraient, en tous cas, protégées contre

— V. encore sur la question : req. 19 août 1867 (D. 68. 1. 78 ; S.
67. 1. 433) : Cass. Belge. 18 avril 1883, D. 83. 2. 149. — ADDÉ
DALLOZ, *Répertoire*, Vo impôts indirects, no 453.

l'action des industriels en restitution des droits indûment
perçus, par la prescription de six mois, ou, tout au moins,
par la prescription de deux ans.

286. — β. *Les communes peuvent se réclamer aussi des
principes déposés dans l'article 1235 du Code civil.* —
Ce résultat est conforme à l'équité. Comme l'a fait justement observer M. l'avocat général Sarrut, dans ses conclusions sur l'affaire Compagnie générale de navigation, jugée
par la Cour de cassation le 23 mars 1897, les communes
sont assimilables à des mineures ; elles n'agissent qu'avec
l'approbation de l'administration supérieure, qui les conseille et les guide. Dans l'espèce, les communes qui, depuis
l'an VII, ont perçu des redevances pour occupations sur les
dépendances du domaine public, en vertu de tarifs, non
revêtus de l'homologation du chef de l'État, ont procédé
de l'assentiment, — bien plus, d'après les instructions for-
melles du Ministre. Serait-il juste, dans ces conditions,
qu'on les condamnât à restituer les sommes considérables
qu'elles ont perçues, depuis trente ans, et qu'on les ruinât,
pour s'être conformées aux prescriptions ministérielles ?

287. — Serait-il juste, d'un autre côté, que les industriels qui, pendant de nombreuses années, ont été admis
à jouir privativement de dépendances souvent étendues du
domaine public, soustraites ainsi, dans leur intérêt personnel, à l'usage de tous, et qui ont retiré de cette occupation privative des profits importants, aient eu gratuitement le bénéfice de pareils avantages ; et n'est-il pas
permis de dire que ces industriels sont, tout au moins,
tenus envers la commune, en vertu d'une obligation naturelle, qui s'oppose à la restitution des sommes par eux
payées ? Sans doute, l'art. 1235 du Code civil ne s'oppose
à la restitution du payement fait en exécution d'une obligation naturelle, qu'à la condition que ce payement ait été
volontaire, c'est-à-dire fait en connaissance de cause, et,
dans le fait, il est certain que les particuliers, qui ont

payé les droits de stationnement, ont cru s'acquitter d'une
dette civile. Mais cette interprétation rigoureuse n'a-t-
elle pas rencontré en doctrine des adversaires considérables (1)?

288. — γ. *Enfin, les communes, dont le budget est soumis à l'approbation du chef de l'État, ne se trouvent-
elles pas en règle avec les exigences de la Cour de
cassation, dès lors que leurs budgets annuels, dans lesquels sont prévues, au chapitre des recettes, les perceptions à provenir de l'application du tarif des droits
de stationnement, ont reçu cette approbation?* A ces
divers moyens de défense, les communes peuvent en
ajouter un dernier. Celles, d'entre elles, dont le budget
est soumis à l'approbation du chef de l'État (art. 145 § 3
de la loi municipale) peuvent tirer argument de cette
approbation, pour soutenir que les perceptions pour droits
de stationnement, prévues au chapitre des recettes de leurs
budgets, se trouvent régularisées par l'approbation que le
chef de l'État a donnée à ces budgets, et que, si l'approbation du chef de l'État est nécessaire, pour la régularité
de la perception, cette approbation a été, en fait, obtenue·

289. — Les tribunaux de l'ordre administratif ou judiciaire ont, en effet, à maintes reprises, proclamé l'équiva-
lence de l'autorisation implicite résultant de l'approbation
du budget, à l'approbation expresse, donnée spécialement
à tel élément de recettes ou de dépenses.

C'est ainsi, que le Conseil d'État a jugé, notamment,
que, lorsque la délibération du Conseil municipal, votant
une subvention pour contribuer à un travail public, n'a pas
été approuvée expressément par le Préfet, elle doit être
considérée comme approuvée implicitement, si les sommes,
représentant les annuités dûes, ont été portées, pendant
plusieurs années, aux budgets de la ville, et si ces budgets,

(1) V. notamment, Aubry et Rau, 4e édit., t. III, p. 531.

votés par le Conseil municipal, ont reçu l'approbation préfectorale (1).

La Cour de cassation a décidé, de même, que la nullité d'un emprunt, contracté par une commune en dehors des formes prévues par la loi, et, spécialement, en l'absence de l'approbation préfectorale, est couverte, lorsque l'emploi de l'emprunt a figuré dans plusieurs budgets successifs de la commune, votés par le Conseil municipal et réglés définitivement par le Préfet (2).

290. — L'approbation, par le chef de l'État, du tarif des droits à percevoir, pour stationnements sur le domaine public national — supposée nécessaire à la régularité de la perception — résulterait donc implicitement de l'approbation, donnée par décrets annuels, aux budgets successifs de la Commune, où figureraient, au chapitre des recettes, les sommes à provenir de l'approbation de ces tarifs.

PARAGRAPHE TROISIÈME

Bases d'établissement des tarifs.

291. — Pratique administrative suivie, a cet égard, depuis 1807. — Dès 1807, l'administration a soutenu que les redevances à percevoir par les communes, en application de l'article 7 § 3 de la loi de frimaire an VII, devaient être calculées exclusivement, d'après l'étendue de la surface du sol occupée par le permissionnaire.

« Vous voudrez bien observer, écrivait le Ministre aux Préfets, dans sa circulaire du 17 décembre 1807, que le droit de place doit être entièrement distinct du droit d'oc-

(1) V. Cons. d'État, 30 avril 1863. Leb., p. 399; 13 avril 1850, Leb.. p. 984; 5 décembre 1879 Leb., p. 791.

(2) Cass. Req , 6 décembre 1864 (commune de Routot). S. 65, p. 172; D. 95.1.295.

troi, et qu'il ne doit être établi qu'à raison du mètre de terrain, que les marchands voudront occuper, et non à raison de la marchandise qu'ils étalent ».

Cette doctrine administrative, qui s'appliquait aux locations de place, tant dans les halles, foires et marchés que sur les rivières, ports, promenades et autres lieux publics où s'exerce le droit des communes, en vertu de la loi de frimaire an VII, a été affirmée, depuis, dans des circulaires ou instructions ministérielles nombreuses (1) ; elle a été reproduite, en dernier lieu, dans la circulaire du 15 mai 1884.

« Comme les droits de stationnement, de place et de « location — porte cette circulaire — représentent, ainsi

(1) Voy. notam. : lettres ministérielles des 19 janvier, 13 mars et 14 mai 1839 (*Bull. off.* Min. Int., p. 276; (Dalloz, *Répertoire*, V° commune, n° 501). « Le Conseil municipal de la commune de....., écrivait le Ministre, dans cette dernière lettre, délibérant sur l'établissement de droits de place, avait énoncé, dans le tarif, que le prix de location serait fixé à raison de..... par chaque panier, par chaque barrique de vin, etc. Dans ce système, c'est la marchandise qui est imposée, tandis que la taxe ne doit porter que sur l'emplacement. Aussi, M. le Ministre de l'Intérieur, en renvoyant le tarif, pour être rectifié, faisait-il observer qu'il fallait fixer d'une manière invariable le prix du mètre carré superficiel, en laissant l'occupant libre d'en disposer à son gré ; de telle sorte que, si, sur un espace donné, il lui convient de réunir une plus grande quantité de marchandises que celle qui est déterminée dans le prix du règlement, il puisse user de cette faculté, sans supporter une augmentation de droit, — ce qui ne fait pas d'ailleurs obstacle à ce que l'autorité locale règle ses prix de location, en raison de la situation des emplacements affectés aux marchandises d'espèce différente, selon l'étendue d'emplacement qu'elles exigent. Par une autre lettre datée de 1866, (Souviron, Manuel des cons. municipaux, 1re édit., p. 34 et suiv.), le Ministre a refusé d'autoriser la perception d'une taxe communale, à raison du stationnement des marchands ambulants sur la voie publique, pour ce motif qu'il était impossible de calculer le montant du droit d'après l'étendue de la surface occupée. « Le Conseil municipal de. .... a voté l'établissement d'un droit de stationnement, à payer par les

« que les droits de place dans les halles, foires et marchés,
« le prix de location d'emplacements, l'administration
« supérieure doit exiger que les uns et les autres soient
« calculés d'après la superficie de ces emplacements, et
« non à raison de la valeur des objets que l'on y dépose
« ou que l'on y fait stationner ».

292. — Le fondement de cette doctrine repose, comme
on voit, sur le caractère de « locations », que présente-
raient les autorisations privatives, dont le produit profite
aux communes, en vertu de la loi de l'an VII. « Il est de
« principe, écrivait en 1843, M. Davenne (1), et c'est
« toujours ainsi que, dès l'origine, l'établissement des
« droits de place a été envisagé, que ces droits représen-
« tent le loyer d'une portion du sol communal ou de la
« voie publique, dont la commune concède l'usage. Aussi,
« est-ce en raison de la superficie, qu'ils doivent être

marchands ambulants de divers aliments, qui auront été admis
à circuler dans les rues de la ville. Consulté par le Préfet sur la
question de savoir s'il y aurait lieu d'approuver cette délibération, le Ministre de l'Intérieur s'est prononcé négativement pour
les motifs suivants:

Les droits de stationnement, dont la perception peut être autorisée, en vertu de la loi de 1837, doivent être calculés, comme les
droits de place dans les halles et marchés, à raison de la superficie
occupée. Or celui dont la ville de..... propose l'établissement
ne serait pas fixé d'après cette base. D'ailleurs le temps, pendant
lequel les marchands ambulants stationnent sur la voie publique
pour vendre leurs denrées, est essentiellement variable; il serait
difficile, sinon impossible, de soumettre ce stationnement à un
droit, calculé sur l'étendue du sol qu'ils occupent. Une semblable
perception ne saurait donc être autorisée, et le Maire de..... doit
se borner à prendre, à l'égard des marchands ambulants, les mesures de police nécessaires, pour assurer la libre circulation dans
les rues de la ville. V aussi, instructions de l'administration des
domaines n° 2600 (du 7 septembre 1878), et n° 2494.

(1) V. DAVENNE, *Régime administratif et financier des communes*, p. 263 et suiv. — V. aussi BRUNEL, *Du budget communal*,
(Moulins, 1866) ; — SMITH, *Traité de l'administration communale*, n° 808 et suiv.

« perçus, et non à raison de la valeur de la marchandise.
« Il résulte de cette distinction essentielle, que les tarifs
« ne doivent rien contenir, qui tende à transformer le
« droit en un impôt sur la denrée, car ce serait créer des
« taxes d'octroi, sous une autre forme, et, dès lors, violer
« les règles de la législation, sur cette matière ».

293. — En réalité, nul texte de loi ne détermine les
bases de calcul qui doivent servir a la fixation de la taxe,
et les communes sont libres, par conséquent, d'adopter telle
base de calcul qu'il leur plait, pourvu qu'elle tiennent
compte de l'importance et de la durée de l'occupation. —
Bien qu'acceptée par un assez grand nombre d'auteurs (1),
cette théorie nous paraît en réalité dépourvue de tout fondement légal. Nous convenons que les occupations privatives du domaine public, soumises à redevance, présentent le caractère apparent de locations ; nous serions même
disposé à admettre, que le législateur de l'an VII ait considéré comme des locations véritables les concessions
d'emplacement, qu'il autorisait les communes à délivrer,
moyennant redevance, dans les halles, marchés, chantiers
et sur les divers lieux publics, énumérés dans l'article 7
§ 3 de la loi de l'an VII ; on confondait, en effet, encore, à

(1) « L'expression : droit de place, dont se sert l'art. 31 § 6 de la
loi de 1837, dit Trolley, (t. IV, p. 204), caractérise parfaitement les
taxes, que la commune est autorisée à percevoir ; ce n'est pas un
impôt indirect sur les marchandises, mais le loyer d'une propriété
communale, de l'emplacement occupé par les marchands. En
conséquence, la rétribution ne doit être fixée, ni sur la valeur et
la qualité des denrées mises en vente, ni même, à raison du
nombre de paniers ou de barriques. Il faut que le tarif détermine
d'une manière invariable le prix du mètre carré superficiel, en
laissant l'occupant maître d'en disposer à son gré, et de réunir sur
un espace donné, toutes les marchandises qu'il lui est possible de
placer, sans augmentation de droit ». V. aussi, Davênne, *loc. cit.*;
Brunel, *loc. cit.*; Vuillefroy et Monnier, p. 215; Dalloz, *Répertoire*. V° commune, n° 501 ; V° halles, foires et marchés, n°s 63 et
suiv.

cette époque, les biens possédés par la Nation, à titre de propriété publique — et constituant le domaine public, soustrait aux relations du droit privé, — avec ceux, que la Nation possède, comme les particulier, à titre de propriété privée, et qui, comme tels, sont susceptibles de tous les contrats, dont peuvent faire l'objet les biens placés dans le commerce. Mais il nous paraît impossible de considérer aujourd'hui, *d'une manière générale et sans distinction*, les autorisations privatives quelconques — stationnements de voitures, installations d'échoppes ou autres, dépôts de marchandises, etc., — consenties par l'administration, sur le domaine public, comme des locations véritables.

294. — Déjà, dans le rapport, présenté à la Chambre des Députés, le 26 avril 1836, sur le projet qui est devenu la loi de 1837, M. Vivien faisait observer que les droits perçus dans les halles, foires et marchés devaient être distingués du produit des permis de stationnement et de location sur la voie publique, « et qu'il ne faut pas confondre ces deux perceptions, qui ne se font point d'après les mêmes bases » (1). La base est, en effet, différente, en ce que les halles constituent, généralement, des propriétés privées de la commune, susceptibles de locations, comme les biens quelconques des particuliers. tandis que la voie publique, les rivières, etc., constituent des propriétés publiques non susceptibles *en principe* de faire l'objet d'un bail.

295. — Il est, au surplus, indifférent à la solution de la question qui nous occupe de savoir si les autorisations privatives, consenties par l'administration sur le domaine public, présentent ou non le caractère de locations ; qu'il y ait ou non location, nul principe quelconque ne saurait conduire à cette conclusion, que les communes doivent

(1) Voy. Dalloz, Vᵒ commune, nᵒ 191, p. 260.

prendre exclusivement, pour base du tarif des droits qu'elles établissent, l'étendue de la surface du sol occupée par le permissionnaire.

S'il s'agit, en effet, d'une location, les communes sont libres de fixer, comme elles l'entendent et d'après telles bases qu'il leur plaît, le prix du bail.

S'il s'agit d'une simple permission, soumise à la perception d'une taxe, aucune loi ne détermine les bases de calcul, qui doivent servir à la fixation de cette taxe.

Les communes conservent donc, dans cette hypothèse encore, toute liberté, et rien ne les empêche de fixer le montant du droit, d'après une base autre que l'étendue de la superficie du sol occupé : par exemple, d'après le nombre des voitures, leur espèce ou leur contenance, ou d'après telle autre base quelconque de calcul, pourvu qu'elle tienne compte de l'importance et de la durée de l'occupation.

296. — JURISPRUDENCE DE LA COUR DE CASSATION. — La jurisprudence de la Cour de cassation est en ce sens, et à deux reprises différentes, la Cour suprême a condamné la théorie de l'administration. C'est ainsi qu'elle a décidé, notamment, que le droit de stationnement, établi par le Conseil municipal sur les voitures des entreprises de vidange, est légal, bien que la taxe soit perçue, d'après la quantité des matières utilisables extraites. « Attendu, porte l'arrêt, que les Conseils municipaux ne sont nullement astreints à se conformer à des bases spéciales de calcul, pour la fixation de la taxe de stationnement, et qu'aucun texte de loi ne leur impose, notamment, l'obligation de prendre en considération exclusive l'étendue de la superficie occupée (1) ».

(1) Req., 21 juin 1880 (Compagnie mutuelle des vidanges c. ville de Lyon). S. 81.1.33.; D. 81. 1. 40 ; civ. rej. 18 nov. 1850 (Eschenaeür). D. 54.1.259; S. 50.1.785. — V. aussi, CHAUVEAU,

En l'absence d'une définition donnée par la loi, le droit à percevoir par les communes, pour jouissances privatives du domaine public, doit être considéré comme légalement établi, dès l'instant qu'il tient compte des circonstances qui justifient la perception de la taxe, et, notamment, de l'importance et de la durée de l'occupation. Or, il est manifeste, qu'en calculant, par exemple, la taxe due pour le stationnement des voitures de vidanges, d'après la quantité des matières extraites, on tient compte à la fois de la durée du stationnement, de la dimention des voitures, et, par conséquent, de l'importance de l'occupation.

PARAGRAPHE QUATRIÈME

Caractère des arrêtés municipaux pris pour assurer la perception des droits.

297. — L'ARRÊTÉ, PRIS PAR LE MAIRE, POUR RENDRE EXÉCUTOIRE, DANS LA COMMUNE, LE TARIF, DUMENT APPROUVÉ, DES DROITS DE STATIONNEMENT, EST DÉPOURVU DE LA SANCTION PÉNALE DE L'ARTICLE 471 § 15 DU CODE PÉNAL. — Lorsque le tarif, délibéré par le Conseil municipal, a reçu l'approbation de

Journal de droit administratif. année 1859, t. VII, p. 136-137 ; 1867, p. 154, n° 966.

Le conseil d'état a, toutefois, jugé, en sens contraire — et conformément aux prétentions du Ministre de l'Intérieur — que le droit ne peut être établi légalement qu'à la condition d'être calculé d'après la superficie du sol, objet de l'occupation, « attendu — porte l'arrêt — que la loi de l'an VII et l'arrêté du Gouvernement du 4 thermidor an X, en autorisant les communes à établir des droits de location de place dans les foires et marchés, disposent, par cela même, que ces droits ne doivent être perçus qu'à raison de la superficie occupée par les marchandises exposées ». C. Ét., 4 mai 1877, (Chabaud c. ville du Mans), Leb., p. 411. — V., dans le même sens, les observations du Ministre de l'intérieur sur l'affaire ville de Dieppe, du 7 janvier 1876. Leb., p. 4.

l'autorité compétente, le Maire n'a plus qu'à prendre un arrêté, pour déclarer ce tarif exécutoire, sur le territoire de la Commune.

L'arrêté municipal, qui intervient, n'ayant point le caractère d'un règlement de police, est dépourvu de la sanction pénale, édictée par l'article 471 § 15 du Code pénal. Nul texte spécial ne chargeant, d'autre part, la juridiction répressive d'assurer la perception des droits de place et de stationnement contre les redevables qui refusent de les acquitter, les infractions à cet arrêté ne sauraient donner lieu à poursuite devant les tribunaux de répression, et elles ne peuvent engendrer qu'une action purement civile. C'est ce que décide une jurisprudence déjà ancienne et constante de la Chambre criminelle de la Cour de cassation (1).

PARAGRAPHE CINQUIÈME

Recouvrement des droits. — Compétence.

298. — Conséquences qui résulteraient, tant au point de vue du mode de recouvrement qu'au point de vue du contentieux de ce recouvrement, du caractère de droits de locations que prétend attribuer l'administration aux perceptions opérées par les communes en exécution de l'article 7 § 3 de la loi de frimaire an vii. — S'il fallait considérer les droits à percevoir par les communes, en exécution de l'article 133 § 7 de la loi de 1884, comme présentant le caractère de

(1) V. crim. 16 avril 1863 (Clerc), D. 65.1.44; S. 65.1.198; — 11 juin 1836 (Montfouilloux), S. 36.1.847; V. aussi, 28 juin 1867 (Blanchard), D. 69.5.334; — 22 mars 1883 (Baraton), D. 84.1. 47, S. 83.1.528; — 26 mars 1886 (Claveranne-Pus) : S. 86.1.286; — 23 fév. 1883 (Urruty), S. 88.1.344; V. Dalloz, *Répertoire, supplément,* Vᵒ commune, nᵒ 480.

droits de locations véritables, une double conséquence en résulterait, tant au point de vue du recouvrement de ces droits, qu'au point de vue du contentieux des difficultés auxquelles ce recouvrement peut donner lieu.

Aux termes de l'article 154 de la loi 1884, les recettes municipales, pour lesquelles les lois et règlements n'ont pas prescrit un mode spécial de recouvrement, s'effectuent sur des états, dressés par le Maire, et rendus exécutoires par le Préfet ou par le Sous-Préfet. Dans son rapport sur le projet, devenu la loi de 1837, — à laquelle l'article 154 est empruntée — M. Vivien expliquait que cette procédure a été introduite, en vue du cas où la commune agit comme propriétaire, en recouvrement, par exemple, du prix d'une vente mobilière ou d'une location, et où elle ne possède point de titre de perception, ayant l'autorité d'un acte administratif. Cette disposition de l'article 154, trouverait évidemment son application, en notre matière, si les droits, qui nous occupent, présentaient le caractère de droits de locations.

Les principes généraux du droit conduiraient, d'autre part, à cette conséquence, que les difficultés, relatives au recouvrement de ces perceptions, devraient être déférées à la juridiction des tribunaux ordinaires (1).

299. — Conséquences qui résultent, a ce double point de vue, du caractère d'impots indirects qu'une jurisprudence constante reconnait a ces perceptions. — Or, il résulte de la jurisprudence de la Cour de cassation, que les droits à percevoir par les communes, en vertu de la loi de frimaire an VII, échappent à l'application de l'article 154 de la loi municipale, et que la commune, au lieu de procéder, pour le recouvrement, par voie d'état, dressé par le Maire et approuvé par le Préfet, — ainsi que le prescrit cette article, — peut

(1) V. en ce sens, Béquet. V° commune, n° 3157; Morgand, sous art. 154, p. 400.

agir par voie de contrainte, visée et déclarée exécutoire par
le juge de paix, comme en matière de contributions indirectes. La jurisprudence applique aux droits de stationnement et de plaçage les dispositions du décret du 1er germinal an XIII (1). D'autre part, si la jurisprudence reconnaît bien compétence aux tribunaux ordinaires, pour connaître des difficultés qui peuvent s'élever, relativement au
recouvrement des droits dont il s'agit, elle n'invoque point,
pour décider ainsi, les principes généraux du droit, mais
une législation spéciale : celle qui régit la matière des
contributions indirectes et qui soumet le contentieux de
ces contributions à la juridiction civile.

300. — *a) État de la jurisprudence.* — C'est, qu'en
effet, la Cour de cassation et le Conseil d'État reconnaissent formellement aux perceptions, effectuées par les
communes, en exécution de l'article 7 § 3 de la loi de
frimaire an VII, le caractère de contributions indirectes.
Cette jurisprudence s'est affirmée dans une suite nom-
breuse et constante d'arrêts. D'une manière générale, la
Cour de cassation et le Conseil d'État font rentrer, dans la
catégorie des contributions indirectes, comme étant de la
même nature que ces contributions, les droits quelconques,
énumérés dans l'article 133 de la loi de 1884. C'est ce qui
a été successivement décidé pour les droits de pesage, de
jaugeage et de mesurage, les taxes d'abattage, de tonnage,
les droits d'attache, d'amarrage, les droits de voirie, les
droits de stationnement et de locations dans les halles,
foires et marchés. Les droits de stationnement et de
locations sur la voie publique et sur les autres lieux

____

(1) V. notam : Cass. civ., 25 février 1896 (Dodigeos), D. 96.
1. 390; S. 1. 436 ; — 15 février 1899, (Commune de Meudon). S.
99. 1. 388. Conséquence : l'opposition à contrainte doit être faite
avec assignation à comparaître à jour fixe, dans le délai de hui-
taine.

publics quelconques où s'exerce le droit des communes, n'échappent pas à l'application de la même règle (1).

« Considérant — porte, entre autres décisions, — un arrêt du Conseil d'État, du 16 juillet 1886 (commune de Courbevoie) que les droits de stationnement que les communes peuvent percevoir, en vertu de la loi du 11 frimaire an VII (il s'agissait, dans l'espèce, d'une taxe afférente à l'établissement d'un appareil de levage sur la berge de la Seine, ainsi qu'au stationnement d'un dock flottant dans le lit du fleuve), rentrent dans la catégorie de ceux qui sont énoncés dans l'article 2 de la loi des 7-11 septembre 1790 (c'est-à-dire des impôts indirects) ; que, d'après cet article, en cas de contestation entre l'administration et ses préposés sur la perception de ces droits, c'est à l'autorité judiciaire qu'il appartient de prononcer, etc..... »

« Considérant — dit, de même, un arrêt du 19 février 1868 — que les droits de stationnement que les communes peuvent percevoir sur la voie publique, en vertu de l'article 7 de la loi de frimaire an VII (il s'agissait, cette fois, de droits, réclamés, à raison du stationnement des voitures d'omnibus, s'arrêtant périodiquement sur la voie publique, pour y prendre des voyageurs) rentrent dans la caté-

_____

(1) Conflits, 30 avril 1898 (Lombard) (*Droits de place et de stationnement*). D. 99.3.94 ; Cons Ét., 16 novembre 1894 (ville de Paris) (*Redevance communale due pour la pose de fils télégraphiques*), D. 95. 3. 84 ; Conflits 15 mars 1879 (*Droits de place perçus dans les halles, foires, marchés et chantiers sur les rivières, ports et promenades publiques*). D. 79. 3. 74 ; Req. 5 août 1869 (*Droits de location et de stationnement dans les halles et marchés*) (Deboos). D. 69. 1. 493 ; Civ. 18 avril 1893 (*Droits perçus en exécution de l'art. 133, loi de 1884*) (Cadenet) D. 93.1.548 ; S. 93. 1. 240 ; Cons. Ét., 16 juillet 1886 (commune de Courbevoie), D. 87.3.126 ; 19 février 1868, D. 69.3.17 ; 6 mars 1885 (commune de Porcieu). D. 86.3.127 ; Cass. civ. 9 décembre 1865 (Cayla), D 86.1.414 ; 8 décembre 1887, (Ville de Rouen), D. 88.1.153 ; S. 90 1.345 ; V. aussi *Répertoire général du droit français*. S. 93. 2. 157.

gorie de ceux énoncés dans l'article 2 de la loi des 7-11 septembre 1790..... ».

Bornons-nous à citer encore un autre arrêt, du 6 mars 1885 (commune de Porcieu-Amblagnieu) dans lequel le droit de place, constituant un impôt indirect, se trouve nettement opposé au loyer, résultant d'un contrat de location. « Vu les lois des 7-11 septembre 1790 (art. 2), 11 frimaire an VII (art. 7), 18 juillet 1837 ; — Considérant que les poursuites, exercées par la commune de Porcieu-Amblagnieu contre le sieur Perrin, avaient pour objet le payement des redevances, réclamées par ladite commune, à raison de l'occupation, par ledit sieur Perrin, de certaines parcelles de terrain sises sur la rive gauche du Rhône.

« Considérant que, soit *qu'il s'agit de la perception du loyer d'un bien communal, soit qu'il s'agit du recouvrement d'un droit de place, établi sur le domaine public fluvial, dans les conditions de l'article 7 § 3 de la loi du 11 frimaire an VII*, qui ne rentre pas dans les contributions directes, dont le contentieux appartient au Conseil de préfecture, l'autorité judiciaire est seule compétente, pour statuer sur les contestations existant entre le redevable et la commune ; qu'ainsi, le Conseil de préfecture est, dans tous les cas, incompétent pour en connaître (1) ».

301. — Restent à déduire les conséquences, qui résul-

_____

(1) « Considérant, porte, de même, un arrêt Velter (5 avril 1895. D. 96.3.43), que c'est à l'autorité judiciaire qu'il appartient de connaître des contestations relatives, *tant à l'application des droits de place dans les halles et marchés qu'à l'exécution des baux des propriétés communales ;* que l'arrêté attaqué ne faisait pas obstacle à ce que le sieur Velter fasse valoir devant cette autorité les moyens qu'il prétendait tirer de ce que la contribution aux frais d'assurance constituerait soit un accroissement illégal des droits de place, soit une aggravation des conditions d'un bail consenti par la ville ; que, dès lors, le sieur Velter n'est pas recevable à déférer au Conseil d'État, par la voie du recours pour excès de pouvoir, l'arrêté du préfet de la Seine du..... »

tent du caractère d'impôt indirect, reconnu par la jurisprudence aux taxes perçues par les communes, en vertu
de l'article 7 § 3 de la loi de frimaire an VII.

302. — *b) Conséquences, au point de vue des formes
du recouvrement.* — Nous avons envisagé ci-dessus ces
conséquences, au point de vue du recouvrement de la taxe.

303. — *c) Conséquences, au point de vue de la compétence.* — Au point de vue de la compétence, ce sont les
Tribunaux ordinaires qui sont compétents pour connaître
des difficultés auxquelles ce recouvrement peut donner
lieu (1).

Deux hypothèses peuvent d'ailleurs se présenter : ou la
commune perçoit les droits par elle-même, ou la perception des droits est affermée. Aucune difficulté, dans la première hypothèse, sur la compétence des Tribunaux judiciaires. Dans la deuxième hypothèse, il faut distinguer.
S'il s'agit de contestations entre le fermier et le redevable, c'est l'autorité judiciaire qui est compétente pour
en connaître (2) ; mais, s'il s'agit de contestations entre le
fermier et la commune, la compétence appartient au Conseil de préfecture, pourvu toutefois que la contestation
porte sur le sens du bail. Le Conseil d'État assimile, en
effet, les droits de locations de place aux octrois, et leur
applique, en conséquence, les dispositions de l'article 136
du décret du 17 mars 1809 et de l'article 9 de la loi du
21 juin 1865, qui attribuent compétence aux Conseils de
préfecture, pour statuer sur les contestations qui peuvent
s'élever entre les fermiers des octrois et les communes, sur
le sens des clauses de leurs baux (3).

(1) V. les arrêts ci-dassus cités page 292. ADDÈ 12 août 1854
(Brettmayer), S. 55.2.216 ; D. 55. 3. 86. 26 août 1858, S. 59. 2.
390. Confl. 8 nov. 1851, S. 52.2.250. — C. Ét. 10 mars 1848, S.
48.2.407, etc.

(2) C. Ét., 15 février 1884, et les renvois. D. 85.3.95; Bordeaux
8 juin 1892, et les renvois, D. 96.1.503, etc.

(3) C. Ét., 28 juin 1895 (Vianin). D. 96.3.61 ; — 13 mars 1891

304. — α. *Étendue des pouvoirs qui appartiennent à l'autorité judiciaire*. — La juridiction civile et la juridiction administrative s'accordent, d'ailleurs, à reconnaître que la compétence de l'autorité judiciaire, en matière de contributions indirectes et de taxes assimilées, comprend le droit de vérifier la légalité des actes, en vertu desquels ces contributions et taxes sont mises en recouvrement. Si le sens et la validité de ces actes sont contestés, il n'en résulte pas de question préjudicielle, que l'autorité judiciaire doive renvoyer à l'autorité administrative.

« Les tribunaux — dit M. Laferrière — juges de l'obligation prétendue des redevables, sont aussi juges du titre d'où elle dérive, de son interprétation, s'il est ambigu, de sa légalité, si l'on conteste son caractère obligatoire (1). »

305. — β. *Application de la théorie du recours parallèle*. — De ce que l'autorité judiciaire est exclusivement compétente, en matière de contributions indirectes et de tarifs établissant ces contributions, découle cette conséquence importante, que le particulier, autorisé à jouir privativement d'une portion du sol du domaine public et qui conteste la légalité de l'acte administratif, servant de base à la perception de la taxe, — à raison, par exemple, de ce que le tarif, qui est appliqué, aurait été établi par une autorité incompétente, — ne saurait être admis à se pourvoir

---

(Medioni), D. 92.3.87 ; Conflits 15 mars 1879 (Renaud), D. 79.3. 74 ; 28 mars 1874. (Jamet) D. 75.3.14 ; Cass. civ. 25 fév, 1874, (Hilaire). D. 76.1.134. V, en sens contraire, CHAUVEAU, *Journal de droit administratif*, année 1860, p. 391, etc ; mais le Consei de préfecture cesserait d'être compétent, s'il s'agissait d'une contestation entre le fermier et la commune, ne portant pas sur le sens du bail. C. Ét. 23 nov. 1877 (ville de Boën). D. 78.3 12 ; 13 mars 1891 (Medioni) précité.

(1) Laferrière, 2ᵉ éd., t. I, p. 696. — C. Ét., 18 déc. 1862 (Roy), Leb. p. 823. S. 63.3.71 ; — 20 mars 1891 (impl.). S. 91.3.37 ; D. 92.3 89 ; 18 février 1898 (Le Buf), D. 99.3.36 ; 25 fév. 1898 (Tazé), dᵒ ; Conflits, 30 avril 1898 (Lombard), D. 99.3.94.

au Conseil d'État contre cet acte administratif, par la voie
du recours pour excès de pouvoir. C'est l'application du
principe que le recours pour excès de pouvoir n'est point
recevable, lorsque la partie lésée, par un acte administratif argué d'illégalité, peut obtenir satisfaction, en exer-
çant un autre recours, devant une autre juridiction administrative ou judiciaire (1).

306. — *d) Règles de procédure applicables.* — Le
caractère d'impôts indirects, reconnu aux taxes de stationnement et de locations de place, entraînant compétence des
tribunaux judiciaires, pour connaître des difficultés, auxquelles le recouvrement de ces taxes peut donner lieu,
sont-ce les règles de procédure, suivies en matière de contributions indirectes, ou celles plus spécialement relatives
à la matière des octrois, qui doivent leur être appliquées ?

307. — Le dernier système a été, comme nous l'avons
indiqué ci-dessus n° 303, consacré par le Conseil d'État
dans un assez grand nombre d'arrêts et le Tribunal des
conflits a décidé, dans le même sens, que les droits de
place perçus, en vertu de tarifs réguliers, dans les halles,
marchés et chantiers, sur les rivières, ports et promenades
publiques, sont des taxes indirectes, de la même nature
que les octrois municipaux (2). La conséquence de ce

(1) V. notam. en ce sens : 11 mars 1887 (Compagnie parisienne
du gaz et Compagnie navigable Havre-Paris-Lyon), Leb, p. 213 ;
16 juillet 1886 (commune de Courbevoie), D. 87 3.126 ; Leb. p. 615 ;
19 fév. 1868. (Cⁱᵉ d'Orléans). D. 69.3.47 ; 5 avril 1878 (Valentin).
Leb., p. 362 ; 19 mai 1865 (Barthélemy). Leb., p. 537 ; — Cf. *en
matière de taxes d'abattage*, 17 déc. 1897 (syndicat de la Boucherie). Leb. p. 785, D. 99.3.28 ; Cass. civ., 23 juin 1897 (Dienne). D.
97 1.558 ; — *en matière de droits de place aux halles et marchés* :
5 avril 1895 (Velter), D. 96.3.45, etc. ADDÈ LAFERRIÈRE, *loc. cit.*
t. II, p. 474 et 488.

(2) Conflits, 15 mars 1879. D. 79.3.74 ; V. aussi d° 28 mars 1874.
D. 85.3.14 ; Cons. Ét., 18 déc. 1862 (Roy) ; D. 63.2.5 ; S. 63.3,
71 ; Leb., p. 824 ; 3 avril 1872, D. 73.3.5 et les arrêts cités note 1 ;
Req. 5 août 1869, D. 69.1.493 ; S. 69.1.401 ; 25 fév. 1874. D.
76.1.134. ; Civ. 1 déc. 1847 (Testanière). S. 48.1.223.

système, est que les contestations, relatives aux droits dont
il s'agit, doivent être jugées en premier ressort par le
juge de paix, et, en appel, par le Tribunal civil, conformément aux règles établies, en matière d'octroi, par les
lois des 2 vendémiaire et 27 frimaire an VIII et par l'ordonnance du 9 décembre 1814.

308. — Mais la Cour de cassation s'est prononcée en sens
contraire, dans une suite d'arrêts récents.

Les contestations relatives aux taxes municipales, prévues par l'article 133 de la loi de 1884 doivent être, d'après
ce second système, jugées comme en matière de contributions indirectes, conformément aux règles établies par
l'article 88 de la loi du 5 ventôse an XII. C'est ce que la
Cour suprême a décidé successivement pour les taxes
d'abattage, pour les taxes de tonnage, que les Chambres
de Commerce sont autorisées à percevoir, pour subvenir
aux frais de construction des hangars, grues et engins mis
à la disposition des Chambres de commerce, et pour les
droits de voirie.

Ainsi, d'après la Cour de cassation, l'instance relative
aux taxes de stationnement et de locations de place, doit
être portée devant le Tribunal de première instance, statuant en premier et dernier ressort, et le litige jugé, comme
en matière d'enregistrement, sur mémoires des parties
respectivement signifiés et sans plaidoiries, au rapport
d'un juge et sur les conclusions du Ministère public (1).

309. — Le Tribunal des conflits paraît s'être rallié définitivement à ce second système. Dans un arrêt du 30 avril

______

(1) V. en ce sens : Cass., 7 décembre 1887, (ville de Rouen). D.
88.1.153; S. 90.1.345 ; 8 mai 1889 (commune de Saint-Nazaire);
S. 91.1.107; 15 janvier 1890; S. 90.1.349. Cass. 22 déc. 1891 ;
11 juillet 1892. S. 92.1.24 et 1.892; 18 avril 1893. (Cadenas), D.
93.1.548; S. 93.1.240; Nîmes, 4 janvier 1893, D. 93.2 240 ; S. 93.
2.157; Cass. civ. 17 octobre 1899 (Compagnie des chemins de fer
sur route), D. 1900, 1.47.

1898 (Lombard) il a, en effet, décidé que, des dispositions combinées de l'article 88 de la loi du 5 ventôse an XII, de l'article 2 du décret du 7 septembre 1790, et de l'article 7 § 3 de la loi de frimaire an VII, il résulte « que les contestations en matière de taxes indirectes municipales (il s'agissait précisément dans l'espèce de droits de place et de stationnement) doivent être portées devant les Tribuuaux de première instance, jugeant sur mémoires sans plaidoiries en premier et dernier ressort (1). »

SECTION II

DES AUTORISATIONS DE JOUISSANCES PRIVATIVES QUI EMPORTENT EMPRISE SUR LE DOMAINE PUBLIC ET MODIFICATION DE SON ASSIETTE.

310. — GÉNÉRALITÉS. — Les autorisations privatives, dont il a été question dans la section qui précède, ne mettent pas en jeu les pouvoirs chargés de la conservation du domaine public. Affectant uniquement la surface du sol, elles ne sont de nature à entamer ou à compromettre en quoi que ce soit le domaine public, dans sa substance. Aussi, relèvent-elles exclusivement des pouvoirs chargés de la police de la circulation; et c'est, également, à raison du caractère tout superficiel de ces occupations, que le produit en a été abandonné aux communes, comme compensation des charges que leur imposent l'entretien et la surveillance des voies publiques.

311. — Il en est tout autrement des autorisations privatives, qui entraînent emprise sur le domaine public et modification de son assiette. Celles-ci, n'intéressent pas, en effet, seulement la police de la circulation. Emportant incorpo-

(1) Conflits, 30 avril 1898 (Lombard). D. 99.3.94.

ration au sol du domaine public, s'attaquant au domaine
public, dans sa substance, elles mettent en jeu les pouvoirs
chargés de la conservation du domaine et de sa transmission aux générations à venir. — C'est, par suite, à l'autorité, gardienne du domaine public, qu'appartient le droit
d'autoriser les occupations privatives, de la nature de celles
dont il s'agit ici. Quant aux redevances auxquelles ces
occupations peuvent être assujetties, elles profitent tout
naturellement à la personne morale, plus spécialement
chargée de la surveillance et de la garde de la portion
du domaine public, objet de l'occupation.

312. — Nous ne nous occuperons pas de définir à nouveau les autorisations privatives, qui rentrent dans la
catégorie de celles emportant emprise sur le domaine
public et modification de son assiette. Il paraît exact,
comme on l'a montré (*suprà*, n° 177), de comprendre dans
cette catégorie toutes les occupations qui réunissent les
caractères constitutifs de l'immobilisation, tels qu'ils sont
déterminés par les articles 517 et suivants du Code civil.
L'immobilisation résulte, d'après ces articles, de l'adhérence physique, de l'incorporation des objets au sol.
Toutes les constructions adhérentes au sol par fondements
ou pilotis, toutes celles qui, incorporées au sol, peuvent
être considérées comme parties intégrantes du fonds, —
qu'elles soient, d'ailleurs, extérieures ou intérieures —
réunissent les conditions constitutives de l'immobilisation.
Les canalisations sous la voie publique, les voies de
chemins de fer ou de tramways, les poteaux télégraphiques, kiosques ou édicules quelconques, bureaux d'omnibus, hangars, magasins de négociants, etc., adhérent
au sol de la voie publique par des travaux de maçonnerie
ou autres, et, généralement, les installations et constructions de tous genres, n'offrant pas un caractère mobile,
mais emportant adhérence au sol, rentrent, par conséquent, au nombre des occupations privatives du domaine

public, qui constituent emprise sur le domaine et modification de son assiette, et qui, à ce titre, relèvent, au
point de vue de l'autorisation, du pouvoir préposé à la
garde et à la conservation du domaine public, et donnent
lieu à redevance au profit de la personne morale, sous
l'autorité de laquelle la portion du domaine, objet de l'occupation, se trouve plus spécialement placée.

313. — Comme nous l'avons fait dans la section précédente, nous traiterons successivement, dans deux parties
distinctes :

1° De l'autorité administrative compétente pour conférer les autorisations privatives, de la nature de celles
qui nous occupent, sur les différentes parties du domaine
public ;

2° Des redevances, auxquelles ces autorisations privatives peuvent donner lieu.

PREMIÈRE PARTIE

**De l'autorité administrative compétente pour conférer, sur les
diverses dépendances du domaine public les autorisations
privatives qui emportent emprise sur le domaine et modification de son assiette.**

314. — Ce sont, en principe, les ministres qui, en raison
de la nature des services compris dans le département de
chacun d'eux, sont investis des fonctions de garde et de conservation du domaine public. — Mais l'exercice de ces fonctions a été délégué, dans la plupart des cas, a des fonctionnaires locaux. — Par application de la règle fondamentale que les Ministres sont, chacun en ce qui concerne
son département, les dépositaires de l'action administra-
tive et les chefs véritables de l'administration, ce |sont les
Ministres qui, en raison de la nature des services compris
dans le département de chacun d'eux, sont, en principe,

investis de la mission de garder, de gérer et de conserver
le domaine public (1). Ces pouvoirs résultent pour eux
d'un ensemble de textes, parmi lesquels il faut citer : la
loi des 27 avril-25 mai 1791, sur l'organisation des ministères (art. 7) ; la loi des 31 décembre 1790-19 janvier 1791, sur l'organisation de l'administration des ponts
et chaussées ; la loi des 6-18 août 1791, qui place l'administration des ponts et chaussées sous la surveillance du
Ministre de l'Intérieur ; la loi du 10 vendémiaire an IV,
relative à l'organisation du Ministère (art. 4) ; le décret
du 13 fructidor an XIII (art. 1er), celui du 21 septembre 1812, sur le même objet ; l'ordonnance du 19 mai 1830,
portant création du ministère des Travaux publics, etc...

Au Ministre de la Guerre, est confié le domaine public
militaire (art. 1er titre XIII, loi du 8 juillet 1791) ; au Ministre de la Marine, le domaine public maritime (lois des
27 avril-25 mai 1791 ; 15 septembre 1792 ; 14-15 février 1793, etc. ; au Ministre des Travaux publics, et, sous
ses ordres, à l'administration des ponts et chaussées, les
routes nationales et départementales, les chemins de fer,
les canaux, les ports de commerce : en un mot, tout le
domaine public artificiel de l'État ou des départements
affecté à la circulation ; au Ministre de l'Intérieur, les
chemins vicinaux et ruraux, ainsi que la voirie urbaine.
Enfin, le Ministre des Finances, et, sous ses ordres, l'administration des domaines, est chargé de la perception des
produits du domaine public.

315. — C'est par suite, aux Ministres : de la Guerre, de la
Marine, des Travaux publics, ou de l'Intérieur, suivant les
cas, qu'il appartient, en principe, d'autoriser, sur les différentes parties du domaine public, les jouissances privatives

____

(1) V. MAÇAREL et BOULATIGNIER, *Traité de la fortune publique*, t. I, p. 69; DUFOUR, t. V, n° 263. BÉQUET, V° domaine,
n° 723; DUCROCQ, 6e éd., t. II, p. 142, etc.

qui, comme celles dont il est question dans le présent chapitre, mettent en jeu les pouvoirs chargés de la conservation du domaine ; et, à l'administration des domaines, sous la surveillance du Ministre des Finances, de fixer les conditions pécuniaires de ces jouissances.

316. — Mais les Ministres ne sauraient demeurer, en fait investis de cette mission. L'intérêt des particuliers, comme celui du public lui-même, exige que les fonctions de garde et de conservation du domaine public soient — en ce qui concerne, tout au moins, les mesures individuelles de police portant autorisation — confiées, par délégation, à des fonctionnaires locaux, seuls en situation d'apprécier, *cognitâ causâ*, si les autorisations privatives sollicitées sont ou non compatibles avec les exigences de la circulation et les interêts généraux.

Aussi, le pouvoir d'accorder les autorisations privatives dont il s'agit, a-t-il été, dans la plupart des cas, délégué à des agents subordonnés : Préfets ou Maires. Dans des cas exceptionnels seulement, l'intervention du pouvoir central demeure nécessaire, mais ce n'est pas alors le Ministre qui est généralement appelé à intervenir, c'est le chef de l'État lui-même, par une dérogation nouvelle aux principes.

317. — Des divers agents administratifs chargés, par délégation, d'autoriser, sur les différentes dépendances du domaine pubic, les occupations privatives susceptibles d'entrainer emprise sur le domaine et modification de son assiette. — Nous passerons successivement en revue les diverses dépendances du domaine public, pour préciser, dans chaque hypothèse, l'agent administratif investi du pouvoir de délivrer l'autorisation.

PARAGRAPHE PREMIER

Domaine public fluvial.

318. — A. Fleuves et rivières navigables. — *a) Etablissements autres que les usines et les prises d'eau.* — Déjà, l'ordonnance d'août 1619 (art. 42 et 43, titre XXVII) interdisait d'établir, sans autorisation, dans le lit des cours d'eau navigables, tout ouvrage quelconque, susceptible d'apporter obstacle au libre cours des eaux. Cette prohibition fut reproduite successivement dans l'arrêt du Conseil du 24 juin 1777 (art. 1er), puis, dans l'arrêté du 19 ventôse an VI. « Il est enjoint — portait l'article 9 de cet arrêté — aux administrations centrales et aux commissaires du directoire exécutif, établis près d'elles, de veiller avec la plus sévère exactitude à ce qu'il ne soit établi, par la suite, aucun pont, aucune chaussée permanente ou mobile, aucune écluse ou usine, aucun batardeau, moulin, digue ou autre obstacle quelconque au libre cours des eaux, dans les rivières navigables et flottables, dans les canaux d'irrigation ou de desséchements généraux, sans en avoir préalablement obtenu la permission de l'administration centrale, qui ne pourra l'accorder que du consentement du directoire exécutif ».

319. — Ainsi, l'arrêté du 19 ventôse an VI subordonnait à l'approbation du directoire l'exécution de tous ouvrages quelconques, de nature à apporter obstacle au libre cours des eaux dans les cours d'eau navigables. — Mais, le décret de décentralisation du 25 mars 1852 a modifié cette règle. Il a, en effet, conféré aux Préfets (art. 4 et tableau D. n° 2 ; décret du 13 avril 1861, art. 2 et tableau D, n° 2), le droit d'autoriser directement, sur l'avis ou la proposition des ingénieurs en chef, et en se conformant aux circulaires ou instructions ministérielles, les établissements temporaires sur les cours d'eau navigables ou flottables, alors même qu'ils auraient pour effet de modifier le régime ou le niveau des eaux, — et cette disposition a été purement et simplement reproduite par l'article 42 de la loi du 8 avril 1898 sur le régime des eaux.

« Les établissements, visés par le § 2 tableau D du décret de 1852, — dit la circulaire du 28 juillet suivant — sont les établissements d'un caractère purement accidentel et temporaire, tels que les scieries destinées à l'exploitation d'une coupe de bois, ou les ouvrages provisoires, soit en gravier, soit en fascinage, qui peuvent être nécessaires, pendant la saison d'étiage, pour assurer l'alimentation d'une prise d'eau d'usine ou d'irrigation régulièrement autorisée ».

320. — Le droit du chef de l'État ne s'étend, par conséquent, qu'aux établissements permanents susceptibles d'apporter obstacle au libre cours des eaux (1). C'est ainsi, par exemple, qu'il appartiendrait au chef de l'État d'autoriser l'établissement d'un pont, sur une rivière navigable.

321. L'autorisation du chef de l'État serait, toutefois, encore nécessaire, si l'ouvrage, tout en étant situé en dehors du lit, et n'apportant, par suite, aucun trouble à l'écoulement des eaux, devait servir au public, moyennant taxes ou redevances. Il y aurait, dans ce cas, exploitation industrielle du domaine public, et l'article 1er § 2 de la loi du 27 juillet 1870 trouverait, par suite, son application (2).

322. — *b) Prises d'eau.* L'article 10 de l'arrêté de ventôse an VI donnait, au contraire, aux « administrations » le droit d'autoriser les prises d'eau dans les rivières navigables et les Préfets ont conservé cette attribution.

(1) V. Picard, V° Eaux. Béquet, *Répertoire*, n° 641 et suiv. C. Ét. (Delahaye), 27 mai 1863. Leb., p. 477.

(2) Rappelons que les Préfets puisent, cependant, dans le § 7, tableau D du décret de 1852 le droit d'autoriser l'établissement de débarcadères sur les bords des fleuves et rivières et de *fixer les tarifs et conditions d'exploitation de ces débarcadères.*

Le décret de 1852 leur donne, en effet, qualité « pour accorder les autorisations de prises d'eau, faites au moyen de machines, et qui, eu égard au volume du cours d'eau, n'auraient pas pour effet d'en altérer sensiblement le régime ».

La loi du 8 avril 1898 a reproduit cette disposition, en ajoutant : que le Préfet statuerait, « après enquête », (art. 41).

Les Préfets cesseraient, toutefois, d'être compétents, d'après la jurisprudence du Conseil d'État, s'il s'agissait d'une prise d'eau permanente (1).

323. — *c) Usines.* — Enfin, toutes demandes, tendant à l'établissement d'usines, sur les cours d'eau navigables, sont soumises, dans tous les cas et sans distinction, à l'approbation du chef de l'État (2).

324. — En résumé, l'intervention du chef de l'État est nécessaire, lorsque la demande en autorisation a pour objet l'établissement d'une usine, d'une prise d'eau permanente, ou d'un ouvrage permanent, de nature à apporter obstacle au libre cours des eaux (3). Toutes demandes d'autorisations privatives sur le domaine public fluvial, ayant un objet différent, relèvent de l'approbation préfectorale. Un arrêté interministériel du 3 août 1878, dont

(1) C. Ét., 14 juillet 1841 ; J. G. Dalloz. Vo concession administrative, no 43 ; — *Code des lois administratives*, Vo Eaux, no 685 et suiv.

(2) C. Ét.. 3 août 1865 (Erard). Leb., p. 738 ; 8 mars 1866 (Trône). Leb., p. 242 ; 25 juin 1868 (Pradier-Fauret). Leb., p. 739 ; 6 juin 1872 (Roche et autres). Leb., p. 368. etc. V. art. 43, loi du 8 avril 1898.

(3) V. loi du 8 avril 1898, art 43.. — Le rapporteur a déclaré qu'il n'était dérogé en rien par cet article — aux termes duquel « toutes autorisations autres (que celles prévues par les art. 41 et 42) ne peuvent être accordées que par décrets rendus après enquête sur l'avis du Conseil d'État » — aux dispositions en vigueur, et, notamment, à celles résultant des art. 9 et 10 de l'arrêté du 19 ventôse, an VI, commentés par l'instruction dn 19 thermidor de la même année et par la circulaire du 23 oct. 1851.

nous commenterons plus loin les dispositions, a réglementé les occupations privatives de cette dernière espèce.

325. — *d) Formatités relatives à l'instruction des demandes en autorisations.* — En ce qui concerne les établissements permanents, les prises d'eau et les usines, les formalités relatives à l'instruction des demandes ont été réglées par une instruction ministérielle du 19 thermidor an VI et par deux circulaires, en date des 16 novembre 1834 et 23 octobre 1851. Ces formalités consistent essentiellement dans une double enquête : la première (enquête préparatoire), d'une durée de vingt jours, suivie d'une visite des lieux par les ingénieurs, en présence des parties intéressées ; la seconde (enquête supplémentaire), d'une durée de quinze jours. — Le Conseil d'État a décidé que l'inobservation des formalités prescrites pour l'enquête préparatoire entraînerait la nullité de la procédure d'autorisation (1). Toutefois, d'après un avis de la section de l'Intérieur du 22 décembre 1874 (2), cette première enquête pourrait être supprimée, sans qu'aucune cause de nullité en résultât, en ce qui concerne les établissements, visés au paragraphe 1er du tableau D du décret de décentralisation (demandes de prises d'eau, faites au moyen de machines, et qui, eu égard au volume du cours d'eau, n'ont pas pour effet d'en altérer sensiblement le régime).

326. — B. Canaux. — Ce qui vient d'être dit des cours d'eau navigables, s'applique, en principe, aux canaux de navigation. — Certaines particularités séparent, toutefois, cette hypothèse, de la précédente.

En ce qui concerne, tout d'abord, les établissements autres que les prises d'eau et les usines, une double autorisation est nécessaire. Le particulier, qui veut établir un ouvrage quelconque, sur le bord ou sur une dépendance d'un canal,

(1) C. Ét., 28 novembre 1861 (Maréchal) D. 62.3.10 ; Leb.. p. 859.

(2) *Bulletin officiel.* Min. Intérieur, 1875, p. 553.

doit obtenir : 1° l'autorisation de l'administration, qui lui
sera accordée, comme il a été dit pour les cours d'eau navigables ; 2° l'autorisation du concessionnaire. L'autorisation
de l'administration seule ne saurait être suffisante : une
telle autorisation ne pouvant, en effet, intervenir que sous
la réserve des droits des tiers, le permissionnaire serait
exposé à voir le concessionnaire du canal réclamer la démolition des travaux (1). L'autorisation du concessionnaire
seule ne suffirait point davantage. Les canaux concédés demeurent, en effet, soumis au contrôle de l'administration,
qui continue à exercer sur eux ses pouvoirs de conservation
et de police (2). Le particulier, qui aurait exécuté un ouvrage
sur le canal ou ses dépendances, avec la seule autorisation
du concessionnaire, s'exposerait donc à être poursuivi, con-
comme coupable d'une contravention de grande voirie.

327. — Les concessions de prises d'eau exigent aussi la
double intervention de l'administration et du concessionnaire. C'est à l'administration qu'il appartient, en vertu
de ses pouvoirs de police, d'apprécier si les eaux excèdent
les besoins de la navigation ; le concessionnaire, de son
côté, ne saurait délivrer, par lui-même, une concession de
prise d'eau, tenu qu'il est de ne tolérer aucun acte, contraire à la destination du canal. C'est donc l'administration, qui autorisera, avec l'agrément du concessionnaire.
L'assentiment de ce dernier est nécessaire, et l'administration ne pourrait imposer au concessionnaire l'obligation
de subir les prises d'eau qu'il lui plairait d'autoriser en
l'absence d'une clause, formelle en ce sens, insérée dans
l'acte de concession du canal (3).

---

(1) V. en ce sens Cons. Ét., 25 janvier 1866, (canal latéral à la
Garonne). Leb. p 41 ; DALLOZ, *Répertoire*. Supp. V° Eaux, 63 ;
— 18 mai 1870 (ville de Carcassonne). D. 71.3.88.

(2) BÉQUET, V° eaux, n° 904 ; DALLOZ, *Code administratif annoté*, V° eaux, n° 508 et suiv.

(3) DALLOZ, *loc. cit.*, n° 702 et suiv.

328. -- L'autorité administrative compétente pour accorder l'autorisation, est le chef de l'État. Comme l'a déclaré le Conseil d'État dans un avis du 6 octobre 1859, les autorisations de prises d'eau dans les canaux ne rentrent point, en effet, dans le cercle de celles qui ont été dévolues aux Préfets par le § 1er du tableau D du décret du 25 mars 1852. Un arrêt du 18 février 1262 a toutefois décidé, en sens contraire, que les préfets peuvent autoriser des prises d'eau temporaires le long des canaux de navigation (1).

Enfin, un décret est nécessaire, sur les canaux comme sur les cours d'eau navigables, en matière d'usines.

PARAGRAPHE DEUXIÈME

Domaine public maritime.

329. -- Les occupations privatives, dont le domaine public maritime peut être l'objet, sont régies par un arrêté interministériel du 3 août 1878, dont le texte ne diffère que très peu du texte de l'arrêté du même jour, relatif au domaine fluvial et au domaine terrestre. Nous signalerons ces différences, en commentant ce dernier arrêté (ci-dessous, n⁰ˢ 349 et suiv...)

En principe, l'autorisation est accordée par le Préfet. Exceptionnellement, un décret intervient, quand l'occupation sollicitée a pour objet l'exécution d'un travail, de nature à influer sur le régime des côtes. — Les occupations, relatives à l'établissement de pêcheries maritimes, sont demeurées en dehors de l'arrêté de 1878. Elles ont été réglementées par un arrêté du Ministre de la Marine du 12 mai 1876, et par une circulaire du 2 février 1888.

---

(1) DALLOZ, *Répertoire supplément*. V⁰ Eaux, n⁰ 271 ; C. Ét., 18 février 1863 (Motte-Bossut). Leb., p.151 ; Cf. BÉQUET, *loc. cit.*, n⁰ 916.

Aux termes de cette circulaire, les demandes sont adressées au commissaire de l'inscription maritime. Le Préfet statue, s'il ne s'agit que d'une mutation ne modifiant ni l'assiette ni la nature des établissements. Dans tous les autres cas, la décision appartient au Ministre, conformément à l'article 2 du décret de la loi du 9 janvier 1852, sur l'exercice de la pêche côtière.

PARAGRAPHE TROISIÈME

Domaine public terrestre.

330. — Le Maire a, comme on l'a vu dans la précédente section, compétence pour autoriser sur toutes les voies publiques quelconques, dans l'intérieur de l'agglomération, les occupations privatives qui, n'emportant point emprise sur le domaine et modification de son assiette, n'intéressent que la police de la circulation. — La police de la circulation appartient, en effet, au Maire sur tout le territoire communal, dans l'intérieur de l'agglomération.

331. — Lorsqu'il s'agit, au contraire, des occupations privatives du domaine public emportant emprise sur le domaine et modification de son assiette, ce n'est plus le pouvoir, chargé de la police de la circulation qui est en jeu, c'est le pouvoir, préposé à la garde et à la conservation du domaine public. L'autorité compétente, pour autoriser les occupations privatives de cette nature, est, dès lors, l'autorité, investie des fonctions de garde et de conservation, sur les différentes portions du domaine public.

332. — *a) Routes nationales et départementales ; chemins vicinaux de grande communication et d'intérêt commun. — b) Chemins vicinaux ordinaires ; voirie urbaine ; chemins ruraux.* — Sur les routes nationales et départementales, ces fonctions sont dévolues au Préfet (Loi des 7-11 septembre 1790 ; — loi du

28 pluviôse an **VIII**). Elles appartiennent également au Préfet, sur les chemins vicinaux de grande communication et d'intérêt commun (art. 7-9, loi 21 mai 1836 — règlement général sur les chemins vicinaux des 6 décembre 1870-novembre 1874, art. 175), et sur les rues ou places formant le prolongement de ces voies de communication (décret des 7-14 octobre 1790, art. 1er; avis du Conseil État du 18 janvier 1837; loi du 8 juin 1864, art 1er). (1)

333. — Elles appartiennent, au contraire, au Maire, sur les chemins vicinaux ordinaires (art. 173, du règlement du 6 décembre 1870); sur les rues et places, dépendant de la voirie urbaine — hormis celles qui forment le prolongement des routes nationales, départementales et des chemins de grande communication et d'intérêt commun — et sur les chemins ruraux (art. 9, loi du 20 août 1881).

334. C'est, par suite, le Préfet, qui est investi du droit d'autoriser, tant sur les routes nationales et départementales que sur les chemins vicinaux de grande communication et d'intérêt commun, et sur le prolongement de ces différentes voies, dans la traversée des Villes, tous travaux et ouvrages quelconques, de nature à emporter emprise sur le sol du domaine public ou modification de son assiette. C'est à lui, par exemple, qu'il appartiendra d'autoriser, dans le sol des voies publiques qui viennent d'être énumérées, l'établissement de conduites d'eau (2). ou de gaz (3), de tranchées (4), ou de travaux quelconques,

---

(1) Dalloz, *Répertoire*, V° Voirie par terre, p. 299, note 2; Cass. Crim. 2 janv. 1879. D. (Min. public. c. Marron); 79.1.379 20 décembre 1878 (Astre). D. 79.1.191; C. Eh. 31 juillet 1896 (de la Roche-Aymond, *pose de conducteurs électriques au-dessus d'une route départementale*). S.98.3.104.

(2) C. Ét., 17 nov. 1882 (Compagnie des eaux). D. 84.3.17.

(3) Conflits, 13 janv. 1883 (Min. Justice c. du Rieux). D. 84. 3. 84. Leb. p. 54; Adde : C. Et 31 juillet 1896, précité; 20 avril 1894 (Bruandet et Demenitroux), S.96.3.60.

(4) C. Ét., 28 avril 1893 (Dubuc) D. 94.3.46. Leb. p. 351.

et, sur le sol, d'édifices, kiosques ou édicules de tous
genres, emportant incorporation à la voie publique. —
Toute jouissance privative, sur le sol ou le sous-sol des
voies dont il s'agit, qui serait concédée par le Maire, serait
dépourvue de valeur légale (1).

Le Maire sera, à l'inverse, seul compétent, dans les
mêmes hypothèses, s'il s'agit de voies urbaines, de chemins vicinaux ordinaires, ou de chemins ruraux.

335. — *c) Formalités préalables à la délivrance des
autorisations*. — Les formalités, préalables à la délivrance des autorisations, sur les voies soumises à l'autorité
du Préfet, ont été réglementées dans l'arrêté du 3 août 1878
(*V. infrà* nos 349 et suiv...) Il est essentiel d'observer,
qu'aux termes de l'article 98 § 3 de la loi du 5 avril 1884,
le Préfet doit, avant de délivrer l'autorisation, prendre
l'avis du Maire. C'est là une formalité substantielle, dont
l'omission serait susceptible d'entraîner l'annulation de
l'arrêté préfectoral (2).

336. — Aucune formalité spéciale n'est prescrite, relativement aux demandes d'autorisations sur les voies publiques, soumises à l'autorité du Maire ; mais la loi de 1884
renferme, sur ce point encore, une disposition importante.
L'article 98 § 4 stipule, en effet, que : « les permissions de
voirie à titre précaire ou essentiellement révocable, sur les
voies publiques qui sont placées dans les attributions du
Maire, et ayant pour objet, notamment, l'établissement,
dans le sol de la voie publique, des canalisations, destinées
au passage ou à la conduite, soit de l'eau, soit du gaz, peuvent, en cas de refus du Maire, non justifié par l'intérêt
général, être accordées par le Préfet ». Nous avons fait

______

(1) V. notam. Req. 8 août 1883 (Compagnie d'éclairage de la
ville de Tours), D. 84.1.81, et l'arrêt de la Cour d'Orléans, objet
du pourvoi.

(2) C. Ét., 26 nov. 1886 (Larbaud). D. 88.3.22 ; Leb p. 840 ;
Cf. 12 fév. 1886 (commune de Baho). D 87.3.75 ; Leb., p. 130.

ressortir déjà (*suprà* n° 129) tout l'intérêt, qui s'attache à cette disposition nouvelle. Ajoutons, que l'arrêté, pris par le Préfet, ne saurait faire, de la part de la commune, l'objet d'un recours pour excès de pouvoir, c'est-à-dire que la commune ne pourrait soutenir, devant le Conseil d'État, à l'effet d'obtenir l'annulation, pour excès de pouvoir, de l'arrêté préfectoral, que le refus du Maire était justifié, en realité, par un motif d'intérêt général (1).

337. — *d) Recours contre les arrêtés portant refus ou retrait d'autorisation.* — Nous avons étudié ci-dessus (n°ˢ 41 et suiv...) la matière des refus et des retraits d'autorisations, ainsi que des recours, dont les arrêtés, portant refus ou retrait, sont susceptibles. Les règles, que nous avons posées alors, ont une portée générale, et s'appliquent à toutes les demandes d'autorisations privatives, qu'il doive en résulter on non emprise sur le sol du domaine public. — Nous n'avons donc pas à revenir ici sur la question, et nous nous bornerons à renvoyer aux développements que nous lui avons précédemment consacrés.

DEUXIÈME PARTIE

Des redevances auxquelles les autorisations privatives qui emportent emprise sur le domaine public et modification de son assiette peuvent donner lieu.

PARAGRAPHE PREMIER

A qui profitent les redevances.

338. — Dʀᴏɪᴛ ᴅᴇ ʟ'ᴇ́ᴛᴀᴛ. — La loi du 29 juillet 1881 a, comme on l'a vu (*supra* n° 32) consacré, d'une manière

____

(1) V. C. Ét., 27 mai 1887 (commune de Pépieux). D. 88.3.99.

générale, le droit de l'administration à redevances pour
jouissances privatives du domaine public, en comprenant,
dans l'état F des perceptions, autorisées au profit de
l'État : « les redevances, à titre d'occupation temporaire
ou de location et produits de toute nature, du domaine
public fluvial, maritime, et terrestre et de ses dépendances », et cette disposition a été reproduite, depuis, dans
toutes les lois de finances postérieures (1).

339. — L'État n'est pas appelé, toutefois, à recueillir
l'intégralité des produits du domaine public. Certains de
ces produits lui échappent d'abord sur toutes les parties
du domaine public indistinctement : ce sont ceux, qui proviennent des occupations purement superficielles, n'affectant que la police de la circulation, et dont l'étude a fait
l'objet de la section qui précède. Le produit des occupations de cette nature profite, en principe, aux communes,
sur quelque dépendance du domaine public qu'elles aient
lieu, dans l'intérieur des agglomérations, en vertu des dispositions successives des différentes lois d'organisation
municipales et, en dernier lieu, de l'article 133 § 7 de la
loi du 5 avril 1884.

340. — Droit des communes. — Mais les lois dont il
s'agit et l'article 133 § 7 de la loi de 1884, en particulier,
ont une portée plus grande. Non seulement, les communes
y puisent le droit de recueillir, sur quelque partie du
domaine public qu'il s'agisse, dans l'intérieur de l'agglo-

Leb. p. 421 (1re décision rendue sur la matière, et les conclusions
de M. Valabrègue); 31 janv. 1890 (commune de Pétosse) D.91.3.
68. Leb. p. 92; 12 juin 1891 (ville de Maubeuge), D. 92.3.123 ;
Leb. p. 430 et suiv...

(1) La loi du 9 avril 1898, sur le régime des eaux, dispose dans
son art. 44, que les concessions et autorisations, accordées sur
les cours d'eau navigables, sont assujettis au payement, à
l'État, d'une redevance, d'après les bases qui seront fixées par
un règlement d'administration publique.

mération, le produit des occupations privatives, qui ne sont point de nature à emporter emprise sur le sol du domaine et modification de son assiette, mais, sur les dépendances du domaine public communal, le droit des communes s'étend au produit des occupations privatives quelconques, qu'il doive en résulter ou non emprise sur le sol du domaine et modification de son assiette : s'il faut interpréter restrictivement les termes de l'article 133 § 7 de la loi de 1884, lorsqu'il s'agit du domaine public national et départemental, cette interprétation restrictive ne saurait, de l'aveu général, être admise lorsqu'il s'agit du domaine public communal.

341. — Jamais on n'a contesté, qu'en ce qui concerne le domaine public communal — voies urbaines, à l'exception de celles, qui forment le prolongement des routes nationales et départementales, chemins vicinaux et chemins ruraux, — les produits des occupations privatives de toute nature soit attribué aux communes, et cette règle, unanimement admise, se justifie tout naturellement.

Les communes, ayant à supporter toutes les charges de leur domaine public, il est juste qu'elles soient appelées à en recueillir aussi tous les produits. S'il est dérogé à ce principe, en ce qui concerne le domaine de l'État et du département, et si certains des produits de ces dépendances du domaine public, sont attribués aux communes, c'est précisément, pour tenir compte à celles-ci, de leurs dépenses d'entretien et de police, sur les voies dont il s'agit, dans l'intérieur des agglomérations. Et c'est aussi, parce qu'il y a, dans ce dernier cas, une dérogation aux principes, que la disposition, qui consacre cette dérogation, doit être interprétée restrictivement.

342. — Ainsi, c'est aux communes que profite le produit des occupations du domaine public communal, de nature à emporter emprise sur le sol du domaine et modification de son assiette, comme le produit de celles qui

n'affectent que la surface du sol, et ne mettent en jeu que
les pouvoirs chargés de la police de la circulation. Qu'il
s'agisse des unes comme des autres, les communes sont
fondées à ne les autoriser que moyennant redevance (1).

(1) Le conseil d'Etat a émis toutefois, l'avis, que les municipalités ne pouvaient imposer de redevances à l'Etat, à raison de l'occupation du sous-sol des voies communales, pour l'établissement
de son réseau télégraphique ou téléphonique. Le Conseil d'Etat a
considéré que la loi du 28 juillet 1885, relative à l'établissement
des lignes télégraphiques et téléphoniques avait dérogé, sur ce
point, aux dispositions de la loi du 5 avril 1884 (Avis du 19 janvier
1888).

« Considérant — porte cet avis — que l'article 2, de la loi susvisée du 28 juillet 1885, dispose que l'État a le droit d'exécuter,
sur ou sous le sol des chemins publics et de leurs dépendances,
tous travaux nécessaires à la construction et à l'entretien des lignes
télégraphiques ou téléphoniques qui lui appartiennent; que la loi
impose ainsi aux communes, dans l'intérêt des services publics, une
servitude, pour laquelle il n'est prévu ni stipulé aucune redevance;
que si, en vertu du § 2, dudit article, les fils télégraphiques et
téléphoniques, autres que ceux des lignes d'intérêt général, ne peuvent être établis, dans les égouts appartenant aux communes,
qu'après l'avis des conseils municipaux, et si les communes le
demandent, moyennant le paiement d'une redevance, dont le taux
est déterminé par décret, rendu dans la forme des règlements
d'administration publique, aucune disposition de la loi précitée ne
prévoit la perception de droits au profit des communes, quand ces
lignes sont construites par l'État en dehors des égouts ; — Considérant que la distinction, proposée par le Ministre de l'Intérieur,
dans la dépêche susvisée du 5 mars 1885, et qui consistait à exo-
nérer des droits de voirie seulement les lignes affectées exclusivement à un service public, n'a point été insérée dans le texte de
la loi du 28 juillet 1885, qui s'est bornée à réserver les droits des
communes, en ce qui touche les lignes d'intérêt privé qui empruntent les égouts.

Est d'avis : que les communes ne sauraient percevoir, à titre de
redevances, par application de l'article 13 § 7 de la loi du 5 avril
1884, des droits de voirie, sur les lignes télégraphiques ou téléphoniques construites par l'État, autres que celles qui empruntent les
égouts, sans qu'il y ait lieu de distinguer entre celles qui font ou
non partie du réseau d'intérêt général (Extrait du *Bulletin men-
suel des Postes et télégraphes*, mai 1889). »

343. — Droit des départements. — En ce qui concerne les départements, l'application des mêmes principes conduirait à dire qu'ils doivent profiter seuls des redevances, auxquelles l'occupation privative de leur domaine public peut donner lieu. Mais il n'existe pas ici de texte qui, comme l'article 133 § 7 de la loi de 1884, pour les communes, soit venu consacrer le droit du département. L'article 58 § 4 de la loi du 10 août 1871, se borne à comprendre, parmi les recettes du budget ordinaire « le revenu et le produit des *propriétés départementales* », sans prononcer le mot de *domaine public*. Aussi, a-t-on pu soutenir que ce n'est point au département, mais à l'État, que doivent profiter les redevances, pour occupations privatives du domaine public départemental, autres que celles, dont le produit a été spécialement délégué aux communes par l'article 133 § 9 de la loi de 1884 (v. *suprà*, n° 103).

PARAGRAPHE DEUXIÈME

De l'autorité administrative compétente, pour fixer le montant des redevances.

344. — Quelle est l'autorité compétente, pour fixer le chiffre des redevances afférentes aux occupations privatives, de la nature de celles dont il est question dans ce chapitre ?

345. — A. Domaine public communal. — S'il s'agit du domaine public communal, l'autorité compétente est la même que celle qui a qualité pour approuver le tarif des redevances applicables aux simples occupations superficielles ; la solution se déduit, dans l'une et l'autre hypothèse, de l'interprétation des mêmes textes. Nous ne pouvons donc que renvoyer à l'étude détaillée dont la question a fait l'objet-ci dessus, (ch. II, § 2.)

346. — B. Domaine public départemental. — S'il s'agit du domaine public départemental, c'est, par application des principes généraux, au Conseil général. qu'il faudrait reconnaître compétence pour fixer le chiffre des perceptions, sauf approbation de la délibération du Conseil général par le Ministre de l'Intérieur.

347. — C. Domaine public de l'état. — Enfin, lorsqu'il s'agit de la partie du domaine public placée sous la dépendance de l'État, c'est l'administration des domaines qui a été chargée par la loi des 16-18-27 mai 1791, relative à la réorganisation de la régie de l'enregistrement et des domaines, de la gestion financière de tous les domaines nationaux, sans distinction entre le domaine privé et le domaine public de l'État, et c'est, par suite, à cette administration qu'il appartient de fixer les conditions pécuniaires des occupations privatives, sur les différentes parties du domaine public de l'État.

La compétence se répartit entre l'administration des domaines, en ce qui concerne le domaine public terrestre et maritime, et l'administration des contributions indirectes, qui demeure plus spécialement chargée du domaine public fluvial (1).

348. — Divers documents administratifs d'ordre intérieur ont posé les règles à suivre, tant pour l'instruction des demandes d'autorisations privatives, sur les différentes parties du domaine public de l'État que pour la fixation des redevances. Ce sont : *En ce qui concerne le do-*

______

(1) V. en ce qui concerne la compétence de l'administration des contributions indirectes : arrêts des Conseil du 6 germinal an XII, article 4 (revenus des bacs, bateaux et canaux); décret du 23 décembre 1810; décret du 25 mars 1863 (art. 1er). Circulaire de la direction des contributions indirectes, du 7 septembre 1878 (produit des droits et revenus des bacs, bateaux, canaux, fermage des droits de pêche et de chasse). Arrêté du 6 mars 1897 (occupations temporaires).

maine fluvial, la circulaire du Ministre des Travaux publics, du 18 juin 1878 et l'arrêté du Ministre des Finances du 9 juin 1897, spécialement relatifs aux prises d'eau : la même circulaire du 18 juin 1878, relative aux usines ; enfin, l'arrêté, pris par les Ministres des Travaux publics et des Finances, à la date du 3 août 1878, qui règle d'une manière générale les occupations privatives sur le domaine public fluvial, comme sur le domaine public terrestre. — *En ce qui concerne le domaine public maritime* : la circulaire du 16 décembre 1880, relative aux extractions de matériaux, sur les dépendances du domaine public maritime ; l'arrêté des Ministres de la Marine et des Finances du 12 mai 1876, relatif aux concessions temporaires pour l'exploitation des pêcheries ; les arrêtés interministériels des 15 septembre 1874, 6 janvier 1878 et 3 avril 1878, relatifs à la location des plages et aux occupations temporaires en général. — Enfin, *en ce qui concerne le domaine public terrestre*, l'arrêté interministériel du 3 août 1878, déjà cité, dont certaines dispositions ont été modifiées ultérieurement par deux arrêtés du 30 octobre 1875 et du 6 mars 1897, — et, en ce qui concerne particulièrement les conduites d'eau, de gaz et d'électricité, la circulaire des Ministres de l'Intérieur et des Travaux publics, du 15 août 1893.

Nous nous bornerons à reproduire ici le texte de l'arrêté du 2 août 1878, dont nous commenterons les dispositions principales, et nous ferons suivre ce commentaire d'une brève analyse de la circulaire du 15 août 1893.

<h3 style="text-align:center">PAPAGRAPHE TROISIÈME</h3>

Arrêté interministériel du 3 août 1878, relatif aux occupations
temporaires du domaine public terrestre et fluvial

349. — A. Formes et instructions des demandes.

Article 1er. Les autorisations d'occuper temporairement sur les

routes, rivières et canaux et toutes autres dépendances du domaine
public fluvial et terrestre, des emplacements, qui peuvent sans
inconvénients être soustraits à l'usage de tous, pour être affectés
à un usage privatif ou privilégié, sont accordées par le département des Travaux publics (1).

La rédaction de cet article pourrait laisser croire
que l'arrêté ne s'applique qu'aux occupations qui ont
réellement pour effet de « soustraire à l'usage de tous »
une portion du domaine public. Nous verrons, sous
l'article 14, que cette interprétation serait trop étroite.
L'arrêté vise aussi les occupations qui, comme les occupations souterraines, n'ont pour effet, ni de soustraire les
emplacements occupés à l'usage de tous, ni même d'en
modifier la forme extérieure et celles qui, comme certaines
occupations superficielles, affectent la forme, sans altérer
en rien la destination et l'usage de la portion du domaine
public, sur laquelle, elles portent. D'une manière générale,
l'arrêté de 1878 s'applique à toutes les occupations privatives du domaine public de l'État, autres que celles, dont le
produit a été abandonné aux communes, comme n'étant
de nature à affecter que la police de la circulation.

350. — *Article* 2. — Les redevances perçues au profit du Trésor, à raison de ces occupations temporaires, sont fixées par l'administration des Finances.

Article 3. — Toute demande d'occupation temporaire est rédi-
gée sur papier timbré. Elle doit indiquer l'objet et la durée de
cette occupation. — Elle est adressé au Préfet, qui la communi-
que à l'ingénieur en chef des ponts et chaussées, chargé du service
intéressé. — Si les ingénieurs estiment que la demande peut être
accueillie, ils formulent les conditions à imposer au permission-

(1) Pour le domaine maritime : L'autorisation d'occuper temporairement sur les rivages de la mer, les ports, havres et rades
et toutes autres dépendances du domaine public maritime, des
emplacements... est accordée par le département des Travaux publics, lorsque ces autorisations n'ont pas pour objet l'exploitation
d'établissement de pêche, régis par le décret-loi du 9 janvier 1852
et l'arrêté réglementaire du 12 mai 1876.

naire, au point de vue des convenances du service qui leur est confié. Ils présentent, en outre, des propositions relativement à la redevance. Ils joignent un plan à leur rapport. Lorsqu'il s'agit de portions du domaine public dont l'occupation temporaire est de nature à intéresser la défense du territoire (1), l'avis de l'administration de la guerre continue à être pris, conformément aux réglements existants. — Le directeur des domaines est également consulté, lorsqu'il y a lieu. — Les pièces sont ensuite envoyées, pour l'instruction de l'affaire, en ce qui concerne le chiffre de la redevance, la date de sa revision, les époques des payements, au besoin l'obligation de fournir caution et toutes les autres conditions d'intérêt financier ou domanial, savoir : lorsqu'il s'agit du domaine public terrestre, au directeur des domaines, et lorsqu'il s'agit du domaine public fluvial, au directeur des contributions indirectes (2).

Cet article se terminait par le membre de phrase suivant :

..... *lequel les fait lui-même parvenir, avec ses observations et son avis, à son collègue des domaines ;* mais cette disposition a été abrogée par un arrêté ministériel du 6 mars 1897, dont l'article unique est ainsi conçu : « sont transférées à l'administration des contributions « indirectes, les attributions, conférées à l'administration « des domaines, par les arrêts des 3 août 1878 et 30 octo« bre 1895, en matière d'occupations temporaires du « domaine public fluvial, tant pour l'instruction des affai« res que pour la fixation des redevances ».

Ajoutons qu'une circulaire du 22 mars 1893 a réglé la

____

(1) ..... où le service de la Marine, les avis des administrations de la Guerre et de la Marine continuent à être pris, conformément aux règlements existants (arrêté relatif au domaine maritime).

(2) Pour le domaine maritime, le dernier paragraphe porte : En cet état de l'instruction, les pièces sont envoyées au directeur des domaines, et ce chef de service fixe ou fait fixer par qui de droit, suivant les distinctions établies dans l'article 4 ci-après, le chiffre de la redevance, la date à laquelle elle devra être revisée, les époque des payements, au besoin l'obligation de fournir caution, et toutes les autres conditions d'intérêt domanial ou financier.

procédure à suivre, en matière d'occupations, de nature à
intéresser à la fois l'administration des Travaux publics
et l'administration de la Guerre. Deux autorisations distinctes sont alors nécessaires : la première, émane de l'autorité militaire, qui doit, avant de statuer, provoquer l'avis
du service civil. L'autorisation, délivrée par le service
militaire, spécifiera l'obligation, pour le permissionnaire,
de se soumettre aux conditions qu'imposera l'autorité
préfectorale.

351. — B. Fixation de la revedance. Revision.

Article 4. La quotité de la redevance est fixée, savoir : par le directeur des domaines lorsqu'elles ne dépasse pas 1000 fr. par an ;
par le directeur général des domaines au delà de 1000 fr. jusqu'à
5000 fr. et par le Ministre des Finances au delà de 5000 fr. La redevance ainsi fixée est revisée, au plus tard, tous les cinq ans.

Les fonctions attribuées par cet article au directeur des
domaines appartiennent aujourd'hui au directeur des contributions indirectes — lorsqu'il s'agit du domaine public
fluvial — en vertu de l'arrêté du 6 mars 1897 auquel il a
été fait allusion ci-dessus (art. 3).

On s'est demandé si le taux de la redevance pourrait
être réduit, en raison d'avantages spéciaux qui seraient
consentis par le permissionnaire, au profit du service public,
chargé de l'entretien de la voie publique, objet de l'occupation. La Compagnie concessionnaire du service des eaux
dans une Ville pourrait-elle, par exemple, obtenir une
réduction de la redevance due pour l'occupation du sous-sol
des voies publiques que ses conduites traversent, à raison
de l'engagement qu'elle prendrait de fournir gratuitement
les eaux nécessaires à l'entretien de ces voies ?

Le Ministre des finances, appelé à statuer sur la question, s'est prononcé pour la négative, par application de la
règle générale de comptabilité publique, qui s'oppose à
toute compensation entre les produits à encaisser et les

dépenses à faire par les services publics, et le Ministre des travaux publics s'est ralié à cette solution (1).

Le chiffre de la redevance, n'est en général fixé, que pour une période déterminée : l'administration se réserve de le reviser et de le modifier, suivant les circonstances. Ordinairement, elle assigne, par avance, le délai à partir duquel la revision pourra avoir lieu : ce délai varie entre trois et cinq ans.

Il n'y a, dans le fait de la revision de la redevance, aucun excès de pouvoir, de la part de l'administration, puisque, comme nous l'avons vu, la délivrance des permissions constitue un acte de pure administration, procédant, en quelque sorte, du bon vouloir arbitraire de l'autorité. Il n'en serait plus de même, si l'on se trouvait en présence d'un contrat de concession et non d'une simple permission. Hors le cas, où l'acte de concession contiendrait une clause formelle à cet égard, il faudrait supposer que la redevance a été stipulée pour toute la durée du contrat, et il ne serait pas au pouvoir de l'administration de modifier, de son propre gré, une des conditions constitutives du pacte initial (2).

352. — C. Soumission.

Art. 5. Les conditions financières de l'autorisation étant réglées conformément aux articles 3 et 4 ci-dessus, le directeur des domaines ou le directeur des contributions indirectes se fait remettre par la partie, une soumission, portant acceptation de ces conditions. Cette soumission est souscrite sur papier timbré par le pétitionnaire, et, le cas échéant, par la caution ; si l'un ou l'autre ne sait pas signer, il peut, à son choix, ou faire constater

____

(1) Art. 43 décret du 31 mai 1862. Lettre du Ministre des Finances du 10 sept 1885 ; — dépêche du Min. Trav. publics du 23 sept. 1885. V. Lechalas, *Droit administratif*, tome II, p. 233.

(2) *Pand. franç.* V° occupation temporaire du domaine public, n° 243.

son engagement par le Maire de son domicile, ou le faire sous·
crire, en son nom, par une personne solvable, se portant fort pour
lui. Dans tous les cas, une copie de la soumission, certifiée par
le directeur du service financier, est jointe au dossier (1).

Art. 6. Si les ingénieurs estiment que, dans un intérêt public,
la quotité de la redevance, telle qu'elle a été fixée, doit être dimi-
nuée, ou même que l'autorisation demandée doit être accordée
gratuitement, ils présenteront, à cet égard, des propositions moti-
vées.

L'article 6 admet, comme on voit, la gratuité de certaines occupations. Si le payement d'une redevance est de
la nature de l'occupation privative du domaine public il
n'est point, en effet, de son essence, et il existe, ainsi
qu'on le verra, sous l'article 14 (n°s 364 et suiv.) un cer-·
tain nombre de cas dans lesquels l'État ne perçoit point de
redevance du permissionnaire. Rappelons que, lorsqu'il
s'agit des autorisations de la nature de celles dont le produit est abandonné aux communes, la jurisprudence administrative — par une interprétation peut-être trop littérale
de l'article 97 de la loi de 1884 — décide, tout au contraire,
que nulle autorisation ne peut être accordée gratuitement,
et que le permissionnaire ne saurait être, en conséquence,
affranchi par la municipalité du payement du droit (2).

353. — D. Délivrance de l'autorisation.

Art. 7. Lorsqu'il y aura accord entre les représentants de tous
les services intéressés, l'occupation temporaire demandée sera
autorisée par un arrêté du préfet du département. — Une amplia-
tiou de cet arrêté, portant la mention de la date de la notification
à la partie, sera remise, par le Préfet, au directeur des domaines
ou au directeur des contributions indirectes. Cette ampliation
doit être timbrée aux frais du permissionnaire. Quant à la soumission, elle doit être enregistrée, aussi à ses frais, dans le délai

(1) L'article 5 de l'arrêté, relatif au domaine maritime, ne mentionne naturellement que le directeur des domaines ; il prévoit
éventuellement la signature de la soumission par la caution (voir
l'art. 3).

(2) V. notam. Décis. ministér. 1884 (Charente), Morgand, *la
loi municipale*, t. I, p. 568.

légal. Une ampliation de l'arrêté sera, en outre, remise à l'ingénieur en chef du service intéressé.

354. — *Art. 8.* Lorsqu'il n'y aura pas accord entre les chefs des services intéressés, sur les conditions de l'autorisation, l'affaire sera soumise à l'administration supérieure, pour y être statué par les ministres des Travaux publics et des Finances, selon leur compétence respective. En cas de dissentiment entre les ministre des Travaux publics et des Finances, sur la question de savoir si l'autorisation doit être *gratuite ou soumise à une redevance,* cette question doit être soumise au Conseil d'État, pour y être statué par un décret. — L'autorisation est ensuite accordée dans les formes tracées par l'article 7 ci-dessus.

L'instruction administrative, à laquelle il aura été procédé, conformément aux articles 3 et suivants, peut aboutir à deux résultats : Ou les divers services consultés sont d'accord, pour autoriser la demande d'occupation privative : c'est le cas prévu par l'article 7. Le Préfet sera alors chargé de délivrer l'autorisation. — Ou il y a désaccord entre les services intéressés, et l'affaire sera renvoyée au Ministre, pour être par lui statué définitivement. Nous savons d'ailleurs (*suprà,* n° 41) que la décision prise par le Ministre ne sera susceptible d'aucun recours, hors le cas de vice de formes.

La disposition de l'article 7, d'après laquelle, en cas d'accord entre les services intéressés, c'est au Préfet qu'il appartient de délivrer l'autorisation, démontre que l'arrêté de 1878 est à la fois étranger aux occupations privatives sur le domaine public communal — dont l'autorisation relève non point du Préfet mais du Maire — et, comme le spécifie d'ailleurs expressément l'article 15, aux permissions d'usine et de prise d'eau, qui ne peuvent être accordées que par décret.

355. — E. Recouvrement de la redevance.

Art. 9. La redevance commence à courir, à compter : soit de la notification de l'arrêté de concession, soit de l'occupation du terrain, si elle a eu lieu antérieurement.

Le recouvrement des redevances est poursuivi, dans les formes tracées par la loi des 19 août - 12 septembre 1791, pour le recouvrement des revenus des domaines nationaux, c'est-à-dire qu'en cas de retard ou de refus, le directeur décerne une contrainte qui, moyennant le visa du président du Tribunal, est mise à exécution sans autre formalité (1).

Le payement de la redevance peut être garanti par tous les moyens de droit, tels que saisie et opposition, mais l'administration ne pourrait recourir à une sanction répressive : en d'autres termes, le non payement de la redevance ne saurait transformer une occupation autorisée en contravention de grande voirie (2).

L'autorité compétente, pour connaître des difficultés auxquelles peuvent donner lieu l'exécution et l'application des conditions financières de l'occupation, est l'autorité judiciaire.

356. — F. Disposition générales.

Art. 10. Lorsque le directeur des domaines ou le directeur des contributions indirectes demande que la concession soit faite aux enchèras, et que les ingénieurs n'y voient pas d'inconvénient, au point de vue de leur service, il est procédé à l'adjudication, devant l'autorité compétente, en présence d'un agent du domaine ou des contributions indirectes, aux conditions déterminées par un arrêté, pris, ainsi qu'il a été dit à l'article 7 ci-dessus.

Art. 11. Trois mois avant l'époque, fixée par l'acte d'autorisa-

____

(1) Cass. 11 août 1891 (Georgi). S. 92.1.132 ; D. 91.1.545. *Pand.* 92.1.281.

(2) V. notamment 20 déc. 1878 (Min. Trav. publics c. Joncour) D. 79.3.36 ; Leb. p. 1073. L'inobservation des conditions autres que les conditions fiscales : telles, par exemple, celles qui seraient imposées dans l'intérêt de la voirie donnerait, au contraire, à l'occupation, le caractère d'une contravention de grande voirie. V. notam. C. Ét., 11 nov. 1892 (Balu). D. 94.3.6. Leb. p. 754.

tion pour la revision du montant de la redevance, il y est procédé par les soins du service des domaines, suivant les règles de compétence, tracées par l'article 4. — Cette revision est provoquée, en temps utile, par le directeur des contributions indirectes, pour les occupations, concernant le domaine public fluvial. — Le service, chargé du recouvrement, notifie immédiatement à la partie, par simple lettre, la décision prise, et, le cas échéant, se fait remettre un nouvel engagement, portant acceptation des conditions arrêtées en dernier lieu (1).

Art. 12. Les autorisations auxquelles s'applique le présent arrêté sont accordées à titre précaire et révocable, sans indemnité, à la première réquisition de l'administration. — Le retrait des autorisations est prononcé par le Préfet, si elles ont été accordées par ce magistrat, conformément à l'art. 7 et par le Ministre des Travaux publics, dans les cas prévus par l'art. 8

Art. 13. L'autorisation peut être révoquée, soit à la demande du directeur des domaines ou du directeur des contributions indirectes, en cas d'inexécution des conditions fiuancières, soit à la demande de l'ingénieur en chef du service intéressé, en cas d'inexécution des autres conditions sans préjudice, s'il y a lieu, des poursuites, pour délit de grande voirie. — A partir du jour où la révocation a été notifiée à la partie, la redevance cesse de courir, mais la portion de cette redevance, afférente au temps écoulé, devient exigible. — Quant au permissionnaire, il ne peut renoncer au bénéfice de la concession, avant l'époque, fixée pour la revision des conditions financières.

Nous avons traité, dans un précédent chapitre, des conditions de précarité inhérente aux autorisations privatives dont le domaine public peut être l'objet, et de l'étendue du droit de révocation qui appartient, en cette matière à l'administration.

Bornons-nous à signaler ici le caractère particulièrement rigoureux de la disposition finale de l'article 13. Cet article suppose que l'administration s'est, comme on lui en reconnaît le droit, réservé la faculté de reviser, au bout d'un certain temps, les conditions financières, moyennant

(1) Les articles 10 et 11 de l'arrêté, relatif au domaine maritime, diffèrent des textes ci dessus par l'absence de mention du directeur des contributions indirectes.

lesquelles l'occupation a été par elle autorisée, et il déclare que le permissionnaire sera tenu, pour tout le temps à courir jusqu'à l'expiration du terme, fixé pour la revision, alors même que l'occupation viendrait, en fait, à cesser avant cette époque, pourvu toutefois que cette cessation de l'occupation ne provienne pas du fait de l'administration, mais du fait du permissionnaire. — Il est évident que la redevance cesserait, de plein droit, d'être due, si l'administration prononçait le retrait de la permission (1).

L'administration applique, d'ailleurs, ici le principe, admis en matière de permission de voirie, d'après lequel toute permission est réputée périmée si, au bout d'un an écoulé, il n'en a pas été fait usage par le permissionnaire. La redevance, qui n'est qu'une condition de l'occupation, ne serait point exigible si, après un an écoulé, depuis la délivrance de l'autorisation, celle-ci n'avait pas été mise à profit par le bénéficiaire (2).

357. — G. Disposition transitoire.

Art. 14. Il sera dressé, avant le 1er janvier 1879, par les soins des ingénieurs des ponts et chaussées, un état de toutes les permissions accordées sur le domaine public terrestre ou fluvial avec ou sans redevance. Cet état sera adressé au Ministre des Travaux publics et transmis par ce dernier au Ministre des Finances. — Après revision ou fixation de la redevance, conformément à l'article 4 ci-dessus, les détenteurs seront prévenus par l'administration des ponts et chaussées qu'ils doivent souscrire entre les mains des agents du service financier compétent, l'engagement de payer cette redevance, qui courra à partir du 1er janvier 1879. Dans le cas où l'engagement dont il s'agit ne serait pas souscrit, la concession de jouissance sera retirée (3).

358. — *N'existe-t-il pas des cas ou l'administration*

(1) Lechalas, *loc. cit.* p. 337.
(2) Solut., 11 mai 1887. Béquet, V° domaine, n° 1175.
(3) Cet article ne se trouve pas, dans l'arrêté relatif au domaine maritime, ce domaine ayant donné lieu, sur ce point, à un précédent arrêté ministériel (15 septembre 1874).

*peut sans commettre d'illégalité, soumettre après coup
a redevance, une permission, qui en aurait été exempte
primitivement.* — Bien que ne présentant qu'un caractère purement transitoire, cette disposition offre un intérêt
particulier, en ce que l'administration y résout, dans un
sens absolument opposé à la jurisprudence depuis longtemps consacrée par le Conseil d'État, l'importante question de savoir si, une autorisation ayant été accordée
gratuitement, l'administration peut la subordonner, après
coup, au paiement d'une redevance et, comme sanction,
retirer son autorisation, si le permissionnaire refuse de
souscrire aux conditions de ce payement.

L'article 14 reconnaît ce droit à l'administration tandis
que la jurisprudence le lui dénie au contraire formellement (1).

359. — *Distinctions tirées du caractère réel ou personnel de l'autorisation.* — Cette jurisprudence ne saurait aller, à la vérité, sans certaines restrictions.

Il existe évidemment des cas où l'administration, pourrait, sans commettre aucune illégalité, soumettre après
coup à redevance une permission, qui en aurait été exempte
primitivement.

Citons par exemple, l'hypothèse où le permissionnaire
viendrait à céder à un tiers le bénéfice de sa permission.
Le consentement, que l'administration est nécessairement
appelée à donner à une pareille cession, équivaut, en réalité
à une permission nouvelle, grâce à laquelle l'administration peut assujettir à redevance une occupation, qui en
était originairement affranchie. C'est ce qu'a reconnu le
Ministre des travaux publics, conformément à l'avis du
Conseil général des ponts et chaussées, à l'occasion du
transfert d'une Compagnie particulière à la ville du Hâvre
des permissions relatives aux conduites d'eau alimentant

(1) V. ci-dessus n° 44.

cette ville (31 octobre 1885). Ceci suppose, toutefois, que
l'autorisation privative, qui fait l'objet de la cession, présente le caractère d'une autorisation *personnelle*. Expli-
quons-nous. Sans doute, les autorisations privatives consenties sur le domaine public sont accordées toujours à
une personne déterminée ; mais il peut se faire, qu'en réalité, le bénéficiaire véritable de l'autorisation soit, non pas
une personne, mais une chose. Lorsque l'autorisation à
moins pour objet l'avantage privatif d'un individu que
l'avantage d'une chose, dont cet individu ne profitera que
parce qu'il en est propriétaire — il s'agit, par exemple, de
l'autorisation, donnée à un industriel, propriétaire d'un
établissement riverain d'un cours d'eau navigable, d'établir en rivière un ouvrage, une estacade destinée au service de cet établissement, — il paraît exact de dire que
c'est à cette chose, — à cet établissement industriel — et non
pas au particulier, qui obtient l'arrêté d'autorisation, à l'industriel qui exploite actuellement l'établissement, que l'autorisation est conférée. L'autorisation a, dans ce cas, le
caractère réel : elle est attachée à une chose et non à une
personne (1).

360. — L'intérêt de cette distinction existe d'abord,
au point de vue pénal. Si l'autorisation doit être considérée comme donnée à la personne même de celui qui l'a
sollicitée, c'est ce permissionnaire, qui sera tenu pour
responsable des faits, par lesquels il serait contrevenu aux
conditions de l'autorisation, alors même, que la propriété
de l'objet, qui a causé le fait incriminé, aurait cessé de
lui appartenir. Si, au contraire, on considère l'autorisation comme donnée à la chose — à la propriété riveraine
d'un cours d'eau, par exemple, pour permettre à cette

(1) V sur ce point, C. Et. 11 fév. 1887 (Min. des Trav. publics
c. Brunel) D.88.3.61, et les considérations développées par M. le
commissaire du gouvernement Marguerie. — V. aussi la *Revue
critique* 1888, p. 84.

chose d'user des avantages que procure la situation même
des lieux, ce n'est pas le permissionnaire originaire, qui sera
responsable de la contravention : c'est le propriétaire de la
chose, au moment où la contravention aura été commise. Au
point de vue spécial qui nous occupe, le caractère réel de
l'autorisation engendrerait la conséquence suivante : en cas
d'aliénation, par le permissionnaire, de la chose à laquelle
se rattache l'autorisation de l'établissement pour le service
duquel l'ouvrage en rivière aurait été autorisé, l'acquéreur
n'aurait pas besoin de se munir d'une autorisation nouvelle.
C'est l'autorisation originaire, qui continuerait à produire
ses effets. L'administration ne pourrait, par suite, d'après
la jurisprudence actuelle du Conseil d'État, sans excéder
ses pouvoirs, profiter de l'aliénation, pour assujettir le propriétaire nouveau au payement d'une redevance, qui n'aurait pas été exigée du propriétaire qui a sollicité et obtenu
l'autorisation.

361. — L'hypothèse du décès du permissionnaire tombe,
évidemment, sous le coup de la même jurisprudence. Les
héritiers du défunt, représentant la personne de celui-ci,
ne sauraient être astreints au payement d'une redevance
qui n'aurait point été exigée de leur auteur (1).

362. — Au cas que nous venons de citer, dans lequel
l'administration pourrait assujettir, après coup, à redevance une autorisation qui en aurait été primitivement
exempte, il faut ajouter celui où l'administration s'est
réservé la faculté de revision.

Il ne paraît pas douteux que l'administration, qui se

______

(1) Les héritiers seraient tenus par contre au payement des
droits qui auraient été stipulés du défunt. Il en serait toutefois
différemment, et nulle redevance ne pourrait leur être réclamée, si
le décès de leur auteur s'était produit antérieurement à l'arrêté
d'autorisation et si, de leur côté, les héritiers n'avaient jamais fait
personnellement acte d'occupation Req. 21 avril 1891. (Contributions indirectes c. Aubergier) D. 92.1.182.

réserve la faculté de reviser, au bout d'un certain laps de temps, les conditions financières de l'occupation, puisse, à l'expiration de ce délai, substituer à la gratuité de l'occupation, jusque-là consentie, l'obligation, pour le permissionnaire, de payer une certaine redevance, et que, faute par celui-ci de se soumettre à cette condition nouvelle, l'administration puisse, sans commettre aucun excès de pouvoir, prononcer légalement le retrait de l'autorisation.

363. — *Art. 15*. Il n'est rien innové, par le présent arrêté en ce qui touche les demandes d'usines ou de prises d'eau industrielles, lesquelles continueront à être instruites comme par le passé, et sans l'intervention des agents du domaine, même pour la partie de la redevance qui représente le prix de l'occupation (1)·

364. — H. Circulaire du ministre des travaux publics du 8 décembre 1879, intervenue en exécution de l'article 14 de l'arrêté inter-ministériel de 1878. — L'article 14 de l'arrêté de 1878 a provoqué, de la part du Ministre des travaux publics, une circulaire, contenant certaines instructions aux ingénieurs, au sujet de la rédaction des états prévus par ledit article. Cette circulaire renferme l'énumération : 1° des occupations qui ne doivent pas être portées sur les états, soit qu'elles échappent au principe de la redevance, soit qu'elles ne constituent pas des permissions de voirie, et 2° de celles qui doivent au contraire figurer dans les états comme sujettes à redevance.

Bien que cette nomenclature ne présente aucun caractère limitatif, et que le document qui la renferme n'ait point par soi-même d'autre autorité que celle qui s'attache, d'une manière générale, aux circulaires ministérielles,

(1) Les articles 14 et 15, de l'arrêté ministériel relatif au domaine public et terrestre ne figurent pas dans l'arrêté relatif où domaine maritime, lequel se termine par un article 14 qui rapporte l'arrêté Ministériel du 15 septembre 1874.

nous croyons qu'il n'est pas sans intérêt d'en reproduire ici le texte.

365. — *a) Occupations qui, d'après la circulaire de 1879, ne donnent pas lieu à redevance au profit de l'État.* — Les occupations qui doivent, aux termes de la circulaire, demeurer en dehors des états sont les suivantes :

1° *Les occupations dérivant implicitement non de simples permissions de voirie, mais de concessions du Gouvernement,* telles que les passages supérieurs, inférieurs ou à niveau des chemins de fer concédés; et les voies ferrées des tramways également concédés.

2° *Les occupations d'une durée plus ou moins longue, résultant d'amodiations faites directement par l'administration des Finances,* et qui n'entraînent pas une permission de voirie dans le sens de l'art. 14 de l'arrêté de 1878.

3° *Les occupations d'intérêt public comme celles ci-après :* poteaux télégraphiques de l'État, guérites et corps de garde des douanes, fontaines, lavoirs, puits et pompes à usage public et gratuit avec les branchements qui les alimentent; candélabres, reverbères et lanternes publics et branchements à gaz qui en dépendent; égouts, urinoirs et bancs publics, passages supérieurs, inférieurs ou à niveau des chemins publics, vicinaux, communaux ou ruraux et poteaux indicateurs de ces chemins; les bacs publics, affermés au profit de l'État, des départements et des communes; les monuments historiques ou religieux (statues, pyramides, colonnes commémoratives, croix, etc.) érigés par l'État ou les communes et autorisés par arrêté préfectoral, sur l'avis du service des ponts et chaussées;

4° *Les occupations, pour lesquelles les communes perçoivent des droits, conformément à la loi du 18 juillet 1837* (aujourd'hui la loi du 5 avril 1884), et pour lesquelles il ne paraît pas possible de faire payer deux redevances, tels sont : les étalages permanents de marchandises, devant les magasins riverains, les étalages semblables, mais périodiques ou exceptionnels les jours de marchés, foires ou fêtes ; les stationnements de voitures publiques ou particulières, les dépôts de tables, chaises, vases de fleurs et arbustes pour cafés, estaminets ou restaurants ; les locations sur la voie publique, sur les ponts et rivières ;

5° *Les occupations d'intérêt privé qui sont de droit pour les propriétaires riverains*, comme les ponceaux, aqueducs et passerelles sur les fossés des routes, les rampes et escaliers d'accès sur leur talus ; les remblais de talus en avant des maisons construites au pied des levées et sans qu'il y ait annexion, même temporaire, à la propriété riveraine, de la plate-forme ainsi créée ;

6° *Les occupations d'intérêt privé qui sont utiles à la circulation,* comme les trottoirs, les pavages d'accotement, les rigoles pavées, les cassis qui se trouvent en fait incorporés à la route et qui ne sont pas soustraits au service public ;

7° *Les occupations d'intérêt privé de trop minime importance pour donner lieu à redevance,* comme les saillies autorisées par l'article 19 du règlement général de 1858 sur les permissions de voirie, et encore *les occupations d'intérêt privé* de trop courte durée, comme les échafaudages et dépôts de matériaux pour reconstruire ou réparer les maisons riveraines, les dépôts de betteraves pendant la récolte et la fabrication du sucre et les autres dépôts agricoles momentanés ;

8° *Enfin* — ajoute la circulaire — il semble convenable de ne pas mentionner dans les états *les marches d'escaliers, bornes, chasse-roues entrées de caves, trappons soupiraux qui font saillie sur l'alignement.* Ces saillies sont interdites par l'article 21 du règlement général de 1858 sur les permissions de voirie. On ne peut en autoriser l'établissement, à moins de circonstances exceptionnelles dont l'administration supérieure seule est juge ;

et il serait fâcheux de paraître consacrer, par une redevance, l'existence de celles qui proviennent d'ouvrages
anciens et que les ingénieurs doivent s'appliquer à faire
disparaître. »

366. — α. *Occupations dérivant de concessions.* — Le
payement d'une redevance est, comme nous l'avons dit,
de la nature, mais non point de l'essence, de l'autorisation
privative du domaine public. L'arrêté de 1878 énumère les
cas dans lesquels il n'y a pas lieu à taxation.

C'est, d'abord, le cas de concession. Il est évident que
l'administration, qui passe avec un particulier un marché
pour l'exécution d'un travail public ou pour l'exploitation
d'un service d'utilité générale nécessitant l'occupation privative d'une portion du domaine public, doit mettre ce particulier en situation d'exécuter son marché en lui livrant
les terrains dont l'occupation est nécessaire. — L'occupation est ici la condition même du marché — et elle ne
saurait, par suite, être assujettie à redevance.

367. — *Concessions de tramways.* — Cette régle trouve
son application en matière de concessions de tramways. —
Consulte sur la question de savoir, si l'État, concédant
une ligne de tramvays, peut insérer, dans le cahier des
charges de la concession, une clause, par laquelle le concessionnaire s'engagerait à payer, en outre des frais de
contrôle, une redevance annuelle, pour l'occupation du
domaine public, le Conseil d'État s'est prononcé en ce
sens « qu'il serait contraire au vœu de la loi » d'imposer
au concessionnaire une redevance de cette nature
« l'examen des dispositions de la loi du 11 juin 1880 con-
duisant à reconnaître, que, pour l'établissement des
tramways, rien n'oblige l'État à exiger une semblable
redevance, comme il le fait dans les autres cas d'occupation du domaine public « (1). « Il s'agit ici, poursuit

(1) Av. C. Et. des 21-28 déc. 1882. BÉQUET, V° domaine, n° 1120,

l'avis, d'une véritable concession, dont les conditions ont
été réglées par le législateur. C'est lui-même qui, dans un
intérêt supérieur et pour donner au public de nouvelles
facilités de circulation, a permis d'affecter les voies dépendant du domaine public à l'établissement d'un tramway.
Non seulement, il n'a exigé du concessionnaire aucune
redevance envers l'État, mais il a reconnu, que, pour donner à ces entreprises la stabilité et la sécurité nécessaires,
il convenait de renoncer à la clause qui leur était antérieurement imposée, et en vertu de laquelle la concession
était toujours révocable sans indemnité..... »

Abstraction faite des dispositions de la loi du 11 juin 1880,
il faut dire que l'État ne peut soumettre à redevance l'occupation du sol de ses voies par les lignes de tramways,
qu'il concède, parce que l'exécution du marché exige cette
occupation.

Les communes, dont le territoire est traversé par la
ligne, n'ont pas été parties à ce marché, et c'est pourquoi
nous leur avons reconnu, tout au contraire (1), le droit
d'exiger de la Compagnie concessionnaire la taxe du
stationnement.

367. — *Concessions de chemin de fer*. — Lorsqu'il
s'agit d'un chemin de fer, on devrait, semblerait-il, par
application de ces principes, décider qu'aucune redevance
n'est dûe par la Compagnie, pour les portions quelconques
du domaine public de l'État que la ligne traverse ou qu'elle
emprunte. L'État exige, cependant, une redevance
annuelle pour les portions de route ou de cours d'eau
occupées par la voie ferrée. Cette redevance est fixée
à 0 fr. 10 par chaque pile de pont ou de viaduc ; à 0 fr. 20
pour chaque culée et à 0 fr. 28 l'are pour tout autres

note 1. *Pand. franç*. V⁰ occup. temporaire du domaine public,
n⁰ 214.
  (1) V. *Suprà*, n⁰ 181.

occupations. Il n'est rien réclamé à la Compagnie pour les passages à niveau (1) ni pour les passages·de la voie ferrée au-dessus des routes ou cours d'eau, toutes les fois que ces passages s'exercent sans appui sur le domaine public.

Mais les Compagnies seraient très légitimement astreintes au payement de redevances pour le passage, sous le sous-sol des voies publiques, des canalisations destinées à l'adduction des eaux nécessaires à l'alimentation de leurs machines (2). L'occupation n'est pas en effet, ici, la conséquence nécessaire du contrat de concession.

369. — β. *Occupation d'intérêt public.* — Échappent, d'une manière générale, au payement de toute redevance, les occupations qui se rattachent à un intérêt public (3). L'exemption dont bénéficie cette catégorie d'occupations, se justifie sans difficulté. Si l'occupation privative du domaine public est assujettie à redevance, c'est parce qu'elle procure à celui qui en a le bénéfice un avantage personnel, qui n'appartient pas aux autres membres de la Communauté, et parce qu'elle soustrait, en même temps, à la jouissance de tous, une certaine partie du domaine commun. Or l'occupation, qui a pour objet un intérêt public, ne produit ni l'un ni l'autre de ces effets. Il n'en résule aucun avantage privatif et personnel au profit d'un individu déterminé, et certaines portions du domaine public sont soustraites à leur usage normal, c'est dans l'intérêt de la masse, à qui l'utilité de ces portions du domaine est restituée sous une autre forme, pour son plus grand profit.

(1) Les passages à niveau ont été expressément exonérés de la redevance par la jurisprudence administrative. V° C. Ét. 1er mai 1858. Leb. p. 332; avis C. État. 9 juillet 1884. *Pand. franç.*, *loc. cit.*, n° 220.

(2) *Pand. franç.*, *loc. cit.* n° 221.

(3) V. instruction du 7 septembre 1878. — *Recueil officiel*, n° 2600, année 1878.

Les occupations du domaine public, qui ont pour objet un intérêt public, sont donc, à juste raison, soustraites au payement de toute taxe.

Échappent à redevance, par application de cette règle, les canalisations établies dans le sol des voies publiques pour la conduite du gaz destiné à l'éclairage public, ou de l'eau destinée à l'alimentation des fontaines publiques, les égouts, les réverbères, bancs, urinoirs et châlets de nécessité gratuits et, d'une manière générale, toutes installations quelconques qui ont exclusivement en vue de satisfaire à des besoins généraux (1).

370. — Mais quand faudra-t-il dire que l'autorisation se rattache à un intérêt public? L'intérêt d'une collectivité, telle qu'un département ou une commune, suffit-il à justifier la gratuité de l'occupation, ou faut-il, pour entraîner cette gratuité, que l'occupation soit à l'avantage du public tout entier ?

371. — Il est certain que l'occupation ne saurait être soustraite à redevance, par le seul fait qu'elle est concédée à une personne publique, telle qu'un département ou une commune. Si l'autorisation, octroyée à cette personne publique, procure à celle-cides a vantages privatifs, les principes généraux ci-dessus exposés justifient la perception du droit. — C'est ce qui se produira notamment, lorsque l'autorisation sera, pour elle, la source de profit précuniaires. Tel serait le cas de l'établissement par une commune, dans le sol d'une rue formant le prolongement d'une grande route, de canalisations, destinées à fournir aux habitants, au prix d'un tarif déterminé, l'eau ou le gaz ou, sur le sol, de châlets de nécessité payants.

372. — Mais, en dehors de cette hypothèse, dans laquelle

____

(1) Voy. solution administrative, 4 oct. 1886 (égouts); 24 juillet 1885, 6 avril et 5 août 1886 (canalisation d'eau), 29 mai 1885 et 25 mars 1892 (urinoirs, reverbères, etc.) Voy. BÉQUET, *loc. cit.*, n° 1142, *Pand. franç.*, n°ˢ 225 et suiv.

la solution ne paraît pas douteuse, la question de savoir
si le seul intérêt d'une collectivité est de nature à justifier l'exemption du droit, prêterait à discussion. On pourrait, semble-t-il, soutenir très raisonnablement que l'intérêt d'une collectivité, si étendue soit-elle, n'est jamais
qu'un intérêt restreint, qui laisse en dehors de lui toute
une catégorie de citoyens, lesquels n'étant pas appelés à
profiter du bénéfice de l'occupation privative accordée à la
collectivité dont il s'agit, doivent recevoir d'elle sous
forme de redevance la compensation de l'avantage qui lui
est procuré. On en conclurait que l'occupation, résultant,
par exemple, de l'installation, sous le sol des voies publiques, de conduites, destinées à l'alimentation d'une caserne
en eau potable, échapperait au paiement de la taxe. Il
s'agit, en effet, ici d'une autorisation, qui se rattache à
l'utilité d'un service de l'État. La jurisprudence administrative est en ce sens (1). Mais on en conclurait aussi —
contrairement aux décisions de l'administration — que
les conduites destinées à l'éclairage d'une école primaire
seraient passibles de la taxe parce que l'occupation est
ici à l'avantage non point du public en général, mais des
seules habitants de la commune (2).

373. — Ce que nous venons de dire d'une collectivité,
est vrai à plus forte raison d'un individu. Le particulier,
qui obtient l'autorisation d'occuper privativement une
dépendance du domaine public, est soumis au payement
d'une redevance, parce que cette occupation tend à lui

______

(1) Solution administrative 23 fév. et 30 mars 1876. — ADDÈ ·
BLANCHE, *Répertoire d'administration.* V. domaine, p. 901.

(2) Les canalisations, destinées à la conduite dugaz pour l'éclairage public ou de l'eau pour l'alimentation des fontaines publiques dans une ville échappent à toute redevance, parceque cet
éclairage et cette distribution de l'eau ne sont pas destinés à profiter seulement aux habitants de la commune, mais à toux ceux,
quels qu'ils soient, qui passent dans la ville et qui veulent faire
usage de l'eau.

procurer des avantages personnels distincts de ceux qui appartiennent à la masse. Aucune redevance ne serait par conséquent exigée, si le permissionnaire faisait profiter le public tout entier du bénéfice de son occupation, en mettant ses installations à la disposition gratuite de tous. C'est ainsi que l'administration a exempté de toute redevance l'établissement d'un escalier monumental destiné à relier un casino à la mer et accessible en tous temps au public ; (Solut., 9 avril 1875) — et de même, l'installation sur les quais d'un port d'appareils de manutentions ou de cales d'embarquement, mises gratuitement à la disposition du public. (Solut, 5-14 septembre 1876). Il faut, bien entendu, pour que le permissionnaire soit exempté du payement des droits, que l'abandon au public, de ses installations, ait lieu *gratuitement*, sinon l'autorisation, devenant pour lui une source de bénéfices, et par conséquent d'avantages privatifs, serait asssujettie légitimement à la taxe.

374. — γ. *Autres cas d'occupations gratuites.* — L'exonération de la taxe pourrait encore résulter, d'après la jurisprudence, d'une convention intervenue entre l'administration et le permissionnaire. C'est ainsi, qu'il a été jugé, qu'un propriétaire avait pu, en cédant des terrains pour la construction d'un canal, stipuler qu'un pont particulier serait établi par lui, pour le service de son héritage, sans qu'il y ait lieu à redevances pour l'occupation des berges et du lit du cours d'eau, par les culées du pont et les piles (1) ; — de même, que l'ancien propriétaire des eaux d'une source interceptées par la création d'un canal, avait pu se réserver une prise d'eau d'irrigation sur ce

----

(1) Cass. 17 juillet 1849. D.49.1.315 ; Cf. dans le même sens, Cass. 14 mai 1872 (commune de Cotignac) ; S.72.1.388. D.72.1. 307.

canal et stipuler qu'il n'aurait rien à payer pour l'occupation du sol par ses tuyaux et conduites (1).

375. — Il est d'autre part de toute évidence, qu'aucune redevance ne pourrait être exigées pour les occupations qui résulteraient d'un droit privatif, constitué à une époque antérieur aux lois qui ont décrété l'inaliénabilité du domaine public, ou résultant d'une vente nationale, conclue pendant la période révolutionnaire.

376. — Enfin il convient de noter un cas spécial d'exonération en matière d'occupation du domaine public maritime. Ce cas d'exonération concerne les inscrits maritimes qui sont soustraits au payement de toute redevance pour les établissements de pêcheries qui peuvent leur être concédés (loi du 20 décembre 1872, art. 2 *in fine*). L'arrêté réglementaire du 12 mai 1876 (art. 2) a réservé toutefois le bénéfice de la gratuité aux marins inscrits à titre définitif et la loi de finances du 29 décembre 1888 (art. 25) a exclu pour l'avenir de l'exonération les marins qui postérieurement à la promulgation de la loi ne seront devenus inscrits maritimes définitifs qu'après l'âge de trente ans révolus, à moins qu'ils n'aient servi dans les équipages de la flotte (2).

377. — *b) Occupation qui, d'après la circulaire de 1879, donnent lieu à redevance au profit de l'État.* — Après avoir énuméré les occupations ne donnant pas lieu à redevance, la circulaire du 8 décembre 1879 indique celles qui y sont au contraire soumises.

Ces occupations sont réparties par le Ministre entre cinq catégories qui sont les suivantes :

1re Catégorie. — Occupations ayant réellement pour

---

(1) Cass. 25 avril 1876, S.76.1.417. J. E. art. 20, 325. V. aussi Cass. 20 fév. 1867 (commune de Givry) S. 67. 1. 213; D. 67. 1. 266.

(2) V. Béquet, *loc. cit.*, n° 1138; *Pand. franç.*, *loc. cit.* n°s 44 et suiv.

effet de soustraire momentanément à l'usage de tous des portions du domaine public :

2ᵉ Catégorie. — Occupations souterraines, n'ayant pas pour effet de soustraire les emplacements à l'usage de tous, ni même d'en changer la forme extérieure ;

3ᵉ Catégorie. — Occupations superficielles, ayant pour effet de modifier la forme, sans affecter en rien la destination et l'usage des ouvrages ;

4ᵉ Catégorie. — Servitudes concédées, mais n'altérant en rien la forme non plus que la destinatien et l'usage public des ouvrages ;

5ᵉ Catégorie. — Occupations par des objets mobiliers.

378. – Voici, maintenant, la nomenclature des différentes espèces d'occupations comprises dans chaque catégorie.

La première catégorie comprend : les emplacements occupés par : — les bureaux, poteaux et bascules d'octroi ; — les plantations d'agrément effectuées par les communes ; — les arbres plantés par les riverains sur les talus en déblai ou en remblai des routes ; — les kiosques pour vente de journaux (1) ; — les bâtiments de stations d'omnibus et leurs annexes ; — les bureaux de contrôle et de stations de tramways ; — les candélabres, réverbères ou lanternes d'intérêt privé ; — les poteaux télégraphiques d'intérêt privé ; — les bornes-fontaines, pompes, puits, et fontaines d'intérêt privé ; — les poteaux d'enseignes ou attributs ; — les atteliers de corderie et de maréchalerie ; — les étendoirs de linge ; — les dépôts permanents susceptibles d'être autorisés ; — les bureaux de négociants, hangars, magasins, guérites de corps de gardes privés, grues fixes, cabestans, écuries sur les routes et les ports et les francs-bords des rivières et

____

(1) V. Béquet, *loc. cit.*, nᵒ 1138 ; *Pand. franç.*, *loc. cit.*, nᵒˢ 44 et suiv.

canaux ; — les cales de radoub et cales d'accès particulières ; — les appontements, estacades, embarcadères et débarcadères fixes ; — les réservoirs à poissons dans les berges, réservoirs à purin, trous de fumier.

La deuxième : les passages inférieurs des voies ferrées particulières et des chemins d'intérêt privé exécutés par les intéressés ; — conduites d'eau ou de gaz avec leurs branchements particuliers pour les riverains ; — Conduites d'intérêt privé ; — égouts privés débouchant dans les égouts publics ; — caves et bassins sous la voie publique.

La troisième : les voies ferrées particulières et passages supérieurs ou à niveau de ces voies ; — passages supérieurs des chemins d'intérêt privé ; — murs de soutènement dans les talus des routes ou dans ceux des digues des rivières et canaux ; — remblais sur ces talus, pour formation de terrasses, cours ou jardins annexés, à titre précaire et temporaire, à la propriété riveraine ; — murs de quai pour la création de gares privées ; — barrages d'irrigation et prises d'eau dans les fossés des routes et les contre-fossés des canaux ; — aqueducs, ponceaux, passerelles sur les contre-fossés des canaux dont les digues ne constituent pas des voies publiques, dans le sens absolu du mot ; — rampes d'accès, escaliers, descentes maçonnées, lavoirs, abreuvoirs sur leurs berges ; — gares particulières pour canots, batelets, nacelles de plaisance ; — extraction de sables, graviers et matériaux divers dans le lit ou sur le bord des rivières, des lacs et des routes, notamment par ceux qui en font commerce et dont l'exploitation, régulièrement autorisée, a une certaine durée.

La quatrième : les portes d'accès dans les murs de façade ou les murs de clôture construits à l'alignement le long des canaux ; — passage sur les digues pour piétons, bestiaux et voitures, en vue de faciliter la desserte des propriétés riveraines, agricoles ou industrielles ; — suppression de plantations dans l'intérêt des habitations ou ou des cultures des riverains; — déversement d'eaux industrielles et ménagères ou d'eaux de drainage dans les fossés des routes, dans les contre-fossés ou dans le lit des rivières et canaux; — appui de constructions privées sur les murs de soutènement et sur les parapets des ponts dépendant des routes, rivières et canaux.

Enfin la *cinquième catégorie* comprend des installations sur les berges ou dans le lit des rivières et canaux; (en tant qu'elles ne sont pas déjà frappées d'une redevance au profit des communes) de grues mobiles, passerelles roulantes, pontons flottants d'embarquement, bateaux-lavoirs à eau chaude ou à eau froide, bateaux de bains, écoles de natation, bateaux dragueurs, bateaux remorqueurs, batelets particuliers, bateaux de pêche et bascules à poissons, nacelles et canots de plaisance.

Nous avons eu l'occasion de critiquer ci-dessus (n° 191) l'insertion de cette dernière catégorie d'occupations dans la circulaire de 1879. — Les occupations de cette espèce, sont de celles dont le produit est dévolu aux Communes et l'État ne saurait élever aucune prétention à cette perception — alors mêmes que les communes négligeraient de faire usage de leur droit.

PARAGRAPHE IV

Circulaire du 15 août 1893 relative aux conduites d'eau, de gaz et d'électricité.

379. — Les installations pour conduites d'eau, de gaz et d'électricité ont, à raison de leur importance particulière, fait l'objet d'une circulaire spéciale, adressée par les Ministres de l'Intérieur et des Travaux publics aux Préfets, le 15 août 1893.

380. — Cette circulaire ne déroge point anx principes généraux qui régissent la matière des occupations privatives du domaine public et les (dispositions de l'arrêté du 3 août 1878 demeurent applicables aux autorisations pour conduites d'eau, de gaz et d'électricité. La circulaire a eu seulement pour objet de mettre fin à certaines difficultés qu'avait fait naître la multiplicité des demandes en autorisation de canalisation, notamment entre les Compagnies concessionnaires de l'éclairage dans les Villes et les simples permissionnaires, autorisés à occuper pour l'établissement de conduites le sous-sol des routes nationales et départementales dans la traverse des mêmes villes, en traçant aux municipalités les règles à suivre pour la délivrance des concessions ou des simples permissions de voirie.

Ces règles s'analysent ainsi qu'il suit :

L'éclairage public rentre naturellement dans les attributions municipales ; l'éclairage privé est entièrement libre pourvu qu'il n'emprunte pas les voies publiques. Lorsqu'il emprunte les voies publiques deux cas peuvent se présenter. Ou bien il s'agit d'un particulier, ne devant profiter de la conduite que *pour son propre usage*, ce qui se produit par exemple, dans le cas où la propriété est coupée en deux, par la voie publique — et alors rien ne s'oppose à ce que l'autorisation lui soit accordée à titre de permission de voirie, pourvu qu'il n'en résulte aucun inconvénient pour la circulation. Ou bien, l'usage doit être *collectif* et il doit être *fait commerce* de l'exploitation des installations ; — alors, quelle que soit la voie publique dont il s'agisse : qu'elle fasse partie de la grande ou de la petite voirie, un acte de concession doit réglementer cette exploitation et fixer un tarif maximum. C'est l'application pure et simple des règles que nous avons formnlées ci-dessus n· 91, et ces règles s'appliquent évidemment en matière de distribution d'éclairage.

381. — Nous avons envisagé déjà les rapports, sous lesquels l'hypothèse de la concession se différencie de celle de la simple permission de voirie (1).

La circulaire se préoccupe principalement de la question de compétence qu'elle résout, comme nous l'avons dit déjà, de la manière suivante : « Les permissions de voirie sont délivrées par l'autorité qui administre les voies auxquelles elles s'appliquent, tandis que les contrats de concessions relèvent de l'autorité dans les attributions de laquelle sont placés, à raison de leur nature, les services qui font l'objet de ces concessions, quelles que soient la catégorie des voies publiques à emprunter ».

382. — Si donc, il s'agit de l'éclairage d'une ville — comme ce service est de nature à intéresser la commodité de la circulation, et la sécurité des habitants qui rentrent dans les attributions des municipalités par application des articles 115 et 145 de la loi municipale, — c'est au conseil municipal qu'il appartiendra d'accorder les concessions sur toutes les voies publiques du territoire communal sans distinction. — Il paraît y avoir en effet, tout intérêt à laisser aux municipalités le soin d'accorder sur quelque partie du territoire communal qu'elles doivent s'étendre, les concessions qui ont pour objet un service municipal (2).

Inversement, l'autorité municipale sera incompétente pour accorder, même sur les voies publiques communales,

(1) V. ci dessus, nos 81 et suiv.

(2) Le conseil d'État est même allé plus loin que la circulaire de 1893, car, dans un avis du 27 juin de la même année, il a répondu affirmativement à la question de droit suivante : « Le corps municipal est-il *exclusivement* compétent pour accorder une concession de distribution d'eau ou de lumière, suivant les conditions d'un tarif d'un cahier des charges, pour toutes les voies publiques du territoire communal, *même pour celles de la grande voierie*, étant entendu que le cahier des charges subordonne l'exécution des travaux sur la grande voirie à la permission du Préfet ? »

une concession se rattachant à un service rentrant par sa nature dans les attributions préfectorales. C'est au Préfet seul qu'il appartiendra de délivrer l'acte de concession.

383. — Toutefois — porte la circulaire de 1893 — si les ouvrages visés dans l'acte de concession édicté par une autorité doivent s'étendre sur des voies administrées par une autre autorité, celle-ci est appelée ultérieurement (à moins de dispositions législatives spéciales) à délivrer les permissions de voirie nécessaires ; l'acte de concession, même compétemment rendu, comporte ainsi une réserve, explicite ou implicite, quant à sa complète exécution sur les diverses catégories de voies publiques.

Ainsi, la concession n'empêche pas qu'une permission de voirie soit nécessaire au concessionnaire, s'il doit exécuter des travaux sur une voie publique relevant d'une autorité autre que celle qui a accordé la concession. Si la concession émane de l'État, c'est le Maire qui aura à donner les permissions sur les voies communales, à moins d'un texte spécial dérogeant à cette règle ; si la concession émane de la commune, une autorisation du Préfet, sauf recours au Ministre des travaux publics, sera nécessaire, pour les occupations de routes nationales ou départementales et des chemins vicinaux de grande communication ou d'intérêt commun.

384. — La circulaire se résume en définitive dans les principes suivants (1).

A. Les canalisations ou conducteurs qu'un particulier demande à établir pour le service d'un immeuble dont il est propriétaire, usufruitier ou locataire, sont installés sous ou sur la voie publique, en vertu d'une simple permission de voirie délivrée par le Maire pour la petite voirie, ou par le

(1) V. sur la matière : R. Toutain — de la concession de l'éclairage dans les villes — *Revue d'administration*, t. II, p, 271, année 1882 (livraison de juillet) et Cruveilhier. Essai sur les concessions d'éclairage (extrait de la *Revue d'administration* 1900).

Préfet pour la grande voirie et pour les chemins vicinaux
de grande communication ou d'intérêt commun.

B. Toute entreprise de distribution collective d'eau ou
de lumière sur les voies publiques, doit faire l'objet d'une
concession municipale. Le projet de concession est soumis
par le Maire au Conseil municipal. Ce projet doit indiquer :
1° le tarif maximum des abonnements ; 2° les conditions
du service qui sera offert au public moyennant ce tarif ;
3° toutes les autres conditions d'établissement et d'exploitation de la distribution collective sur l'ensemble des voies
publiques de la commune ; le tout arrêté dans un cahier des
charges qui, d'une part, règle les obligations de l'entrepreneur envers la commune et envers le public, notamment en ce qui concerne le service à fournir et le maximum
des tarifs exigibles et qui, d'autre part, détermine les obligations de la commune envers l'entrepreneur.

Ledit cahier des charges soumet l'entrepreneur aux
règlements de voiries et autres, faits ou à faire par l'autorité compétente ; il subordonne l'établissement des ouvrages de la distribution sur les voies nationales ou départementales et sur les chemins de grande communication
ou d'intérêt commun à des permissions de voirie, qui seront
éventuellement délivrées, s'il y a lieu, par le Préfet sur la
demande du Maire. — Le projet, après avoir été voté par le
Conseil municipal, est soumis par le Maire à l'approbation
de l'autorité supérieure compétente. — Une fois cette
approbation intervenue, s'il y a lieu, les permissions de
voirie à délivrer par le Préfet font l'objet d'arrêtés préfectoraux ; elles sont données à la Commune, représentée
par le Maire, et non à l'entrepreneur du service de la
distribution collective d'eau ou de lumière. Elles soumettent l'établissement et l'exploitation des ouvrages de la
distribution sur la voie publique aux conditions jugées
nécessaires pour assurer la sécurité et la commodité de la
circulation et pour éviter tout danger et toute gène au

public comme aux riverains : elles réservent notamment
l'application de tout règlements faits ou a faire dans ce
but.

CHAPITRE III

385. — L'ACTE ADMINISTRATIF QUI AUTORISE UN PARTICULIER A RETIRER DU DOMAINE PUBLIC UN AVANTAGE PRIVATIF, EST IL ASSUJETTI A L'ENREGISTREMENT ?

L'article 78 de la loi du 15 mai 1848 soumet, d'une manière générale, à l'enregistrement : « les actes des autorités administratives et des établissements publics, portant transmission de propriété, d'usufruit et de jouissance, les adjudications ou marchés de toute nature, aux enchères, au rabais ou sur soumission. »

386. — *a) Cas ou un contrat intervient entre l'administration et le permissionnaire.* — Cette disposition trouve évidemment son application, lorsque le particulier puise dans un contrat de concession le droit d'occuper privativement une portion du domaine public. Un contrat de cette espèce, s'analyse, en effet, soit dans un marché de travaux publics, soit, dans un marché pour l'exécution d'un service public. Les concessions de chemins de fer, de tramways, de distribution d'eau ou d'éclairage, les concessions pour l'installation d'outillages sur les ports de commerce ou pour l'appropriation des plages, en vue du service des bains de mer ; généralement, les concessions quelconques, qui ont pour objet l'exploitation industrielle des biens du domaine public et leur appropriation à un service d'utilité générale, tombent ainsi sous le coup de l'article 78 de la loi de 1848, comme constituant des marchés ou comme emportant transmission de jouissance, et donnent ouverture aux droits d'enregistrement.

387. Les concessions de sépultures, dans les cimetières, n'échappent pas à l'application du même article. Bien que les opinions diffèrent sur le caractère juridique du droit du concessionnaire, tous les systèmes aboutissent, en effet, à faire résulter de l'acte de concession une transmission de propriété ou de jouissance.

388. — *b). Cas de la simple permission, donnée à un particulier de retirer du domaine public un avantage privatif.* — Lorsque aucun contrat de concession n'est intervenu entre l'administration et le particulier, admis à retirer du domaine public un avantage privatif, et que la jouissance de ce dernier prend sa base dans une simple permission, à lui délivrée par l'autorité administrative compétente, — c'est, par exemple, un propriétaire, qui a été autorisé à établir, dans un intérêt purement privé, une canalisation, sous une route, à faire stationner des voitures, devant son immeuble, à amarrer son canot à la berge d'une rivière navigable ; un commerçant, à placer des chaises devant son café ou à étaler des marchandises devant sa boutique ; un industriel, à installer un kiosque, sur la voie publique, adhérent ou non au sol etc... —, l'acte administratif, d'où résulte cette permission, est-il assujetti à l'enregistrement ?

389. — La réponse dépend du caractère juridique, qu'il faut attribuer aux autorisations privatives, dont il s'agit. S'il faut y voir, des actes unilatéraux de puissance publique, dégagés de tout caractère contractuel, n'emportant transmission d'aucun droit au profit du concessionnaire, mais simple tolérance, subordonnée aux nécessités de la circulation et aux besoins du public, librement appréciés par l'administration, qui peut faire cesser l'occupation d'un instant à l'autre sans indemnité, si l'intérêt du domaine public s'oppose à son maintien, —

la redevance, exigée du permissionnaire, n'ayant d'autre
caractère, que celui d'une taxe, destinée à indemniser
l'autorité concédante de ses frais de surveillance et de
police, — on doit dire que ces autorisations échappent
à l'application de l'article 78 de la loi du 15 mai 1848 et
rentrent dans la catégorie des actes exemptés de l'enregistrement, par l'article 80 de la même loi.

390. — α. *Pratique de l'administration de l'enregistrement.* — Mais ce point de vue n'a jamais été admis par
l'administration de l'enregistrement, qui a toujours considéré les autorisations privatives quelconques, accordées
sur le domaine public, comme constituant de véritables
baux, et les actes, constitutifs de ces autorisations, comme
présentant, en conséquence, le caractère de contrats trans-
latifs de jouissance, soumis à l'enregistrement, par application de l'article 78 de la loi du 15 mai 1848. Qu'il s'agisse
de simples permis de stationnement et d'occupations superficielles, — de la nature de celles, dont le produit est abandonné aux communes, en vertu de l'article 133 § 7 de la
loi de 1884, — ou d'occupations, emportant emprise sur le
sol du domaine et modification de son assiette, les arrêtés,
qui autorisent ces différents faits privatifs, sont assujettis,
par l'administration, à l'enregistrement, dans le délai de
20 jours, au droit de 0 fr. 20 par 100 fr. de redevance, avec
minimum de 0 fr. 20, au principal (1).

391. — Les permissions d'usines et de prises d'eau
seules ont été, dans le principe, soustraites à l'application
de cette règle. Le Ministre avait, tout d'abord, reconnu
aux permissions pour usines et prises d'eau le caractère
d'actes de police, et les avait affranchies, à ce titre, de
l'enregistrement (2). Mais il est revenu, par la suite, sur

(1) V. notamm. solut. 8 juin 1891 (*Journal enregistrement*,
nº 23927) (châlets de nécessité), 28 juillet 1883 (baraques mobiles), etc.

(2) Décis. Min. finances, du 14 septembre 1880; Circ. compt.
publ., du 19 juillet 1881, nº 1368-109.

cette interprétation, et, sur les observations de la Cour des comptes, il a décidé (11 juillet 1884) que les permissions dont il s'agit, seraient assujetties à l'enregistrement, dans le délai de 20 jours, au droit de 0,20 0/0 (1).

392. — Ajoutons que l'arrêté interministériel du 3 août 1878, dont nous avons commenté ci-dessus les dispositions, a, de son côté, ratifié cette doctrine de l'administration des finances. Dans son article 7, il dispose, en effet, que l'ampliation de l'acte d'autorisation sera timbré aux frais du permissionnaire, et que la soumission sera enregistrée aussi, à ses frais, dans le délai légal.

393. — Le droit est perçu sur le montant cumulé des redevances à payer, jusqu'à l'époque fixée pour la revision ou pour l'expiration de la concession, si celle-ci est à durée limitée par l'acte d'autorisation.

Dans le cas où la durée de l'occupation n'était pas limitée par l'arrêté d'autorisation, l'usage s'était introduit de percevoir le droit à chaque revision, sur la totalité de la période à venir. Mais une circulaire du Directeur de l'enregistrement, du 8 juillet 1892, a interdit cette pratique. La revision, avec ou sans modification de l'ancien chiffre, ne comporte pas, en effet, d'acte nouveau à enregistrer, puisqu'elle porte exclusivement sur le chiffre de la redevance, et non sur le fond même de la concession. Il n'y a donc pas lieu de percevoir à chaque revision de droit nouveau. Aussi, l'administration décide-t-elle, que, lorsque les arrêtés d'autorisation ne fixent pas la durée de l'occupation, la partie, bénéficiaire de l'arrêté, doit être invitée à y suppléer par une déclaration estimative, et que des droits supplémentaires deviennent exigibles, si l'occupation se prolonge au delà des prévisions (2).

(1) Décis. min. finances, 11 juillet 1884. *R. Pér. enregistrement,* art. 6913; *Journal enregistrement,* art. 22953; V. aussi de CONLONJON et CANTREL (Béquet), vº enregistrement, nº 621.

(2) Circulaire du directeur de l'enregistrement, du 8 jnillet 1892, *Journal de l'enregistrement,* art. 23968.

394. β.) — *Jurisprudence*. — Les décisions de justice,
sur la matière, sont peu nombreuses. Constatons, néanmoins, qu'après avoir, dans des décisions anciennes, consacré la doctrine de l'administration de l'enregistrement,
la jurisprudence des tribunaux l'a condamnée, au contraire,
dans ses jugements les plus récents.

C'est ainsi que le Tribunal de la Seine, qui, dans deux
jugements des 19 juin et 20 août 1857, (1) avait reconnu le
caractère de bail, assujetti, comme tel à l'enregistrement,
à l'acte administratif, accordant à une Compagnie le droit
de faire stationner, sur la voie publique, moyennant redevance, des omnibus ou des voitures de places, a, dans un
jugement du 27 mai 1876, décidé qu'on ne saurait considérer comme constituant de véritables locations immobilières, sujettes à enregistrement, les autorisations accordées
par la Ville : 1° aux limonadiers, marchands de vin et
restaurateurs, autorisés à placer sur les trottoirs des tables
et chaises, destinées aux consommateurs ; 2° aux boutiquiers, qui font sur la voie publique étalage de leurs marchandises ; 3° enfin, aux commissionnaires ou autres personnes, qui obtiennent la faculté de stationner en un endroit déterminé d'une rue, pour y exercer leur métier, y
vendre divers objets ou y établir dss échoppes (2).

(1) *Journal de l'enregistrement*, n° 16570 ; n° 16633.
(2) Trib. Seine, 27 mai 1876. Garnier, périod. 1876, p. 483.
« Attendu, porte ce jugement, que la Ville de Paris concède
diverses autorisations d'occuper une partie de la voie publique :
1° A des limonadiers, marchands de vin et restaurateurs pour
placer, sur les trottoirs, des tables et chaises, destinées aux consommateurs ; — 2° à des boutiquiers, qui font sur la voie publique
étalage de leurs marchandises ; 3° enfin, à des commissionnaires
ou autres personnes, qui obtiennent la faculté de stationner en
un endroit déterminé d'une rue, ou devant un numéro désigné,
pour y exercer leur métier, vendre divers objets ou établir une
échoppe ; — Que ces autorisations sont accordées pour une année,
par des arrêtés préfectoraux et délivrés, après le versement d'une
somme déterminée, sur les formules spéciales, qui portent, en tête,

Le Tribunal de Rouen a jugé, de même, le 16 septembre
1882, que le droit de bail ne pouvait être réclamé, sur la
redevance annuelle, imposée par la Ville de Rouen au concessionnaire d'un tramway, à titre de droit de stationnement, « attendu que l'autorisation, donnée au concessionnaire d'exécuter les travaux, nécessaires à l'exploitation

ces mots : « permission de stationner sur la voie publique ». Que
ces formules rappellent aux porteurs de ces autorisations qu'ils
n'en jouissent que sous certaines conditions, et, en particulier, sous
celle : « de se conformer, dans le délai qui leur serait indiqué, à tout
ordre écrit d'enlèvement ou de déguerpissement, qui leur serait
notifié par l'administration, dans le cas, notamment, où cette mesure serait jugée utile par M. le préfet de police, au point de vue de
l'ordre public, sans pouvoir prétendre à aucune indemnité, pour
les dépenses faites.

« Attendu que la régie prétend que ces diverses autorisations
constituent des locations immobilières sur la voie publique, qui
tombent sous l'application des articles 11 de la loi du 23 août 1871
et 6 de la loi du 28 février 1872, et sont, en conséquence, passibles
du droit de 20 cent. pour 100.

« Mais, attendu que les autorisations, dont s'agit, *ne sont pas de
véritables locations*, et que, si elles s'en rapprochent, à certains
égards, elles s'en distinguent, par leur caractère et leur objet ; que,
d'une part, elles sont constamment révocables, au gré de la ville et
par sa seule volonté, et, qu'au lieu de s'engager, comme tout bailleur,
à faire jouir le preneur de la chose louée, la ville ne contracte aucun engagement ; qu'elle n'est liée par aucun lien de droit et qu'elle
ne laisse les permissionnaires user de la faculté qu'elle leur octroie,
qu'autant et comme il lui convient ; — que, d'autre part, les rues
et voies publiques de Paris, ne sont pas au nombre des biens pa-
trimoniaux de la ville ; qu'elles font partie du domaine public et
que l'usage en appartient à tous ; — que c'est, pour cette raison,
que *la ville n'a jamais entendu conférer sur elles aux permissionnaires un droit de jouissance*, qui n'est pas dans son domaine
propre, et qu'elle ne pourrait, dans tous les cas, leur céder, sans ris-
quer de détourner les rues et voies publiques de leur destination ;
— qu'il importe peu, que les formules des permissions, qui sont
l'objet du procès, contiennent incidemment, comme l'art. 31 de la
loi du 18 juillet 1837, les termes de « location d'emplacement sur la
voie publique » ; — qu'en effet, c'est la nature des actes, et non la
qualification exacte qu'ils reçoivent des parties, qui détermine
l'exigibilité de l'impôt ; — qu'il suit de ce qui précède, que les redevances, payées par les porteurs des susdites permissions, *sont*

de la ligne, ne constitue pas un bail et qu'on ne saurait considérer la redevance annuelle stipulée par la Ville, comme représentant le prix de la jouissance de l'emplacement sur lequel les voies sont établies (1). »

Ni l'un ni l'autre de ces deux jugements n'ont été frappés de pourvoi par l'administration, et la Cour suprême n'a malheureusement pas été appelée encore à se prononcer sur la question de savoir si les simples permissions d'occuper temporairement à titre privatif une portion du domaine public, rentrent ou non dans la catégorie des actes administratifs assujettis à l'enregistrement, par l'article 78 de la loi du 15 avril 1818 (2).

moins des loyers que des taxes municipales, perçues par la ville chargée de la police et de l'entretien des rues et voies publiques pour subvenir aux frais de cette police et de cet entretien, — qu'en conséquence, le montant desdites redevances échappe au droit de 20 cent. 0/0, réclamé par la régie ».

(1) Rouen, 16 septembre 1882, V. de Colonjon, *loc. cit.*, no 626, note 1.

(2) La Cour de cassation a décidé, par arrêt du 12 mai 1875 (S. 75.3.7 ; Garnier, *Répertoire périodique*, no 4508) que les concessions, faites par la Ville de Paris aux marchands des halles, d'emplacements déterminés dans ces halles, constituent des locations immobilières, soumises à l'application des droits établis par la loi du 23 août 1871. Cette décision se justifie. Les halles, font en effet, partie du domaine privé des communes, et les concessions, dont il s'agit, ont le caractère de baux. — (V., dans le même sens : décision minist. finances, 30 septembre 1873 : D. 75. 3. 7 ; S. 74. 2. 125 ; ADDÈ : Dalloz, *Répertoire* V. Enregistrement no 3089.

Mais, en proposant à la Chambre des requêtes d'adopter cette solution, le conseiller rapporteur (M. Tardif) ajoutait : « Lorsqu'il s'agit de marchands forains sans place fixe, qui étalent leur marchandise sur la voie publique, on peut dire que la taxe qui, dans ce cas est payable par jour, qui est perçue sur le lieu même est destinée à indemniser la commune des frais de police et de surveillance qui lui incombent. *Due et exigée uniquement en vertu des règlements municipaux et du tarif, elle n'est pas rigoureusement le prix d'une location.* Mais en est-il de même, lorsque sur la demande d'un détaillant, adressée à l'administration, de lui accorder moyennant le prix fixé au tarif, la jouissance d'un emplacement déterminé, dans les halles et marchés couverts, qui appartiennent à la Ville, qu'elle a fait construire, cette concession a été consentie ? Dans ce cas il n'est pas contestable qu'une convention a eu lieu, et son caractère ne peut être que celui d'un contrat de location ; il ne s'agit plus, d'une occupation accidentelle ;.... *c'est le contrat qui oblige le preneur à payer à la Ville le prix de la jouissance temporaire qui lui a été transmise, comme il oblige la Ville à la lui assurer exclusivement* » V. sur la question, GARNIER, *périodique*, 1876, p. 483, 1883, n° 6067-68 et *répertoire alphabétique* V° Concession ; — *Dictionnaire de l'Enregistrement*, V° Concession, SOLLIER, *Dictionnaire du timbre et de l'Enregistrement* (1860) ; CHAUVEAU *Journal du droit administratif*, 1875, p. 7 ; BERTHÉLEMY, *Traité de droit administratif*, p. 396. —

Vu : Le président de la thèse,

BERTHELOT

Vu : Le doyen,

GLASSON

Vu et permis d'imprimer,

Le Vice-Recteur de l'Académie de Paris,

GRÉARD

TITRE II

Des jouissances privatives autorisées par l'administration sur le domaine public n⁰ˢ 27 à 394).

CHAPITRE PRÉLIMINAIRE

DE L'ÉTENDUE DU DROIT QUI APPARTIENT EN CETTE MATIÈRE A L'ADMINISTRATION (N⁰ˢ 27 à 32)

SECTION PREMIÈRE

SECTION II

CHAPITRE PREMIER

CARACTÈRES ET EFFETS JURIDIQUES DES AUTORISATIONS PRIVATIVES CONSENTIES SUR LE DOMAINE PUBLIC (N°s 33 à 93).

SECTION PREMIÈRE

L'administration se borne purement et simplement à autoriser un particulier à jouir privativement d'une portion du domaine public (N°s 34 à 50).

PARAGRAPHE PREMIER

Caractère juridique de l'acte par lequel l'administration autorise un particulier à retirer un avantage privatif du domaine public (N°s 34-46).

PARAGRAPHE II

Situation juridique du permissionnaire, autorisé à retirer un avantage privatif du domaine public (N°ˢ 47 à 50).

SECTION II

*Cas où une convention intervient entre l'administration et le
particulier, autorisé à jouir privativement d'une portion du
domaine public (N°s 51 à 93).*

CHAPITRE II

DES DIFFÉRENTES ESPÈCES D'AUTORISATIONS PRIVATIVES QUI PEUVENT ÊTRE CONSENTIES SUR LE DOMAINE PUBLIC, ENVISAGÉES, SUIVANT QU'ELLES EMPORTENT OU NON EMPRISE SUR LE SOL DU DOMAINE ET MODIFICATION DE SON ASSIETTE (Nº 94 à 384).

SECTION PREMIÈRE (Nos 107 à 309)

Des autorisations de jouissances privatives, qui n'emportent pas emprise sur le domaine public et modification de son assiette.

PREMIÈRE PARTIE

De l'autorité administrative compétente pour conférer les autorisations de jouissances privatives, qui n'emportent pas emprise sur le domaine public et modification de son assiette (Nos 107 à 135).

Les autorisations de jouissances privatives, de la nature de celles dont il est question dans ce chapitre, met-

DEUXIÈME PARTIE

Des redevances, perçues à l'occasion des autorisations de jouissances privatives, qui n'emportent pas emprise sur le domaine public et modification de son assiette (Nos 136 à 309).

PARAGRAPHE PREMIER

A qui profitent les redevances (Nos 136 à 194)

PARAGRAPHE II

De l'autorité administrative compétente pour fixer le montant des redevances (195 à 290)

PARAGRAPHE III

Bases d'établissement des tarifs (n°s 291 à 296).

PARAGRAPHE IV

Caractères des arrêtés municipaux pris pour assurer la perception des droits (297).

PARAGRAPHE V

Recouvrement des droits. — Compétence (n°s 298 à 309).

SECTION II

Des autorisations de jouissances privatives, qui emportent emprise sur le domaine public et modification de son assiette . (nᵒˢ 310 à 384).

PREMIÈRE PARTIE

De l'autorité administrative compétente pour conférer, sur les diverses dépendances du domaine public, les autorisations privatives qui emportent emprise sur le domaine et modification de son assiette (nᵒˢ 314 à 337)

PARAGRAPHE PREMIER

Domaine public fluvial.

PARAGRAPHE II

Domaine public maritime (329-308)

PARAGRAPHE III

Domaine public terrestre

DEUXIÈME PARTIE

Des redevances, auxquelles les autorisations privatives qui emportent emprise sur le domaine public et modification de son assiette, peuvent donner lieu (nᵒˢ 338 à 343).

PARAGRAPHE PREMIER

A qui profitent les redevances (338 à 343)

PARAGRAPHE II

De l'autorité administrative compétente pour fixer le montant des redevances (344 à 348)

PARAGRAPHE III

Arrêté interministériel du 3 août 1878 (349 à 378)

PARAGRAPHE IV

Circulaire du 15 août 1893 relative aux conduites d'eau, de gaz et d'électricité (N°ˢ 379 à 384).

CHAPITRE III

ENREGISTREMENT (N°ˢ 385 A 394).

FIN DE LA TABLE ANALYTIQUE DES MATIÈRES

www.ingramcontent.com/pod-product-compliance
Lightning Source LLC
LaVergne TN
LVHW050135060726
842524LV00001B/224